AF693817

KNAUR.LEBEN

Über den Autor:
Robin Sharma war ein erfolgreicher Anwalt, als er mit *Der Mönch, der seinen Ferrari verkaufte* einen Weltbestseller schrieb. Mittlerweile ist er einer der weltweit besten Personal Coaches mit beachtlichen Referenzen – sein Unternehmen Sharma Leadership International, Inc., agiert international und zählt u. a. Microsoft, Nike und IBM zu seinen Kunden. Robin Sharma ist verheiratet und lebt mit seiner Frau in Italien.
www.robinsharma.com

ROBIN SHARMA

MANIFEST EINES ALLTAGSHELDEN

Meine besten Methoden, um das Genie in dir zu wecken

Aus dem amerikanischen Englisch von Hans Freundl

KNAUR.LEBEN

Die amerikanische Originalausgabe erschien 2021 unter dem Titel
»The Everyday Hero Manifesto« bei HarperCollins Publishers Ltd.

Besuchen Sie uns im Internet:
www.knaur-leben.de

MIX
Papier | Fördert gute Waldnutzung
FSC® C083411
FSC www.fsc.org

Vollständige Taschenbuchausgabe September 2024

Ein Imprint der Verlagsgruppe Droemer Knaur GmbH & Co. KG, München

Redaktion: Anke Schenker
Covergestaltung: ZERO Werbeagentur, München
Coverabbildung: mit freundlicher Genehmigung von Robin Sharma
Satz: Adobe InDesign im Verlag
Druck und Bindung: CPI books GmbH, Leck
ISBN 978-3-426-87929-0

2 4 5 3 1

Eine persönliche Botschaft von Robin Sharma

Dies ist ein Buch über die Genialität, die Vortrefflichkeit und den Heldenmut, die jedem lebendigen Herzen auf diesem Planeten innewohnen. Es für Sie zu schreiben war beschwingend, beklemmend, inspirierend und erschöpfend zugleich. Die Arbeit am *Manifest eines Alltagshelden* verlangte mir das Höchste ab im Hinblick auf meine Fertigkeiten, meinen Charakter und mein Pflichtbewusstsein, um die bisherigen Grenzen meines Wissens zu überschreiten. Als ich das Buch fertigstellte, war ich ein anderer Mensch als zu Beginn des Schreibens.

Auf den folgenden Seiten werden Sie eine maßgeschneiderte Philosophie kennenlernen, die es Ihnen ermöglicht, Ihre besten Begabungen und Talente in Ihrem Leben zum Tragen zu bringen, eine revolutionäre Methode, die Sie in die Lage versetzt, Meisterhaftes zu leisten und sich einen stetigen Strom der Erkenntnis zu erschließen, um ein Leben in atemberaubender Schönheit, mit unendlicher Freude und in spiritueller Freiheit zu führen.

In diesem Buch habe ich mehr Persönliches von mir preisgegeben als in allen meinen vorhergehenden Werken. Diese Verletzlichkeit offenzulegen war ein beängstigender, aber auch erfüllender Prozess. Unsere Fehler und Schwächen ehrlich und unvoreingenommen zu betrachten hilft uns, sie in Klugheit zu verwandeln, nicht wahr? Und unsere Verletzungen anzunehmen ermöglicht es uns, Kraft daraus zu schöpfen.

Wenn Sie gelesen haben, was mir in meinem Leben widerfahren ist, mögen Sie erkennen, welche Gefahren es zu vermeiden gilt, wie man Schwierigkeiten in Triumphe verwandeln kann und auf welch wundervolle Weise sich das Leben stets zu Ihren Gunsten entfaltet, auch wenn es anfänglich nicht danach aussehen mag.

Das *Manifest eines Alltagshelden* habe ich für Sie geschrieben, als wäre es mein letztes Buch. Ich hoffe und bete dafür, dass ich noch viele weitere Bücher schreiben kann. Doch ein menschliches Leben ist zerbrechlich und niemand weiß, was der nächste Tag bringt. Daher habe ich in diesem Handbuch für die Erlangung höchster Schöpferkraft, herausragender Leistungsfähigkeit, dauerhaften Glücks und außergewöhnlicher Dienstbarkeit für die Gemeinschaft das Beste gegeben, was ich zu geben hatte.

Es ist mein aufrichtiger und tief empfundener Wunsch, dass die Erkenntnisse, die Sie hier gewinnen können, die in Ihnen schlummernden Kräfte wecken und das Feuer entfachen mögen, damit Sie Ihr eigenes Opus magnum schaffen können. Möge das Buch Ihnen helfen, Ihren persönlichen Zauber zu entfalten, damit Sie das Leben führen können, das Sie so sehr ersehnen, und zugleich einen Beitrag dazu leisten, die Welt zu einem besseren Ort zu machen.

Mit Liebe und Respekt

Robin

PS: Zugang zu den Lernmodellen, Umsetzungsvorlagen und Arbeitsblättern, die in diesem Buch erwähnt werden, wie auch zu den vertiefenden Videos finden Sie unter TheEverydayHeroManifesto.com.

Tausende Genies leben und sterben, ohne jemals entdeckt zu werden – weder von sich selbst noch von anderen.
– MARK TWAIN

Nur wer sich mit ganzer Kraft und Seele einer Sache widmet, kann ein wahrer Meister sein. Aus diesem Grund fordert die Meisterschaft jeden Menschen.
– ALBERT EINSTEIN

Oft sagen die Leute, ich hätte meinen Sitzplatz nicht hergegeben, weil ich müde gewesen sei, aber das stimmt nicht. Nein, ich war es nur müde, immer nachzugeben.
– ROSA PARKS

Es ist leicht, etwas niederzureißen und zu zerstören. Helden sind jene, die Frieden schließen und etwas aufbauen.
– NELSON MANDELA

Inhaltsverzeichnis

Eine persönliche Botschaft von Robin Sharma 5

1 Ein Manifest für den Alltagshelden, der in Ihnen schlummert 13
2 An den eigenen Idealen festzuhalten ist ein Kraftverstärker 16
3 Die letzten Stunden Ihres besiegbaren Selbst 32
4 Es ist okay, nicht okay zu sein 35
5 Das Paradoxon des Goldschürfers 37
6 Der Sprung vom Opfer zum Helden 40
7 Als mir meine persönlichen Tagebücher abhandenkamen 48
8 Anleitungen von hochkarätigen Mentoren 51
9 Die Freude, die es bereitet, wenn man ausgelacht wird 58
10 Das Memo von Orson Welles 59
11 Nichts ist perfekt 61
12 Die Lehre des Kastanienverkäufers 63
13 Das Prinzip der beschleunigten Positivität 67
14 Setzen Sie Ihre Genialität nicht herab 70
15 Was ich von J. K. Rowling über Unerbittlichkeit lernte 73
16 Hüten Sie Ihre Gesundheit wie ein Profisportler 75
17 Mein Abend mit vier Schokocroissants 88
18 Eine nonkonformistische Philosophie zur Meisterung unerwarteter Veränderungen 91
19 Sie sind absolut mehr als genug 94
20 Die Aktivierungserklärung 97
21 Der Bärtige mit der wirklich coolen Baseballkappe 101
22 Mit großartigen Lehrern trainieren 104
23 Eine Warnflagge ist eine Warnflagge 107
24 Das kürzeste Kapitel in der Geschichte der Kreativität? 110
25 Die Hypothese des Regelbrechers 111
26 Mutig sein wie Swifty 115
27 Ein Lehrer namens Trauma 117

28 Das Mantra des Menschen-Aufbauers 123
29 Die sieben Bedrohungen der Erstklassigkeit 126
30 Erwarten Sie Undank 135
31 Als ich allein auf dem Gipfel des Berges war 137
32 Die Pyramide der Strategien zur Erzielung von Spitzenproduktivität 142
33 Treten Sie der Brigade der Hoffnung bei 161
34 40 Dinge, die ich gerne schon mit 40 gewusst hätte 163
35 Die Selbstvertrauen erzeugende Technik der Misty Copeland 167
36 Die Gewohnheit, 40 Exemplare eines einzigen Buches zu kaufen 169
37 Die Bedeutung der Schande 172
38 Ein grundlegendes Motto für überwältigenden Wohlstand 174
39 Umarmen Sie das Ungeheuer 175
40 Die Regel vom vierstelligen Dessert 179
41 Seien Sie kein Faultier 181
42 Benjamin Franklins Methode zur Aneignung der Gewohnheit der 13 Tugenden 182
43 Die Klage des Pfaus 187
44 Der kostspieligste Konflikt 188
45 Töten Sie Ihre Lieblinge 190
46 Vermeiden Sie die dritte Belohnung 194
47 Ihr einst weit geöffnetes Herz zu heilen macht Sie zu einem großen Meister 196
48 Was ich aus Leonardos privaten Notizbüchern gelernt habe 208
49 Die »Du wirst nicht gewinnen, wenn du es nicht einmal versuchst«-Einstellung 213
50 Der Mann, der fleißig trainierte, aber einfach nicht besser wurde 216
51 Die dunklen Seiten Ihrer Vorzüge 219
52 Die Drei-Schritte-Erfolgsformel (und mein Brokkoli-Essverhalten) 222

53 Woran ich denke, wenn ich über Schwierigkeiten nachdenke 227
54 Warum ich bei herzergreifender Countrymusik schreibe 236
55 Der Patient, der ein Buch erblinzelte 238
56 Das Geheimnis des Menschen, der seine Möglichkeiten nutzt 240
57 Die große Lüge des positiven Denkens 247
58 Als ich einmal zelten war 253
59 Die 13 verborgenen Charakterzüge der Milliardäre, die ich beraten habe 256
60 Die »Acht Arten des Reichtums« 266
61 Der Algorithmus für ein wunderbar ausgewogenes Leben 275
62 Der »Nur weil«-Code für Alltagshelden 284
63 Der Tod ist nur ein Hotelzimmer-Upgrade 287
64 Warum Aristoteles auf dem Boden schlief 290
65 Zerschlagen Sie Ihre Erfolgsformel wie Miles Davis 294
66 Der nichtzerbrechliche Künstler im glänzenden lila Anzug 296
67 Die »Lassen Sie Ihr Feuer brennen«-Theorie für ein Leben voller Kühnheit 300
68 Wie Hochkaräter arbeiten 302
69 Die kleinen Dinge sind die großen Dinge 305
70 Werden Sie zu einem kreativen Athleten 307
71 Wie Spitzenleistungsmenschen vorgehen 309
72 Entfliehen Sie der Astronautentrübsal nach dem Mondspaziergang 315
73 Lektionen über Resilienz von einem Menschen, der sein Gesicht verloren hat 317
74 Charles Darwin und der Vorteil ausgeprägter Agilität 321
75 Das Freies-Geld-Modell für fortgeschrittenen Wohlstand 324
76 Legen Sie Ihr Telefon weg und sprechen Sie persönlich mit den Menschen 330
77 Das kürzeste Kapitel in der Geschichte der Produktivität 332
78 Das Geschäft ist ein schöner Krieg 333
79 Seien Sie ernst, wenn Sie ernst sind 335

80 Die vier wichtigsten Kommunikationspraktiken von Menschen, die Dinge in Gang setzen 337
81 Als ich lernte, mich zu ergeben 343
82 Man weiß nie, wer vor einem steht 346
83 Der GWV-Index für Weltklasseleistungen 348
84 Steve Jobs' letzte sechs Worte 354
85 Wenn alles schwierig und mühsam erscheint, vertrauen Sie auf Ihre Stärke 356
86 Sie können nicht andere inspirieren, wenn Sie selbst uninspiriert sind 359
87 Was wäre, wenn Sie nur noch sechs Monate zu leben hätten? 365
88 Ruhm und Reichtum für eine Zeile auf Ihrem Grabstein? 368
89 Widerstehen Sie dem Niedergang des Titanen 370
90 Die Notwendigkeit, sich als Künstler unbeliebt zu machen 376
91 Die Dekonstruktion von Trollen 378
92 Als ich Muhammad Ali begegnete 383
93 Mach dir keine Sorgen um deine Hinterlassenschaft 386
94 Ein Held namens Desmond Tutu 388
95 Was Menschen auf ihrem Sterbebett bedauern 390
96 Gutes, das man tut, bleibt ein Leben lang erhalten 396
97 Freuen Sie sich, wenn Sie lebende Menschen sehen 399
98 Verse des unbesiegbaren alltäglichen Helden 400
99 Fenster der Gelegenheit und Ihre zweiten Chancen 401
100 Schieben Sie Ihre Träume nicht auf 406
101 Eine Philosophie für die Rückkehr zum Menschsein 408

Wie geht es weiter mit Ihrem heldenhaften Abenteuer? 410
Anhang 1: Meine 25 Lieblingsbücher 413
Anhang 2: Meine 25 Lieblingsfilme 414
Anhang 3: Meine 25 Lieblingsdokumentarfilme 415
Über den Autor 416

1

Ein Manifest für den Alltagshelden, der in Ihnen schlummert

»Wenn Sie noch nichts gefunden haben, für das Sie zu sterben bereit wären«, meinte Martin Luther King Jr. einmal, »dann sind Sie auch noch nicht bereit zu leben.« Ich würde ohne Weiteres für die Idee sterben, dass Sie großartig sind. Ich würde mir eine Kugel verpassen lassen für die Vorstellung, dass Sie dazu bestimmt sind, bewunderungswürdige Werke hervorzubringen, erhebende Ereignisse zu erleben und das geheimnisvolle Universum der Meisterschaft kennenzulernen, das von den fortgeschrittensten Seelen bewohnt wurde, die uns vorangegangen sind. Als Bewohner der Erde sind Sie aufgerufen, sich jene Urkraft zunutze zu machen, die es Ihnen ermöglicht, wundervolle Dinge zu vollbringen, erstaunliche Fortschritte zu erzielen und das Leben Ihrer Mitmenschen zu bereichern, mit denen zusammen Sie sich um das Wohlergehen des Planeten bemühen.

Daran glaube ich. Ganz gleich, an welchen Platz die Natur Sie gestellt hat, Ihre Vergangenheit muss nicht Ihre Zukunft bestimmen. Das Morgen kann immer zu etwas Besserem gemacht werden als das Heute. Sie sind ein Mensch. Und dazu sind Menschen imstande.

Ja, wir unterscheiden uns nach Hautfarbe und Körpergröße, nach Geschlecht und Religion, nach Nationalität und Lebensweise. Nelson Mandela, Harriet Tubman, Mahatma Gandhi, Florence Nightingale und Oskar Schindler sind Helden erster Ordnung. Doch auch Menschen, die ein ruhigeres Leben führen – Menschen, die in Schulen unterrichten oder in Restaurants arbeiten, Gedichte schreiben oder junge Unternehmen gründen, ihre tägliche Arbeit in Bäckereien verrichten oder sich als Eltern zu Hause um ihre Kinder kümmern; Menschen, die in Gemeinschaften als Katastrophenhelfer, als Feuerwehrleute oder als Entwicklungshelfer tätig sind –, haben es verdient, Helden genannt zu werden. Viele dieser guten Seelen leisten harte Arbeit und sind entschlossen, sie gut zu verrichten. Sie arbeiten mit einem Lächeln auf dem Gesicht und mit Großmut im Herzen.

Ich empfinde Dankbarkeit, wenn sich mein Lebensweg mit jenem solcher Menschen kreuzt. Wirklich. Ich lerne von ihnen, fühle mich emporgehoben und durch die Begegnung mit ihnen in gewisser Weise verändert. Das sind Helden des Alltags. Sogenannte gewöhnliche Menschen, die ihre Tätigkeit auf meisterhafte und ehrenvolle Weise verrichten.

Mit aufrichtigem Respekt für all die Möglichkeiten, die in Ihnen nach Ausdruck drängen, möchte ich Ihnen am Beginn unserer gemeinsamen Reise folgende Worte der Ermutigung mit auf den Weg geben:

> Fangen Sie heute an, erklären Sie Ihre Bereitschaft, sich des erhabenen Geistes, des tapferen Kriegers und des unbezwingbaren Schöpfers bewusst zu werden, die kraft Ihres naturgegebenen Wissens in Ihnen angelegt sind.
> Die Prüfungen der Vergangenheit haben es Ihnen ermöglicht, sich selbst neu zu erfinden als ein Mensch, der widerstandsfähiger ist, der sich seiner in ihm schlummernden Kräfte in vollem Umfang bewusst ist und der tiefe Dankbarkeit empfindet für das Geschenk eines wundervollen Lebens: ausgezeichnete Gesundheit, eine glückliche Familie, ein erfüllender Beruf und ein hoffnungsvolles Herz. Die Schwierigkeiten, mit denen Sie in der Vergangenheit zu kämpfen hatten, waren offenkundig die Sprungbretter für Ihre gegenwärtigen und künftigen Erfolge.
> Die Grenzen, die Sie einstmals beschränkten, und die »Fehlschläge«, die Sie geschmerzt haben, waren notwendig, um Ihre Ihnen angeborene Meisterhaftigkeit zu erkennen. Alles entfaltet sich zu Ihrem Wohle. Sie sind wirklich vom Glück begünstigt.

Oh ja, ob Sie es akzeptieren oder nicht, Sie sind ein Löwe, kein Schaf. Eine Führungspersönlichkeit, kein Opfer. Ein Mensch, der es verdient, Außergewöhnliches zu leisten, aufregende Abenteuer zu erleben, vollkommene Zufriedenheit und Selbstachtung, die im Laufe der Zeit ein Reservoir an Selbstliebe hervorbringen können, die nichts und niemand zu bezwingen vermag.

Sie sind eine machtvolle Kraft der Natur und ein dynamischer Schöpfer, kein schlummerndes Opfer, das gefangen ist in einer Welt erniedrigender Mittelmäßigkeit, entmenschlichender Sorgen, Konformität und Ansprüche.

Mit unerschütterlichem Engagement und unablässigem Bemühen werden Sie sich zu einem idealistischen, außergewöhnlichen Künstler und potenziellen Ausnahmemenschen entwickeln. Zu einem Menschen, der die Welt verändert auf seine eigene, ausgezeichnete Art und Weise.

Seien Sie also kein Zyniker, Kritiker oder Neinsager. Denn Zweifler sind heruntergekommene Träumer. Und Durchschnittlichkeit ist Ihrer vollkommen unwürdig.

Nutzen Sie heute und an jedem Tag, der in Ihrem einzigartig glorreichen, lichtvollen und den Menschen hilfreich zugewandten Leben noch kommen wird, die grenzenlose Freiheit, Ihre Zukunft zu gestalten, Ihre Ziele zu verwirklichen und Ihren Beitrag zu leisten unter höchstem Respekt für Ihre Träume, Ihre Begeisterung und Ihre Überzeugungen.

Pflegen Sie Ihre Fröhlichkeit, feilen Sie an Ihren Fähigkeiten und inspirieren Sie alle Menschen, die das Glück haben, Sie kennenzulernen, als ein gutes Beispiel dafür, was ein großartiger Mensch hervorzubringen vermag.

Wir werden Ihr Wachstum verfolgen, Ihren Begabungen Beifall zollen, Ihren Mut wertschätzen und Ihre letztliche Unsterblichkeit bewundern.

Denn Sie werden weiterleben in den Herzen vieler Menschen.

2

An den eigenen Idealen festzuhalten ist ein Kraftverstärker

Wenn keiner an Sie glaubt, ist es am wichtigsten, dass Sie selbst an sich glauben. Wer sich des vollkommensten Ausdrucks seiner angeborenen Genialität bewusst ist, der weiß, dass Selbstvertrauen und die Treue zu sich selbst und zur eigenen machtvollen Mission – vor allem im Angesicht von Spott und Unsicherheit, von Angriffen und Feindseligkeit – das Tor zu Legendenhaftigkeit sind. Und wahrhaft auch ein Weg zu Unsterblichkeit. Weil das erhabene Beispiel, das Sie geben, noch Bestand haben wird, wenn Sie schon lange nicht mehr sind.

Der Weg zu Ihrem heldenhaften Leben wird farbenfroh, inspirierend, chaotisch, wundervoll, stürmisch und in höchstem Maße ruhmreich sein. Sich zur Aufgabe zu machen, Ihre eigene Großartigkeit zu entfalten, wundervolle Leistungen zu erbringen und Ihren Teil beizutragen zur Schaffung einer besseren Welt, wird die schönste Reise sein, die Sie jemals unternommen haben. Das verspreche ich Ihnen. Wenn Sie den Glanz Ihres schöpferischsten, machtvollsten und leidenschaftlichsten Selbst zur Entfaltung bringen, werden Sie alle Menschen um sich herum dazu anspornen, ebenfalls ihre Talente zu erwecken und den Planeten zu einem freundlicheren Ort zu machen.

Ich möchte gerne ein wenig von meiner eigenen Geschichte erzählen, damit Sie mich besser kennenlernen. Denn wir werden auf den Seiten dieses Buches einen geraumen Teil unserer Zeit zusammen verbringen.

Ich bin nichts Besonderes. Kein Guru. Nicht aus einem besonderen Holz geschnitzt, das nicht auch für Sie geeignet wäre. Ich verfüge über bestimmte Talente wie Sie vermutlich auch, habe menschliche Schwächen (haben wir die nicht alle?), werde auch manchmal von Unsicherheit, Zweifeln und Ängsten befallen, bin aber auch tapfer, hilfreich und hoffnungsvoll. Ich bin in einer kleinen Arbeiterstadt mit rund 5000 Einwohnern aufgewachsen, in einem kleinen Haus in der Nähe des Meeres. Als Kind von Einwanderern, die sehr liebevoll und fürsorglich waren. Und ich wurde nicht mit einem silbernen Löffel im Mund geboren, so viel steht fest.

Voller Enthusiasmus mit vier Jahren

Beim Spielen im Schnee vor unserem Haus

Ja, das bin ich bei einer Theateraufführung in der Schule. Und vor unserem Haus in einem besonders kalten Winter. Man beachte, es steht kein Ferrari in der Zufahrt. Es gibt keine üppige Ausschmückung oder andere überflüssige Dinge. Alles sehr schlicht. Ganz praktisch.

In der Schule gehörte ich nie zu den beliebten Schülern, die das große Wort führten. Ich war immer gern für mich, hing meinen Träumen nach und ging meine eigenen Wege. Ich machte mein eigenes Ding, wenn Sie verstehen, was ich meine. Der Schulleiter erklärte meiner Mutter einmal, dass nicht viel zu erwarten sei von mir und dass es unwahrscheinlich sei, dass ich den Highschool-Abschluss schaffen würde. Auch andere Lehrer warnten meine Eltern, dass aus mir wohl nie ein guter Schüler werden würde. Einige sagten mir voraus, dass ich als Herumtreiber oder Landstreicher enden würde. Die meisten Leute machten sich einfach nur über mich lustig.

Bis auf eine Person. Cora Greenaway, meine Geschichtslehrerin in der fünften Klasse. Sie glaubte an mich, und das half mir, auch selbst an mich zu glauben. Mrs Greenaway lehrte mich, dass jeder Mensch von Geburt an irgendeine Begabung besitzt. Sie erklärte mir, dass jeder von uns auf einem bestimmten Gebiet Erstaunliches vollbringen kann und mit besonderen Stärken, bemerkenswerten Fähigkeiten und erhabenen Werten geboren wurde. Sie sagte zu mir, wenn ich dies nicht vergesse, mich wirklich anstrenge und wahrhaftig zu mir selbst bin, würden sich die Dinge zum Guten wenden und Glück und Segen daraus folgen.

Diese wohlmeinende Lehrerin sah das Beste in mir, ermutigte mich und zeigte mir eine Form von Anständigkeit, die so sehr vonnöten ist in einer Gesellschaft, in der unsere Fähigkeiten allzu oft herabgewürdigt werden und unsere Meisterhaftigkeit gering geschätzt wird. Manchmal bedarf es nur einer einzigen Unterhaltung mit einem außergewöhnlichen Menschen, um den Rest des eigenen Lebens ganz neu auszurichten.

Vor einigen Jahren suchte ich im Internet nach Cora Greenaway, und was ich dabei entdeckte, berührte mich zutiefst. Als junge Frau hatte sie in der holländischen Widerstandsbewegung mitgewirkt und wagte sich im Zweiten Weltkrieg hinter die feindlichen Linien, um Kinder vor der Verschleppung in Konzentrationslager der Nazis zu retten. Sie setzte ihr Leben aufs Spiel, um junge Menschen zu retten. So wie sie mich rettete.

Mrs Greenaway ist mittlerweile verstorben. Sie starb im selben Jahr, in dem ich von ihrer Vergangenheit erfuhr. Ich danke dem Mann in Amsterdam, der sich bis zu ihrem Lebensende so aufopferungsvoll um sie kümmerte und der mich auf dem Laufenden hielt über meine Mentorin, die so viel für mich bedeutet.

Cora Greenaway war das, was ich eine »Heldin des Alltags« nenne. Still und bescheiden, entschlossen und verletzlich, verantwortungsbewusst und einflussreich, klug und liebevoll. Einer jener Menschen, die unsere Gesellschaft verbessern – immer eine gute Tat zur richtigen Zeit. Sie regte mich dazu an, die begrenzten Erwartungen zu übertreffen, die so viele mit mir verbanden, und die Highschool abzuschließen, um dann zu studieren, mit dem Hauptfach Biologie und dem Nebenfach Englisch, mich anschließend an einer juristischen Fakultät einzuschreiben und dann mit einem Vollstipendium einen Abschluss als Master of Laws zu erwerben.

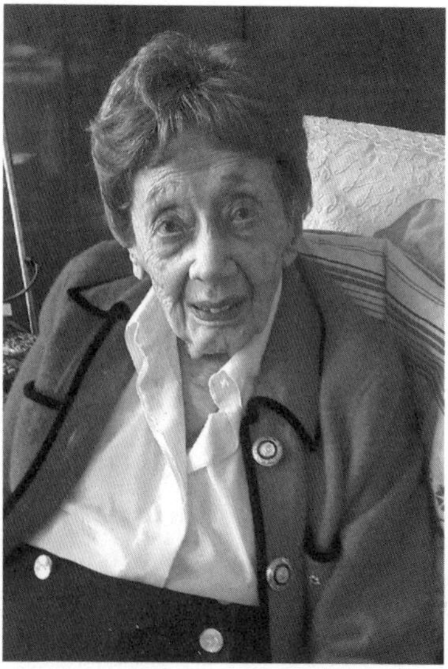

Cora Greenaway im Alter von 101 Jahren

Vertrauen Sie nicht Ihren Kritikern oder Verleumdern. Beachten Sie nicht die Leute, die Sie kleinmachen wollen. Ignorieren Sie Menschen, die Sie entmutigen. *Diese Leute wissen nicht, wie viel Wundervolles in Ihnen steckt.*

Im Laufe der Zeit wurde ich ein erfolgreicher Prozessanwalt. Gut bezahlt, aber innerlich leer; motiviert, aber in kreativer Hinsicht unerfüllt; diszipliniert, aber abgeschnitten von meinem wahren Ich. Ich wachte am Morgen auf und betrachtete mit Widerwillen den Mann, der mir im Badezimmerspiegel entgegenblickte. Ich hatte nicht viel Hoffnung. Ich hatte keinen Bezug zu der natürlichen Heldenhaftigkeit, die einen der grundlegenden Vorzüge des Menschseins darstellt, wie ich mittlerweile gelernt habe.

Erfolg ohne Selbstachtung ist ein schaler Sieg, nicht wahr?

Also fasste ich den Entschluss, mich gewissermaßen neu zu erfinden und eine wahrhaftigere, glücklichere, friedvollere und bessere Version jenes Menschen zu werden, der ich war – indem ich ein Programm umfassenden persönlichen Wachstums, grundlegenden emotionalen Heilens und spiritueller Weiterentwicklung in Angriff nahm.

Auch Sie verfügen über die Macht, tektonische Veränderungen zu vollziehen. Evolution, Höherentwicklung und umfassende Transformation sind Teil der gewissermaßen fabrikmäßig installierten Hardware, die Sie als Person ausmacht. Und je mehr Sie diese in Ihnen angelegte Kraft trainieren, umso mehr wird sie wachsen.

Eine schöpferischere, produktivere, innovative und unbezwingbare Version Ihres Selbst zu erschaffen – eines Selbst, das erfüllt ist mit mehr Freude, Tapferkeit und Gelassenheit – ist keine unerreichbare Fähigkeit, die den Göttern der höchsten Genialität und den Engeln von außergewöhnlicher Exzellenz vorbehalten ist. Nein. *Genialität hat nichts zu tun mit Ihrer genetischen Prägung, sondern vielmehr mit Ihren Gewohnheiten.* Jener Mensch zu werden, von dem Sie schon immer wussten, dass Sie es sein könnten, ist ein durch Training herbeiführbares Ergebnis, das jeder erreichen kann, der bereit ist, sich zu öffnen, an sich zu arbeiten und jene Übungen durchzuführen, die den Zauber Wirklichkeit werden lassen.

In dieser Phase meines Lebens begann ich, mich neu zu bauen, neu zu verdrahten und die Person, die ich war, zu einem Menschen zu verändern, der seine Kraft aus einem inneren Navigationssystem bezieht statt aus äußeren Attraktionen wie zum Beispiel einer beruflichen Position, materiellen Gütern und sozialem Prestige. Zu einem Menschen, der sich nicht scheut, wahrhaftig zu sprechen (auch wenn er damit aneckt), der unerschütterlich zu seinen Idealen steht, der seine Arbeit nicht lediglich als einen Job versteht, sondern eher als eine Berufung, der sich nicht irgendwelche Dinge kaufen muss, um sich wohlzufühlen, und der seine Tage dazu nutzt, das Leben anderer Menschen zu bereichern.

Es ist sehr einfach, ein ganzes Leben damit zu verbringen, alle möglichen Berge zu besteigen, nur um am Ende festzustellen, dass es die falschen waren.

... Indem man sich geschäftig darum bemüht, geschäftig zu sein.

... Indem man sich Zerstreuungen widmet und sich verführen lässt von Ablenkungen, die uns ein falsches Gefühl von Fortschritt vermitteln, uns aber in Wirklichkeit die wertvollsten Stunden unserer kostbaren Tage rauben.

... Durch den hypnotisierenden Reiz, unser Leben mit Dingen und Aktivitäten anzufüllen, die unsere Kultur uns als authentische Maßstäbe für Erfolg verkauft, während sie in Wirklichkeit geistig ähnlich erfüllend sind wie eine kurze Fahrt zum nächsten Einkaufszentrum.

Die Entschlossenheit, mein Leben umzukrempeln, die mich mit Anfang 30 erfasste, als ich mich bemühte, mehr auf den Augenblick bezogen zu leben, erinnert mich an die Worte des Dichters Charles Bukowski:

> Wir werden alle sterben, alle, was für ein Zirkus! Schon das allein sollte uns dazu bringen, uns gegenseitig zu lieben, tut es aber nicht. Wir werden von Belanglosigkeiten terrorisiert und niedergedrückt, wir werden von Nichtigkeiten aufgefressen.

Drei Jahre lang stand ich morgens früh auf, während meine Familie noch schlief, und experimentierte mit Praktiken, die meine Schwächen vermindern, meine Kräfte stärken und mir helfen sollten, mich vollkommen auf mein persönliches Schicksal auszurichten. Ich las Bücher über berühmte historische Persönlichkeiten – über geniale Künstler, furchtlose Krieger, wunderbare Wissenschaftler, große Unternehmensführer und unermüdliche humanitäre Kämpfer. Ich machte mich vertraut mit ihren grundlegenden Überzeugungen, ihren Stimmungen, ihren Tagesabläufen und festen Ritualen, die ihr vorbildliches Leben bestimmten. Auf den folgenden Seiten werde ich darstellen, was ich bei diesen Studien alles lernte. Ich besuchte Veranstaltungen über die Förderung der persönlichen Weiterentwicklung und investierte Geld in Selbstoptimierungskurse. Ich befasste mich mit Meditation und Visualisierung, mit Tagebuchschreiben, Kontemplation, mit Fasten und Beten. Ich engagierte berühmte Coaches, arbeitete mit Akupunkteuren, Hypnosetherapeuten, Geistheilern und spirituellen Beratern, nahm kalte Duschen, schwitzte in der heißen Sauna und leistete mir eine wöchentliche Massagebehandlung.

Wenn ich heute, nachdem ich um einiges älter bin, auf diese Zeit zurückblicke, sehe ich, dass es ein sehr umfassendes Programm war. Ich muss sagen, dass es durchaus Phasen gab, in denen ich unsicher war, mich unbehaglich fühlte und Angst hatte. Aber es war auch elektrisierend, faszinierend, lohnend und oft auch atemberaubend schön. Eine grundlegende persönliche Veränderung ist häufig schmerzhaft, eben *weil* sie transformativer Natur ist. Wir können nicht zu einem anderen Menschen werden, ohne all das zurückzulassen, was wir vorher waren. Man muss eine Art von Tod erleben, damit man mit neuer Kraft wiedergeboren werden kann. Wenn eine Weiterentwicklung nicht mühsam und schwierig ist, dann ist es doch keine wirkliche Verbesserung, oder?

Als ich jeden Morgen mein inneres Trainingsprogramm absolvierte, während die Welt um mich herum noch schlief, veränderte sich mein Verhalten, und das Betriebssystem meines Lebens wurde komplett umstrukturiert. Während der Zeit, die ich mit meinem Dream-Team aus Instrukteuren verbrachte, verschwand ein großer Teil meiner Ängste, viele meiner täglichen Sorgen und behindernden Verhaltensweisen lösten sich in Luft auf. Mein Verlangen danach, anderen zu gefallen, gemocht zu werden und mit der Masse zu laufen – wobei ich mich selbst betrog –, ließ nach. Ich stand nun entschlossener zu meinen inneren Werten, war gesünder, kreativer, fröhlicher und gelassener. Und ich verbrachte weniger Zeit damit, in meinem Kopf zu leben, sondern suchte eine engere Verbindung zu meinem Herzen. Dies stärkte meine Inspiration, meine Produktivität verbesserte sich und meine Zuversicht nahm zu. Ich lernte einen Zauber kennen, der sich nur Menschen erschließt, die ernsthaft bereit sind, sich darauf einzulassen.

Am Ende dieser drei Jahre eines nahezu unendlichen Heilungs- und Wachstumsprozesses war ich bereit für einen neuen Abschnitt auf dem Weg zu persönlicher Meisterhaftigkeit und Führungskraft, auf dem ich auch heute noch unterwegs bin. Eine innere Stimme sagte mir, dass ich ein Buch schreiben sollte über meine Erfahrungen – und über die Erkenntnisse, die ich dabei gewonnen habe, damit sich auch andere Menschen dieses Wissen zunutze machen können. Ich gab dem Buch den Titel *Der Mönch, der seinen Ferrari verkaufte.*

Manche Leute spotteten über den Titel und meinten, niemand würde ein Selbsthilfebuch lesen, das von einem Rechtsanwalt geschrieben wurde. Andere warnten, die Tätigkeit eines Schriftstellers sei sehr mühsam und ich solle es erst gar nicht versuchen. Ich weigerte mich, diesen Bedenken Gehör zu schenken, und verfasste frohgemut eine Fabel über einen Lebensweg, der wegführte von einer nur halb gelebten Existenz und hin zu einem Leben voller Wunder, Unerschrockenheit und Chancen. Die Arbeit an diesem Buch war eine wundervolle Erfahrung.

Ich wusste wenig über das Verlagsgeschäft und stammte auch

nicht aus einer Unternehmerfamilie. (Meine Mutter war Lehrerin, mein Vater Hausarzt.) Aber ich wusste, dass autodidaktisches Lernen der Königsweg ist, um lebhafte, plastische Fantasien in eine konkrete Wirklichkeit umzusetzen. Was ich nicht wusste, das konnte ich lernen. Die Fähigkeiten, die mir abgingen, konnte ich mir aneignen. Und die Ergebnisse, die andere hervorbrachten, konnte auch ich zustande bringen – mit Konzentration, höchster Anstrengung, bester Information und guten Lehrern. Also meldete ich mich bei einer Organisation namens The Learning Annex für einen abendlichen Einführungskurs an. Dort lernte ich einiges über Manuskripte und Lektoren, Verlage und Druckereien, Buchvertrieb und Buchhandel. Der Kurs war sehr interessant und bestärkte mich darin, weiter auf die Erfüllung meines Traums hinzuarbeiten.

Nach der Veranstaltung ging ich in der kalten Winternacht nach Hause. Es schneite, und ich war fest entschlossen, mein Buch in die Welt hinauszutragen. Ich hatte vor, es im Selbstverlag zu veröffentlichen. Meine wunderbare Mutter redigierte das Manuskript und saß bis spät in die Nacht über meinen Zeilen. Einige gute Freunde waren meine ersten Leser. Ich ließ das Werk in einem rund um die Uhr geöffneten Copyshop drucken. Ich erinnere mich, wie mich mein Vater um vier Uhr früh mit dem Auto hinfuhr, damit ich mein Projekt voranbringen konnte, bevor ich um acht Uhr in meinem Anwaltsbüro sein musste. Ich danke ihm für seine bedingungslose Hilfsbereitschaft und seine Unterstützung, wann immer ich sie benötigte.

Aufgrund meiner Unerfahrenheit erkannte ich nicht, dass bei der Herstellung eines Buches aus einem maschinegeschriebenen Manuskript die Textgröße verkleinert werden muss. Die erste Auflage war also schwierig zu lesen. Aber egal – ich tat mein Bestes und begann die Botschaft von *Der Mönch, der seinen Ferrari verkaufte* in Wohltätigkeitsklubs in meinem Wohnviertel zu verbreiten. Mein erstes Seminar (das zufällig von The Learning Annex veranstaltet wurde) hatte 23 Teilnehmer. Davon waren 21 Familienmitglieder. Kein Scherz.

Laotse hatte recht mit seinem Satz »Eine tausend Meilen lange Reise beginnt mit dem ersten Schritt«. Ich fing als Autor sozusagen ganz von vorn an. (Wenn Sie darauf warten, dass perfekte Bedingungen herrschen, bevor Sie Ihren größten Traum angehen, werden Sie nie in die Gänge kommen.) Als ich spürte, dass ich noch mehr Anleitung benötigte und lernen wollte, wie man ein größeres Publikum erreicht und mehr Menschen positiv ansprechen kann, war ein berühmter Autor bereit, sich mit mir zu treffen. Einen klugen Mentor zu finden ist von unschätzbarem Wert, wenn Sie beginnen, Ihr heldenhaftes Leben zu gestalten. Ich zog einen Anzug an, brachte dem Autor ein Exemplar meines selbst publizierten Buches mit und nahm auf einem abgenutzten Ledersessel vor seinem riesigen Eichenschreibtisch Platz, wo er Hof hielt.

»Robin«, sagte der Autor, »das ist ein schwieriges Geschäft. Nur sehr wenige packen es. Sie haben einen guten Job als Anwalt. Sie sollten dabeibleiben und sich nicht auf so etwas Unsicheres einlassen.«

Seine Worte ernüchterten mich. Entmutigten mich. Enttäuschten mich. Ich dachte schon, mein Wunsch, *Der Mönch, der seinen Ferrari verkaufte* in die Hände von Lesern zu bringen, damit sie Nutzen daraus ziehen können, sei töricht. Vielleicht hatte ich meine Fähigkeiten falsch eingeschätzt. Ich hatte zuvor noch nie ein Buch geschrieben. Ich war unbekannt. Es war ein schwieriges Terrain, auf dem ich mich versuchte. Vielleicht hatte der berühmte Autor doch recht: Ich sollte auf Nummer sicher gehen und meine juristische Laufbahn fortsetzen.

Aber dann drängte sich das Offenkundige auf einen Schlag in den Vordergrund: Die Ansicht dieses Autors war schlicht seine persönliche Meinung. Warum sollte ich ihr so großen Wert beimessen? Die Einschätzung dieses Herrn musste ich mir nicht zu eigen machen. Irgendjemand würde den nächsten Bestseller schreiben, warum nicht ich? Jeder Profi beginnt einmal als Amateur. Ich hatte das Gefühl, dass ich mir durch das Urteil dieses Autors nicht meine Begeisterung nehmen lassen und mein Bestreben nicht verleugnen durfte. Jeden Tag, wenn ich in meinem Anwaltsbüro saß, dachte ich: »Jede Stunde, die ich hier verbringe, ist eine Stunde, die ich nicht dort verbringen kann, wo ich eigentlich sein möchte. Und mit dem, was ich eigentlich tun will.«

Ich denke, mein Glaube war stärker als meine Ängste. Und mein Mut war stärker als meine Zweifel. Ich möchte Sie ermutigen, Ihrer Intuition stets mehr zu vertrauen als dem kühlen und pragmatischen Urteil Ihres Intellekts. Ihre Möglichkeiten, Ihre Meisterhaftigkeit und Ihr Genius weilen nicht dort. Heute sagen die Menschen, es sei mutig gewesen, angesichts von Ablehnung und Herausforderung an meinem Vorhaben festzuhalten. Das hatte überhaupt nichts mit Mut zu tun. Um ehrlich zu sein – was ich immer sein will und absolut auch sein werde in der Zeit, die wir zusammen verbringen –, hatte ich das Gefühl, dass mir gar nichts anderes übrig blieb, als dorthin zu gehen, wohin meine Begeisterung mich trieb.

»Menschen, die in der Tiefe leben, haben keine Angst vor dem Sterben«, schrieb Anaïs Nin. Norman Cousins bemerkte, dass »die große Tragödie des Lebens nicht der Tod ist, sondern dass wir zulassen, dass etwas in uns stirbt, während wir noch am Leben sind«. Mit diesen Zitaten möchte ich Sie daran erinnern, dass das Leben kurz und zerbrechlich ist. Viel zu viele Menschen verschieben die Dinge, die unsere Seele beflügeln, bis eine imaginäre ideale Zeit dafür beginnt. Diese Zeit kommt nie. Es gibt keine bessere Zeit, jener Mensch zu werden, der Sie sein können, und Ihre überschwänglichsten Wünsche und Bestrebungen zum Leben zu erwecken, als hier und jetzt. Die Welt könnte sich morgen vollkommen verändern. Das hat die Geschichte gezeigt. Verbringen Sie Ihre kostbarsten Stunden nicht im Warteraum des Lebens. Ich bitte Sie darum. Es ist klüger, eine Chance zu nutzen und das Risiko einzugehen, dabei töricht zu erscheinen, als die Chance verstreichen zu lassen und am Ende des Lebens leer und mit gebrochenem Herzen dazustehen.

Also legte ich *Der Mönch, der seinen Ferrari verkaufte* einem renommierten Lektor vor mit der Absicht, es verbessern zu lassen. Aufgeregt wartete ich auf das Feedback eines Experten und war ziemlich sicher, dass er mir sagen würde, ich hätte etwas ganz Besonderes zustande gebracht. Stattdessen bestand der Brief des Lektors fast ausschließlich aus Kritik. Er begann mit der Feststellung: »Es gibt große Probleme in *Der Mönch, der seinen Ferrari verkaufte,* Robin. Ich sehe keinen Sinn darin, die Dinge zu beschönigen.«

Was hielt er von meinen Charakteren?

»Ihre Charaktere sind eigentlich nicht viel mehr als Stereotype. So ist zum Beispiel Mantle ein erfolgreicher, wohlhabender, brillanter, charismatischer, tougher und auch bemerkenswert fröhlicher Mensch, aber je mehr Sie in ihn hineinpacken, umso mehr wird er ein Klischeebild ...« Am Ende des Briefes hieß es: »Ich bin sicher, dass meine Antwort Sie enttäuscht, aber ich hoffe, dass meine Vorschläge für Sie hilfreich sind. Ein gutes Buch zu schreiben erfordert harte, sehr harte Arbeit. Auf den ersten Blick erscheint es als relativ einfach. Aber das ist nicht der Fall.«

Als ich den Brief des Lektors las, saß ich in meinem Auto vor dessen Backsteinhaus mit gepflegter Hecke, bewegte mich kaum, mein Herz klopfte und meine Hände waren schweißnass. Mein Manuskript lag neben mir auf dem Beifahrersitz, zusammengehalten von Gummibändern. Ich erinnere mich noch deutlich an die Szene. Und ich erinnere mich, wie ich mich fühlte. Ich war betroffen. Fühlte mich zurückgewiesen, entmutigt. Er hatte mir in gewisser Weise das Herz gebrochen an diesem schönen, sonnigen Tag.

Doch der Instinkt ist klüger als der Intellekt. Jeder echte Fortschritt wird von Tagträumern zustande gebracht, denen von sogenannten Experten gesagt wird, dass ihre Ideen töricht seien und ihre kreative Arbeit wertlos. Schützen Sie bitte Ihre Selbstachtung und den Respekt für Ihre wahrhaftigen künstlerischen Fähigkeiten vor den angstgetriebenen, stets die Unmöglichkeit in den Vordergrund stellenden Behauptungen von Menschen, die Meister der Theorie, aber Schöpfer von nichts sind.

Irgendeine Stimme, eine Kraft oder eine Weisheit in mir, die aus einer wesentlich höheren Sphäre als der Logik kam, sagte mir: »Hör nicht auf ihn. Ebenso wie der berühmte Autor, der dich nicht ermutigt hat, ist auch dieser Brief nur die Sichtweise dieses Lektors. Mach weiter. Deine Ehre – und deine Selbstachtung – hängt von deiner Entschlossenheit ab und der Treue zu deiner Mission.« Also machte ich weiter. Was auch Sie tun, wie ich inständig hoffe, wenn Sie Niederschläge erleiden und ein wenig – oder auch viele – Prügel einstecken müssen, verletzt oder gedemütigt werden. Rückschläge sind schlicht eine Art von Prüfung, durch die das Leben feststellt, wie ernst es Ihnen mit Ihren Träumen ist.

Theodore Roosevelt sagte in einer Rede mit dem Titel »Citizenship in a Republic«, die er am 23. April 1910 vor der Sorbonne in Paris hielt:

> Es ist nicht der Kritiker, auf den es ankommt; nicht der Mann, der darauf hinweist, wie der Starke stolpert oder wo jemand, der eine Tat vollbracht hat, es hätte besser machen können. Die Ehre gebührt vielmehr jenem, der sich in der Arena befindet, dessen Gesicht von Staub, Schweiß und Blut verschmiert ist, der sich tapfer bemüht, der irrt, der immer wieder scheitert, denn es gibt kein Bemühen ohne Irrtum und ohne Scheitern; der aber gleichwohl nach der Vollendung seiner Taten strebt, der sich für eine gute Sache einsetzt, der im besten Falle am Ende den Triumph der vollbrachten Leistung erlebt oder im schlimmsten Fall, wenn er scheitert, sich zumindest zugutehalten kann, dass er es wagemutig versucht hat, sodass sein Platz niemals bei jenen kalten und furchtsamen Seelen sein wird, die weder Sieg noch Niederlage kennen.

Das Leben begünstigt eindeutig die Engagierten und Überzeugten. Das Glück ist mit jenen, die durch ihre ehrgeizigen Ziele hervorstechen. Und das Universum ist auf der Seite jener, die nicht bereit sind, sich den Kräften der Furcht, der Ablehnung und des Selbstzweifels zu ergeben.

Einige Monate nach der Veröffentlichung meines Buches besuchte ich mit meinem Sohn, der damals vier Jahre alt war, eine örtliche Buchhandlung. Aufgrund seiner Liebe zu Hämmern, Maßbändern und anderen handwerklichen Geräten (er trug sein kariertes Arbeitshemd, einen gelben Plastikhut und einen falschen Ledergürtel fast zu jeder Mahlzeit daheim an unserem Esstisch) wollten wir anschließend auch noch den danebenliegenden Haushaltswarenladen aufsuchen. Es war ein regnerischer Abend und der Vollmond kündigte für den nächsten Tag schönes Wetter an. Ich erinnere mich noch deutlich. In der Buchhandlung steuerten wir sofort jene Abteilung an, in der mein Buch präsentiert wurde. Ich hatte dem Inhaber sechs Exemplare übergeben – auf Kommission (was bedeutet, wenn er sie nicht verkaufen konnte, hatte er das Recht, sie mir zurückzugeben). Von einem anderen Autor, der sein Werk ebenfalls im Selbstverlag hergestellt hatte, bekam ich einen wichtigen Hinweis: Wenn ein Buch vom Autor signiert ist, muss der Buchhändler es behalten. Daher hatte ich es mir angewöhnt, jeden Laden, in dem *Der Mönch, der seinen Ferrari verkaufte* angeboten wurde, aufzusuchen und jedes Exemplar persönlich zu signieren.

Ich holte die sechs Exemplare aus dem Regal und ging nach vorn, um die Erlaubnis einzuholen, die Bücher signieren zu dürfen. Die Verkäuferin an der Kasse war einverstanden. Ich setzte meinen kleinen Sohn auf die hölzerne Ladentheke vor mir, hielt ihn mit einer Hand fest und signierte mit der anderen Hand mein noch völlig unbekanntes Buch.

Die Ladentheke in der Buchhandlung

Als ich meinen Namen schrieb, bemerkte ich, dass mich jemand beobachtete. Ein Mann in einem grünen Trenchcoat, der noch nass war vom Regen, stand seitlich vom Tresen. Er verfolgte jede meiner Bewegungen. Nach ein paar Minuten kam der Mann näher und sagte sehr bestimmt: »*Der Mönch, der seinen Ferrari verkaufte*. Das ist ein toller Titel. Erzählen Sie mir was über das Buch.«

Ich erklärte, dass ich Anwalt und seit mehreren Jahren mit meinem Beruf unzufrieden sei, weil ich gewissermaßen das Leben eines anderen Menschen führen müsse. Ich erzählte, dass ich wertvolle Wege entdeckt hätte, wie man glücklicher, zufriedener und produktiver werden und mehr Lebendigkeit erlangen könne. Ich sagte, dass ich den sehnlichen Wunsch hätte, dass möglichst viele Menschen mein Buch lesen würden, und fügte hinzu, dass ich es selber in einem Kopierladen hergestellt hätte. Und dass man sich über mich lustig gemacht und mich kritisiert habe, als ich unbeirrt an meinem Vorhaben festgehalten hätte.

Der Mann schaute mich an, musterte mich und schwieg sehr lange, wie es mir erschien. Dann zog er seine Visitenkarte hervor und reichte sie mir. Darauf stand: »Edward Carson. President. HarperCollins Publishers«. Synchronizität, das ist das stumme

Wirken des Schicksals. Drei Wochen später kaufte HarperCollins die Rechte an *Der Mönch, der seinen Ferrari verkaufte.* Für 7500 Dollar. Das Buch wurde eines der meistverkauften Bücher aller Zeiten und hat Millionen Lesern auf der ganzen Welt wertvolle Anregungen gegeben.

Am Ende dieses Kapitels möchte ich Sie daher ermutigen, sich mit den moralischen Wünschen und Zielen zu befassen, die still in Ihrem Herzen sitzen und darauf warten, dass sie in die Wirklichkeit überführt werden. Ich bitte Sie zu überlegen, wie Sie für einen anderen Menschen zur Cora Greenaway werden können und zu jener Art von Mensch, der seinen Mitmenschen allein durch seine Anwesenheit Kraft gibt. Ich lade Sie ein, zur Schwelle der Ängste zu gehen, die Sie lähmt, die Grenzen zu erkunden, die Sie binden, und an all die vergangenen Verletzungen zu denken, die Ihr Vorankommen behindern – und sich über all dies zu erheben. Denn dieser Tag ist für Sie eine neue Morgendämmerung. Und unsere Welt wartet darauf, dass Sie zu einem Helden des Alltags werden.

3

Die letzten Stunden Ihres besiegbaren Selbst

Kaffee trinken. Trip-Hop-Musik laufen lassen. Ein strenger Winter hat endlich Platz gemacht für einen wesentlich freundlicheren Frühling. Ich sitze in meinem Arbeitszimmer, einem Ort, an den ich mich zurückziehe, um zu schreiben. Dazu zeige ich das folgende Bild, damit man sich die Situation besser vorstellen kann:

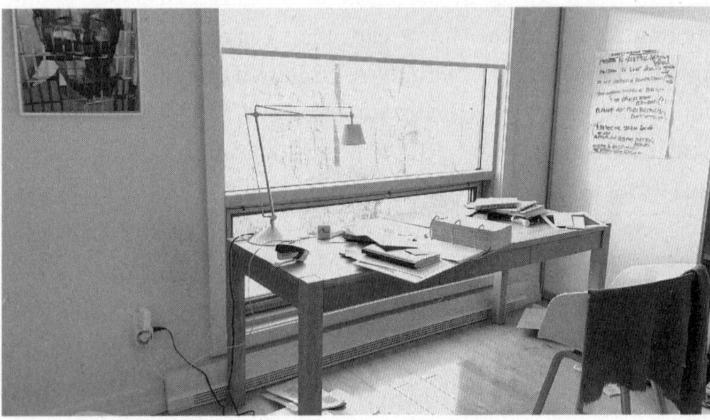

Einer meiner Lieblingsplätze zu Hause, wo ich kreativ sein kann

Ich bin heute in einer nachdenklichen Stimmung. Was ich als introvertierter Mensch häufig bin. Ich denke an die Menschen, die ich im Laufe der knapp drei Jahrzehnte kennengelernt habe, in denen ich mittlerweile auf dem Gebiet der Vermittlung von Führungsfähigkeit und persönlicher Meisterhaftigkeit tätig bin. Bei Vorträgen in Firmen, die zu den Fortune-100-Unternehmen in den USA zählen, oder auf den Straßen weit entfernter Städte oder in großen Arenen in faszinierenden Ländern unseres Planeten.

Vernünftige Menschen. Edle Absichten. Doch viele von ihnen teilen mir in unseren Gesprächen mit, dass sie sich nach so viel mehr sehnen.

... Sie wollen wissen, was es bedeutet, offen und ehrlich ihre schöpferische Genialität zum Ausdruck zu bringen, die Kostbarkeiten des Lebens zu genießen und einen Beitrag zu leisten zur Schaffung einer Kultur, in der Ermutigung und nicht Kritik, Führungskraft und nicht Opferrolle, Ideen und nicht Geschwätz, Liebe und nicht Hass bestimmend sind.

... Mehr Optimismus zu empfinden, mutiger zu sein und mehr Sinnhaftigkeit zu erleben, indem man erkennt, was es wirklich bedeutet, in höchstem Maße inspiriert zu sein, im Hier und Jetzt zu leben statt gezeichnet von der Vergangenheit oder in Angst vor der Zukunft.

... Eine Beziehung zu den eigenen tiefsten Werten neu aufzubauen, zum eigenen höchsten Potenzial und zu den vitalsten eigenen Ambitionen.

... Und jeden Tag so wach zu erleben, dass man auch die einfachsten Freuden genießen kann ohne Belastung durch Sorgen.

Sie sind klug (vielleicht mehr, als Sie in diesem Augenblick wissen).

... Sie haben verstanden, dass sich Potenzial, das keinen Ausdruck findet, in Schmerz verwandelt.

... Sie wissen, dass die Maßstäbe für Erfolg, die Ihnen die Gesellschaft zu vermitteln versucht, leere Versprechungen sind, die nur dazu dienen, Sie vom Streben nach Ihrem heldenmütigsten Leben abzulenken.

... Sie haben begriffen, dass sich Ihre Ängste umso lauter bemerkbar machen, je näher Sie Ihrem Glück kommen.

... Ihnen ist bewusst, dass das Projekt, das Ihr falsches Selbst am stärksten meidet, gerade jene Unternehmung ist, die Ihr höchstes Selbst voranzutreiben versucht.

... Sie haben erkannt, dass Erstklassigkeit weniger mit genetischen Grundlagen, sondern mehr mit Ihren Gewohnheiten zu tun hat. Und dass alle großen Schöpfer hart, sehr hart arbeiten.

… Sie wissen, dass die Uhr tickt und dass das Aufschieben der Meisterhaftigkeit die Genialität verleugnet.

… Sie wissen, dass Sie es sich nicht leisten können, noch einen weiteren Tag zu warten, bis Sie zu jenem Helden werden, als den Sie sich schon immer gesehen haben.

Und daher empfehle ich Ihnen mit allem Respekt …

… Fangen Sie *heute* an.

… Bringen Sie den Mumm auf, an die Grenzen Ihrer Kräfte zu gehen. Denn wenn Sie Ihre Grenzen kennenlernen, werden sich diese Grenzen erweitern.

… Aktivieren Sie das kindhafte Element in sich, das einst stets neugierig war und ständig lernte, bevor man Ihnen beibrachte, sich klein zu fühlen und wie alle anderen zu denken, damit Sie dauerhaft über jene Person hinauswachsen können, die Sie gegenwärtig sind.

… Beurteilen Sie Ihre Erfolge nach dem Ausmaß Ihrer Fortschritte und niemals nach den Dingen in Ihren Schränken.

… Zeigen Sie Leadership ohne einen Titel, beeinflussen Sie andere ohne eine Position und erschaffen Sie das Meisterwerk, welches das Versprechen zum Ausdruck bringt, das die Natur in Ihnen angelegt hat.

… Und erinnern Sie sich daran, dass der einfachste Weg für gewöhnlich der schlechteste ist.

Und dass aufgeschobenes Handeln ein Verrat an der Großartigkeit ist.

4

Es ist okay, nicht okay zu sein

Unsere Zivilisation verkauft uns die Vorstellung, dass mit uns irgendetwas nicht stimmt, wenn wir nicht immer ein lächelndes Gesicht zeigen, fröhlich sind, ständig die Puppen tanzen lassen und ein Regenbogen durch die Fensterscheiben eines perfekten Tages hereinscheint.

Ich habe Folgendes gelernt: Ein intensiv gelebtes Leben ist zwangsläufig damit verbunden, dass man sich in die Arena begibt, Risiken verschiedener Art eingeht, unterschiedlichen Wegen folgt, hin und wieder Rückschläge oder auch Niederlagen erleidet und auch heftigen Stürmen in gefährlichen Gewässern ausgesetzt ist. Folgende Worte des irischen Dramatikers George Bernard Shaw sind für mich eine Inspiration an schlechten Tagen: »Der vernünftige Mensch passt sich an die Welt an; der unvernünftige beharrt darauf, dass sich die Welt an ihn anpassen solle. Daher hängt sämtlicher Fortschritt von den Unvernünftigen ab.«

Ich habe auch erkannt, dass wir gerade *wegen* der harten und schwierigen Zeiten imstande sind, die Annehmlichkeiten eines guten Lebens auszukosten, wenn sie sich einstellen. Und das wird *immer* der Fall sein – auch wenn es zeitweilig den gegenteiligen Anschein haben mag. »Wir würden nie lernen, mutig und geduldig zu sein, wenn es nur Freude in der Welt gäbe«, lehrte uns Helen Keller.

Ich muss zugeben, dass auch ich ärgerlich werden kann, wenn die Dinge nicht so laufen, wie ich es mir erhofft oder vorgestellt habe. Ich lache dann nicht mehr so viel und mache mir mehr Sorgen. Ich bin nicht mehr so energiegeladen oder kreativ. Ich habe nicht mehr dieselbe produktive Schaffenskraft und kann mein inneres Feuer nicht mehr zum Auflodern bringen. *Doch ich habe gelernt, dass es absolut okay ist, wenn man sich nicht ständig absolut okay fühlt.* Auch wenn wir nicht jene Art von weltlicher Produktivität an den Tag legen, die von der Mehrheit geschätzt wird, können wir dagegen mit hoher Wahrscheinlichkeit unsere spirituelle Produktivität verbessern. Ein schwieriger Tag für das Ego ist ein ausgezeichneter Tag für die Seele. Und Rückschläge, Kämpfe und Chaos gehören zum Menschsein – und sollten niemals als »gut« oder »schlecht« bewertet werden. Das ist lediglich ein notwendiger Zwischenstopp auf dem Weg, der für uns vorgesehen ist – auf dieser Reise, die wir als Lebensspanne bezeichnen.

Ich habe herausgefunden, dass alle Unannehmlichkeiten, die ich in schwierigen Phasen durchzumachen habe, der Erweiterung meines Wissens dienen, mir neue Stärke verleihen und die Kräfte des Menschen im Angesicht des lodernden Feuers der Krise erkennbar machen. Schmerz hat mir dazu verholfen, demütiger und liebevoller zu werden, indem ich mein Ego gezähmt und meine persönliche Heldenhaftigkeit gefestigt habe. Es ist ein Kapitel im Leben eines Menschen, der nach den Sternen greift und alles in seinen Kräften Stehende tut, um auch andere emporzuheben. Ich komme ein bisschen durcheinander, ziehe mir einige kleinere Schrammen (oder auch größere) zu, aber ich weiß, dass ich mein Leben voll auskoste und meine besten Jahre nicht damit vergeude, vor dem Fernseher zu sitzen oder Dinge zu kaufen, die ich nicht brauche, um Leute zu beeindrucken, die ich nicht kenne, in einem Laden, den ich eigentlich gar nicht betreten will. Das bin nicht ich. Und das ist auch nicht das, was ich darstellen will.

Daher rufe ich Sie – eine reale Person, die dazu ausersehen ist, ein wunderbares, produktives und wirkungsvolles Leben zu führen – aus ganzem Herzen dazu auf, Ihre Wunden mit Stolz zu tragen. Verteidigen Sie die Narben, die sich vertieft, entwickelt und Sie veredelt haben, und betrachten Sie die Schnitte, die Sie verletzt haben, als Tapferkeitsmedaillen, die Ihnen verliehen wurden für Ihren Mut, der es Ihnen ermöglichte, Ihre wichtigsten Ziele und hehren Ideale zu verfolgen.

Und vergessen Sie nie: Es ist okay, nicht okay zu sein.

5

Das Paradoxon des Goldschürfers

Eine alte, aber wahre Geschichte. Vor tausend Jahren wurde in Thailand eine große Buddhastatue aus Gold hergestellt. Die Mönche beteten vor ihr und die Menschen bewunderten ihre Schönheit. Jeder, der an der Statue vorbeikam, war beeindruckt von diesem außergewöhnlichen Meisterwerk. Dann verbreitete sich das Gerücht, dass Angreifer aus dem Ausland im Anmarsch seien, und man fürchtete, die kostbare Statue könne geraubt werden. Daher ersannen die Mönche einen Plan, um sie zu verstecken, und legten mehrere Schichten Erde über den goldenen Buddha, bis er nicht mehr zu erkennen war. Die Eindringlinge marschierten an der Statue vorüber, was die Mönche sehr erleichterte. Jahrhunderte später entdeckte ein Besucher, dass in einem kleinen Erdhügel etwas golden schimmerte. Als er mit Hilfe mehrerer Menschen die obere Schicht abtrug, kam noch mehr Gold zum Vorschein. Schließlich erkannte man, dass es sich um den Buddha handelte, der vollständig aus diesem Edelmetall hergestellt war.

Sie sind wie dieser Buddha. Je weiter Sie vordringen – Schicht um Schicht, Schritt für Schritt – in die Schatzkammer Ihrer inneren Gaben, umso mehr werden Sie belohnt werden mit unerwarteten Geschenken in Ihrer äußeren Wirklichkeit. Das ist paradox, nicht wahr? Zu wissen, dass das Tor zu Erfolg und Bedeutung in Ihrem öffentlichen Leben erfordert, dass Sie eine innere Reise in die Tiefen Ihrer persönlichen Welt unternehmen, damit Sie all das in Besitz nehmen können, was Ihnen wahrhaft zusteht.

Je stärker Sie innerlich an der Erlangung von Selbsterkenntnis arbeiten, umso mehr kommt das Gold zum Vorschein, mit dem Sie sich überzogen haben, um sich gegen die Härten und Unannehmlichkeiten zu schützen. Wenn Sie sich täglich darum bemühen, Ihre Gaben zutage zu fördern, Ihre Talente zu verfeinern und Ihre Bedeutung zu steigern, wird all das in Erscheinung treten, was Ihnen zugedacht ist, wenn Sie sich draußen in der Welt bewegen.

Als ich zu einem Vortrag für ein rasch wachsendes junges Unternehmen in Bangkok war, schaute ich mir den Goldenen Buddha an. Hier ist das Foto aus meinem privaten Archiv:

In Bangkok mit dem Goldenen Buddha

Was ich Ihnen nahebringen möchte, ist die Erkenntnis, dass das Bestreben, die eigene Großartigkeit zur Geltung zu bringen, furchtlos (und auf wundervolle Weise) zu leben und Leistungen zu vollbringen, die unsere große Weltfamilie auf eine höhere Stufe heben, niemand anderem aufgegeben ist als der Person, die Sie gegenwärtig sind.

Wie wäre es, wenn die Aufgabe schlicht darin bestünde, sich zu erinnern, wer Sie einmal waren, bevor eine kalte Kultur Sie dazu drängte, Ihr Licht durch die Rüstung des Zweifels und der Ungläubigkeit zu bedecken und falsche Gründe dafür zu finden, warum Sie Ihre ursprüngliche Genialität nicht zum Tragen bringen und Ihr Leben nicht zu einem großartigen Monument machen können? Zu einer Verkörperung von Meisterhaftigkeit, Produktivität und aufrichtigem Dienst an der Menschheit.

6

Der Sprung vom Opfer zum Helden

Eine der wichtigsten Botschaften, die Sie, wie ich hoffe, aus diesem Buch mitnehmen können, lautet: Jeden Tag bietet sich jedem von uns eine ungeheure Chance, von einer wie auch immer gearteten Opferhaltung zu alltäglicher Heldenhaftigkeit zu wechseln. Sodass jeder Schritt, den Sie tun, wenn die Stunden verstreichen, eine Entscheidung dafür ist, Ihre persönliche Großartigkeit in vollem Umfang zu verwirklichen.

Um Ihre Meisterhaftigkeit zur Geltung zu bringen und Ihr bestmögliches Leben führen zu können, lade ich Sie ein, die folgenden fünf Sprünge zu vollziehen. Erlauben Sie mir bitte, Sie dabei von einem zum anderen zu begleiten:

Sprung #1: Der Wechsel von einer Haltung des »Ich kann nicht« zu einer Mentalität des »Ich kann«

Opfer sind Gefangene des »Ich kann nicht«. Sie erklären den anderen immer wieder, warum ein Plan *nicht gelingen* kann, warum ein Vorhaben *nicht klappen* kann und warum ein Ziel *nicht erreichbar* ist. Hinter dem »Ich kann nicht« steht die Angst. Die Angst vor dem Scheitern; die Angst, nicht gut genug zu sein; die Angst, den Sieg nicht zu verdienen; die Angst, kritisiert zu werden; die Angst, verletzt zu werden, und die Angst vor der Verantwortung, die der Sieg nach sich zieht. Alle Erbauer von Welten und alle großen Umgestalter sind versiert in der Sprache der Hoffnung, vertraut mit dem Vokabular der Umsetzung und dem Dialekt der Freiheit. *Sie lassen sich nicht vom »Ich kann nicht« infizieren.* Sie wissen, dass die Worte, die man verwendet, verbalisierte Gedanken sind und dass die Schaffung eines Meisterwerks, die Initiierung einer Bewegung oder das Entwerfen eines großartigen Lebens die positive Energie des »Ich kann« erfordern. Zweifler und Pessimisten können niemals Menschen werden, die Geschichte schreiben.

DER SPRUNG VOM OPFER ZUM HELDEN

	DAS OPFER	DER HELD
1.	DIE EINSTELLUNG DES »ICH KANN NICHT«	DIE MENTALITÄT DES »ICH KANN«
2.	SUCHT NACH ENTSCHULDIGUNGEN	LIEFERT RESULTATE
3.	LEBT IN DER VERGANGENHEIT	MACHT DIE ZUKUNFT BESSER
4.	TUT GESCHÄFTIG	IST PRODUKTIV
5.	NIMMT VON DER WELT	GIBT DER WELT

Einer meiner Lieblingsfilme ist *Die dunkelste Stunde,* ein Film über Winston Churchills Aufstieg zum legendären Kriegshelden. In der letzten Szene hält Churchill eine engagierte Rede, die beide Seiten des Parlaments beeindruckt. Lord Halifax, Churchills Hauptgegenspieler, ist verblüfft über dessen bewegenden Auftritt und fragt einen Kollegen, der neben ihm sitzt: »Was ist da geschehen?« Die Antwort lautet: »Er hat die englische Sprache mobilisiert. Und in den Kampf geschickt.«

Ja, die Worte, die man verwendet, sind die Saat für die Ernte, die man später einfährt. Worte wurden schon immer dafür genutzt, Nationen oder Völker zu inspirieren – und zu befreien. Und wenn sie aus schlechten Motiven verwendet wurden, haben sie eine Vielzahl von Menschen dahin gehend beeinflusst, dass sie Soldaten des Hasses wurden.

Wer eine Philosophie der Mittelmäßigkeit vertritt, bedient sich einer »Opfersprache«, spricht negativ, erklärt, warum er in den wichtigen Bereichen des Lebens keinen Heldenmut an den Tag legen kann. Er erläutert, warum er in anstrengenden Zeiten nicht großzügig und freundlich sein kann, warum er seine Leistungen bei all den widrigen Umständen nicht verbessern kann, warum er kein Beispiel für andere sein kann, nicht körperlich superfit werden, kein Vermögen aufbauen und es zu nichts bringen kann. Die Haltung des »Ich kann nicht« ist ein Turm, in den sich Opfer aus freien Stücken einschließen und in dem sie dafür beten, dass dieser sie vor der Gefahr oder dem Risiko schützen möge. Dadurch verzichten sie auf all die großartigen Belohnungen, die ihnen durch umsichtiges (nicht unbedachtes) Eingehen von Risiken zufließen würden.

Einmal habe ich im Fernsehen einen Mann gesehen, der sich darüber beklagte, dass der Staat nicht genug tue, um ihn als kleinen Gewerbetreibenden zu unterstützen und sein Leben zu erleichtern. »Ich *kann nicht* erkennen, wie man diese Situation lösen könnte, und ich *kann nicht* überleben in diesem schwierigen wirtschaftlichen Umfeld«, jammerte er.

Hm.

Ich möchte kein Werturteil abgeben, aber mir scheint, dass dieser gute Mann erwartete, dass irgendeine äußere Macht ihm dazu verhelfen solle, seine Wünsche und Ziele zu verwirklichen. Aber so funktioniert das Universum nicht, zumindest soweit ich es beurteilen kann. Es belohnt nicht diejenigen, die Ihre Lebensumstände beklagen, wenn sich die Dinge nicht wie erwartet entwickeln, und passiv auf Hilfe von außen warten. Nein. Das Universum begünstigt jene, die Handlungsfähigkeit demonstrieren, statt Schwierigkeiten zu beklagen, und Probleme in Erfolge umwandeln. Das Leben liebt jene Alltagshelden, die begriffen haben, dass sie Fertigkeiten und Fähigkeiten besitzen sowie die Kraft, alle Ereignisse zu beeinflussen, die das Schicksal für sie bereithält.

Die Worte, die Sie verwenden, sind von Kraftfeldern umgeben. Sie ziehen Folgen nach sich, die in ihnen nachhallen, ähnlich wie Magneten Gegenstände aus Eisen anziehen. Zudem offenbaren die Worte, die wir verwenden, den Menschen in unserer Umgebung auch die meisten unserer Überzeugungen, auch wenn diese Überzeugungen uns nichts einbringen (es könnte sich dabei auch um glatte Lügen handeln, die uns irgendwann jemand, dem wir vertrauen, nahegebracht hat).

Ich persönlich nutze häufig die Technik der Autosuggestion, um meinen Wortschatz stärker auf Positivität und Kreativität auszurichten. Sehr früh am Morgen, wenn mein Unterbewusstsein am empfänglichsten ist für Anweisungen, rezitiere ich Mantras wie zum Beispiel »Heute zeige ich Enthusiasmus, Vortrefflichkeit und Liebenswürdigkeit« oder »Ich bin so dankbar für den Tag, der vor mir liegt, und für all seine Schönheit, seine Freuden und Aufregungen«. Sollten im Laufe des Tages mein Geist und mein Herz abschweifen zu einer Verletzung in der Vergangenheit oder zu negativen Selbstgesprächen, die meinem Wohlergehen nicht förderlich sind, flüstere ich leise »Das machen wir jetzt nicht mehr« oder »Damit wollen wir uns jetzt nicht beschäftigen«. Das mag eigenartig erscheinen, aber weil ich Ihnen wirklich etwas bieten möchte, das Sie zu Ihrem Besten nutzen können, berichte ich hier über diese persönliche Übung, die mir gute Dienste geleistet hat.

Bemühen Sie sich also um mehr Bewusstheit und Achtsamkeit in der Sprache, die Sie verwenden, wie auch in Ihren Gedanken.

Und beginnen Sie auf der Grundlage dieses geschärften Bewusstseins mit dem Prozess der Tilgung aller Gedanken, die auf dem »Ich kann nicht« fußen. Reprogrammieren Sie Ihr Denken auf die Macht des »Ich kann«. Den eigenen Wortschatz neu auszurichten auf Leadership und Außergewöhnlichkeit ist eine der einfachsten, aber gleichwohl machtvollsten Möglichkeiten, Ihre Zuversicht, Ihre Leistungsfähigkeit und Ihre Wirksamkeit in der Welt zu steigern.

Sprung #2: Der Schritt vom Suchen nach Entschuldigungen zur Lieferung von Resultaten

Sie können nach Entschuldigungen suchen oder Sie können die Welt verändern. Beides zusammen geht nicht. Opfer kann man dabei beobachten, wie sie ständig nach einer Erklärung suchen, warum ihr Leben nicht klappt (was niemals irgendetwas mit ihnen selbst zu tun hat). Solche Leute haben diese Entschuldigungen schon so oft vorgebracht, dass sie gewissermaßen eine Gehirnwäsche durchgemacht haben und tatsächlich glauben, was sie sagen. Sie haben diese Rationalisierungen schon so oft vollzogen, dass sie zu Profis geworden sind, die ganz genau erklären können, worin die Gründe für ihre Mittelmäßigkeit liegen.

Der Wandel beginnt, wenn man anerkennt, dass man, wenn man Bedingungen, Ereignisse und andere Menschen für alle Unzulänglichkeiten und Probleme verantwortlich macht, die eigene Macht an diese Bedingungen, Ereignisse und Menschen überträgt, die man als Ursache der eigenen Unzufriedenheit ausgemacht hat. Wir werden erwachsen, wenn wir die vollständige Verantwortung für die Ergebnisse unseres Handelns übernehmen. Und dadurch fordern wir auch unsere Souveränität darüber zurück, jene Verbesserungen vorzunehmen, die wir anstreben. Jedes Mal, wenn Sie der Versuchung widerstehen, nach einer Entschuldigung zu suchen, und stattdessen sich selbst als Schöpfer Ihres Lebens betrachten, wächst Ihre Kraft entsprechend. Tun Sie dies täglich und Sie werden ein Mensch mit herausragendem Charakter werden, mit vollendeter Selbstdisziplin, höchster Produktivität und geistiger Freiheit.

Sprung #3: Der Wandel vom Leben in der Vergangenheit zu einer Haltung, die eine bessere Zukunft hervorbringt

Opfern gelingt es fabelhaft, in der Vergangenheit zu leben. Sie können sich nicht für Ihre fantastische Zukunft öffnen, wenn Sie noch mit einem Bein in einer vergangenen Zeit stehen. *Betrachten Sie Ihre Lebensgeschichte als eine Akademie, in der Sie lernen können, und nicht als Gefängnis, in dem Sie eingekerkert sind.* Arbeiten Sie mit selektiver Amnesie und erinnern Sie sich nur noch an das Gute, das Sie erleben durften. Lassen Sie schwelenden Groll und quälende Enttäuschungen los und freuen Sie sich dagegen über die Weiterentwicklung, die Ihnen schwierige Zeiten und Erlebnisse ermöglicht haben und die Sie zu einem wagemutigen Schöpfer und einem besseren Menschen hat werden lassen.

Alle Unternehmensführer, berühmten Sportler und Erbauer von Welten, für die ich als persönlicher Coach tätig gewesen bin, haben die Fähigkeit entwickelt, alles, was ihnen widerfahren ist, als Treibstoff zu betrachten, der ihre Fort- und Höherentwicklung ermöglicht hat. Jeder dieser Superstars hat den entscheidenden Sprung vollzogen vom Grübeln über die Vergangenheit zur Optimierung jener Form von erstklassiger Gegenwart, die einer meisterhaften Zukunft vorausgeht.

Sprung #4: Der Wandel von Geschäftigkeit zu Produktivität

Verwechseln Sie bitte »geschäftig sein« nicht mit »produktiv sein« und nehmen Sie bitte nicht an, dass Bewegung stets Fortschritt bedeutet. Ein voller Terminkalender heißt nicht, dass Sie auch Herausragendes vollbringen. Viele Menschen, die gute und potenziell legendäre Leistungen erbringen können, tappen in die

Falle, dass sie falsche statt richtige Arbeit leisten. Für Opfer wird Geschäftigkeit zu einer Droge, einer Fluchtmöglichkeit, die es ihnen ermöglicht, ihre Zeit mit Oberflächlichkeiten und Trivialitäten zu verbringen in dem unbewussten Bemühen, die Mühsal zu vermeiden, die mit der Schaffung überragender Werke verbunden ist, welche der Genialität des Menschen zur Ehre gereichen. Es ist viel einfacher, sich einzureden, man habe zu viel zu tun – und dann das Ausbleiben von künstlerischem Erfolg und produktivem Triumph einer harten und grausamen Welt anzulasten, die Ihre Aufmerksamkeit in Anspruch genommen hat –, statt sich nicht beirren zu lassen und alle digitalen Ablenkungen und unnötigen Unterbrechungen abzublocken und der eigenen angeborenen Vortrefflichkeit freie Bahn zu schaffen und Leistungen zu vollbringen, die alle faszinieren, die davon Kenntnis erhalten.

Sprung #5: Der Wandel vom Geben zum Nehmen

Glauben Sie nicht der Weisheit des Status quo, wonach Erfolg bedeutet, dass »der Gewinner alles bekommt«. Anstatt von der Welt etwas zu nehmen, bemühen Sie sich, dauerhaft der Welt etwas zu geben. Und sich auf eine Weise zu verhalten, die allen Menschen dient.

Die Mehrheit der Menschen lebt im Gefühl der Knappheit (der Angst, dass es nicht genug gibt, damit alle glücklich werden können). Es gibt Überlebenskünstler, die in ihrem limbischen System gefangen sind und von Ängsten getrieben werden statt von der größeren Weisheit fortgeschrittenen Denkens. Um der Belohnungen teilhaftig zu werden, die das Mögliche für Sie bereithält, wiederholen Sie immer wieder das Mantra, dass »jener, der das Leben der meisten Menschen bereichert, gewinnt«. Und lassen Sie sich für den Rest Ihres Lebens von der Großzügigkeit leiten und von der Tugend beständiger Dienstbarkeit gegenüber den anderen.

Die Politikerin Golda Meir schrieb einmal: »Vertrauen Sie auf sich selbst. Schaffen Sie sich jenes Selbst, mit dem Sie Ihr Leben lang glücklich sein können. Machen Sie das meiste aus sich, indem Sie den winzigen inneren Funken des Möglichen zu einer Flamme höherer Leistungen anfachen.«

Durch die Umsetzung der fünf Elemente des Sprungs vom Opfer zum Helden wird Ihr Selbstvertrauen wachsen, Ihre Vertrautheit mit Ihren speziellen Begabungen und besonderen Werten wird zunehmen und Sie werden die Beziehung mit jener Seite in sich wiederbeleben können, die imstande ist, Ihre gegenwärtigen Wünsche in gewaltige Erfolge umzusetzen – in persönlicher, beruflicher, finanzieller und geistiger Hinsicht. Ja, ich weiß, dieser Prozess ist nicht immer einfach. (Warum feiert unsere Gesellschaft alles, was einfach ist?) Erinnern Sie sich, dass Betätigungen, die Sie nicht fordern, Ihnen niemals zu einer Weiterentwicklung oder Verbesserung verhelfen werden. Und dass jene Aktivitäten, die die schwierigsten sind, gewöhnlich auch die wertvollsten sind. Und dass die Angst immer am lautesten schreit, wenn der Zauber am nächsten ist.

Halten Sie sich also weiterhin an die machtvolle Weisheit, dass sich Gutes für jene Menschen einstellt, die auch selbst Gutes tun. Und teilen Sie dabei Ihre kostbaren Schätze mit uns allen.

7

Als mir meine persönlichen Tagebücher abhandenkamen

Ohne auf die schmutzigen Details einzugehen und unter Achtung der Würde der Beteiligten (die sich bemühten, ihr Bestes zu tun), möchte ich erzählen, wie meine privaten Tagebücher aus neun Jahren von anderen »ausgeliehen« wurden.

Alle meine Traumaufzeichnungen und Arbeitsblätter, in denen ich meine Erkenntnisse festgehalten hatte, befanden sich darin. Alle tiefgehenden emotionalen Prozesse und die Überwindung seelischer Verletzungen waren in diesen Tagebüchern dokumentiert worden. Alle Entwürfe eines für mich idealen Lebens, meine schmerzlichsten Erkenntnisse über mich selbst und meine stetige Kontemplation über meine persönliche Weiterentwicklung – all dies wurde mir entwendet. Alle meine allgemeinen Beobachtungen, Erkenntnisse aus meinen Reisen, Aufzeichnungen von Gesprächen und unzählige Mikro-Lektionen, die mir an besonders guten Tagen zuteilwurden – alles verschwand. An einem einzigen Tag. An einem einzigen Morgen genauer gesagt. Das Universum hat einen komischen Sinn für Humor, nicht wahr?

Wenn mich Leute fragen: »Robin, mir gefällt Ihre Methode, dass man aufzeichnen soll, wie man seinen Optimismus, seine Authentizität und Großzügigkeit steigern, sein Wissen und seine geistige Freiheit erweitern kann, aber was passiert, wenn jemand sieht, was ich schreibe?«, dann kann ich darauf aus eigener Erfahrung antworten: »Was spielt das für eine Rolle? Die anderen sehen einen Menschen, der sein Leben lebt. Der hoffnungsfroh, aber auch angsterfüllt ist. Vortrefflich, aber auch makelbehaftet. Selbstsicher, aber auch verwirrt. Jemanden, der an sich arbeitet.

Der sich seinem höchsten Potenzial anzunähern versucht. Was für ein mutiger Mensch. Ein wunderbarer Mensch.«

Dieser gewaltige Verlust brachte mich dazu loszulassen – eine der bedeutsamsten Fähigkeiten, die wir uns während unseres Erdendaseins aneignen können. Dieser Verrat stärkte meine Fähigkeit, zu akzeptieren, was ist, und Frieden zu schließen mit allem, was geschieht. Er half mir, mich von allem zu lösen, was sich ereignet, und die Kontrolle darüber aufzugeben. Mich nicht mehr damit zu identifizieren, was andere über mich denken mögen, wenn sie von meinen Ängsten und Fehlern lesen wie auch von meinen Gebeten, Wünschen und Zielen. Im besten Fall sehen Leser meiner persönlichen Reflexionen einen Menschen, der unterwegs ist. Jemanden, der härter an sich arbeitet als alle anderen in dem Raum, in dem ich mich befinde. Einen Menschen, der entschlossen ist, sich persönlich weiterzuentwickeln, achtsamer, hilfreicher und mitfühlender zu werden. Und irgendwann vielleicht auch edler. Im schlimmsten Fall wird ein Betrachter etwas über meine Irrtümer erfahren, meine Enttäuschungen, meine Verletzungen und mich vielleicht als gebrochenen Menschen einstufen. Und wissen Sie was? Gemäß meiner Philosophie macht mich das zu einem echten Menschen. Einem wachen, einem lebendigen Menschen.

Ich kenne so viele berühmte Persönlichkeiten, bekannte Führungspersonen und sogenannte Gurus, die, wenn das Scheinwerferlicht ausgeht, ganz anders sind, als sie sich zuvor dargestellt haben. Es war alles eine Illusion, reines Marketing und ein Verkaufstrick.

Fast täglich persönliche Aufzeichnungen in einem Tagebuch anzufertigen hat mir geholfen, mich weiterzuentwickeln, hat mein Selbstverständnis verfeinert und meiner Kreativität einen enormen Schub verliehen, hat meine emotionale Kompetenz gestärkt, ein Gefühl tiefer Dankbarkeit in mir verankert und viele der dunklen Flecken in meiner Seele getilgt. Offen gesagt hat diese Übung gewissermaßen dazu beigetragen, mir das Leben zu retten. Was ich auf diesen Seiten geschrieben habe, zwischen dem schwarzen

Ledereinband, stellt meinen persönlichen Reinigungsprozess in allen Einzelheiten dar. Mein Training, mir einen widerstandsfähigeren Charakter zuzulegen und ein wahrer Leader zu werden. Meine Versuche, jede Art von Negativität und Toxizität in mir loszulassen, statt zu unterdrücken. Alle meine Tagebücher sind ein Archiv des Abenteuers meines größten stillen und allmählichen Triumphs über meine unsichere und ängstliche Seite.

Wenn ein Bruder oder eine Schwester unserer großen Familie, die diesen winzigen Planeten bewohnt, mich verurteilen, sich über mich lustig machen möchte oder einen schlechteren Eindruck von mir gewinnt, wenn er oder sie von meinen Schwächen und Fehlern gelesen hat, nun, dann ist das für mich auch in Ordnung. Sie sollen tun oder meinen, was sie für richtig halten. Mit mir hat das alles nichts zu tun. Es geht mich nichts an.

Mein Lieblingssatz aus dem Film *Shoot the Messenger:* »Schaut man auf das Leben eines Menschen, sieht man einen Affenzirkus.« Einen Affenzirkus. Das gilt für das Leben *jedes* Menschen. Voller Farben und Spektakel, Überraschungen und Akrobatik, ein kleiner Drahtseilakt in ungemütlichen Zeiten, aber auch voller Wunder und Ehrfurcht an hellen, sonnigen Tagen.

8

Anleitungen von hochkarätigen Mentoren

Ich hoffe, dass diese Nachricht, die ich auf einem Transatlantikflug schreibe, Sie bei ungetrübter Konzentration auf Ihr Können antrifft, bei zielgerichtetem Streben nach den Gipfeln Ihrer Vortrefflichkeit und in der unerschütterlichen Bereitschaft, der Welt Ihren Stempel aufzudrücken, während Sie sich ein Leben voller Glück, Gelassenheit, Kultiviertheit und Hilfsbereitschaft aufbauen, auf das Sie am Ende stolz sein können.

Ich hatte das Glück, in meinem Leben mehrere ausgezeichnete Mentoren kennenzulernen. Als frischgebackener Jurist von Anfang 20 arbeitete ich für einen angesehenen Richter, der sich durch größte Integrität, außergewöhnliche Disziplin und unvergessliche Bescheidenheit auszeichnete. Er genoss hohe Wertschätzung in seinem Fach, war in Harvard ausgebildet worden und ein echtes Beispiel für Meisterhaftigkeit. Er führte ein genügsames Leben. Das Auto zum Beispiel, das er fuhr, war schlicht, unauffällig und schon mehrere Jahre alt. Dieser Gentleman gab kein Geld für triviale Dinge aus. Denn er war ein echtes Schwergewicht.

Wir blieben in Verbindung, nachdem er in den Ruhestand getreten war. Er sandte mir nachdenkliche handgeschriebene Briefe und dankte mir für die Bücher, die ich ihm schickte. Er verfolgte mein Fortkommen und beglückwünschte mich zu meinen Erfolgen als Autor und Berater von Führungspersönlichkeiten. Aufgrund seiner Güte und Freundlichkeit fühlte ich mich immer größer und besser, als ich bin. Seine liebevolle Zuwendung bestärkte mich in meiner optimistischen Haltung. Er war ein großartiger Mensch. Ich freute mich auf seine Briefe, auf deren Umschlägen mein Name und meine Anschrift sorgfältig mit der Tinte seines alten Füllfederhalters geschrieben standen.

Mein letzter Besuch bei meinem größten Mentor, Oberrichter Lorne O. Clarke

Als er auf Mitte 80 zuging – in einer Phase meines Lebens, in der ich mit internationalen Vortragsreisen, Manuskriptabgabeterminen und familiären Verpflichtungen beschäftigt war –, entschloss ich mich, eine Pause einzulegen und ein Flugzeug zu besteigen, um diesen Menschen zu besuchen, der mich so stark beeinflusst hatte. Ich wollte nicht die Chance verpassen, ihn noch einmal wiederzusehen. Bei einigen Tassen Tee blickten wir zurück auf die Zeit, die wir zusammen verbracht hatten, lachten herzlich und unterhielten uns über eine Vielzahl von Themen, die uns beide interessierten. Bevor ich ging, fragte ich meinen alten Mentor: »Was ist der wichtigste Rat, den Sie mir geben können, Chief Justice Clarke?«

Er schwieg eine Weile. Dann antwortete er leise: »Seien Sie immer gütig, Robin. Das ist so wichtig. *Seien Sie immer gütig.*« Dann tat er etwas, das er in all den Jahren, die wir uns kannten, noch nie getan hatte: Er beugte sich zu mir, umarmte mich und sagte: »Ich liebe Sie, Robin.«

Zwei Monate später starb dieser große Repräsentant der Justiz und wahrhaftige Diener der Gesellschaft.

Auch Steve Wozniak, der Mitbegründer von Apple, war ein außerordentlich wichtiger Mentor für mich. Ich lernte ihn in Zürich kennen, wo er an meiner Veranstaltung »The Titan Summit« teilnahm, einem Live-Event für globale Leader und herausragende Unternehmerpersönlichkeiten, das ich viele Jahre veranstaltete. Obwohl er eine weltbekannte Persönlichkeit war, erschien Woz allein auf der Veranstaltung, war überaus freundlich und zugänglich wie ein lieber Freund. In unserem Interview auf der Bühne stellte er seine Erfolgsformel als Visionär und Cheftechnologe vor, gab einige wenig bekannte Informationen über die Quellen von Steve Jobs' Meisterhaftigkeit preis und ermutigte uns alle, nicht nur in unserem jeweiligen Fach die Besten der Welt zu werden, sondern auch jeden Menschen, den wir kennenlernen, mit ausgesuchter Höflichkeit und außergewöhnlichem Respekt zu behandeln.

Wir blieben viele Jahre in Kontakt, und für mich war er bald nicht mehr nur ein Berater, sondern wurde auch ein geschätzter Freund.

Hinter der Bühne auf »The Titan Summit« in Zürich mit dem Apple-Mitbegründer Steve Wozniak

Obwohl ich die Ehre hatte, als Trainer oder Coach für viele bekannte Milliardäre, Sportler und leitende Manager von Firmen wie Nike, FedEx, Oracle, Starbucks, Unilever und Microsoft tätig zu sein, würde ich auf die Frage, wer mein Leben am meisten beeinflusst hat, antworten: »Das ist völlig klar … mein Vater.«

Mein Vater entstammte einer gewöhnlichen Familie, die in der Stadt Jammu in Kaschmir lebte; sein Vater war Priester und seine Mutter gewissermaßen eine Heilige. Nach Aussagen meines Onkels (seines Bruders) war mein Vater ein begabter Student, musste aber ungefähr 10 000 Mitbewerber aus dem Feld schlagen, um einen Studienplatz an einer medizinischen Hochschule in der indischen Stadt Agra, wo auch das Tadsch Mahal steht, zu ergattern. Als er dorthin umziehen musste, um sein Studium anzutreten, machte er sich zusammen mit seinem Bruder zu Fuß auf den Weg. Die beiden marschierten einen ganzen Tag lang, dann bestiegen sie einen Zug und kamen nach drei Tagen in der Hochschule an, wo meinem Vater von der Verwaltung mitgeteilt wurde, dass sein Studienplatz mittlerweile an jemand anderen vergeben worden sei. Sie gaben aber nicht auf und baten die Universitätsleitung um eine Ausnahmegenehmigung unter Hinweis auf die außergewöhnlichen schulischen Leistungen meines Vaters. (Dad würde dies aufgrund seiner Bescheidenheit niemals von sich aus erwähnen, aber mein Onkel bestätigte, dass er wirklich ein »brillanter Schüler« war.) Nach ausführlichen Diskussionen wurde mein Vater schließlich doch an der Hochschule aufgenommen. Was es ihm ermöglichte …

… sein Medizinstudium zu absolvieren und nach Afrika zu ziehen, wo er meine Mutter kennenlernte (und ich gezeugt wurde).

… für die ugandische Regierung als Feldarzt zu arbeiten. (Einmal begegnete er im Dschungel dem Diktator Idi Amin. Meine Mutter erzählte, sie habe an diesem Tag meinem Vater das Leben gerettet. Aber das ist eine andere Geschichte, vielleicht für ein späteres Buch.)

… eine gesunde Familie zu gründen und zu versorgen (mein Bruder ist ein angesehener Augenchirurg).

Mein Vater (und meine sehr kluge Mutter) bedeutet alles für mich. Seit 54 Jahren stellt sich mein Vater als Hausarzt in den Dienst der Gesellschaft. Viele Jahrzehnte hat er Menschen in Not geholfen und behandelte Patienten manchmal auch kostenlos, wenn sie kein Geld hatten. Und Jahr für Jahr hat er mir wichtige philosophische Erkenntnisse nähergebracht, die mich tief geprägt haben.

Ich mit meinen Eltern im Garten

Ich möchte hier die wichtigste Erkenntnis mit Ihnen teilen, die mir mein Vater vermittelt hat. Es ist (wie alle großen Wahrheiten) eine grundlegende und auch eine grundlegend einfache Lektion: »Anderen dienen.«

… Zu viele Menschen legen in den unsicheren Zeiten, in denen wir leben, selbstsüchtige, von Anspruchsdenken geprägte und unwürdige Verhaltensweisen an den Tag, die unserer Gesellschaft schaden und unserem Planeten zum Nachteil gereichen.

… Zu viele Menschen haben vergessen, dass wir alle einer Familie angehören – in einer sehr unwichtigen Sphäre, in einem Universum, das aus 200 Milliarden Galaxien und 2 Billionen Sternen besteht.

… Zu viele Menschen messen Erfolg an Wohlstand und Konsum, wissen nicht, wann es genug ist, und bewegen sich durch ihr Leben, als seien sie von Machiavelli ausgebildet worden.

… Zu viele Menschen haben eine Gehirnwäsche durchgemacht und glauben, dass jener, der das meiste nimmt, auch das Beste verdient.

Stimmt das wirklich? Was ist mit den Reichtümern, die Ihnen zufließen, wenn Sie sich verstärkt anderen zuwenden und Ihre Hilfsbereitschaft und Ihre Unterstützung für Bedürftige oder Menschen in Not steigern – sei es ein Verwandter oder ein Freund, ein Kunde oder ein Lieferant, ein Nachbar oder ein vollkommen Fremder? Großzügige Belohnungen – wie etwa wunschloses Glück, immerwährende Gelassenheit und wachsende Selbstliebe – gehen hervor aus dem Wissen, dass Ihr Leben im Dienst einer Mission steht, die über Sie persönlich hinausreicht.

»Anderen dienen«, sagte mein Vater zu mir und meinem Bruder. Oft. Und manchmal, wenn er auf seinem Lieblingsstuhl im Wohnzimmer saß, seine Medizinbücher neben sich, fügte er hinzu: »Das ist das Geheimnis eines guten Lebens, Jungs.«

Um dies zu verdeutlichen, schrieb mein Vater ein Gedicht von Rabindranath Tagore auf die Rückseite seines Rezeptblocks und befestigte den Karton an der Kühlschranktür, damit wir den Text jeden Morgen sahen, bevor wir in die Schule gingen:

Der Frühling ist vorbei.
Der Sommer ist vergangen.
Und der Winter ist gekommen.
Und die Lieder, die ich singen wollte, bleiben ungesungen.
Denn ich habe meine Tage damit zugebracht, mein Instrument immer wieder neu zu stimmen.

Diese Verse erinnern uns daran, dass das Leben zu kurz ist, um es nicht voll auszukosten. Dass in jedem von uns Musik ist, die nicht unterdrückt werden darf. Dass geschäftig zu sein um seiner selbst willen und zuzulassen, dass die Stunden mit Belanglosigkeiten verplempert werden, in hohem Maße respektlos ist gegenüber unserem inneren Genius.

Bei diesen Worten denke ich auch an die Pflicht, nützlich zu sein, die jeder von uns in sich trägt. Sie bringen die Verpflichtung zum Ausdruck, andere emporzuheben in einer Kultur, die allzu oft die Menschen nach unten zieht. Sie künden von unserer gemeinschaftlichen Verantwortung, unsere Tage auf eine Art und Weise zu verbringen, die Ungerechtigkeit, schlechte Behandlung und Hass in unserer gegenwärtigen Kultur vermindert und durch Freundlichkeit und Wohlwollen gegenüber allen ersetzt. Und durch Ehrung.

Mein Vater – mein größter Mentor – schrieb mir einen Brief, als ich ein junger Anwalt war. Ich habe einige Worte davon tief in mein Herz eingeschrieben. Und diese Worte möchte ich mit Ihnen teilen:

> Als du geboren wurdest, hast du geweint, während die Welt sich freute. Lebe dein Leben auf eine Weise, dass die Welt weint, wenn du stirbst, während du dich freust.

9

Die Freude, die es bereitet, wenn man ausgelacht wird

Das ist ein kurzes Kapitel und für Visionäre, Träumer und Unangepasste bestimmt.

Wenn Sie Ihre Pläne verfolgen und Ihre hochgesteckten Ziele verwirklichen, kommen die Trolle aus ihren Verstecken. Wenn Sie Ihrer wahren Berufung folgen und Ihre Begabungen zum Tragen bringen, werden Kritiker murren und Zyniker maulen. Wenn Sie Ihr bislang schlummerndes Potenzial an Produktivität, Erfolg und Einfluss erschließen, werden Schwarzseher über Sie lachen. Und versuchen, Sie aufzuhalten. Doch alle Menschen, die Geschichte geschrieben haben, wurden anfangs belächelt und am Ende verehrt.

Die Natur eines hehren Ideals und die unerschütterliche Hoffnung, es zu verwirklichen, bedeuten, dass Sie aus der Masse herausstechen, dass man Sie einen komischen Kauz nennt und die Gesellschaft sich durch Ihre schöpferische Kraft bedroht fühlt. Dies wird sich in Form von Eifersucht, Spott und bisweilen auch heimtückischen Angriffen manifestieren.

Denken Sie bitte immer daran, dass jene, die Ihre Träume zunichtezumachen versuchen, *ihre eigene* Begrenztheit dadurch offenbaren – nicht die Ihrige. Machen Sie also unbedingt weiter. Sie dürfen nicht aufgeben angesichts der Unsicherheiten und der »Borniertheit« anderer. Denn der Verzicht auf angemessenes Handeln ermöglicht den Triumph der Engherzigen, der Kleinlichen und jener, die am liebsten alle in Dunkelheit sehen wollen statt in hellem Licht.

10

Das Memo von Orson Welles

Orson Welles gilt weithin als einer der modernsten Filmemacher aller Zeiten.

… Von ihm stammt der Film *Citizen Kane.*

… Er hat bei der außergewöhnlichen Radioadaption des Romans *Krieg der Welten* von H. G. Wells Regie geführt und war der Erzähler – ein Hörspiel, das eine Hysterie auslöste, weil viele Hörer ernsthaft glaubten, die Erde würde von Außerirdischen angegriffen werden, und sich in Sicherheit zu bringen suchten.

… Er erfand den Kinofilm praktisch neu durch seine ungewöhnlichen Kameraperspektiven, seine vielseitigen Tontechniken und die langen Einstellungen, die sein Markenzeichen wurden.

Am meisten jedoch bewundere ich an Orson Welles seine künstlerische Integrität und sein Bekenntnis zu Fehlerlosigkeit als kreative Führungspersönlichkeit. Nachdem er sich drei Monate lang im Schneideraum darum bemüht hatte, seinen Film *Im Zeichen des Bösen* zu einer Glanzleistung zu machen, wurde Welles vom Filmstudio untersagt, weiter an diesem Projekt zu arbeiten. (Er galt im Hollywood-Establishment immer als Außenseiter und hatte oft Schwierigkeiten, seine Projekte zu Ende zu bringen.) Welles hatte Verständnis dafür, dass sich manche Leute durch seinen Perfektionismus genervt fühlten, und sagte einmal: »Ich würde ewig an der Fertigstellung eines Films arbeiten. Ich weiß nicht, warum ich so lange brauche, aber das weckt den Zorn der Produzenten, die mir dann den Film aus der Hand nehmen.«

Einige Monate, nachdem man ihm das Projekt entzogen hatte, sah Welles die Schnittfassung von *Im Zeichen des Bösen,* die das Studio erstellt hatte. Er war so enttäuscht darüber, dass die Qualität des Films nicht seine Qualitätsvorstellungen widerspiegelte, dass er – obwohl er keinen Vertrag mehr hatte (und auch kein Geld mehr bekam) – ein Memorandum an den Leiter der Produktionsfirma verfasste, in dem er – mit höchster Präzision – darstellte, warum die vom Studio vorgenommenen Kürzungen unberechtigt seien, und um Änderungen bat. Das Dokument umfasste 58 Seiten. Ich habe es gelesen. Es ist atemberaubend. Das technische Fachwissen, das darin zum Vorschein kommt, die Aufmerksamkeit, die er scheinbar nebensächlichen Aspekten widmet, und die Sorge um die Schädigung seines guten Namens sind wirklich verblüffend. Und eine große Inspiration für jeden, der ein Werk schaffen will, das dauerhaft Bestand hat.

Seine Vorschläge wurden vom Produzenten verworfen und *Im Zeichen des Bösen* kam in der vorliegenden Fassung in die Kinos. In dieser Version wurde der Film 18 Jahre lang gezeigt, bis das Memorandum entdeckt und in der Fachzeitschrift *Film Quarterly* veröffentlicht wurde, wodurch ein Regisseur darauf aufmerksam wurde, der Orson Welles als Idol verehrte. Er bearbeitete den Film so, dass er nun stärker der Originalversion des Pioniers entsprach, der ihn geschaffen hat.

Die Kritiker waren begeistert. Für mich hingegen bestand Orson Welles' wahrer Sieg nicht in der Veröffentlichung der wiederhergestellten Fassung des Films, sondern im Schreiben dieses Memorandums. Was eine Bestätigung dafür ist, dass es bei der Erstellung eines Meisterwerks weniger um Geldverdienen geht, sondern viel mehr um den Charakter des Schöpfers.

11

Nichts ist perfekt

In San José in Costa Rica wohnte ich einmal in einem hübschen Boutique-Hotel, das an einem kleinen Fluss gelegen war. Beim Check-out fragte die junge Frau an der Rezeption höflich: »Wie war Ihr Aufenthalt? Ich hoffe, es war alles perfekt.« Bevor ich antworten konnte, unterbrach sie sich und sagte: »Natürlich, nichts ist perfekt.«

Hm.

In der Natur ist keine Sandbank, kein Garten, kein gewundener Bach, kein blühender Strauch und kein üppiger Wald perfekt. Das Gleiche gilt für das Leben, denn es wird von denselben Naturgesetzen beherrscht. Man wird nichts finden, das vollkommen perfekt ist. Niemals. Wenn Sie dies einmal akzeptiert haben, wird es Ihnen viel leichter fallen, damit umzugehen, wie die Dinge eben sind. Sie werden wesentlich fröhlicher sein, mehr innere Ruhe und spirituelle Genialität erfahren.

Nichts, woran Sie arbeiten, wird jemals perfekt sein, auch wenn es Ihr Opus magnum ist. Ich bin sicher, dass Michelangelo nachträglich ein paar Pinselstriche an dem Fresko an der Decke der Sixtinischen Kapelle geändert hätte und dass Leo Tolstoi sein Werk *Krieg und Frieden* leicht anders aufgebaut hätte, wenn man ihm eine zweite Chance gegeben hätte, und dass Marie Curie einige ihrer wissenschaftlichen Innovationen bei weiterer Überlegung überarbeitet hätte.

Kein Unternehmen wird jemals perfekt sein, selbst wenn Ihre Waren herausragend sind und Sie die besten Leute in Ihrem Team haben. Kein Essen in einem Restaurant wird jemals perfekt sein, auch wenn es die teuerste Mahlzeit ist, die Sie jemals gegessen haben. Kein Paar Schuhe, kein Kuchen aus einer Bäckerei, kein Film, den Sie im Fernsehen anschauen, und kein Sportwettkampf zwischen Topmannschaften werden jemals perfekt sein. Und auch keine persönliche Beziehung wird perfekt sein. Denn die perfekte Person muss man erst kennenlernen.

Doch es gibt diese eine wunderbare Sache …

… Je mehr Sie sich einlassen auf die Unvollkommenheit aller Dinge, desto eher werden Sie gewissermaßen automatisch beginnen, den Zauber im Chaos zu erkennen. Sie werden anfangen, die Chemie – und die Alchemie – in Objekten, Erlebnissen und Menschen wahrzunehmen, die mit Mängeln und Fehlern behaftet sind. Sie werden lernen, darauf zu vertrauen, dass dies alles perfekt ist, *gerade weil* es unvollkommen ist.

In Japan reparieren die Menschen kaputte Keramik, indem sie die Bruchstücke mit einer Kittmasse zusammenkleben, in die feines Pulvergold eingestreut ist, eine 400 Jahre alte Technik namens »Kintsugi«. Es fasziniert mich sehr, wie ein vorher zerbrochener Gegenstand an den Bruchstellen fester wird. Zudem demonstriert diese Technik, dass etwas, das mit Fehlern behaftet ist, neu bewertet werden kann als etwas nunmehr wesentlich Wertvolleres.

Wäre das nicht tatsächlich etwas Perfektes?

12

Die Lehre des Kastanienverkäufers

Eines Abends war ich in einer bekannten europäischen Stadt allein auf den gepflasterten Straßen unterwegs. Ich beobachtete Touristen, die aus schicken Restaurants kamen, betrachtete die sorgfältig arrangierten Schaufensterpuppen in den Auslagen nobler Läden und bewunderte die mondbeschienenen Dächer der großen Kathedralen. In einer Ecke entdeckte ich eine einsame Gestalt. Der Mann kauerte über einem Öfchen, auf dem Kastanien geröstet wurden. Er verrichtete seine Arbeit, als wäre es die wichtigste Tätigkeit auf der Welt. Ein schwaches Lächeln lag auf seinem zerfurchten Gesicht, obwohl es schon fast Mitternacht war.

»Es ist spät. Es ist kalt. Auf den Straßen ist es jetzt ziemlich ruhig. Warum sitzen Sie noch immer auf Ihrem Stuhl und bieten Kastanien an?«, fragte ich den Verkäufer in mittlerem Alter, der eine blaue Wollmütze trug.

Er schaute mich zunächst schweigend an. »Ich war früher in meinem Heimatland ein sehr erfolgreicher Geschäftsmann«, erwiderte er schließlich. »Dann wurde ich krank und verlor alles. Meine Firma, mein Haus und mein Geld. Aber ich kann noch arbeiten, Gott sei Dank. Ich kann noch immer mein Leben verbessern. Ich kann noch immer Menschen glücklich machen, indem ich ihnen diese Kastanien gebe, die ich mit viel Liebe röste. Ich lebe noch, also kann ich noch träumen.«

»Ich lebe noch, also kann ich noch träumen«, wiederholte der Kastanienverkäufer.

Der Kastanienverkäufer suchte nicht nach Entschuldigungen

»Ich hatte Träume und ich hatte Albträume. Ich habe meine Albträume besiegt dank meiner Träume«, sagte Jonas Salk einmal, der berühmte Wissenschaftler, der die Impfung gegen Kinderlähmung entwickelt hat. Jeder lebendige Mensch, dessen Herz noch schlägt, besitzt eine fesselnde, hypnotisierende Kraft. Eine Fähigkeit, Ideale in Ergebnisse zu verwandeln, Rückschläge in Erfolge und Versprechen in Können. Bedauerlicherweise ist den meisten Menschen beigebracht worden, diese Kraft zu verleugnen, wenn sie sie nicht schon längst vergessen haben.

Da war dieser Mann. Er hatte eine Tragödie erlebt. Das Schicksal hatte es nicht gut mit ihm gemeint und ihm schwere Verletzungen zugefügt. Doch anstatt sich zu beklagen, das Leben zu verdammen und wenig anzufangen mit seinen Fähigkeiten wie ein hilfloses Opfer, das seine Wunden leckt und in Selbstmitleid zerfließt, war er hier: Er lächelte, arbeitete und tat, was er konnte, um sein Leben zu verbessern. Wundervoll. Heldenmütig.

Wenn er sich seine Entschlossenheit und seine Leidenschaft für seinen Beruf bewahrt, habe ich keinen Zweifel, dass er bald Mitarbeiter engagieren wird, die ihm helfen werden, sein Unternehmen an weiteren Standorten zu betreiben. Und wenn er seine Chancen konsequent nutzt, wird er vielleicht im Lauf der Zeit eine Kastanienfarm kaufen und eine Fabrik zur Kastanienverarbeitung errichten können, die viele Leute beschäftigt, und sich dann zur Ruhe setzen können, um sich philanthropischen Aktivitäten zu widmen. Wer weiß? Das Schicksal folgt seinem eigenen Drehbuch, und vieles von dem, was uns im Leben erwartet, ist aufgezeichnet worden vom Hüter des Schicksals. Aber wir Menschen sind auch mit enormen Gaben ausgestattet und mit der Macht, unsere Zukunft selbst zu gestalten.

Mein Erlebnis mit dem Kastanienverkäufer mit dem starken Charakter erinnert mich an die »Geschichte von den zwei Restaurants«, wie ich sie nenne. In einer beschaulichen europäischen Stadt, die gerne von Liebespaaren besucht wird, gibt es zwei Restaurants. Sie liegen an derselben Straße und direkt gegenüber. Dort wird dieselbe Art von Gerichten serviert, und auf den ersten Blick sehen sie auch ziemlich ähnlich aus. Doch vor einem dieser Lokale bilden sich immer lange Warteschlangen. Und wie sieht es vor dem anderen aus? Die Tische sind meistens nur spärlich besetzt. Das ist interessant, nicht wahr?

Ich möchte wetten, dass der Inhaber des leeren Restaurants tausend Gründe und noch mehr Entschuldigungen dafür anführen kann, warum sein Lokal weniger beliebt ist. Er würde zum Beispiel sagen: »Die anderen haben einfach mehr Glück« oder »Sie haben eine bessere Lage« oder »Ich finde keinen guten Küchenchef« oder »Es ist schwierig, heutzutage gute Mitarbeiter aufzutreiben« oder »Die schlechte Wirtschaftslage macht es mir unmöglich, Erfolg zu haben«. Keine dieser Entschuldigungen hätte irgendetwas mit der Wirklichkeit zu tun. Sie würden nur dem Inhaber des Restaurants dazu dienen, sich angesichts seiner leeren Tische ein wenig besser zu fühlen.

In Wirklichkeit ist es dem anderen Restaurant gelungen, eine Möglichkeit zu finden, *sich hervorzuheben.* Schon allein die Lage auf der anderen Straßenseite ist ein wichtiger Faktor. Aber es ist wesentlich leichter, einen Vorteil, den man besitzt, aus der Hand zu geben. Es auf mangelnde Fachkenntnisse oder eine schlechte Arbeitsmoral zu schieben oder auf die fehlende Begeisterung, etwas Besonderes zu schaffen, ist einfacher. Und das Schicksal oder ungünstige Umstände dafür verantwortlich zu machen, dass man keine außergewöhnlichen Leistungen erbringen kann, gibt dem Menschen ein Gefühl der Sicherheit. Denn die volle persönliche Verantwortung zu übernehmen für unsere Handlungen und die Folgen, die sich daraus ergeben, erfordert, dass wir unsere inneren Drachen und Dämonen bekämpfen. Dazu bedarf es außerordentlichen Mutes und profunden Wissens – was nur wenige aufzubringen bereit sind.

Um Ergebnisse zu erzielen, die nur sehr wenige erzielen, muss man auch Dinge tun, die nur sehr wenige tun. Das Glück im Leben fällt uns nicht zu. Wir schaffen uns das Glück. Wenn wir auf richtige Weise handeln.

Ich möchte Ihnen vorschlagen, dass Sie sich – und zwar gleich heute – selbst das Versprechen geben, dass Virtuosität Ihr inneres Licht sein soll, Gewissenhaftigkeit Ihr Polarstern, Integrität Ihr Leuchtturm und das lebenslange Streben nach Großartigkeit Ihr Kompass. Und wenn Ihnen eigentlich nach Aufgeben zumute ist und Sie echte Inspiration benötigen, denken Sie an meinen Freund, den Kastanienverkäufer. Den Mann mit der blauen Kappe.

13

Das Prinzip der beschleunigten Positivität

Ihr Ökosystem bestimmt Ihre Energie. Und Ihre Umgebung beeinflusst Ihre Leistungsfähigkeit. Auf dramatische Weise. Alles außerhalb von Ihnen hat Einfluss darauf, wie Sie denken und empfinden, auf Ihre Kreativität und Ihre Leistungen. Auf alles. Ihr persönliches Ökosystem umfasst die Menschen, mit denen Sie sprechen, die Meinungsführer, denen Sie folgen, die Medien, die Sie nutzen, die Bücher, die Sie lesen, die Nahrung, die Sie essen, das Handwerkszeug, das Sie verwenden, die Verkehrsmittel, die Sie nutzen, an welchem Ort Sie leben und welche Gebiete oder Räume Sie besuchen. Das Zusammenwirken all dieser Einflüsse ist maßgeblich dafür, ob Sie emporsteigen zu legendärem Ruhm oder absinken in die Gewöhnlichkeit.

Das bringt mich zum IPOP-Prinzip: *Input Positivity and You'll Output Positivity* (Deutsch: Speise Positivität ein, dann strahlst du Positivität aus). Sie können nicht jeden Tag stundenlang im Fernsehen die Nachrichten verfolgen (was dazu führen würde, dass Sie alles Mögliche sehen, aber nicht, wie sich das große Gute in der Welt in diesem Augenblick entfaltet), sich mit berühmten Persönlichkeiten befassen, die oberflächlich sind und auf Showeffekte bedacht, sich nur mit Menschen umgeben, die Sie herunterziehen, und Ihre Zeit in schlechter Umgebung verbringen, aber zugleich hoffen, Zugang zu jenem Zauber zu finden, der Ihre angeborenen Begabungen verstärkt, Ihren hehren Charakter fördert und es Ihnen ermöglicht, sich in der Gesellschaft als Star zu präsentieren.

Um Ihre Inspiration zu stärken, müssen Sie Dinge tun, die Ihre Inspiration stärken. Ich weiß, das klingt wie eine nichtssagende Redensart. Aktiv die eigene Positivität zu schützen, um höchste Kreativität und Spitzenproduktivität zu erzielen, ist nicht weitverbreitet in einer Kultur, die auf digitale Ablenkungen setzt und auf Flucht aus der Wirklichkeit durch oberflächliche Effekthascherei. Um die Belohnungen zu erhalten, die nur 5 Prozent der Bevölkerung erlangen, müssen Sie sich Gepflogenheiten und Lebensweisen aneignen, die 95 Prozent der Bevölkerung nicht annehmen wollen.

Ich schlage Ihnen vor, einen Burggraben um Ihr mit den größten Hoffnungen verbundenes Mindset anzulegen und eine Mauer um den Überschwang Ihrer hochfliegendsten Erwartungen zu errichten. Lassen Sie nur jene Einflüsse auf sich wirken, die Ihre Begeisterung anfachen, Ihre innere Genialität optimieren, Ihre Leistungsfähigkeit maximieren und Ihre angeborene Begabung verherrlichen. Schützen Sie diese ermutigenden Gedanken, um die Sie so hart gerungen haben, mit Schilden und Rüstungen und errichten Sie eine unsichtbare Festung, die es nichts und niemandem erlaubt, Ihre Großartigkeit infrage zu stellen. Denn Sie werden Ihr visionäres Projekt nicht aufbauen und Ihren Zauber zur Entfaltung bringen können, wenn Ihr Inspirationstank leer ist und Sie voller Negativität sind. Und wenn Sie schon dabei sind, können Sie Ihren Geist (und Ihr Herz) auch gleich mit hochgesteckten Ambitionen füllen, sodass kein Raum mehr bleibt für kleinliche Sorgen.

Spitzenkünstler arbeiten aus einem ganz bestimmten Grund in positiven und schönen Umgebungen: Diese aktivieren ihren »Flow-Zustand«, jenen Strom von Brillanz, der für jeden von uns verfügbar ist, wenn wir unseren Arbeitsplatz strukturieren und unser Privatleben in einer Weise organisieren, die es uns ermöglicht, unsere Kräfte in höchstem Maße auszuschöpfen.

Der Maler Andrew Wyeth, der später zu einem der gefeiertsten Künstler der Geschichte wurde, verließ New York City und verbrachte den Rest seiner Karriere mit der Arbeit in einem Studio auf einer Farm in Chadds Ford in Pennsylvania und in einem Strandhäuschen in Cushing in Maine. Den Kontakt mit der Großartigkeit der Natur aufrechtzuerhalten ist eine Gepflogenheit aller großen Meister, der es ihnen ermöglicht, ihre Inspiration zu pflegen, sich zu konzentrieren und Freude zu erleben in einer Zeit durchgreifender Veränderungen und großer Umbrüche. (Dabei sind sie häufig auch allein, denn der Aufstieg zur höchsten Stufe kreativen Schaffens ist nur in der Abgeschiedenheit möglich.)

J. D. Salinger zog sich nach dem riesigen Erfolg seines Buches *Der Fänger im Roggen* an seinem 34. Geburtstag aus der Öffentlichkeit zurück und verbrachte die restlichen 57 Jahre seines Lebens schreibend in einem kleinen Studio, das durch einen unterirdischen Gang mit seinem Haus im ländlichen Cornish in New Hampshire verbunden war. Er konnte in sein Schreibzimmer gehen, ohne von Fotografen oder Fans gesehen zu werden, die draußen warteten.

Ian Fleming, der Schöpfer von James Bond, kaufte sich einen Ruhesitz auf Jamaika, dem er den Namen »Golden Eye« gab. Das Haus lag an einem zauberhaften Strand, der ihm jene Eindrücke und künstlerischen Inspirationen vermittelte, die er brauchte, um sein Können zu verfeinern. (Faszinierend finde ich zum Beispiel, dass er seine Gärtner anwies, nicht am Fenster seines Arbeitszimmers vorbeizugehen, weil dies seine künstlerische Trance gestört hätte.)

Als britischer Premierminister verbrachte Winston Churchill – um sich zu entspannen von dem Druck, der im Zweiten Weltkrieg im Kampf gegen das Naziregime auf ihm lastete – seine Wochenenden in Chequers, dem offiziellen Landsitz, der britischen Regierungschefs zur Verfügung steht, oder in Chartwell, seiner an einem See liegenden Residenz in Südostengland. An diesen Orten entwickelte er militärische Strategien, schrieb seine zündenden Reden, malte Landschaftsbilder und rauchte Zigarren in den grünen Gärten.

Erbauer von Welten wie auch Alltagshelden, die ihre Versprechen zu verwirklichen entschlossen sind, sind alle vertraut mit dem IPOP-Prinzip. Sie wissen, dass die Stärkung von Positivität, Inspiration und hohen Erwartungen in einer Zeit allgemeiner Negativität von zentraler Bedeutung ist für ihr Bemühen, Leistungen von überragender Qualität zu erbringen und ein Leben zu führen, das überfließt von Glück, Heiterkeit und geistiger Freiheit.

14

Setzen Sie Ihre Genialität nicht herab

Wo man auch hingeht, hört man, wie normale Menschen unflätige Worte für großartige Dinge verwenden.

> … Der Weg zur Erleuchtung besteht nicht darin, dass einem alles »scheißegal« ist.
> … Tragen Sie stylische Turnschuhe und man wird Sie bejubeln wegen Ihrer »kranken Latschen«.
> … Lernen Sie zu meditieren, zu visualisieren, schreiben Sie Tagebuch und träumen Sie davon, alte Traumata freizusetzen, überwinden Sie Ihre Ängste und stärken Sie Ihre Zuversicht, dann werden Ihre Freunde Sie als »Gangster« feiern.
> … Liefern Sie die vortrefflichsten Leistungen Ihres ganzen Lebens ab und man wird Ihnen sagen, Sie haben es »gekillt«.
> … Verfeinern Sie Ihre Fertigkeiten, sodass Sie Ihr Potenzial besser zur Entfaltung bringen können, und Ihre Kumpels werden sagen: »Du machst echt coole Scheiße.«

Wirklich? Worte bedeuten, was sie besagen. Die Worte, die Sie verwenden, senden an Ihr Unbewusstes potente Botschaften darüber, wer Sie sind, was Sie erreichen können und wie die Qualität Ihrer Leistungen ist.

Ich habe einmal auf einer Veranstaltung, an der Mitglieder der Führungsriege eines globalen Medienkonzerns teilnahmen, ein Grundsatzreferat gehalten. Zwei junge (und sehr nette) Männer brachten mich und meinen Reisegefährten anschließend zum Flughafen. Wir unterhielten uns über gutes Essen, interessante Musik und darüber, wie wichtig es ist, sein Glück anzustreben.

Dann fragte ich den Fahrer nach seinen Zielen. Er antwortete, dass er gern nach Kanada ziehen würde. Er erklärte, ihm gefielen die Schönheit der Natur, die Freundlichkeit der Menschen und die effiziente Infrastruktur dieses Landes. »Aber ich weiß, das ist *unmöglich*«, wiederholte er immer wieder (und verstärkte dadurch den neuronalen Schaltkreis, der mit dem Ausdruck »Unmöglichkeit« verbunden war, denn wie jeder gute Neurowissenschaftler bestätigen wird, verketten sich Gehirnzellen, die zusammenwirken, im Laufe der Zeit).

Die Menschen offenbaren ihre innersten Überzeugungen durch ihr tägliches Verhalten und ihre Verwundungen, die sie behindern, durch ihre gesprochenen Worte. Die Ängste des jungen Mannes hatten seine Wünsche sabotiert. Seine tiefen Zweifel hatten seine glaubwürdigen Träume gekidnappt. Die unzutreffenden Annahmen, falschen Barrieren und die unrichtige Weltsicht, die ihm die Menschen in seiner Umgebung vermittelt hatten, veranlassten ihn dazu, wie ein hilfloses Opfer zu sprechen. Gitterstäbe zu sehen, die es nicht gab – etwa wie ein Hund, um dessen Hof ein unsichtbarer Zaun gezogen ist, diese Grenze auch dann nicht überschreitet, wenn der Zaun weggenommen wird. Der junge Mann sah eine massive Sperre, wo in Wirklichkeit nur eine Tür war. »Nicht das, was wir nicht wissen, bereitet uns Probleme, es ist vielmehr das, von dem wir wissen, dass es nicht so ist«, bemerkte einmal der Entertainer und Humorist Will Rogers scharfsinnig.

Ich achte sehr auf die Worte, die ich verwende. Ich verwende zum Beispiel für den Herbst nicht das englische Wort *fall,* denn in meiner Philosophie hat »Fall« negative Bedeutungen. Ich liebe den Herbst. Aber ich habe kein Interesse an einem Fall. So etwas tut weh. Manchmal sogar sehr.

Ich erinnere mich an eine Mitteilung von einem Leser, der schrieb, er würde gerne an einer Veranstaltung von mir teilnehmen, es sei aber nicht möglich, »weil ich dazu den Atlantik überqueren müsste«.

… Dachte er, die einzige Möglichkeit hierherzukommen bestünde darin, einen Monat lang durch das Meer zu schwimmen?

… Glaubte er, man könne heutzutage den Atlantik nur in einem klapprigen Ruderboot überqueren?

… Meinte er, um zu dieser Veranstaltung zu gelangen, bedürfe es des Wagemuts von Sir Edmund Hillary und der Tapferkeit der Johanna von Orléans?

Die Fixierung des Fahrers auf das Wort »unmöglich« (er wiederholte dieses Wort immer wieder) offenbarte seine starre und ungesunde Denkweise. Und dann wurde sein eingeschränktes Denken zu einer sich selbst erfüllenden Prophezeiung. Wenn wir etwas für unmöglich halten, dann sind wir auch nicht bereit, zu tun, was nötig wäre, und die Geduld aufzubringen, die erforderlich wäre, um die Vorstellung Wirklichkeit werden zu lassen. Also geschieht es auch nicht. Was wir dann als Bestätigung dafür nehmen, dass es unmöglich ist.

Weil ich mich bemühe, meine Worte sorgfältig zu wählen, um Ihnen zu helfen, Ihre Kreativität, Ihre Produktivität und Ihr Wohlergehen zu mehren, würde ich auch nicht in einer Million Jahren die Arbeit, die meinen Geist beflügelt, mein Talent zum Ausdruck bringt, den Sauerstoff für mein Leben liefert und es mir ermöglicht, hilfreich zu sein für andere Menschen, als »Scheiße« bezeichnen.

… Ich würde niemals jemandem ein Kompliment machen, indem ich sage, dass er »krank« aussieht.

… Ich würde niemals den hart erkämpften Erfolg eines Menschen herabwürdigen, indem ich seine Leistung als »verrückt« bezeichne.

… Und wenn jemand eine Glanzleistung vollbracht hat, würde ich ihm niemals sagen, er habe es »gekillt«.

Denn Scheiße und Krankheit und Verrücktheit und Versagen sind etwas Schlechtes. Nichts Gutes. So sehe ich es jedenfalls.

Eine klare, aufrichtige Sprache besitzt Ausstrahlungskraft. Also feilen Sie an Ihrer Sprache.

15

Was ich von J. K. Rowling über Unerbittlichkeit lernte

Die Fakten:

Die Autorin der Harry-Potter-Serie hat mehr als 500 Millionen Bücher verkauft. Diese literarische Gigantin ist die erste Romanautorin, die Milliardärin wurde. Sie schaffte den Aufstieg aus Armut und Unbekanntheit zu Wohlstand und Ruhm und ist heute eine führende Philanthropin.

Ihr Vater war Luftfahrtingenieur in einer Fabrik von Rolls-Royce und ihre Mutter arbeitete in der Chemieabteilung der Hochschule, an der Rowling studierte. Als Kind »lebte sie für Bücher«, bezeichnete sich selbst als »gewöhnlichen Bücherwurm mit Sommersprossen und einer Brille mit Kassengestell«. Sie schrieb ihr erstes Buch im Alter von sechs Jahren und ihren ersten Roman mit elf (darin ging es um sieben verfluchte Diamanten; ich wünschte, ich hätte auch so viel Fantasie).

Die Idee zu Harry Potter kam J. K. Rowling, als sie in einem Zug saß, der von Manchester zur King's Cross Station in London fuhr und Verspätung hatte. Genauer gesagt, hatte sie die Idee zu allen sieben Büchern auf dieser Reise, auf der ihr auch das zentrale Thema für das erste Buch, *Harry Potter und der Stein der Weisen,* einfiel. Das Konzept zu der Buchreihe überkam sie in einem intuitiven Moment und ließ sich in einem kurzen Satz zusammenfassen: »Ein Junge, der nicht weiß, dass er ein Zauberer ist, und der eine Zaubererschule besucht.« Sie machte sich schriftliche Notizen auf einigen Blättern Papier, die sie dann in ihrem Koffer mit sich herumtrug (ja, in einem Koffer).

Das erste Harry-Potter-Buch wurde zum großen Teil im Café Nicolson's und im Elephant House in Edinburgh geschrieben, als

Rowling noch alleinerziehende Mutter war und Sozialhilfe bezog. In der Zeit, in der sie an dem Buch schrieb, starb ihre geliebte Mutter, was Rowling in eine lang anhaltende Depression stürzte. Doch sie schrieb weiter und nutzte die emotionale Dunkelheit als Treibmittel, um ihre Charaktere zu verfeinern und unverwechselbarer zu machen. (Schwierigkeiten können wahrhaft ein Begleiter für kreativen Erfolg sein.)

Als sie das Buch abgeschlossen hatte, schickte sie drei Kapitel an mehrere bekannte Literaturagenten. Nur einer reagierte darauf. Rowling erzählte: »Das war der schönste Brief, den ich in meinem Leben erhalten habe.« Zahlreiche Verlage lehnten das Buch ab mit der Begründung, es sei für eine junge Leserschaft nicht interessant genug und könne daher kein wirtschaftlicher Erfolg werden. Der Verlag Bloomberg war schließlich bereit, *Harry Potter und der Stein der Weisen* herauszubringen, bat aber Joan Rowling (wie sie damals noch hieß), ein »K« nach dem Initial ihres Vornamens einzufügen, weil man glaubte, ein eindeutig weiblicher Autorenname würde Jungen, die man als Leser gewinnen wollte, eher abschrecken (»K« steht für Kathleen – der Vorname ihrer Großmutter).

Als sie eine der erfolgreichsten Bestsellerautoren aller Zeiten geworden war, erklärte sie einmal, sie würde sich nicht als Berühmtheit betrachten. Ihr wichtigstes Ziel als künstlerisch tätige Person bestehe darin, »besser zu schreiben als gestern«. Sie veröffentlichte mehrere Krimis unter dem Pseudonym Robert Galbraith. Ohne ihre Identität preiszugeben, schickte sie das Buch an mehrere Verlage. In einer der vielen Absagen, die sie erhielt, hieß es, »eine Schreibgruppe oder ein Schreibkurs könnten hilfreich sein«. (Erinnern Sie sich, was ich weiter vorne geschrieben habe? Die Meinung eines Menschen ist einfach nur die Meinung eines Menschen. Schenken Sie ihr keinen Glauben, wenn sie Ihr Fortkommen behindert.)

Ein japanisches Sprichwort lautet: »Du kannst sieben Mal stürzen. Aber stehe acht Mal wieder auf.«

16

Hüten Sie Ihre Gesundheit wie ein Profisportler

Okay, jetzt kommt ein etwas längeres Kapitel, aber ich verspreche Ihnen, es lohnt sich. Also, fangen wir an.

Der Historiker Thomas Fuller hat einmal geschrieben: »Die Gesundheit weiß man erst dann zu schätzen, wenn man krank wird.«

Hm. Ein tiefe Wahrheit, oder?

Nach einem Vortrag auf einer Veranstaltung in Katar, an der bedeutende Unternehmensführer aus der Region teilnahmen, kam einer der Zuhörer auf mich zu, reichte mir einen zerknitterten Zettel und bat mich, ihn in einem ruhigen Moment zu lesen. Am Abend überflog ich im Hotelzimmer die Worte, die auf das Papier geschrieben waren:

> Gesundheit ist die Krone auf dem Kopf eines Gesunden, die nur ein Kranker sehen kann.

»Wer keine Zeit hat für körperliche Übungen, wird sich irgendwann für Krankheiten Zeit nehmen müssen«, hat uns der britische Staatsmann Edward Stanley gemahnt. Nur wenige Gewohnheiten können Ihre Leistungsfähigkeit und Ihren Gemütszustand so stark verändern wie eine Optimierung Ihres »Healthset«, wie ich die gesundheitliche Verfassung eines Menschen in meinem Lehrplan bezeichne, den ich beim Mentoring meiner fortgeschrittenen Kunden in meinem IconX-Programm und in meinem Online-Coachingkurs »Circle of Legends« verwende. Viele Fachleute auf dem Gebiet der persönlichen Weiterentwicklung sprechen von »Mindset« und predigen das Mantra »Das Mindset ist alles«.

Ich habe großen Respekt für alle diese Personal Trainer, verfolge aber einen anderen Ansatz in Bezug auf den Weg zur Selbstoptimierung. Ja, die Ausrichtung des Mindset auf die Denkweise und die mentalen Programme, die auf wahre Größe zielen, ist von grundlegender Bedeutung für die Entwicklung überragender Leistungsfähigkeit. Ihr tägliches Verhalten spiegelt Ihre innersten Überzeugungen wider. Und Ihr Einkommen und Ihre Wirksamkeit können niemals stärker zunehmen als Ihre Selbstidentität und Ihre intellektuelle Verfassung. Das Mindset spielt also eine wichtige Rolle. Zweifellos. Aber es ist *nicht* alles. Wir Menschen sind wesentlich mehr als nur Psychologie. Wir haben auch noch eine zweite Dimension, die ich als »Heartset« bezeichne, die zum Ausdruck bringt, dass jeder von uns – neben der Psychologie – auch eine emotionale Ebene besitzt. Wir haben nicht nur die Fähigkeit zu denken, wir besitzen auch die wertvolle Fähigkeit zu empfinden. Es ist schlicht nicht möglich, ein höchstes Maß an Wissen zu erlangen, unsere verborgenen inneren Kräfte zu erschließen, faszinierende Ergebnisse zu erzielen und dauerhafte Dankbarkeit und Bewunderung zu erreichen, wenn man nur mit dem Kopf lebt.

Ja, stellen Sie Ihr Mindset richtig ein, aber nehmen Sie sich bitte auch die Zeit, Ihr Heartset zu reinigen, sodass es befreit wird von unterdrückten toxischen Emotionen der Angst, des Zorns, der Traurigkeit, der Enttäuschung, der Wut, der Scham und der Schuld, die jeder Mensch in sich ansammelt, wenn er im Lauf des Lebens Missgeschicke und Ungemach erleidet. Geben Sie sich nicht damit ab und heilen Sie dieses »Feld des Schmerzes«, das in Ihrem Unterbewussten schlummert, sonst werden Ihre Energie, Ihre Kreativität und Ihre Produktivität dauerhaft blockiert (das zu verstehen ist sehr wichtig).

In einem späteren Kapitel werde ich auf einige dynamische Methoden und transformative Techniken eingehen, die es ermöglichen, sich dieses unsichtbaren Ballasts zu entledigen. Zunächst aber möchte ich betonen, dass es von entscheidender Bedeutung für die Verbesserung Ihrer Leistungsfähigkeit ist, alte emotionale Verletzungen loszulassen. Sonst werden Ihre besten intellektuellen Absichten sabotiert durch die geheimen Schatten, die in Ihrem Heartset sitzen.

Am Mindset zu arbeiten, dabei aber das Heartset zu vernachlässigen, ist auch der Hauptgrund, warum der größte Teil dessen, was man lernt – sei es durch Bücher, digitale Ausbildung oder Livekonferenzen –, nicht von Dauer ist. Wir nehmen die Informationen auf einer kognitiven Ebene auf, integrieren sie aber nicht als emotionales Wissen in den Körper. Also bleibt es nicht haften. Das bedeutet, dass unsere schwächeren Gewohnheiten und unsere begrenzenden Verhaltensweisen bestehen bleiben, weil wir wegen der Blockaden in unserem Heartset nicht imstande sind, die Ideen als gefühlte Wahrheit wahrzunehmen.

Wir Menschen verfügen über die inneren Reiche des Mindset und des Heartset. Beide muss man beständig pflegen und kultivieren, um auch die äußeren Reiche der aufsehenerregenden Kreativität und der außergewöhnlichen Produktivität, des außerordentlichen Wohlstands und des wertvollen Dienstes an der Gesellschaft erleben zu können. Doch darin erschöpft sich persönliche Meisterhaftigkeit noch nicht. Es gibt noch zwei weitere innere Reiche in meinem Mentoring-Lehrplan, die – im fortgeschrittenen Stadium – den Algorithmus der Selbst-Leadership vervollständigen. Das sind das Healthset und das Soulset. Betrachten wir folgende Darstellung:

DIE VIER INNEREN REICHE

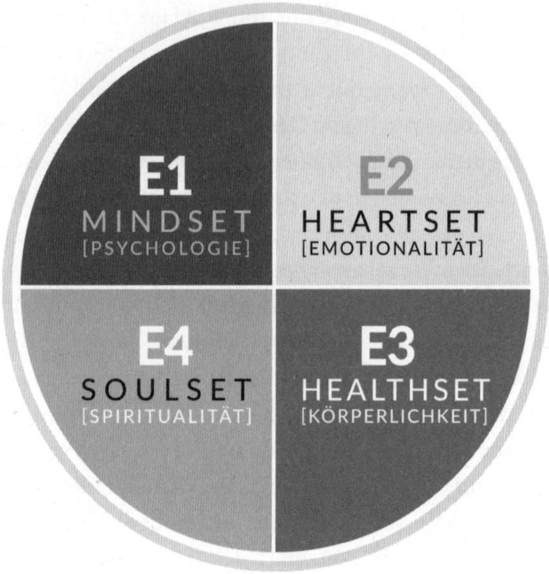

Erst wenn alle vier menschlichen Dimensionen erweckt sind und weiterentwickelt werden, können Sie Ihre wahre Genialität entfalten, Ihre Großartigkeit zum Ausdruck bringen, eine Führungsrolle auf Ihrem Gebiet übernehmen und ein Leben mit außergewöhnlicher Produktivität, Vitalität und geistiger Freiheit führen. Der Hauptgrund – das ist sehr wichtig – dafür, dass die meisten Versuche scheitern, Verbindung zum eigenen höchsten Selbst aufzunehmen, liegt darin, dass dieser nonkonformistische Ansatz meist unüberlegt aufgegriffen und dann unzureichend umgesetzt wird.

Nach dem Mindset (der Denkhaltung) und dem Heartset (der Herzenshaltung) kommt also das innere Reich Nummer drei.

Das Healthset ist Ihre Körperlichkeit, Ihre Gesundheitshaltung sozusagen. Sie werden die Welt nicht verändern können, wenn Sie krank sind. Zur Optimierung des Healthset – womit ich mich im Rest dieses Kapitels hauptsächlich befassen werde – gehört, dass Sie Ihre Energie verbessern, Ihre Widerstandskraft gegen Erkrankungen stärken und Entzündungen vermindern, um Krankheiten vorzubeugen und Ihre Lebenszeit signifikant zu verlängern.

Und zuletzt noch das Soulset, die Seelenhaltung gewissermaßen, welche die Spiritualität betrifft, die Beziehung zu jenem ewigen Teil Ihres Inneren, der zutiefst weise und vollkommen unbezwingbar ist, verbunden mit allen anderen Menschen auf dem Planeten und grenzenlos. Bei der Pflege des Soulset geht es darum, das Rauschen des eigenen Egos zu vermindern, damit man das Flüstern des ursprünglichen Helden hören kann, der Sie im Grunde sind, verdeckt unter Schichten des Zweifels und des Unglaubens, die wir uns im Laufe der Jahre zulegen.

Ich möchte das zur Bekräftigung wiederholen: Nur wenn Sie sich täglich bemühen, das Wachstum Ihrer vier inneren Reiche zu fördern, werden Sie exponentielle Gewinne in Ihren äußeren Reichen der Kreativität, der Produktivität, des Wohlstands und des Dienstes an der Gemeinschaft erzielen.

Nachdem wir diesen äußerst wichtigen und nur selten angesprochenen Aspekt behandelt haben, können wir uns nun der Hauptaufgabe zuwenden, einen Zustand vorzüglicher Gesundheit zu erlangen und abzusichern durch die Optimierung des Healthset.

Wenn Sie Ihre physische Verfassung verbessern, stärken Sie auch Ihr Gehirn, verbessern Ihre Konzentration, verschaffen sich außergewöhnliches Durchhaltevermögen, vervielfachen die Willenskraft, auf die Sie zurückgreifen können, verbessern Ihre Stimmung, vermindern die Gefahren chronischer Entzündungen, die zu Krankheiten führen können, und leben länger.

Eines der Lernmodelle, das meine Klienten als hilfreich empfunden haben bei dem Bemühen, sich ein optimales Healthset zu verschaffen und so fit zu werden wie ein Profisportler, ist die »Dreiheit der strahlenden Vitalität«:

DIE DREIHEIT DER STRAHLENDEN VITALITÄT

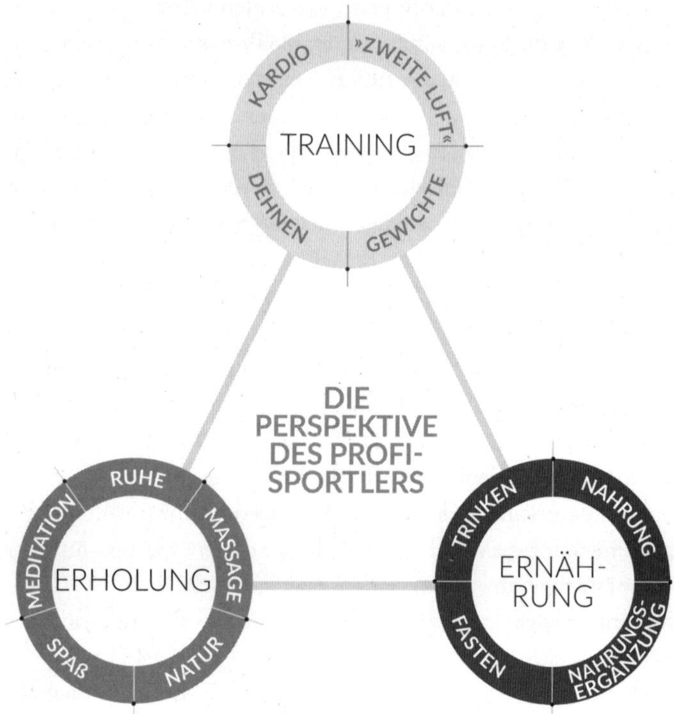

Das erste Element der »Dreiheit der strahlenden Vitalität« ist das körperliche Training (idealerweise jeden Morgen). Um ein optimales Ergebnis zu erzielen, sollte man sich bemühen, eine PPM zu sein – eine *Perpetual Movement Machine* (eine sich ständig in Bewegung befindliche Maschine) –, außer wenn es Zeit ist für

RRR – *Renew, Recover And Rest* (sich regenerieren, sich erholen und ruhen). Durch diese Übungen werden neurochemisch Dopamine freigesetzt, die Glückshormone, wie sie auch bezeichnet werden, die antriebs- und motivationssteigernd wirken.

Wie viel nützt Ihnen dieser eine Faktor in Bezug auf Ihren Einfluss, Ihre Wirkung und Ihr Wohlbefinden? Wenn Sie kurz nach dem Aufwachen schweißtreibende Übungen machen wie Laufen auf dem Laufband, Seilspringen oder Strampeln auf dem Heimtrainer, wird der Wachstumsfaktor BDNF (»brain-derived neurotrophic factor«) freigesetzt, der die Neurogenese fördert (die Bildung neuer Gehirnzellen) und Gehirnschädigungen behebt, die durch den Stress des Vortages entstanden sind. Durch BDNF wird auch die Verarbeitung von Informationen durch das Gehirn beschleunigt, indem die Verbindungen zwischen den Nervenbahnen gestärkt werden, was Ihnen einen massiven Vorteil verschafft in der neuen Welt, in der wir leben.

Morgentraining fördert zudem die Produktion von Noradrenalin, das die Konzentrationsfähigkeit stärkt in dieser Zeit, die durch allgegenwärtige digitale Ablenkungen geprägt ist, wie auch die Ausschüttung von Serotonin, das Angstzustände dämpft, die Gedächtnisleistung maximiert und entspannungsfördernd wirkt. Durch körperliches Training wird auch die Stoffwechselgeschwindigkeit gesteigert, was Ihnen mehr Energie verleiht. Das einfache Ritual, sich gleich am Morgen ausgiebig zu bewegen, verbessert die Qualität des Tages. Schon vor Sonnenaufgang tüchtig ins Schwitzen zu kommen gehört zu meinen wichtigsten täglichen Gewohnheiten. Ich empfehle Ihnen, dies auch in Ihren Tagesablauf einzubauen, denn dadurch werden sich auch andere Bereiche Ihres Lebens auf revolutionäre Weise verändern.

Ich empfehle auch eine zweite Trainingseinheit am späten Nachmittag oder frühen Abend, ein »Training mit der zweiten Luft«, das dafür sorgt, dass Sie auch noch am Ende Ihres Arbeitstages die Vorteile physischer Fitness genießen können. Wenn Sie mir beipflichten, dass körperliches Training die beste Möglichkeit ist, einzigartige Produktivität zu erreichen, heldenhafte Leistungen zu erbringen und eine optimistische Einstellung zu fördern, warum sollte man dann nur einmal am Tag trainieren?

Nach einem Tag am Schreibtisch mache ich mich zum Beispiel gern auf in den Wald in der Nahe unseres Hauses und gehe eine Stunde spazieren. Die Japaner sind Meister des »Shinrin-Yoku«. »Shinrin« bedeutet »Wald«, und »Yoku« heißt »Baden«. »Waldbaden« in Form eines Spaziergangs im Wald ist in vielerlei Hinsicht gesundheitsfördernd, es führt zu einer Verminderung des Stresshormons Cortisol, zu einer deutlichen Zunahme natürlicher Killerzellen – die im Körper Krankheitserreger bekämpfen –, zu einer Verbesserung der kognitiven Funktionen und zu einer stärkeren optimistischen Einstellung. Auf meinen Waldspaziergängen oder Bikingtouren durch den Wald im Rahmen meines »Trainings mit der zweiten Luft« höre ich mir oft ein Hörbuch oder einen Podcast an, um auch diese eine oder zwei Stunden zum Lernen zu nutzen. Bildung ist eine Impfung gegen Bedeutungslosigkeit. Ich arbeite also täglich an meinem persönlichen Wachstum.

Um Ihr Healthset zu stärken, empfehle ich Ihnen auch, Herztraining mit Gewichtheben zu verbinden, um Ihre Kraft zu steigern, und tägliche Dehnübungen, um Ihre Mobilität zu verbessern. Sie sollten niemals zulassen, dass sich ein alter, steifer Mensch in Ihrem Körper einnistet.

Im oben vorgestellten Lernmodell sehen Sie, dass das zweite Element der »Dreiheit der strahlenden Vitalität« die Ernährung ist. »Die Nahrung sei deine Medizin« empfahl schon der griechische Arzt Hippokrates. Ihr Ernährungsplan ist von entscheidender Bedeutung, wenn Sie sich vornehmen, so gesund wie ein Profisportler werden zu wollen und lange enthusiastisch, energiegeladen, fröhlich und in höchstem Maß effektiv zu sein.

Essen Sie möglichst viel frische anstatt verarbeitete Nahrungsmittel, denn Letztere sind mit Chemikalien und anderen Giften belastet, die Ihre Leistungsfähigkeit beeinträchtigen und Ihre Lebenserwartung verkürzen. Ich bemühe mich, nach Möglichkeit biologisch angebaute Nahrungsmittel zu essen und die örtlichen Farmer in meiner Wohngegend zu unterstützen. Ich beschäftige mich aber auch damit, meine Kochkünste zu verfeinern, damit meine Familie und ich gesunde und natürliche Gerichte essen können, die wir zu Hause zubereiten, oft mit wunderbarer Musik im Hintergrund und bei interessanten Gesprächen. (Ich weiß nicht, wie viele Bücher ich noch schreiben werde, weil ein Teil von mir auch den romantischen Traum hegt, irgendwo an einem schwer zu findenden Ort ein Restaurant mit elf Sitzplätzen zu eröffnen, wo ich jedes Gericht sorgfältig aus den frischesten erhältlichen Zutaten zubereite für jene unerschrockenen Menschen, welche die Mühe auf sich nehmen, mich zu besuchen. Gern würde ich auch Sie dort empfangen.)

Ein weiteres wichtiges Element auf dem Gebiet der Ernährung ist die Nahrungsergänzung. Einfach gesagt, vieles von dem, was der Körper benötigt, um höchste Leistungsfähigkeit zu erreichen, können wir nicht allein aus unserer Nahrung aufnehmen. Die Nahrungsmittel, die wir heute zu uns nehmen, sind wesentlich anders und weniger nährstoffreich als dieselben Nahrungsmittel noch vor einem Jahrzehnt – aufgrund der Missachtung, die wir als Menschen der Erde entgegengebracht haben.

Ich muss auch erwähnen, dass eine Untersuchung meines Erbguts mein Leben verändert hat. Der Genomiker, den ich aufsuchte, erläuterte mir, welche meiner Gene suboptimal seien, sodass ich mittels der Epigenetik (»epi« bedeutet »dazu, außerdem«; in der Epigenetik geht es also darum, durch Veränderung der Lebensgewohnheiten die Erbanlagen zu beeinflussen und zu verändern) meine Gene gewissermaßen hochregeln und meine Gesundheit stärken könnte. Die Einnahme von Nahrungsergänzungsmitteln, die Verankerung fortgeschrittener täglicher Routinen und die Entwicklung neuer Verhaltensformen, die dafür sorgen, dass schlafende Gene aktiviert und weniger ideale Gene abgeschaltet werden, sind Beispiele für den Einsatz von Bio-Hacking für die Neugestaltung des genetischen Schicksals. Die Gene, die Sie von Ihren Eltern geerbt haben, sind *nicht* Ihr Schicksal. Sie besitzen *wesentlich mehr* Macht, selbst zu bestimmen, wie Ihr Erbgut sich ausdrücken soll, als Ihnen bewusst ist.

Okay.

Zum Schluss möchte ich im Zusammenhang mit Ernährung noch das Fasten und das Trinken ansprechen. Alles, was ich hier darstelle, sind keine medizinischen Empfehlungen, besprechen Sie also bitte alle Veränderungen Ihrer Gesundheitsvorsorge mit Ihrem Arzt. Ich möchte allerdings meine persönlichen Erfahrungen mit dem Fasten mitteilen, denn diese Praxis war in hohem Maß förderlich für meine Produktivität wie auch für meine allgemeine Gesundheit.

Ich faste an den meisten Wochentagen tagsüber, wenn ich in einer Arbeitssitzung bin, an einem neuen Buch schreibe, auf einer Vortragsreise bin oder einen Onlinekurs aufnehme. In diesen Phasen nehme ich gewöhnlich gegen 21 Uhr meine letzte Mahlzeit ein, und abgesehen von einer Tasse schwarzem Kaffee (Kaffee ist reich an Antioxidantien und steigert die kognitive Leistungsfähigkeit enorm), viel Wasser und frischem Minztee (manchmal gemischt mit biologisch angebautem Ingwer) nehme ich nichts mehr zu mir bis 16 oder 17 Uhr am nächsten Tag.

Die Praxis des Fastens hat mir geholfen, meine Konzentration, meine Motivation und meine Schaffenskraft aufrechtzuerhalten, sodass ich in dieser Zeit viele wichtige Dinge erledigen kann. Durch Recherchen habe ich herausgefunden, dass Fasten die Produktion des Wachstumsfaktors BDNF steigert, der, wie erwähnt, die Gehirnfunktionen verbessert. Er vermindert auch neurodegenerative Erscheinungen und erhöht die Neuroplastizität, wodurch sich die Lernfähigkeit und die Gedächtnisleistung verbessern, und senkt den Blutzucker und das Insulinniveau. In einer Studie wurde gezeigt, dass Kalorienbeschränkung das Niveau des menschlichen Wachstumshormons um mehr als 300 Prozent erhöht. Auch eine Reduzierung der Kalorienaufnahme an nur einigen Tagen pro Woche aktiviert jene Gene (erinnern Sie sich an die Epigenetik?), die die Zellen zu ressourcenschonendem Verhalten veranlassen und den Prozess der Autophagozytose oder Autophagie fördern – das ist gewissermaßen ein Recyclingprogramm, das es den Zellen ermöglicht, beschädigte Bestandteile abzubauen und durch Stress verletzte Zellen zu reparieren.

Das Ritual des Fastens hilft mir auch, mich spirituell weiterzuentwickeln. Der hl. Franz von Sales schrieb über das Fasten:

> Ich kann während der Fastenzeit entweder aus Liebe fasten, um Gott zu gefallen, oder aus Gehorsam, weil es die Kirche anordnet, oder aus Mäßigkeit, um besser studieren zu können, oder aus Klugheit, um notwendige Ersparnisse zu machen, oder aus Keuschheit, um meinen Leib zu bändigen, oder aus Ehrfurcht vor Gott, um besser beten zu können. Wenn ich will, kann ich alle diese Absichten auf einmal haben und aus all diesen Gründen fasten, doch muss ich da sehr auf der Hut sein, die Beweggründe in die richtige Reihenfolge zu bringen.

Lassen Sie mich mit allem gebotenen Respekt eine Frage stellen: Wie sollen wir unsere Impulse bezähmen, meisterhafte Arbeit leisten, ein wundervolles Leben führen und unsere bedeutsame Mission erfüllen, wenn wir nicht einmal unser Essen im Griff haben? Durch Fasten werde ich präsenter, kreativer, exponentiell stärker und schaffe es besser, jene schwierigen Aufgaben zu erledigen, die aus meinem innersten spirituellen Selbst erwachsen. Ja, und dann trinke ich im Lauf des Tages sehr viel Wasser, denn eine ausreichende Flüssigkeitszufuhr verbessert die mitochondriale Funktion, die von großer Bedeutung ist für die Steigerung der körperlichen Energie.

Das dritte und letzte Element der »Dreiheit der strahlenden Vitalität« ist die Erholung. Ruhen ist die Geheimwaffe eines Spitzenleistungsmenschen. Erholung ist kein Luxus – sie ist eine Notwendigkeit, die von entscheidender Bedeutung ist für die Aufrechterhaltung erstklassiger Produktivität nicht nur über Jahre, sondern über Jahrzehnte. Im Gegensatz zur landläufigen Annahme in unserer Kultur: Stunden, die man zur Erneuerung verbrauchter Ressourcen nutzt, sind eine sehr gut investierte Zeit. Spitzenathleten haben eines gemeinsam: Sie schlafen viel.

Wenn ich vom großen Wert der Erholung spreche, um unsere Fitness zu verbessern und unsere körperlichen Fähigkeiten zu schützen, meine ich nicht nur ein gutes Einschlafritual, Schlafhygiene, ein Nickerchen und regelmäßige Massagen. Erholung kann auch eine aktive Tätigkeit sein – sofern sie von der Arbeit getrennt ist. Echte Erneuerung erfordert, dass man längere Phasen frei von jeglichen Einflüssen ist, die Ängste hervorrufen. Dazu kann Lesen gehören, Gespräche mit interessanten Leuten, ein toller Film, Besuche im Fitnessstudio, Reisen und Essengehen mit einem Menschen, der einem nahesteht. Ich persönlich kann auch sehr gut auftanken durch Besuche in Kunstgalerien, Aufenthalte in der Natur, Unternehmungen, die mir Spaß bereiten, und eine Morgenroutine, zu der Meditation, Visualisierung, Autosuggestion und Gebet gehören.

Eine der besten Methoden für geschäftlichen Erfolg besteht darin, dass man länger lebt als die Konkurrenz, sodass Ihnen einige Jahrzehnte mehr zur Verfügung stehen, um Ihr Können zu verbessern und Ihre Fähigkeiten zu verfeinern. Eine der klügsten Möglichkeiten, Vermögen aufzubauen, besteht darin, die Zeit der Erwerbstätigkeit zu verlängern. Damit Sie mehr Zeit haben, um das eindrucksvolle Phänomen des Zinseszinses zur Entfaltung zu bringen. Und eine der besten Möglichkeiten, ein Leben zu führen, das durch Souveränität und wahres Glück geprägt ist, besteht darin, dafür zu sorgen, dass man sehr lange lebt. Die Umsetzung der »Dreiheit der strahlenden Vitalität« wird dieses Ergebnis erbringen. Achten Sie also wie ein Spitzensportler auf Ihre Gesundheit.

»Glück ist nicht mehr als gute Gesundheit und ein schlechtes Gedächtnis«, schrieb der Humanist und Universalgelehrte Albert Schweitzer.

Ich glaube, er hatte recht damit.

17

Mein Abend mit vier Schokocroissants

Also … Sie sollten nicht glauben, dass ich, weil ich täglich trainiere, mich gesund ernähre, regelmäßig faste und mir die Wirkungen der Epigenetik zunutze mache, nicht auch manchmal strauchle. Oder mich selbst behandeln muss. Natürlich ist das der Fall, denn ich bin kein Guru. Ich bin auch nur ein Mensch.

Vor zweieinhalbtausend Jahren ungefähr führte Aristoteles den »goldenen Mittelweg« in die Ethik ein, demzufolge es ein tugendhaftes Leben erfordert, einen Mittelweg zwischen zwei Extremen zu wählen, zwischen Askese und Übermaß. Den Weg der Mäßigung zu beschreiten zwischen Überfluss und Mangel. In sämtlichen Bereichen des Lebens jegliche Form von Extremismus zu meiden. Passend dazu ist auch folgende Maxime: *Beschränkung fördert Hingabe.*

Das bringt mich zu einem Geständnis. Eines Abends, nachdem ich viele Monate an einem neuen Buch gearbeitet hatte und an den meisten Tagen vor Sonnenaufgang aufgestanden war, um mich auf meine produktiven Arbeitssitzungen vorzubereiten, und viele Stunden gefastet hatte, sodass mein Denken klar und meine Energie konzentriert war, fasste ich den Entschluss, mich für meinen Eifer zu belohnen und mir etwas zu gönnen, nach dem ich mich so sehr sehnte. Also bestellte ich über einen Lieferdienst eine frisch zubereitete italienische Pasta. Damit bereitete ich anschließend eines meiner Lieblingsgerichte zu: »Bucatini al limone«. Die Zutaten sind Pasta, natives Olivenöl, Pecorino-Käse, etwas schwarzer Pfeffer, eine Zitronenschale, Zitronensaft und eine kleine Minze, um einen Hauch von Süße hineinzubekommen (und eine schöne Farbe bei der Präsentation). So sah das Gericht dann aus:

»Bucatini al limone«, von mir mit Liebe zubereitet

Das Essen war wirklich köstlich! Es beruhigte meinen Magen und besänftigte meine Seele. Als niemand zuschaute, sang ich für die Bucatini sogar ein kleines Liebeslied. Ja, ich war tatsächlich verliebt in die Pasta.

Und in diesem beschwingten Zustand musste ich einfach weitermachen …

Als Nächstes bestellte ich mir eine Pizza mit drei Sorten Käse und einer sehr dicken Kruste (etwa so hoch wie der Kilimandscharo, wie es mir vorkam). Und schließlich holte ich mir vier – ja, vier – prachtvolle, üppige, wunderbare und himmlische, aus Butter gemachte und frisch aus dem Ofen kommende, italienische Croissants namens »Saccottini al cioccolato«, die mit Schokolade gefüllt waren (nicht dass ich darauf besonders erpicht gewesen wäre, überhaupt nicht). Und als mich auf der Straße niemand beobachtete, aß ich eines davon. Im Gehen. Mit einem breiten Lächeln auf dem Gesicht.

Habe ich gesagt, ich sei kein Guru? Ich sei auch nur ein Mensch? Ich habe eine gewisse Neigung, alles Mögliche von mir preiszugeben. Den Weg der Mitte und der Mäßigung zu beschreiten ist ein heikles Unterfangen. (Ein Dank an Oscar Wilde; er soll gesagt haben: »Ich kann allem widerstehen, nur der Versuchung nicht.«) Ich möchte nur Folgendes sagen: In einer Kultur, die uns dazu bringt, dass wir uns schuldig fühlen, verletzt und erniedrigt, wenn wir nicht vollkommen und erfolgreich sind und jeden Tag 83 fortgeschrittene Trainingsübungen durchführen (mit Checklisten, auf denen wir festhalten, wie sie gelaufen sind), sollten wir vielleicht Frieden schließen mit der *Balance,* uns mit dem »Mittelweg« von Aristoteles zufriedengeben und die Annehmlichkeiten dieser besonderen Welt genießen, wenn dies an der Zeit ist. Das Leben ist zu kurz, um ständig nur streng zu sein und wie eine Maschine zu funktionieren.

Dabei muss ich an Marathonläufer denken, die an einem Herzanfall gestorben sind, und an die »Nonnas«, die jeden Abend zwei Schluck Grappa tranken und mehr als hundert Jahre alt wurden. Ich frage mich manchmal, ob die positive Neurochemie, die erzeugt wird, wenn man Dinge tut, die einen freuen (wie zum Beispiel, sich ein »Belohnungsessen« zu gönnen), nicht wesentlich erstrebenswerter ist als übermenschliche Strenge und Verkniffenheit, die nur die Ausschüttung von Cortisol ankurbeln, das unsere Vitalität und Langlebigkeit beeinträchtigt.

Ich hatte es übertrieben, weil ich mich zu sehr hineingehängt hatte in die Arbeit. Etwas weniger Beschränkung und etwas mehr Übermaß in den intensiven Monaten der Arbeit an diesem Projekt hätten dazu geführt, dass ich mich mit einem kleinen Teller Pasta begnügt hätte, vielleicht mit einem oder zwei Stücken Pizza und vielleicht ein paar weniger Schokocroissants. An diesem warmen Sommerabend.

18

Eine nonkonformistische Philosophie zur Meisterung unerwarteter Veränderungen

Seit 20 Jahren bin ich immer wieder im selben Wald unterwegs. In den positiven Phasen meiner Lebensreise war dieser Wald für mich ein Ort der Regeneration, wo ich meinen Energiespeicher auftanken und Ruhe finden konnte. In Phasen, in denen ich mit Schwierigkeiten zu kämpfen hatte, Tragödien erlebte und haltlos war, wurde dieser Wald für mich gewissermaßen zu einem Kloster – einem Rückzugsort, wo ich mich auf mein persönliches Wachstum und meine stetige Transformation konzentrieren konnte.

An einem der Wege in diesem Wald, mit einem kleinen Teich, auf dem sich gerne Enten tummeln, gibt es ein Schild, auf dem Worte stehen, die mir sehr dabei geholfen haben, mit Unsicherheiten zurechtzukommen.

Die wichtigsten Sätze lauten:

> Wälder erneuern sich selbst durch natürliche Einflüsse wie Wind, Feuer, Insekten und Krankheiten. Diese Beeinträchtigungen führen zur Bildung von Flächen mit abgestorbenen Bäumen, auf denen wieder ein neuer Wald heranwächst.

Sie sehen, die Natur ist immerwährender Wandel. Und manchmal müssen auch die Grundlagen, auf denen wir stehen, zusammenfallen, damit sie durch stärkere Fundamente ersetzt werden können. Durchbrüche setzen Zusammenbrüche voraus. Fortschritt kann es nur geben durch Umwälzungen, und *die Geburt von etwas*

Besserem erfordert, dass etwas Vertrautes stirbt. Unbequeme Beeinträchtigungen sind nicht nur für Ihre Weiterentwicklung wichtig, sondern auch für Ihr Überleben. Genau wie in meinem Wald.

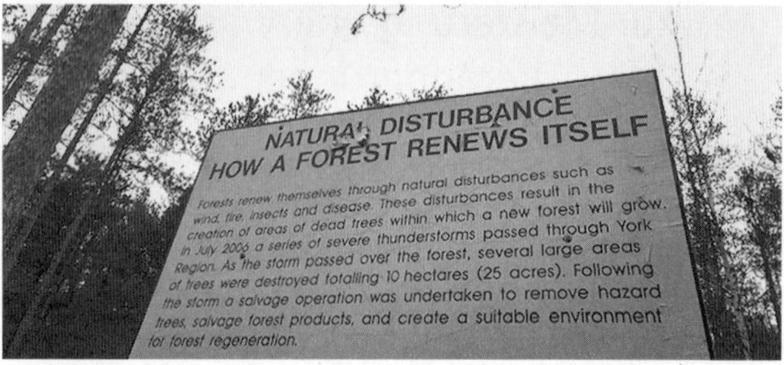

Das Schild in meinem Wald

Dem ungeübten Auge erscheint Unruhe als etwas Schlechtes und Falsches. Wir wünschen uns, dass die Dinge wieder so werden wie vorher. Dadurch würden wir uns sicherer fühlen. Doch die Unbequemlichkeit des Wachstums ist immer besser als die Illusion der Sicherheit. Wirklich. Stillstand ist schädlich für jeden, der danach strebt, ein Alltagsheld zu werden. Ihr Heranreifen zu einer Führungspersönlichkeit und Ihre persönliche Selbstoptimierung beruhen darauf, dass Sie etwas Schwieriges vollbringen. *Was am einfachsten zu erledigen ist, das ist im Allgemeinen das am wenigsten Wertvolle.* Dauerhafte Veränderung vollzieht sich in unseren stürmischen Phasen, nicht in Zeiten der Ruhe.

Alle großen Heiligen, Weisen und spirituellen Führer wussten, dass ein Hauptziel auf dem Weg zur Erleuchtung darin besteht, bei allen Schwierigkeiten, die das Leben für den Menschen bereithält, standhaft zu sein, mutig, gelassen und frei. Ruhig zu bleiben, wenn alles zusammenzubrechen droht. Die innere Achse der Kraft so stark zu machen, aber auch so flexibel, dass nichts von außen ihre Wurzeln erschüttern kann. Darum geht es: ein inneres Leben zu kultivieren, das ausgeglichen, ruhig und dankerfüllt ist, ganz gleich, was von außen auf einen einstürmen mag. Eine Stärke zu entwickeln, die nicht auf weltlicher Stabilität beruht, sondern auf innerer Heldenhaftigkeit.

Wenn Sie den Widerstand gegen Veränderungen in Ihrem Privatleben, in Ihrem Beruf oder dem äußeren Umfeld aufgeben und die neuen Umstände annehmen, mit denen das Schicksal Sie konfrontiert, wird sich alles Unbeständige und Schwankende als großer Segen für Sie erweisen. Als eine unverzichtbare Note in der wundervollen Symphonie, die der Masterplan der Welt ist. Und ein sorgfältig konstruierter Trittstein für das Wachstum und den Entwicklungsprozess, durch die Sie der Leader, der Erschaffer, der Krieger und der liebevolle Bürger werden können, zu dem Sie bestimmt sind.

»Was die Raupe das Ende der Welt nennt, bezeichnet der Meister als einen Schmetterling«, hat der Pilot und Autor Richard Bach geschrieben. Und der bedeutende Philosoph Friedrich Nietzsche stellte fest: »Man muss das Chaos in sich haben, um einen tanzenden Stern gebären zu können.«

19

Sie sind absolut mehr als genug

Eleanor Roosevelt sagte einmal: »Der Vergleich ist der Räuber der Freude.« Und wir leben doch zweifellos in einer Kultur des Vergleichs, oder?

... Wir freuen uns über eine gute Leistung, bis jemand aus dem Team unserer Ansicht nach mehr Anerkennung erhält, als wir bekommen haben.

... Wir sind zufrieden mit unserem Liebespartner, bis wir am Arm eines anderen jemanden sehen, der besser aussieht.

... Wir wiegen uns finanziell in Sicherheit, bis wir ein Foto von jemandem entdecken, der sich auf einer Jacht sonnt, wann immer er will, mit seinem Privatflugzeug reisen und an den Rosen in dem farbenprächtigen Garten schnuppern kann, der seine pompöse Villa umgibt.

... Wir sind zufrieden mit unserem Aussehen, bis wir das Bild eines anderen Menschen sehen, der eine schlankere Gestalt und ein modelmäßigeres Gesicht hat.

Mein privater emotionaler Heilungsprozess beruht maßgeblich darauf, dass ich lernte, mich gut genug zu fühlen. Dass ich lernte, zufrieden damit zu sein, wer ich bin, wie ich lebe und was ich besitze, und nicht mein Leben mit dem Leben anderer Menschen zu vergleichen (das, wie ich herausgefunden habe, oft nur sorgfältig erzeugte Illusionen waren, die dazu dienten, eine Marke zu verkaufen und ein Produkt zu bewerben). Ich habe auch gelernt, dass es keine besonderen oder besseren Menschen auf diesem Planeten gibt. Jeder von uns besitzt bestimmte Werte. Jeder Einzelne zählt. Und dass jemand mehr Geld auf dem Konto oder ein größeres Haus hat, bedeutet nicht, dass dieser Mensch in irgendeiner Weise besser wäre als Sie. Oder wichtiger für die Welt als Sie.

Warum meint unsere geistig geschädigte Welt, dass ein Industriemagnat wertvoller sei als ein Bauarbeiter? Oder dass ein Staatsführer als mächtiger betrachtet werden soll als ein Lehrer? Oder eine Rettungskraft? Oder ein Sandwichhersteller? Ich verstehe das nicht. Und es ärgert mich. Geld ist nur eine Maßzahl für Erfolg. Es ist nur eine Form von Wohlstand. Es gibt noch viel mehr. Zum Beispiel, dass man ein guter Mensch ist und eine Arbeit verrichtet, die einen befriedigt; dass man ein erfülltes Familienleben und Freunde um sich hat, die ihre Dankbarkeit und ihren Optimismus zum Ausdruck bringen. Viele befassen sich nur mit dem finanziellen Ertrag von Investments und vernachlässigen den Wert des charakterlichen Gewinns, des Gewinns an Glück und des spirituellen Ertrags.

Aus meiner Erfahrung als Berater oder Coach einer Vielzahl von Unternehmensführern, Milliardären und bekannten Unterhaltungskünstlern kann ich Ihnen sagen, dass viele dieser Menschen in materieller Hinsicht alles haben, was man sich vorstellen kann, aber sich dennoch Sorgen machen, unglücklich oder unzufrieden sind. Zu viel Geld kann zu einem Rezept für Komplexität, Schwierigkeiten und oft auch Leid werden. Ich persönlich lege mehr Wert auf innere Freiheit als auf finanziellen Gewinn.

Man überlege, wie reich ein Mensch ist, der …

… stets auf der Höhe der Zeit ist, wunderbare Verhaltensweisen hat, stets auch die Bedürfnisse der anderen berücksichtigt und sich um seine Umwelt kümmert.

… stolz darauf ist, dass er seine oft nicht einfache Arbeit engagiert, pflichtbewusst und mit höchster Qualität erledigt.

… auch unter schwierigen Bedingungen eine positive Einstellung ausstrahlt, in den Menschen in seinem Umfeld stets nur das Beste sieht und dankbar annimmt, was ihm andere geben.

Ist das nicht ein Held unserer Gesellschaft? Ein Beispiel für Meisterhaftigkeit? Ein Vertreter des Außergewöhnlichen?

Seien Sie sich Ihrer Besonderheit bewusst. Feiern Sie Ihre Tugenden. Entwickeln Sie Wertschätzung für Ihre Güte. Begrüßen

Sie alles, was Ihnen in der Vergangenheit widerfahren ist, ebenso wie auch das Wundervolle, das die Zukunft für Sie bereithält. Setzen Sie Ihre Großartigkeit nicht herab. Machen Sie sich bewusst, dass kein Mensch auf diesem Planeten genauso ist wie Sie. Seit es Menschen gibt, ist nur ein einziger Mensch geboren worden, der so ist wie Sie. Erstaunlich, nicht wahr? Nur einer wie Sie – mit Ihrem Fingerabdruck, Ihren Begabungen, Ihren Wünschen und Bestrebungen, Ihrer Art zu sprechen, zu arbeiten, zu gehen und zu lieben. Gütiger Gott, Sie sind einmalig! Ja – die Medien, die Sie konsumieren, präsentieren Ihnen Bilder von Menschen, die einen kleineren Bauch haben, und Videos von Schauspielern, die einen tollen Sportwagen fahren. Aber das heißt nicht, dass Sie kein ganz besonderer Mensch wären. Sie sind es. Absolut einzigartig. Es ist wichtig, dass Sie alle Aspekte Ihres Lebens täglich verbessern; Sie sollten aber auch wissen und darauf vertrauen, dass der Mensch, der Sie im Augenblick sind, mehr als genug ist.

Ich schlage Ihnen also in aller Bescheidenheit vor, dass Sie selbst sich das Lob, die Ermutigung und die Worte zuteilwerden lassen, die Sie von Kräften außerhalb von sich erwarten.

Werden Sie Ihr eigener Cheerleader, Ihr treuester Unterstützer und Ihr glühendster Fan.

20

Die Aktivierungserklärung

Ich habe eine Erklärung für Sie formuliert, die Sie am frühen Morgen rezitieren können, wenn alles um Sie herum noch still ist, damit Sie Ihr inneres Feuer anfachen und Ihre besten Talente wecken können in der stillsten Zeit des Tages. Während der Rest der Welt noch schläft, haben Sie die Möglichkeit, schon einen ersten Triumph zu erzielen: sich mit Ihrem höchsten Selbst zu verbinden, die in Ihnen schlummernde Kraft zu aktivieren und sich klar darüber zu werden, was Sie in den folgenden Stunden erreichen wollen.

Bei Sonnenaufgang – wenn alles noch still ist, bevor der Lärm des Tages anhebt – finden Sie Zugang zu jener Seite von sich selbst, die noch nicht verwundet ist von den Enttäuschungen der Vergangenheit, die sich der Überwältigung durch das Negative und die Niederlage widersetzt und die auf eine Weise bestehen will, die einen Unterschied macht. Wenn Sie die nachfolgende Erklärung in der Morgendämmerung laut vorlesen, werden sich im Laufe der Zeit Ihr Bewusstsein wie auch Ihr Unterbewusstsein umprogrammieren und falsche Überzeugungen abstreifen, die Sie nach unten gezogen und mit Ängsten erfüllt haben. Stattdessen werden Gedanken und Gefühle hochgeladen werden, aus denen alltägliche Heldenhaftigkeit erwachsen kann. Und die Art und Weise, wie Sie Ihre Aufgaben erledigen, wird umgestaltet werden.

Los geht's:

> Dieser Tag ist ein Geschenk, das ich ehren werde, an dem ich mich erfreuen und das ich in vollem Umfang nutzen werde. Heute ist, was wirklich ist. Und so habe ich mich entschlos-

sen, dieses Heute in Schönheit, Geduld und Reinheit zu verbringen.
In den Stunden, die vor mir liegen, werde ich mich als Führungspersönlichkeit zeigen, nicht als Opfer. Als Urheber, nicht als Nachahmer. Als Visionär, nicht als Mitläufer.
Heute habe ich mich entschlossen, außergewöhnlich zu sein statt durchschnittlich. Mutig statt ängstlich. Ein Held auf meine eigene unverwechselbare Art, anstatt meine gewaltigen Kräfte durch Vorwürfe, Klagen und Entschuldigungen preiszugeben.
Unsicherheit und Bescheidenheit und Angst vor Zurückweisung werden meine Schaffenskraft nicht beeinträchtigen und auch nicht meine Fähigkeit behindern, andere Menschen zu erhöhen, zu respektieren und wertzuschätzen.
Heute werde ich mir Zeit nehmen zu Reflexion und tiefem Nachdenken, jeglicher Zeitverschwendung widerstehen, im Hier und Jetzt leben, in meiner Arbeit Meisterhaftigkeit zum Vorschein bringen und dabei unbeirrbar an meinen höchsten Idealen festhalten.
Heute werde ich sämtliche Versprechen einlösen, die ich mir selbst gegeben habe, mir meine Zuversicht bewahren, meine besten Verhaltensweisen zur Geltung kommen lassen und Dinge vollbringen, die mein Herz jubeln lassen. Denn ich habe so viel Musik in mir. Und ich werde mir selbst nicht länger mit Respektlosigkeit begegnen, indem ich diese Musik in mir einschließe.
In den vor mir liegenden Stunden werde ich aufs Höchste diszipliniert und fokussiert sein, niemals Geschäftigsein mit dem Vollbringen großer Taten verwechseln.
Und sollte ich eine Ruhepause benötigen, werde ich diese nicht als Zeitverschwendung betrachten, denn ich weiß, dass erstklassige Leistungsfähigkeit ohne die notwendige Erholung zur Verkümmerung meiner angeborenen Genialität führt.

Heute werde ich einen Ort, an dem ich wichtige Erkenntnisse gewinne, nicht verlassen, ohne etwas zu unternehmen, um diese umzusetzen. Ich weiß, dass die Entwicklung von Ideen, ohne sie auch umzusetzen, in der Tat eine Beschäftigung von Narren ist. Und dass die Verwirklichung hochfliegender Träume ein bedeutender Akt der Selbstliebe ist.

Heute werde ich mutiger sein als gestern Morgen, optimistischer als gestern Nachmittag und freundlicher als gestern Abend. Ich weiß, dass großartige Menschen anderen dazu verhelfen, sich ebenfalls großartig zu fühlen. Und auf meinem Sterbebett werden jene Menschen am meisten für mich zählen, die ich inspiriert habe, um die ich mich gekümmert habe und denen ich meine Großzügigkeit habe zuteilwerden lassen.

Und daher …

… Ungeachtet allen zweiflerischen Geschwätzes werde ich meine einzigartigen Projekte vorantreiben und herausragende Leistungen erbringen, die der Prüfung der Zeit standhalten werden. Denn ich weiß, dass Enttäuschung das Kind der Erstarrung ist. Und stetige Weiterentwicklung legt Zeugnis ab von meinem Talent.

… Ungeachtet aller Herausforderungen werde ich meinen nächsten Schritt im Ring unternehmen.

… Ungeachtet aller Selbstzweifel werde ich fortfahren, die Gipfel meiner höchsten Ziele zu erklimmen.

Ich bin eher ein Macher als ein Schwätzer, eher ein Vollbringer als ein Pfuscher, eher ein Profi als ein Amateur.

Ich weiß, dass Denkmale Stein auf Stein errichtet werden. Also fange ich an. Und bleibe dabei konzentriert, geerdet und fokussiert. Viele Stunden lang, ohne mich durch Störgeräusche ablenken zu lassen.

Durch mein Tun – unabhängig von dessen Ergebnis – erringe ich einen wichtigen Sieg über mein dunkleres Selbst. Und über die Schwäche, die mich früher zu Boden drückte.

Und während ich fortfahre, in kleinen Schritten meinen höchsten Idealen zuzustreben, eröffnen mir meine winzigen Triumphe den Zugang zu meiner inneren Wahrheit und Stärke. Und diese wiederhergestellte Verbindung belebt die beschädigte Beziehung zu meinem höchsten Selbst aufs Neue.

21

Der Bärtige mit der wirklich coolen Baseballkappe

Dieses Kapitel schreibe ich in Rom. In Kürze reise ich nach Schweden und werde dort eine Rede vor Unternehmenslenkern halten. Vor zwei Tagen hielt ich in Dubai einen Vortrag vor 400 leitenden Managern. Ich weiß, es sieht nicht so aus, aber ich habe mich entschlossen, künftig an etwas weniger Konferenzen teilzunehmen. Ich bin nun in einem Lebensabschnitt, in dem ich weniger reisen möchte, mich stärker der Verbesserung meiner Kochkünste widmen und mehr das Leben eines Schriftstellers führen möchte. Daher genieße ich die Zeit auf der Bühne sehr.

Gestern war ich im weitläufigen Flughafen von Dubai und fuhr zufällig im Aufzug mit einem Mann, der eine interessante Kappe trug. Als Kind hatte ich Motocross-Räder gefahren, und das Logo auf seiner Kappe stammte von einer Marke, die cool war. Ich zögerte, ihm ein Kompliment zu machen, weil ich fürchtete, zurückgewiesen zu werden. (Oh, die Freuden, die wir verpassen, und die Wunder, die wir übersehen, beruhen auf der Angst, bei anderen unwillkommen zu sein! In einem späteren Kapitel werde ich Ihnen die Geschichte erzählen, wie ich mit dem Hollywood-Adel aneinandergeriet und dadurch eine Chance vermasselte.) Dann erkannte ich, dass ich später wohl kaum mehr die Chance bekommen würde, die Baseballkappe dieses Herrn noch einmal zu sehen. Und so tat ich, was ich eigentlich vorgehabt hatte. Was machte es schon, wenn ich dabei etwas komisch aussah? *Das größte Risiko des Lebens ist das Vermeiden jeglicher Risiken, nicht wahr?*

»Ihr Hut gefällt mir«, sagte ich, unsicher, welche Reaktion ich erhalten würde.

Erstaunlicherweise nahm der Mann, ohne zu zögern, die Kappe ab und sagte: »Nehmen Sie ihn bitte.«

Früher hätte ich das Geschenk abgelehnt, aus Höflichkeit (und auch weil ich mir unsicher gewesen wäre, ob ich diese Geste überhaupt verdiene). Diesmal tat ich das Richtige. (Manchmal tue ich das Richtige.) Ich würdigte seine Großzügigkeit, indem ich das Geschenk dankend annahm. Er lächelte. Es war ein sehr großzügiges Lächeln. Sehr angenehm. Als wir den Aufzug verließen, bat ich ihn, einen Augenblick zu warten. Ich öffnete meinen Rollkoffer und nahm ein druckfrisches Exemplar von *Der 5 Uhr Club* heraus. Ich habe auf Reisen oft ein paar Exemplare dieses Buches bei mir, welches das Leben so vieler Menschen verändert hat, um es zum Beispiel Flugbegleitern zu schenken, die sich besondere Mühe geben; Hotelmitarbeitern, die sich wirklich um die Gäste kümmern, oder Taxifahrern, die eine gute Geschichte erzählen. Auch dieser Mann musste das Buch bekommen. Ich schrieb seinen Namen, Muhammad, zusammen mit guten Wünschen auf das Vorsatzblatt und reichte ihm das Buch. Er strahlte.

Mit meinem wunderbaren neuen Freund am Flughafen Dubai (ja, das ist die Kappe, die ich früher so liebte und die hier meinen mittlerweile kahlen Kopf ziert)

Dieses Bild, das ich hier eingefügt habe, soll zeigen, welcher Zauber zwischen zwei Fremden entstehen kann, die sich an einem Sonntagnachmittag auf einem bevölkerten Flughafen begegnen.

Wie Sie wissen, wird die Welt gegenwärtig von einem Übermaß an Negativität und Toxizität und von regelrechten Tragödien heimgesucht. Es tut mir in der Seele weh, wenn ich sehe, wie viel Ungerechtigkeit, Gemeinheit, Rücksichtslosigkeit, Gier und Hass sich auf dem Planeten ausbreiten.

Gleichwohl aber gilt auch …

… Ich habe noch nie so viel Anständigkeit erlebt, die von alltäglichen Helden an den Tag gelegt wird.

… Ich werde immer wieder zu Tränen gerührt durch die Güte, die so viele unterschiedliche Menschen in so vielen unterschiedlichen Ländern demonstrieren.

… Ich fühle mich beflügelt durch die unzähligen Akte von Edelmut, die von so vielen klugen Menschen praktiziert werden, auch wenn sie daraus nicht viel für sich selbst gewinnen können.

Dieser Herr zeigte sehr eindrucksvoll, was es heißt, gütig zu sein. Einem Fremden gegenüber guten Willen zu zeigen. Freundlich, zuvorkommend und uneigennützig zu sein.

Étienne de Grellet, ein Quäker-Missionar, beschrieb unsere Verpflichtung, rücksichtsvoll gegenüber unseren Mitmenschen zu sein, mit folgenden Worten: »Ich lebe nur einmal auf dieser Welt. Wenn es daher eine Freundlichkeit gibt, die ich erweisen kann, oder etwas Gutes, das ich tun kann, dann lass es mich jetzt tun: Ich darf es nicht verschieben oder ignorieren, denn ich werde nicht wieder hierherkommen.«

Es ist leicht, sich dazu zu bekennen, dass man für die Tugenden der Großzügigkeit und der Gutherzigkeit einstehen werde. Doch echte Leadership im Leben zeigt sich darin, dass wir *tun,* was wir für richtig erkannt haben. Das ist der höchste Akt der Heldenhaftigkeit.

Ich trage diese Kappe immer noch hin und wieder. Um mich an den Mann zu erinnern, der ich gern sein möchte. Und mich an meinen bärtigen Freund zu erinnern. Im Flughafen von Dubai.

22

Mit großartigen Lehrern trainieren

Ich nehme an einem Indoorcyclingkurs teil, der von einer ausgezeichneten Trainerin geleitet wird, die es hervorragend versteht, uns Schüler zu motivieren und zu Bestleistungen anzuspornen. Als ich vor einigen Jahren anfing, ihre am frühen Morgen stattfindenden Trainingsveranstaltungen zu besuchen, konnte ich zunächst nicht mithalten. Ich fragte mich, ob das wirklich der richtige Sport für mich sei (und wollte eigentlich schon aufgeben). Ich konnte nicht zum Rhythmus der Musik treten und war auch nicht in der Lage, den Takt zu erfassen. (Sie wären peinlich berührt, wenn Sie meine unbeholfenen Bewegungen beobachtet hätten, glauben Sie mir.) Ich wirkte wie ein Fremdkörper in einer Gruppe, die aus lauter tollen Sportlern zu bestehen schien, und absolvierte plump die choreografierten Bewegungen, die uns unsere höfliche, aber strenge Lehrerin abverlangte.

Alles, was einem heute leicht erscheint, fand man früher schwierig, nicht wahr? Und Beständigkeit ist die Mutter der Meisterhaftigkeit, richtig? Und Beharrlichkeit bringt jene Dauerhaftigkeit hervor, die notwendig ist, um zur Legende zu werden. Und daher schluckte ich meinen Stolz hinunter, zog mir die Bikingschuhe an und strampelte weiter – eine schweißtreibende Sitzung nach der anderen –, ungeachtet aller Peinlichkeit, enormer Erschöpfung und offenkundiger Mittelmäßigkeit.

Doch als ich weitermachte, ereignete sich etwas unerwartet Wunderbares und ungewöhnlich Inspirierendes und vielleicht auch wirklich Schönes (wie es mir zumindest erschien). Das Training mit dieser sehr strengen und starken Lehrerin begann mir zunehmend zu gefallen. Der »Absturz«, den ich an den Tagen um 17 Uhr erlebte, an denen ich nicht trainierte, war nicht mehr so erschöpfend. Ich machte auf dem Rad keine so alberne Figur mehr, kam besser in das Training hinein und wurde zunehmend mutiger in dem dunklen, von Kerzen erhellten Raum. Im Lauf der Wochen und Monate beschleunigte ich mein Tempo. Ich begann nach dem Taktschlag zu treten. Und die Sache begann mir Spaß zu machen. Wirklich Spaß.

Mit dieser Schilderung möchte ich Ihnen nur Folgendes nahebringen: Wir kommen nicht am schnellsten voran, wenn wir versuchen, Rom an einem Tag zu erbauen, sondern wenn wir stetige kleine Fortschritte erzielen, die uns an unsere verborgenen oder verloren gegangenen Kräfte und die in uns schlummernden Stärken erinnern. Kleine, stetige und regelmäßige Fortschritte schlagen alle mit Prahlerei und lautstarken Ankündigungen in Angriff genommenen Veränderungen, die letztlich wirkungslos verpuffen. Bedenken Sie bitte auch, dass Fortschritte, die Sie in einem bestimmten Bereich erzielen, auch zu Fortschritten in allen anderen Bereichen führen. Denn wie Sie eine bestimmte Sache anpacken, hat auch Auswirkungen darauf, wie Sie andere Dinge angehen. Und vergessen Sie auch nicht, dass große Gewinne vor allem jenen zuteilwerden, die treu und unerschütterlich zu den Versprechen stehen, die sie sich selbst gegeben haben.

Aber es wird noch besser.

An dem sonnigen Sonntag, an dem ich diese Zeilen für Sie schreibe – hier im Stadtteil TriBeCa (Triangle Below Canal Street) in Manhattan, in der Stille eines Hotelzimmers, in das ich mich für 13 Tage zum Schreiben zurückgezogen habe, weit weg von allen Anforderungen, Komplexitäten und Ablenkungen, die oft in mein Leben eindringen –, habe ich einen Indoorcyclingkurs besucht, der in einer Einrichtung derselben Fitnessstudiokette stattfand, die ich auch zu Hause aufsuche. Ich war mir nicht ganz sicher, ob ich würde mithalten können mit dem gelenkigen, durchtrainierten und anscheinend topfitten Lehrer, der aussah wie ein Popstar, oder mit den anderen Teilnehmern, die wie amtierende Fitnesschampions wirkten. Ganz ähnlich wie damals, als ich mit diesem Sport angefangen hatte. Dann setzte die Musik ein. Der Lehrer trat in die Pedale. Die Kerzen flackerten. Und auch ich legte mich ins Zeug. Im Lauf der Übung erhöhte ich mein Tempo, wurde stärker und fühlte mich glücklicher mit jedem Lied, das gespielt wurde. Ich tanzte auf dem Rad an diesem Vormittag, spürte, wie meine Seele sich emporschwang und der Schweiß mir aus allen Poren brach – wie noch nie zuvor. Dank des herausragenden Trainings bei der Lehrerin in meiner Heimatstadt wurde dieser Kurs zu einem Super-Erlebnis. Einfach ein Genuss und ein Vergnügen, und alles erschien mir nahezu mühelos.

Wir Menschen sind erstaunliche Wesen. Wir sind darauf gepolt, uns anzupassen, aufzublühen und voranzuschreiten. Sie und ich und alle Brüder und Schwestern auf diesem Planeten verfügen über die natürliche Fähigkeit, Neues auszuprobieren, an einem Vorhaben festzuhalten, Herausforderungen zu bewältigen und uns persönlicher Meisterhaftigkeit anzunähern. Auf dieser Reise gewinnen wir wertvolle Erkenntnisse darüber, wer wir wirklich sind. So spielen wir mit den Gottheiten unseres schrittweise erfolgenden Wachstums und tanzen mit den Engeln unseres höchsten Selbst. Wir müssen uns immer jenen Dingen zuwenden, die uns Angst machen. Denn dort liegen unsere Belohnungen.

Erlauben Sie mir, Ihnen eine Frage zu stellen: Wann haben Sie zuletzt etwas zum ersten Mal versucht? Und wenn das schon lange zurückliegt, worauf warten Sie dann jetzt? Wer Sie waren – auch noch gestern –, muss keine Begrenzung dafür sein, was Sie heute erreichen können. Also probieren Sie etwas Neues aus, das Ihnen ermöglicht, zu wachsen und sich weiterzuentwickeln. Mit einem wirklich großartigen Lehrer, der Ihnen den Weg zeigt.

23

Eine Warnflagge ist eine Warnflagge

Zum 25. Geburtstag meines Sohnes planten wir ein verlängertes Wochenende in Los Angeles, einer Stadt, die ich sehr liebe. Wir wollten ein Spiel der Dodgers besuchen (ich mag Baseball eigentlich nicht, mein Sohn aber schon, und ich liebe meinen Sohn). Wir wollten Sushi essen. Wir wollten am Pier von Santa Monica spazieren gehen. Wir wollten uns am Venice Beach die Zukunft weissagen lassen.

Ich war schon einige Tage in Los Angeles, bevor mein Sohn kam, denn ich musste ein paar Medienauftritte absolvieren und hatte einige geschäftliche Besprechungen. Kurz nachdem mein Sohn im Hotel eingetroffen war, fuhren wir zu einem bekannten, aber schlichten italienischen Restaurant. Viel los. Nette Menschen. Gutes »Cacio e pepe«. Bevor der Hauptgang kam, erschienen zwei gut gekleidete Männer in der Trattoria und setzten sich neben uns. Ich sagte Hallo und wir begannen uns über aktuelle Ereignisse zu unterhalten, über unsere Lieblingsstädte und verschiedene Beobachtungen, die wir in der Welt gemacht hatten. Als wir im Gespräch dann auf soziale Beziehungen kamen, sagte einer unserer neuen Bekannten etwas sehr Kluges, das ich hier gern mitteilen möchte: »Eine Warnflagge ist eine Warnflagge.«

Hm.

Ich hatte mehr als 50 Jahre gebraucht, um das zu lernen. Ich lernte es auf die harte Tour. »Wenn dir jemand zeigt, wer er ist, dann glaube es ihm«, schrieb die bekannte Dichterin Maya Angelou. »Wenn du mich einmal zum Narren hältst, schäm dich. Wenn du mich zweimal zum Narren hältst, muss ich mich schämen« lautet eine gängige Spruchweisheit.

Schauen Sie, Sie und ich, wir sind beide gute, vertrauensvolle, anständige und besonnene Menschen. Und weil wir gute, vertrauensvolle, anständige und besonnene Menschen sind, glauben wir, dass dies auch für alle anderen Menschen gilt, mit denen wir im Geschäft und im Privatleben zu tun haben. Aber das stimmt nicht. Eine große Stolperfalle bei der Einschätzung von Menschen besteht darin zu glauben, dass die anderen die Welt ebenso sehen, wie man selbst sie sieht. Und man kann ganz schön in Schwierigkeiten kommen (mit denen man dann möglicherweise sehr lange zu kämpfen hat), wenn man in die Falle geht, jemanden so zu sehen, wie man ihn sehen will, anstatt brutal aufrichtig gegenüber sich selbst zu sein – und die Menschen so zu sehen, wie sie sind.

Selbsttäuschung kann Sie ein Vermögen kosten. Sich selbst zu belügen, weil man glauben möchte, dass man jenen Menschen gefunden hat, den man schon immer als Mitarbeiter, als Freund oder als Liebespartner haben wollte, kann einem das Herz zerreißen, die Welt verleiden und den Seelenfrieden (das ist das Teuerste überhaupt) rauben. Für immer. Wenn man nicht achtgibt.

Sehen Sie, ich bin von Natur aus ein Mensch, der immer an das Gute glaubt. Ich sehe immer das Großartige in anderen Menschen. Johann Wolfgang von Goethe schrieb einmal: »Behandle die Menschen so, als wären sie, was sie sein sollten, und du hilfst ihnen zu werden, was sie sein können.« Ich habe mich viele, viele Jahre lang an diesen Rat gehalten. Die Menschen bemühen sich, Ihren Erwartungen zu entsprechen. Häufig jedenfalls. Aber nicht immer. Manche Menschen haben schlimme Verletzungen erlitten. Sie wurden, wofür sie im Allgemeinen nichts können, durch schlimme Ereignisse traumatisiert, durch Tragödien gezeichnet und durch unerwarteten Verrat verwundet. Sie verdienen unser Verständnis, unsere Empathie und unsere guten Wünsche. Aber das bedeutet nicht, dass es in Ihrem Eigeninteresse liegt, diese Menschen zu Ihren Geschäftspartnern, Freunden oder Lebensgefährten zu machen. Denn Menschen, die schlimm verletzt sind, verletzen auch andere schlimm. Und Menschen, die unter großen Schmerzen leiden, können auch Ihnen große Schmerzen zufügen.

Solche Menschen werden mit hoher Wahrscheinlichkeit Ihre Kreativität zunichtemachen, Ihre Produktivität beeinträchtigen und Ihnen die Energie rauben. Weil sie nicht aufhören können, sie selbst zu sein.

Dass rote Warnflaggen grünes Licht sind, ist Wunschdenken. Und Dummheit. Gewiss, Sie können weiterhin das Gute und Liebenswerte in diesem Menschen sehen. Aber tun Sie dies *von Weitem.* Nachhaltig erfolgreiche Menschen halten sich an die Wahrheit. Auch wenn diese enttäuschend ist.

24

Das kürzeste Kapitel in der Geschichte der Kreativität?

»Wie viel Zeit braucht es, um ein Meisterwerk zu erschaffen?«, fragte der Schüler den Meister.

»So viel, wie es braucht«, antwortete der Meister. »Und hör nicht auf, bevor es zauberhaft ist. Sonst brauchst du es gar nicht erst zu beginnen.«

Eine Glanzleistung zu erbringen ist alles andere als leicht. Es verlangt von Ihnen, dass Sie außerordentliche Geduld aufbringen, sich intensiv einarbeiten, Ihre Großartigkeit zur Geltung kommen lassen und Ihren Ängsten entgegentreten. Doch wenn Sie das Werk fortsetzen und vollenden, werden Sie ein vollkommen neuer Mensch werden. Und die Zuversicht, das Wissen und die Selbstachtung, die Sie bei der Arbeit an dem Projekt gewinnen, werden Ihnen Ihr gesamtes Leben lang erhalten bleiben.

25

Die Hypothese des Regelbrechers

Sich zu viel um Fragen der Logik zu kümmern führt dazu, dass man in der Logik stecken bleibt – ein Zustand starker Beschränkung anstatt der Grenzenlosigkeit Ihrer ungezügelten Genialität. Meisterwerke werden in einem Zustand wilder Hingabe geschaffen, nicht in kalter Vernunft. Konzentrieren Sie sich auf das *Was,* dann wird sich das *Wie* von selbst offenbaren.

Zu sehr nach Vollkommenheit zu streben kann ein großer Feind der Kreativität sein. Und dazu führen, dass man der Menschheit niemals ein über alle Maßen gelungenes Werk wird bieten können. Zu viel darauf zu geben, was die Leute vom eigenen visionären Projekt halten könnten – das einen selbst mit Energie durchflutet –, führt mit Sicherheit dazu, dass man nichts hervorbringt, was von Bedeutung ist.

Ich möchte Sie darauf hinweisen, dass Künstlertum, Genialität und die Erfüllung Ihres Versprechens erfordern, dass Sie Ihre rebellische Natur entdecken und einen Aufstand gegen Ihre intellektuellen Loyalitäten starten. Ihre persönliche Größe verlangt von Ihnen, dass Sie das Exzentrische in sich aktivieren und zugleich Ihre eigene Fahne auf dem Piratenschiff hissen, das Sie über die unerforschten Meere Ihres inneren Potenzials steuern sollen. Werden Sie ein Revolutionär. Starten Sie Ihre Kampagne gegen alles Normale und Langweilige und Unfaszinierende. Beginnen Sie Ihren Vorstoß in die unbekannten Nischen in Ihren schöpferischen Gefilden, die der Druck und die Ablenkungen des täglichen Lebens in einen Lockdown versetzt haben. Beugen Sie die Regeln, welche die Konventionen Ihres Handwerks Ihnen als den alleinigen Weg zur Erlangung von Bedeutung aufgezeigt haben. Trennen Sie sich von der Masse. Büchsen Sie aus der Herde aus.

Ihr Ruf als Leader, der einen Wandel herbeiführt, Ihr Schicksal als Begründer einer Bewegung und die Freude und die moralische Macht, die Sie erstreben, hängen davon ab. Seien Sie nicht Durchschnitt. Niemals. Wenn Sie ein Werk vollbringen, das Ihre Seele singen lässt, werden Sie unsere müde gewordene Welt wieder ein bisschen lebendiger machen. Sie werden sie liebenswerter machen. Und spirituell empfänglicher.

Natürlich werden Sie, wenn Sie sich so verhalten, missverstanden, falsch eingeschätzt und kritisiert und vielleicht auch beschimpft werden wegen Ihrer unverfrorenen Zurschaustellung von brillanter Authentizität. In diesem Fall sollten Sie an folgende Worte von Churchill denken: »Sie werden nie Ihr Ziel erreichen, wenn Sie stehen bleiben und jeden Hund, der Sie anbellt, mit Steinen bewerfen.«

Wenn ich an schöpferische Superstars denke, kommen mir Namen wie Kopernikus, William Shakespeare, Coco Chanel, Walt Disney, Hedy Lamarr, Philippe Starck, Jean-Michel Basquiat und Salvador Dalí in den Sinn.

In einem Arbeitszimmer von Salvador Dalí

Wenn ich nach großen innovativen Berühmtheiten, Erfindern und Künstlern suche, dann denke ich …

… daran, dass Miles Davis seine Vorbilder Charlie Parker und Duke Ellington kopierte, bis er den Mut fasste (und das Selbstvertrauen entwickelte), sein eigenes Ding zu machen und seinen eigenen Stil als Trompetenspieler zu prägen.

… an die Modenschau von Alexander McQueen, auf der das Supermodel Shalom Harlow den Laufsteg entlangging, bis sie – in der Mitte – aus mehreren Farbpistolen besprüht wurde, die auf ihrem Kleid ein eindrucksvolles Muster erzeugten. Das Publikum reagierte mit donnerndem Applaus. Das Kleid ist heute legendär.

… an die Druckerpresse von Johannes Gutenberg, die die Welt grundlegend veränderte, denn sie ermöglichte die Verbreitung des Buchdrucks. Bis dahin hielt man es für unmöglich, Publikationen in Massenauflagen herzustellen, sodass viele Menschen sie gleichzeitig lesen konnten.

… an »The Physical Impossibility of Death in the Mind of Someone Living« (Die physische Unmöglichkeit des Todes in der Vorstellung eines Lebenden), das unvergessliche Opus magnum des englischen Künstlers Damien Hirst, das einen aggressiven Tigerhai zeigt, der getötet und in einen mit Formaldehyd gefüllten Behälter eingelegt wurde. Das Tier wurde vor der Küste von Queensland in Australien von einem Fischer gefangen, der damit beauftragt worden war. Seine einzige Anweisung lautete, einen Hai zu fangen, der »groß genug ist, um Sie zu fressen«.

Jede wahre Kunst – ein inspiriertes Werk, das Vermutungen widerlegt, Möglichkeiten erweitert und Ihnen und mir erlaubt, zu jenen kreativen Außenseitern zu werden, die wir schon immer sein wollten – beginnt mit einer neuen Wahrnehmung der Realität. Ich bin fest überzeugt: Außergewöhnliche Kreativität erfordert Abnormalität. Und sie verlangt von uns, dass wir uns von gewöhnlichen Menschen absondern.

… Um Ihre ursprüngliche Genialität zum Tragen zu bringen,

müssen Sie die Chancen erkennen, die es auf der anderen Seite der Begrenzungen des Normalen gibt.

… Um in Ihrem Tätigkeitsbereich eine beherrschende Stellung zu erlangen und Leistungen zu erbringen, die an das Umstürzlerische grenzen, müssen Sie entschlossen sein, Ihre Andersartigkeit zu respektieren und jene Traditionen abzustreifen, die Ihnen Ihre Lehrer vermittelt haben als unverzichtbare Voraussetzungen für Erfolg.

… Um Ihre imaginative Begabung und Ihr Talent zur Gänze auszuschöpfen, ist es erforderlich, dass Sie als Aktivist gegen den Status quo angehen, sich in einem Orbit des Erfindungsreichtums bewegen und die Regeln brechen, die schon existierten, bevor Sie das Feld Ihrer eigenen verwirrenden, geheimnisvollen und rätselhaften Vision eines wesentlich interessanteren Morgens betraten.

Das erinnert mich an die Worte, die ich auf einer Vortragstournee in Spanien nach meinem Besuch in Salvador Dalís eigenartigem Haus in dem kleinen Fischerdorf Cadaqués las: »Ich verstehe nicht, warum man mir, wenn ich in einem Restaurant nach einem gegrillten Hummer frage, niemals ein gekochtes Telefon serviert.«

Genau.

Die Malpinsel des großen Meisters

26

Mutig sein wie Swifty

Ohne ein hohes Maß an Selbstvertrauen werden Sie nie den Mut aufbringen, Ihre unausgesprochenen Fantasien in alltägliche Realität zu verwandeln. Oder die Tapferkeit, die erforderlich ist, um an Ihrer überschwänglichen Begeisterung festzuhalten, wenn es schwierig wird. Und glauben Sie mir, das wird es irgendwann werden.

In diesem Zusammenhang muss ich an Irving »Swifty« Lazar denken, den berühmten Hollywood-Superagenten. Als er anfing, ging er einmal mit einem Filmsternchen zum Essen, das er als Klientin gewinnen wollte. Auf der Herrentoilette begegnete er dem bekannten Sänger Frank Sinatra und teilte ihm aufgeregt mit, dass er ein großer Fan von ihm sei. Der Schnulzensänger – damals auf dem Höhepunkt seiner Popularität – versuchte Swifty abzuwimmeln. Doch der junge Mann besaß Chuzpe, das jiddische Wort für außergewöhnliche Nervenstärke und großen Mut. Er beharrte darauf, mit Sinatra zu sprechen in der Absicht, Kontakt zu ihm herzustellen. Schließlich gab Sinatra nach und ließ sich auf ein Gespräch mit dem jungen Agenten ein.

»Würden Sie bitte mitkommen an unseren Tisch und meine Begleiterin begrüßen?«, fragte Swifty höflich.

»Das geht nicht. Ich muss zurück zu meinen Leuten«, erwiderte Sinatra.

»Ich würde es wirklich sehr zu schätzen wissen, Mr Sinatra«, drängte Swifty. »Es würde mir sehr viel bedeuten. Und es würde Ihnen gewiss Spaß machen, meine Essensbegleiterin kennenzulernen.«

Es entstand eine längere Pause, dann sagte Sinatra: »Okay. Geben Sie mir 30 Minuten.«

Eine halbe Stunde später ging tatsächlich der berühmte Sinatra unter den Blicken der übrigen Anwesenden an den von Kerzenschein erhellten Tischen vorüber, die besetzt waren mit berühmten Persönlichkeiten, Politikern und Unternehmensführern, zu jenem Tisch, an dem Swifty Lazar saß. Er tippte seinem neuen Bekannten auf die Schulter und sagte laut und mit breitem Grinsen: »Hallo, Swifty!«

Der junge Mann blickte auf und erwiderte umgehend: »Nicht jetzt, Frank.«

Schwer beeindruckt unterschrieb das Filmsternchen noch am selben Abend den Vertrag mit dem Agenten. Und Swifty Lazar ging in die Geschichte ein. Für seinen Mut.

27

Ein Lehrer namens Trauma

Das Leiden ist eine Schule. Und das Trauma ein Lehrer.

Die wichtige Botschaft, die uns jene vermitteln, die uns zeigen, wie die Welt funktioniert, lautet, dass das Trauma ein Reich der Gebrochenen, der Verwundeten und der Geschlagenen ist. Sie sagen, dass sich dies nur auf Menschen beziehe, die in einem Kriegsgebiet gelebt haben oder Gewalt ausgesetzt waren oder sexuell missbraucht oder als Kind geschlagen wurden oder unerwartet einen geliebten Menschen verloren haben.

Das stimmt nicht. (Und kein Mensch ist gebrochen, wir sind nur alle in unterschiedlichem Maß verwundet.) In diesem wichtigen Kapitel möchte ich Ihnen unter anderem eines vermitteln …

… nämlich dass jeder ein Trauma erleidet.

Die Tatsache, dass Sie leben, bedeutet, dass Sie ein Trauma erfahren haben, denn das ist das unvermeidliche Ergebnis jener Reise, die wir alle auf dem Weg von der Geburt zum Tod absolvieren. Ja, einige von uns werden von den Querschlägern des Lebens härter getroffen als andere. Und haben dadurch jene tragischen Ereignisse erlebt, von denen ich oben sprach. Diese Menschen haben ein »Makrotrauma« erlitten, wie ich dies in meiner Mentoring-Methode bezeichne. Das ist etwas Ernstes. Es ist sehr schmerzhaft. Und es ist schwer zu überwinden. Andere ebenso rechtschaffene Menschen haben es ein wenig leichter – sie müssen sich nur mit »Mikrotraumata« auseinandersetzen, etwa dass sie auf der Straße von einem aufgebrachten Autofahrer angeschrien werden, einen Ehestreit zu bestehen haben oder als Gewerbetreibende einen Auftrag an einen kleineren Konkurrenten verlieren.

Doch es bleibt die Tatsache, dass keiner lebend herauskommt. (Danke, Jim Morrison.)

Gut, dann wollen wir uns damit etwas näher befassen. Trauma ist kein schmutziges Wort, das man auf einer schicken Cocktailparty oder in einer höflichen Konversation am besten vermeidet. Nein, überhaupt nicht. Das Trauma war mein wichtigster Lehrer. Es hat mir die Fähigkeit vermittelt, Widrigkeiten elegant zu umschiffen; hat mir geholfen, Zugang zu finden zu meiner verschütteten Kreativität, was meinem Handwerk sehr zugutegekommen ist; hat mich dazu veranlasst, beziehungsfähiger und demütiger zu werden, und hat den Schild niedergerissen, der vorher mein weiches Herz schützte. Ich wäre nicht der Schöpfer, Vater, Partner, Bruder und Sohn, der ich heute bin, ohne die schwierigen Zeiten, die ich durchgemacht habe und die mir das Schicksal in wohlbedachter Absicht auf den Lebensweg gelegt hat. Und ich verspreche Ihnen, wenn Sie Ihr erlebtes Trauma für Ihre künstlerische Weiterentwicklung, Ihr emotionales Wachstum und Ihre spirituelle Freiheit nutzen, wird dies Ihre wichtigste Lebensschule sein. *Ein Trauma gereicht Ihnen zum Vorteil, nicht zum Schaden.*

Zu lernen, wie man den Heilungsprozess nutzt, um unterdrückte Gefühle freizusetzen und den Schmerz aus alten Verletzungen zu verarbeiten, wird Ihre besten Kräfte, Ihre höchsten Begabungen und ihr klügstes Selbst zum Vorschein bringen. Diese grundlegende Praktik, um Ihr Heartset zu reinigen, ist auch ein souveräner Akt der Selbstliebe. Weil Sie dadurch ein gesünderer, glücklicherer und freierer Mensch werden.

Traumata aus der Vergangenheit freizulegen ist kein Zeitvertreib für Schwache. Es ist nichts Belangloses, Irrelevantes und auch keine Zeitvergeudung. Es ist das Verhalten von weisen Kriegern. Und von echten Erbauern von Welten. Es ist die beste Vorgehensweise, um sicherzustellen, dass der Rest Ihres Lebens erfolgreich, freudvoll und friedlich ist. Sich auf die verschütteten Verletzungen einzulassen und die unterdrückten Gefühle freizusetzen ist von unschätzbarer Wichtigkeit für ein erstklassiges Leben, das sich voll entfaltet, sich seiner höchsten Kraft bewusst ist und sich in deren Dienst stellt. Es ist eine Arbeit, die Ihr Wohlergehen verstärken, Ihre Leistungsfähigkeit verbessern und Ihre Zuversicht vergrößern wird. Das wird tatsächlich geschehen, auch wenn es zunächst nicht den Anschein haben mag.

Eine tiefe emotionale Reinigung wird Ihre Kreativität steigern, denn Traumata deformieren Ihren Geist, und durch die Aufarbeitung alter Verwundungen können Sie Ihre Wahrnehmungsfähigkeit verbessern. Interessant, nicht wahr? Schwierige Ereignisse ins Unterbewusstsein zu verdrängen führt zu Wahrnehmungsblockaden, hemmt die Freisetzung von Neurotransmittern (wie etwa Dopamin und Serotonin), die entscheidend sind für meisterhaftes Künstlertum, und vermindert die ideale Verbindung zwischen der rechten und der linken Gehirnhälfte. Lassen Sie vergangenen Schmerz, vergangene Wut, Traurigkeit, Schuld, Scham und vergangenes Bedauern los, die Sie wie eine Last um Ihren Hals mit sich tragen, und Sie werden aufmerksam werden auf das Mögliche, das sich bislang Ihrem Blick entzog.

Die Heilung des Heartset wird auch dafür sorgen, dass Sie Ihr Höchstmaß an Vitalität werden freisetzen können. An einem Trauma festzuhalten bindet einen Großteil der Energie und der natürlichen Inspiration. Ein Ergebnis einer, wie ich es nenne, »fortgesetzten Vernarbung« besteht darin, dass Sie gewissermaßen in einem limbischen Ausnahmezustand leben, wenn das Überlebensgehirn des limbischen Systems Ihr Denken vollständig in Beschlag nimmt und Sie in einen Modus des »Kämpfens, Fliehens oder Erstarrens« versetzt. Sie verlieren die Fähigkeit, mit Gefahren (realen oder vermuteten) rational umzugehen, weil Ihr präfrontaler Cortex (wo die am höchsten entwickelten Gehirnfunktionen sitzen) von der Amygdala, dem weniger entwickelten und primitiveren Teil Ihres Gehirns, übermannt wird. Stresshormone wie Adrenalin und Cortisol werden freigesetzt und Emotionen wie Angst, Unbehagen und Wut werden angefacht. Je gravierender die Verletzungen in der Vergangenheit waren, desto intensiver werden die heutigen Reaktionen sein, wenn die betreffende Wunde aktiviert wird. Sie können die Schwere

Ihres Traumas (oder des Traumas eines anderen Menschen) immer nach dem Ausmaß der Überreaktion ermessen. Wenn die Reaktion hysterisch ist, dann ist das Trauma historischer Natur.

Der Ehepartner, der sich über verschüttete Milch aufregt, regrediert in ein früheres Lebensalter und lebt den verdeckten Schmerz der Vergangenheit aus. Der Firmenchef, der Mitarbeiter schikaniert und Geschäftspartner sabotiert, bringt einfach nur das Gewicht seiner psychischen Bürde zum Vorschein. Der Autofahrer, der wutentbrannt aus dem Wagen springt und Ihnen Schläge androht, weil er meint, Sie hätten ihm die Vorfahrt genommen, wird vom »Feld des Schmerzes« getrieben, das ich bereits erwähnt habe und das aus all den unsichtbaren Traumata besteht, die sich im Innersten einnisten konnten.

In einem Flugzeug saß ich einmal neben einem leitenden Manager, der mich bat, ihm den mir zugewiesenen Platz zu überlassen, weil er lieber da sitzen wollte. Als ich erwiderte, ich würde gern auf dem Platz bleiben, auf dem ich saß, begann er gegen meinen Aktenkoffer zu treten. Und er sagte, er würde sich mich nach der Landung »vornehmen«. So etwas kommt zustande, wenn wir es versäumen, emotionale Verletzungen aufzuarbeiten und loszulassen. Wenn man die Wunden in seinem Heartset zu heilen vermag, wird man nie mehr auf Leute losgehen, die einem nichts getan haben. Oder Leute mit Blut bespritzen, die einen nicht geschnitten haben.

Das Verarbeiten der eigenen Mikro- und Makrotraumata verbessert auch die Gesundheit. Ein Trauma und die tägliche Stressreaktion, die es in Ihrem System verankert, führen dazu, dass Ihr Leben in einen permanenten Krisenmodus schaltet, was Ihre Immunität beeinträchtigt und Entzündungen fördert und Sie anfällig macht für Krankheiten wie Diabetes, Herzinfarkt, Schlaganfall und Krebs. Wenn Sie Ihren emotionalen Schmerz verarbeiten, können Sie die Architektur Ihres Heartset umstrukturieren und es dazu veranlassen, weniger Toxizität zu produzieren und mehr von jenen neurochemischen Stoffen, die Ihre körperliche Verfassung verbessern. Wenn Sie Ihr emotionales Leben optimieren, werden Sie einen Zuwachs an Glücksgefühlen und an Dankbarkeit erleben und Sie werden Ihre Fähigkeit steigern, die Wunder des Lebens zu *fühlen,* anstatt nur auf der intellektuellen Ebene zu erfassen. Traumata führen dazu, dass sich ein Mensch von seinem Körper abspaltet und seine Tage als eine rein intellektuelle Maschine verbringt.

Bevor ich selbst diesen Heilungsprozess in Gang setzte, *dachte* ich nach über das Schauspiel des Sonnenaufgangs und *räsonierte* über die Schönheit eines Kunstwerks, anstatt all dies zu *empfinden* – und auch tatsächlich darin zu *leben.* Ich verspreche Ihnen, wenn Sie Ihr Heartset neu einstellen und Ihre Gefühle reaktivieren, wird sich Ihre Art zu leben vollständig verändern. Sie beginnen Ihren Geist für jene Betätigungen zu nutzen, für die er geschaffen ist. Und Sie öffnen Ihr Herz und erleben in vollem Umfang, wie schön und wundervoll alles andere in Ihrem Leben ist.

Ein verfestigtes Trauma veranlasst einen Menschen dazu, sich abzutrennen von seiner emotionalen Lebendigkeit und sich ganz in den Kopf zurückzuziehen. Dies geschieht zum Schutz. Wir fliehen vor unseren Gefühlen als Reaktion auf das Trauma, weil wir den alten Schmerz nicht wieder neu erleben wollen, wenn er durch aktuelle Ereignisse wieder ausgelöst wird. Also ersinnen wir Fluchtmöglichkeiten und Umwege, um nicht mit unseren Emotionen konfrontiert zu werden, etwa indem wir uns mit Arbeit überlasten oder in Drogen oder Alkohol flüchten oder der Internetsucht oder den Ablenkungen durch soziale Medien verfallen. Wir fangen an, unser Leben als Suche nach Aufmerksamkeit zu verbringen anstatt als Erschaffer magischer Werke. Und wir fragen uns, warum wir nie das intensive Glück empfinden, von dem uns gesagt wird, dass es zum Menschsein gehöre.

Viele Menschen entwickeln, wenn sie mit Schwierigkeiten oder tragischen Erlebnissen konfrontiert sind, eine posttraumatische Belastungsstörung. Doch wenn wir unsere Klugheit walten lassen und schwierige Entscheidungen treffen, erlangen wir die Fähigkeit, Rückschläge für unsere persönliche Transformation zu nutzen. Auseinandersetzungen und Kämpfe können in den Dienst eines posttraumatischen Wachstums gestellt werden. Schauen Sie sich die berühmtesten Männer und Frauen der Welt an. Menschen vom Schlage eines Nelson Mandela, Mahatma Gandhi, Martin Luther King oder einer Mutter Teresa. Alle diese gereiften Persönlichkeiten hatten eines gemeinsam: Sie hatten mehr Leid zu erdulden, als gewöhnlich zu erwarten ist. Doch anstatt zuzulassen, dass Not und Elend sie zerrissen, nutzten sie es, um sich neu zu erschaffen. Sich neu aufzubauen. Sich an ihre höchsten moralischen Werte und ihre größten spirituellen Gaben zu erinnern. Vernichtenden Schmerz in ungewöhnliche Kraft zu verwandeln.

In einem späteren Kapitel werde ich Ihnen die Taktiken und Instrumente vorstellen, die es Ihnen ermöglichen, sich von eingeschlossenen Emotionen zu befreien, damit Sie Ihre Großartigkeit freisetzen und die unbeschränkte Genialität Ihres Herzens aktivieren können. Fürs Erste möchte ich Sie nur daran erinnern, dass ein Trauma – klug genutzt – der Zugang zu Ihrem authentischsten, kreativen und heldenhaften Selbst werden kann. Betrachten Sie es als Lehrer. Bitte.

28

Das Mantra des Menschen-Aufbauers

Eine wahre Geschichte …

Es gab einmal ein Café, das von einer tüchtigen Managerin geleitet wurde.

… Sie kümmerte sich aufmerksam um ihre Kunden.

… Sie begrüßte jeden Menschen, dem sie begegnete, freundlich und höflich.

… Sie sorgte dafür, dass die Produkte, die sie verkaufte, stets von bester Qualität waren, immer einen fairen Preis hatten und dass ihre Angestellten immer freundlich den Kunden gegenüber waren.

Die Lieblingskundin der Managerin war eine Frau, die früher Lehrerin gewesen war. Sie war mittlerweile schon über 80, war aber jedes Mal, wenn sie in das Café kam, perfekt gekleidet und sah außergewöhnlich elegant aus. Jeden Morgen suchte sie das Café auf und erschien dabei Hand in Hand mit einem älteren Herrn, ihrem Ehemann, den sie anscheinend sehr liebte. Gemeinsam bewegten sie sich bedächtig durch den Laden, steuerten den Tresen an und bestellten jeden Tag dasselbe: zwei Tassen Kaffee und ein kleines Stück Kuchen mit zwei Gabeln, sodass sie es sich teilen konnten. Dann gingen sie zu ihrem angestammten Tisch und unterhielten sich.

Denn …

… Business ist Konversation. Wenn Sie die Konversation mit Ihren Arbeitskollegen, Kunden oder Lieferanten vernachlässigen, verlieren Sie Ihr Geschäft.

… Ein intaktes Familienleben ist Konversation. Wenn Sie dies vernachlässigen, weil Sie ständig mit irgendwelchen Geräten spielen oder zu viel Fernsehen schauen und die ganze Zeit arbeiten, dann verlieren Sie Ihre Familie.

... Und ein Alltagsheld zu sein beginnt damit, dass Sie eine Konversation mit sich selbst führen, eine Konversation darüber, wer Sie sein wollen und was Sie der Welt geben wollen. Wenn Sie diese Konversation mit Ihrem höchsten Selbst schleifen lassen, verlieren Sie die Verbindung zu Ihrer Authentizität.

Aber jetzt zurück zu diesem Café. Eines Tages fiel der Managerin auf, dass ihre Lieblingskunden nicht mehr kamen. Sie begann sich Sorgen zu machen, denn diese Menschen lagen ihr wirklich am Herzen. Ein paar Wochen später entdeckte sie die Dame in der Warteschlange vor einer Bank. Doch die Frau war nun nicht mehr so perfekt angezogen und wirkte auch nicht sonderlich entspannt. Nein. Vielmehr sah sie jetzt ziemlich mitgenommen aus. Und sie wirkte verwirrt. Und verängstigt.

»Was ist los?«, erkundigte sich die Managerin.

»Es geht um meinen Mann. Er hat vor ein paar Wochen einen schweren Schlaganfall erlitten und ist gestorben. Ich weiß nicht, was ich jetzt machen soll. Ich weiß nicht, wo ich hinsoll. Ich weiß nicht, wie es weitergehen soll.«

Die Managerin schwieg einen Moment. Dann sprach sie mit ruhiger Stimme: »Warum kommen Sie nicht wieder ins Café und trinken einen guten Kaffee? Ich weiß, dann wird es Ihnen gleich wieder ein bisschen besser gehen.«

»Aber mit wem sollte ich trinken?«, fragte die Frau mit leichtem Zittern in der Stimme.

»Ich leiste Ihnen Gesellschaft«, erwiderte die Managerin. »Es wäre mir ein Vergnügen.«

Und so gingen diese beiden Menschen – in einer Welt, die so dringend mehr Menschlichkeit braucht – zurück zu dem Café, wo die Kundin ihre übliche Bestellung aufgab: zwei Tassen Kaffee, ein kleines Stück Kuchen und zwei Gabeln. Und die beiden Menschen unterhielten sich.

Die Schriftstellerin Maya Angelou hat einmal folgenden weisen

Satz geschrieben: »Die Menschen mögen vergessen, was Sie sagen, und die Menschen mögen vergessen, was Sie tun. Aber sie werden nicht vergessen, wie sie sich in Ihrer Gegenwart gefühlt haben.« Bauen Sie also die Menschen auf. Ziehen Sie niemals einen Menschen nach unten. Helfen Sie Menschen, die in Not sind. Wenn Sie einem Menschen nichts Gutes sagen können, dann sagen Sie gar nichts. Behandeln Sie alle Menschen zuvorkommend und freundlich. Ich weiß, das klingt nach »alter Schule«, aber das war in mannigfacher Hinsicht eine gute Schule. Jeden Menschen, dem Sie begegnen, in einer froheren, ausgeglicheneren oder zufriedeneren Verfassung zu verlassen, als Sie ihn vorgefunden haben, ist eine fantastische Sache. Und ein gutes Mantra, von dem man sich leiten lassen kann.

29

Die sieben Bedrohungen der Erstklassigkeit

Ich möchte Ihnen jetzt die sieben Hauptgefahren vorstellen, die dazu führen können, dass potenziell legendäre Schöpfer, Leader, Unternehmer, Athleten und Begründer von Bewegungen ihre Versprechungen nicht einhalten können. Das gehört zu den wichtigsten Kapiteln in diesem Buch.

Es beginnt mit folgender Maxime: *Das wahre Ziel von Meisterhaftigkeit besteht nicht darin, legendär zu werden, sondern legendär zu bleiben.* Ein Alltagsheld sollte sich nicht nur bemühen, Bedingungen zu schaffen, welche die Verwirklichung seiner höchsten Bestrebungen ermöglichen. Es geht vielmehr darum, diesen idealen Zustand dauerhaft zu erhalten – und natürlich zu verbessern. Es ist fantastisch, wenn Sie alles tun, was erforderlich ist, um erstklassig zu werden. Noch wichtiger ist es aber, dass Sie diesen Zustand erhalten. Was eine Ikone ausmacht, ist die Symmetrie zwischen optimierter Meisterhaftigkeit und eiserner Langlebigkeit. Nur weniges macht Sie unbesiegbarer, als es zu schaffen, sich länger als Ihre Kollegen oder Gleichgestellten an der Spitze Ihres Tätigkeitsbereichs zu behaupten.

Wie können Sie also Ihre herausragende Stellung oder Bedeutung absichern, sodass sie dauerhaft wird? Ganz einfach: Befassen Sie sich mit den »sieben Bedrohungen der Erstklassigkeit«. Mit diesem neuen Wissen über die Fallstricke, die auf Sie lauern, können Sie sich aktiv dagegen wappnen.

Betrachten wir dazu folgendes Lernmodell:

DIE SIEBEN BEDROHUNGEN DER ERSTKLASSIGKEIT

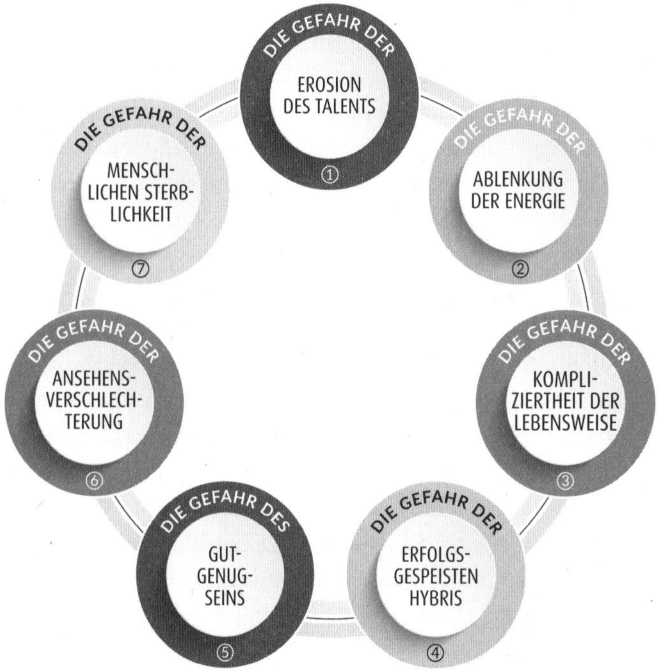

Auf der Grundlage meiner mehr als 25-jährigen Coachingtätigkeit für Topunternehmer, Finanziers, Profisportler und Filmstars, denen ich geholfen habe, nicht nur an die Spitze ihrer Zunft aufzusteigen, sondern diese Stellung auch zu behaupten, habe ich die Bedrohungen, mit denen Sie auf Ihrem Weg in eine Spitzenposition konfrontiert sind, in den folgenden sieben Gefahren zusammengefasst:

Bedrohung #1: Die Gefahr der Erosion des Talents

Das ist für große Genies wirklich eine ernst zu nehmende zerstörerische Kraft. Man denke an einen berühmten Musiker, der einen weltweiten Superhit landet, oder an einen Schauspieler, der einen Oscar gewinnt. Eine bewundernswerte Leistung. Aber in solchen Fällen beginnen dann meistens die Fähigkeiten zu verkümmern, die diesen Erfolg ermöglicht haben. Der unerbittliche Leistungswille und die hohe Produktivität, die erforderlich waren, um diese Menschen ganz nach oben zu bringen, führen zu Erschöpfung. Das Rampenlicht, der Beifall und die Verehrung zehren diese Menschen aus – und sie wünschen sich oft nur noch, all das »hinter sich zu lassen«.

Auf dem Höhepunkt ihres Erfolgs und ihres Ruhms verschwinden viele Superstars aus der Öffentlichkeit (manchmal für Jahre). Sie bemühen sich nicht mehr, ihre Fähigkeiten noch weiter zu verbessern. Sie wollen nicht mehr täglich trainieren. Ihr Feuer erlischt; sie wollen nicht weiter die Grenzen ihrer einzigartigen Begabung ausloten oder mit ihrem Können auf unbekanntes Terrain vorstoßen. Weil der anstrengende und aufreibende Weg an die Weltspitze wie auch die Erfahrung, was es heißt, ein Superstar zu sein, sie müde werden ließen und erschöpften.

Bedrohung #2: Die Gefahr der Ablenkung der Energie

Berühmtheit, Glück und großer Einfluss bringen andere Gefährdungen mit sich, gegen die man sich beizeiten wappnen sollte. (Wenn ich persönlich mit einem hochkarätigen Klienten arbeite oder in meinem Online-Curriculum »Circle of Legends«, lasse ich diese Person ein Arbeitsblatt ausfüllen, was ihr ermöglicht, ihre »Gefährdungen und Verwundbarkeiten« abzuarbeiten, die ihre Erstklassigkeit bedrohen könnten, und widme mich anschließend ihren »Angelpunkten und Schutzmaßnahmen«. Am Ende dieses Kapitels finden Sie einen Link zu diesem Arbeitsblatt, sodass Sie diese wirkmächtige Übung selbst durchführen können.)

Wenn Sie in der Stratosphäre in dünner Luft unterwegs sind, werden Sie heftigen Angriffen durch Kritiker und wütende Trolle ausgesetzt sein, denen es missfällt, Sie in solchen Höhen zu sehen. Ihr Erfolg schmerzt sie und führt ihnen vor Augen, dass sie ihr eigenes Potenzial nicht zur Entfaltung bringen konnten. Und es stimuliert ihren Selbsthass, der sich daraus speist, dass sie ihre Träume nicht zu verwirklichen imstande waren. Wenn Sie nicht aufpassen, rauben Ihnen diese Leute Ihre Energie.

Im Laufe Ihres Aufstiegs werden sich Ihnen zunehmend unglaubliche Chancen eröffnen (die nichts mit Ihrem »Sweet Spot« zu tun haben). Sie werden neue Freunde finden, die mit Ihnen Umgang pflegen wollen, weil es cool ist, mit Ihnen gesehen zu werden. Sie werden sich mit Klagen von Geschäftspartnern auseinanderzusetzen haben, die es auf Ihr Geld abgesehen haben, und mit Problemen in Ihren Beziehungen, weil Sie zu viel Zeit damit verbringen, Ihre Ziele und Pläne zu verwirklichen, und dadurch andere Bereiche Ihres Lebens vernachlässigen.

Ich habe dies schon bei vielen meiner Klienten erlebt. Ich sage Ihnen also, wie es ist. Wie wird sich all dies auf die kreative und produktive Energie und die Leistungsfähigkeit auswirken, aus denen Großartigkeit erwächst? Denken Sie bitte rechtzeitig darüber nach, wie Sie mit solchen Schwierigkeiten und Misshelligkeiten umgehen wollen, bevor Sie den Gipfel Ihres persönlichen Mount Everest erklimmen.

Bedrohung #3: Die Gefährdung durch die Kompliziertheit der Lebensweise

In Zusammenhang mit Bedrohung #2 geht es um die vielfältigen Komplikationen, mit denen jeder, der Spitzenleistungen erbringt, im Hinblick auf die eigene Lebensweise konfrontiert ist. Wenn ein Superstar am Anfang noch ein unbekannter Künstler ist, richtet sich der Fokus allein auf sein Können. Ein Start-up-Unternehmer konzentriert sich fast ausschließlich auf den Aufbau seines

Geschäfts. Ein Profisportler – der noch kein Champion ist – verbringt seine Tage im Wesentlichen mit Trainieren, Essen, Coachingsitzungen und Schlafen. Der brillante Musiker – bevor sich Virtuosität und Verehrung einstellen – lebt in einem spartanischen Studio-Apartment, isst Ramen-Nudeln und arbeitet nächtelang in seinem Studio, um jene vollendete Kunst zu schaffen, die am Ende Millionen Menschen unterhält.

Doch wenn die junge Firma zu einem börsengehandelten Unternehmen wird (und den Gründer zum Multimilliardär macht) und der Sportler aufgrund seiner Fähigkeiten zur Ikone wird und der Musiker dank seiner Begabung zu internationaler Berühmtheit gelangt, dann wird alles kompliziert. Das große Geld, das dann hereinströmt, wird zum Kauf von Häusern und Autos, für private Flugreisen und für Manager, Sicherheitsleute und andere Mitarbeiter (die alle bezahlt werden müssen) verwendet – beruhend auf der *falschen* Annahme, dass der Erfolg viele Jahre andauern wird. Das ist aber nur selten der Fall – und viele einstmals sehr erfolgreiche Menschen sind am Ende pleite.

Ich muss dies noch einmal wiederholen, denn es ist äußerst wichtig: Eine der größten Gefahren, die auf Superstars lauern, besteht in dem Glauben »Einmal erfolgreich, immer erfolgreich«. So viele A-Promis erreichen den Gipfel und glauben, weil sie jetzt so hoch oben stehen, könne man sie nie mehr aus dieser Position entfernen. Sie gehen in die psychologische Falle zu glauben, dass sie, weil sie jetzt ein Gewinner sind, immer ein Gewinner sein werden; weil sie jetzt Hunderttausende Alben verkaufen, werden sie immer viele Alben verkaufen; weil sie jetzt ein Großverdiener sind, werden sie immer ein Großverdiener sein. Also hören sie auf, sich zu verbessern, zu sparen, früh aufzustehen, sich körperlich zu ertüchtigen und ihr Leben bestmöglich zu führen. Dies führt letztlich in die Katastrophe.

Bedrohung #4: Die Gefahr der erfolgsgespeisten Hybris

Einer der häufigsten Fehler, den einige der berühmten Persönlichkeiten machen, mit denen ich arbeite, besteht darin, dass sie arrogant werden. *Eine übermäßige Aufblähung des menschlichen Egos ist das Risiko, dem erstklassige Führungspersönlichkeiten ausgesetzt sind, egal ob sie in der Wirtschaft, im Sport, in der Kunst, der Wissenschaft oder der Politik tätig sind.*

Wenn man vom Glück verwöhnt wird, Spitzenleistungen erbringt und die Menschen einem sagen, dass man über das Wasser gehen könne, dann kann sich das Ego bis zur Hybris steigern. »Hybris« wird definiert als übertriebener Stolz und übermäßiges Selbstvertrauen. Auch besonders erfolgreiche Unternehmen erliegen bisweilen dem Fehler, in Hybris abzugleiten. Sie vergessen, dass ihre Kunden ihre eigentlichen Chefs sind, und verdrängen die Tatsache, dass der Wettbewerb dazu führen könnte, dass sie urplötzlich irrelevant werden – wenn sie aufhören, innovativ zu sein, überragenden Nutzen zu bieten und die Menschen zu erfreuen, die dafür sorgen, dass sie weiter im Geschäft bleiben können; wenn sie sich mehr dafür interessieren, einen Büroturm zu bauen, auf dem ihr Firmenname angebracht ist, als ihren Kunden Nutzen zu bieten.

Gleiches kann Titelhaltern und Sportchampions widerfahren. Sie verlieben sich in ihre Siege und glauben, weil ihnen nach einem großen sportlichen Triumph Champagner über den Kopf gegossen wird, würde ihnen auch im nächsten Jahr der Sieg mühelos in den Schoß fallen. Sie vernachlässigen das Training, verhalten sich rüde gegenüber ihren Fans, trinken zu viel, essen zu viel, spielen zu viel und konzentrieren sich nicht mehr darauf, ihre Fähigkeiten, die ihnen die Krone eingebracht haben, zu verbessern und zu verfeinern. Sie verlieren die »Arbeitereinstellung«, wie ich es in meinem Mentoring-Curriculum nenne, und die Optimierungsmentalität, die sie zu Meistern gemacht haben. (Ich denke an den Kapitän eines NBA-Teams, das den Meistertitel errungen hatte. Anstatt anschließend den Sommer über Ferien zu machen, wie es in diesem Sport üblich ist, erschien er – am Tag nach seinem Triumph – um fünf Uhr früh zum Training. Und setzte damit seinen Optimierungsprozess in Gang.)

Bedrohung #5: Die Gefahr des Gut-genug-Seins

Um an die Spitze zu gelangen, müssen Sie also etwas tun, was sonst praktisch niemand tut. (Erinnern Sie sich an meinen Merksatz: *Um zu bekommen, was nur 5 Prozent der Bevölkerung haben, müssen Sie bereit sein zu tun, was 95 Prozent der Bevölkerung nicht bereit sind zu tun.*) Außergewöhnlich hartes Arbeiten (eine einzigartige Arbeitsethik schlägt natürliche Begabung tagtäglich), unzählige Opfer (die Ihnen aber nicht als Opfer erscheinen, weil Sie Ihre Arbeit so sehr lieben), die Aneignung außerordentlicher Gewohnheiten, der Umgang mit ablenkenden Faktoren und die Notwendigkeit, ständig Lösungen für Probleme zu finden – das sind die Gebühren, die Sie zahlen müssen, um Einlass zu finden in die sehr ruhigen (und meistens leeren) Hallen der Vorherrschaft auf dem eigenen Tätigkeitsfeld.

Zweifellos zeigen die Belohnungen, dass es all dies wert war. Und was der Weg zur Erstklassigkeit und das Leben Ihrer heldenhaften Ideale *aus Ihnen als Mensch machen,* ist ein Schatz, der kostbarer ist als alle Juwelen in einer Diamantenmine. Doch eine andere Bedrohung, der Sie sich ausgesetzt sehen, wenn Sie sich dem Gipfel des Erfolgs nähern, besteht darin, dass Sie in Leerlauf verfallen können. Dieses Phänomen werden Sie sicherlich auch erleben. Sie haben mehr erreicht als alle Menschen, die Sie kennen. Sie haben mehr atemberaubende Leistungen vollbracht, als Sie selbst es für möglich gehalten haben. Sie sind praktisch unerreichbar in Bezug auf Ihr Können, Ihr Einkommen, Ihren Lebensstil und Ihren Einfluss. Ein großer Teil Ihrer Persönlichkeit wird sich in dieser Situation dazu hingezogen fühlen, einfach die Früchte der Arbeit zu genießen. Sie wollen mehr Golf spielen oder den größten Teil des Jahres reisen oder einfach nur das Leistungsniveau halten, das Sie erreicht haben. Sie lassen vielleicht sogar den tödlichen Gedanken an Ruhestand an sich herankommen. (Gehen Sie bitte niemals in den Ruhestand. Das lässt Sie altern und verdunkelt Ihr hell strahlendes Licht.)

Wenn Sie auf dem Höhepunkt Ihres Könnens und Ihres Schaffens solche Gedanken und Gefühle haben, ist das durchaus in Ordnung. Und der eine Weg ist nicht besser als der andere. Doch wenn man akzeptiert, dass man jetzt gut genug sei, wird man sich nicht in der Höhenluft eines Großmeisters halten können. Was bedeutet, dass Sie keine Möglichkeit haben, jemals *zu einer Legende* zu werden. Ich will es nur gesagt haben.

Bedrohung #6: Die Gefahr der Ansehensverschlechterung

Wenn Sie in Ihrem Tätigkeitsbereich den Höhepunkt Ihrer Bedeutung und Ihres Einflusses erreicht haben, werden andere versuchen, Sie vom Sockel zu stürzen. Eifersüchtige Konkurrenten werden Sie ins Visier nehmen; Gegner, die sich ärgern, dass Sie etwas erreicht haben, was ihnen nicht gelungen ist, werden nach Gründen suchen, um Sie zu kritisieren, und weitere Angreifer werden aus der Deckung kommen. Seien Sie darauf vorbereitet. Und machen Sie sich klar, dass der Grund nicht darin besteht, dass Sie etwas falsch gemacht hätten. *Es ist ein Zeichen, dass Sie alles richtig gemacht haben.* Seien Sie darauf gefasst, dass Leute, die Ihnen Böses wollen, versuchen werden, Ihren hart erkämpften Ruf und Ihr Ansehen zu schädigen und Ihren guten Namen in den Schmutz zu ziehen.

Ich möchte Ihnen dringend empfehlen, sich auf diese Bedrohungen vorzubereiten, damit Sie sich schützen können. Denn wenn Sie Ihren guten Ruf verlieren, büßen Sie einen Ihrer wichtigsten Vorteile ein. Eine andere Möglichkeit in diesem Zusammenhang ist allerdings auch in Erwägung zu ziehen, nämlich dass Ihnen Ihr Erfolg und Ihr Ruhm zu Kopf steigen und Sie dadurch Ihr Urteilsvermögen verlieren und törichte Fehler begehen. Das zerstört Ihr Ansehen.

Denken Sie einfach an alle diese Möglichkeiten, damit Sie nicht in diese Fallgruben stürzen, die schon vielen Menschen, die Spitzenleistungen erbracht haben, zum Verhängnis geworden sind, wie ich miterleben musste.

Bedrohung #7: Die Gefahr der menschlichen Sterblichkeit

Wir alle werden eines Tages sterben. *Es kommt darauf an, den Zeitpunkt des eigenen Ablebens so weit wie möglich hinauszuschieben.* Befassen Sie sich mit den neuesten wissenschaftlichen Erkenntnissen über Lebensverlängerung und mit bewährten Methoden und Gewohnheiten wie frühes Aufstehen, tägliche Meditation, Kältebehandlung, Sauna und Lichttherapie, Waldbaden, Intervallfasten, therapeutische Massagen, Akupunktur und Nahrungsergänzungen, die Ihre Gesundheit so weit stärken können, dass Sie – mittels der umgestaltenden Kraft der Epigenetik – Ihr Leben verlängern können, sodass Ihnen noch viele Jahre beschieden sein werden, um Ihre persönliche Meisterhaftigkeit zu verbessern, Ihren Wohlstand zu mehren, der Gesellschaft zu dienen und die persönlichen Belohnungen zu genießen, die Ihnen im Zuge Ihres Aufstiegs zu monumentalem Erfolg beschieden sind.

Das sind sie also, die Hauptgefahren, die Ihre unangefochtene Stellung auf Ihrem Tätigkeitsfeld bedrohen. Ich schlage Ihnen vor, die »sieben Bedrohungen der Erstklassigkeit« noch einmal zu lesen und dann diesen Rahmen auf Ihre konkreten Bedingungen zuzuschneiden. In meinen eigenen Strategiesitzungen denke ich oft darüber nach, wie sich mein Leben in den nächsten 50 Jahren entwickeln soll. Dann breche ich dies alles – detailliert auf einer Weißwandtafel – herab auf meine heutige Situation. Das Arbeitsblatt, das sich für meine Klienten als sehr hilfreich erwiesen hat, finden Sie unter folgendem Link: TheEverydayHeroManifesto.com/7ThreatsWorksheet.

Ich hoffe, dass diese Ausführungen Ihnen helfen mögen, Ihre Stellung als Superstar zu schützen und zu stärken. Ihr ganzes Leben lang.

30

Erwarten Sie Undank

Halten Sie mich bitte nicht für zynisch. Aber ich habe mich mental darauf programmiert, Undankbarkeit zu erwarten. Damit meine ich Folgendes. In Norman Vincent Peales klassischem Werk über positives Denken, das passenderweise den Titel *Die Kraft positiven Denkens* trägt, ermutigt uns der unerschütterlich optimistisch eingestellte Geistliche, dass wir »Undankbarkeit erwarten« sollen. Meiner Ansicht nach möchte er damit sagen, dass die meisten Menschen niemals Ihre Güte und Freundlichkeit wirklich zu schätzen wissen werden. Es entspricht schlicht nicht der menschlichen Natur (zumindest im gegenwärtigen Stadium der Entwicklung unserer Spezies). Warum sollte man seine Seelenruhe und wertvolle schöpferische Energie opfern in der Hoffnung, sich diese Wertschätzung verschaffen zu können?

Anders gesagt: *Vermeiden Sie es, Ungerechtigkeit anzuziehen.* Diese Sicht auf die Welt drückt Sie nur nach unten. Und fügt Ihnen tiefe Wunden zu. Akzeptieren Sie die Tatsache, dass sich die meisten Menschen darauf konzentrieren, was sie *nicht* bekommen, anstatt darauf, was Sie alles gegeben haben, und sich daran erinnern, was Sie *nicht* für sie getan haben, anstatt an die Großzügigkeit, die Sie ihnen gegenüber an den Tag gelegt haben. Und bedenken Sie stets, dass der Mangel an Wertschätzung oder guten Manieren oder Freundlichkeit oder Mitgefühl oder Fairness, den andere Menschen an den Tag legen, *nichts mit Ihnen zu tun hat,* sondern ausschließlich mit diesen Menschen selber. Die Menschen behandeln andere Menschen genauso, wie sie sich selbst behandeln. Warum sollten Sie es also auf sich beziehen?

Halten Sie sich einfach an Ihre eigenen moralischen Instinkte. Zeigen Sie gegenüber allen Menschen eine positive Einstellung,

Aufrichtigkeit, guten Willen, Güte, Bescheidenheit, Versöhnlichkeit und Respekt in dem vollen Bewusstsein, dass nur sehr wenige jemals Ihre Integrität und Ihren makellosen Charakter zu würdigen wissen.

Tun Sie Gutes ungeachtet all dessen.

31

Als ich allein auf dem Gipfel des Berges war

Ich kann manche Dinge nicht für mich behalten, die mir im Lauf meines Lebens widerfahren sind. Sie werden mich auslachen, wenn ich Ihnen folgendes Erlebnis erzähle, aber das macht mir nichts aus, wenn meine Geschichte Ihnen hilft, Ihren persönlichen Modus Operandi zu optimieren.

Also …

Als ich in meinen 40ern war, wollte ich Skilehrer werden. Ich habe schon immer die Berge geliebt, und der Gedanke, wie ein richtiger Könner über die Pisten zu wedeln, faszinierte mich. Um dieser Ambition etwas Leben einzuhauchen, besuchte ich einen wöchentlichen Kurs bei einem wunderbaren Trainer und arbeitete intensiv an der Verbesserung meiner Fähigkeiten. Es ging nur langsam voran, aber ich machte stetig Fortschritte. Nach zwei Jahren verbrachte ich eine eiskalte Woche mit der Abschlussgruppe in den Bergen – und erhielt dann meine Skilehrerzulassung mit der Qualifikationsstufe eins, die es mir erlaubte, Anfänger zu unterrichten. Ich erinnere mich noch gut an den Tag, an dem ich mir meine Skilehreruniform kaufte – dieser blaue Anorak und die schwarzen Skihosen! Ich nahm meine geliebten Kinder mit in das Geschäft. Als wir mit der Uniform in der Hand den Laden verließen, begann ich zu tanzen. Ja, ich tanzte.

Obwohl ich verschiedene internationale Vortragsverpflichtungen hatte, nahm ich einen Job in unserem örtlichen Skigebiet an, der miserabel bezahlt wurde. Und jeden Tag, an dem ich nicht irgendwohin fliegen musste, stand ich um vier Uhr auf, fuhr zwei Stunden (häufig im Schneesturm) zur Arbeit und half kleinen Kindern, das Skifahren zu lernen. Das war eine wundervolle Zeit in meinem Leben.

Der Tag, an dem ich meine Skilehreruniform kaufte

Etwa zu dieser Zeit entschloss ich mich, ins Ausland zu reisen, um meine Skifahrkünste an größeren Bergen zu verbessern. Ich packte meine Sachen, stieg in ein Flugzeug und flog zu einem weit entfernten Ort, wo es hoch aufragende Gipfel gibt, wie ich sie noch nie gesehen hatte.

Jeden Morgen bestieg ich einen Bus, dessen Reifen mit Schneeketten versehen waren, der durch winzige Dörfer fuhr und schließlich über eine gefährliche schmale und eisbedeckte Straße hinauf zum Fuß eines hohen Berges. Jeden Abend, nach einem kurzen Nickerchen, arbeitete ich an dem Buch, das ich damals schrieb (es war *Jeder kann in Führung gehen*), und dann bereitete ich mir in meiner kleinen spartanischen Küche eine einfache Mahlzeit aus frischen Zutaten und verzehrte mein Essen draußen auf einem wettergegerbten Stuhl unter dem Sternenhimmel.

Ungefähr nach einer Woche lud mich ein Freund, den ich dort kennengelernt hatte, zum »Heliskiing« ein. Falls Ihnen dieser Begriff nicht vertraut ist, er bedeutet genau das, was er aussagt: Man lässt sich mit einem Helikopter auf einen schneebedeckten Berg fliegen und fährt dann auf den Skiern durch Tiefschnee abwärts. Das ist ein Sport für Könner. Wenn man etwas falsch macht, kann es leicht das Leben kosten.

Am vereinbarten Tag hob der Hubschrauber bei strahlendem Sonnenschein und blauem Himmel ab. Als wir einen Berg nach dem anderen überflogen, begann mein Herz schneller zu schlagen. Schweißtropfen bildeten sich unter meinem Helm und meine Augen wurden immer größer. Der Helikopter landete auf dem höchsten Punkt eines sehr eindrucksvollen Gipfels und vier weitere Skifahrer und ich sprangen hinaus in den frischen Schnee. Dann flog der Helikopter ab.

Sie werden nicht glauben, was dann geschah …

… Die anderen Skifahrer waren echte Profis. Und sie nahmen an, dass ich es auch sei. Ich war viel zu stolz, um meine Angst zu zeigen, und genierte mich, meinen Mangel an Können einzugestehen. Es war so: Durch mein Training auf meinem Hügel zu Hause (ja, es war eher ein Hügel als ein Berg) konnte ich auf gewöhnlichem Schnee recht gut Ski fahren. Doch auf dem weichen Pulverschnee, den man auf höheren Bergen vorfindet, ist das etwas völlig anderes. Es ist so ähnlich wie der Unterschied zwischen dem Schwimmen in einem städtischen Schwimmbad und dem kraftzehrenden Ausdauerschwimmen im Meer. Unter solchen Bedingungen war ich noch nie Ski gefahren. Noch nie.

Unser Guide fuhr als Erster – um sich zu vergewissern, dass alles sicher war, und um uns vor Lawinen zu schützen. Dann waren mein Freund und dessen Frau dran, die beide diesen Sport bestens beherrschten. Ich hörte, wie sie vor kindlicher Freude johlten, während sie frische Spuren im jungfräulichen Schnee zogen. Dann startete ein junger, aber schon sehr erfahrener Skiprofi. Er dürfte um die 30 gewesen sein. Als ich sah, wie er fuhr, kam ich mir vor wie 90.

Ich war nun *völlig allein.* Auf dem Gipfel eines riesigen Berges. Ich war noch nie in Pulverschnee gefahren. Ich dachte an meine Kinder. Dann wischte ich mir den Schweiß von der Stirn.

Hier ist ein Foto, das entstand, kurz bevor alle anderen losfuhren, sodass Sie sich eine gewisse Vorstellung von meinem Erlebnis machen können.

Das Leben, so habe ich herausgefunden, hält für einen Menschen manchmal (oder immer) Situationen bereit, die eine Lektion beinhalten, die man lernen muss, bevor man auf die nächste Stufe des persönlichen Wachstums aufsteigen kann. Erinnern Sie sich bitte, was ich weiter vorne darüber geschrieben habe, dass sich die Dinge nie zu Ihrem Nachteil entwickeln und dass sich letztlich alles für Sie zum Guten wendet (auch wenn es zunächst den gegenteiligen Anschein haben mag). Außerdem habe ich Folgendes gelernt: *Wir sind am lebendigsten, wenn wir unseren Ängsten am nächsten sind.* Konfrontiert mit dem Zweifel, ob wir eine bestimmte Schwierigkeit werden bewältigen können, aktivieren wir in uns Fähigkeiten, von denen wir gar nicht wussten, dass wir sie besitzen. Und wenn wir diese besonderen Kräfte kennengelernt haben, können wir sie nutzen für den Rest unserer Tage. Und dadurch die menschliche Großartigkeit in ihrer vollen Gänze erleben.

Also …

Ich setzte mich meiner Angst aus und ging nach vorn, meine Beine zitterten wie Teetassen bei einem Erdbeben und mein Mund war trockener als die Rub al-Khali, die große Sandwüste auf der Arabischen Halbinsel. Ich nahm die Schneepflugstellung ein, die erste Stellung, die man als Skianfänger lernt, wodurch ich mich sicherer fühlte. Doch dann wurde es wüst und chaotisch: Ein Mann in mittleren Jahren wirbelte einen Riesenberg hinab, verdrehte immer wieder seine Skier, drohte ständig das Gleichgewicht zu verlieren und schrie aus Leibeskräften nach seiner Mutter. (Okay, dass ich nach meiner Mutter geschrien habe, stimmt nicht, alles andere aber schon.) Doch natürlich ging letztlich alles gut und ich landete heil unten bei den anderen. Meine Kollegen hatten entsetzt meine wilde Fahrt verfolgt, aber keiner sagte ein Wort. Ihr Mitleid schrie dafür umso lauter.

Auf dem Rückflug im Helikopter dachte ich über das Erlebnis nach. Ich war froh, dass ich mitgemacht hatte. *Denn das eigentliche Scheitern besteht darin, dass man etwas gar nicht erst versucht.* Und wir Menschen werden stärker, wenn wir uns hinauswagen auf die gefährlichen Wege, anstatt auf den sicheren Hängen zu verharren. Gewiss erscheinen weniger anspruchsvolle Hänge als sicherer. In Wirklichkeit aber sind sie wesentlich gefährlicher. Denn sie ersticken die Kühnheit, die Lebendigkeit und die Größe, die wir verkörpern.

Man bot mir eine Chance. Ich gab mein Bestes. Ich blamierte mich. Ich gewann an Lebenserfahrung, Zähigkeit und Klugheit. Und ich schaffte es zurück in meine Wohnung. Gerade rechtzeitig, um unter dem Sternenhimmel zu Abend zu essen.

32

Die Pyramide der Strategien zur Erzielung von Spitzenproduktivität

Volle Offenlegung: Dies ist ein Kapitel nur für Schwergewichte und angehende Großmeister. Wenn Sie nicht daran interessiert sind, ein solcher zu werden, kein Problem – blättern Sie einfach weiter zum nächsten Kapitel. Wenn es Sie aber schon interessiert – bravo, krempeln Sie die Ärmel hoch, konzentrieren Sie sich und nehmen Sie mit offenem Herzen alles auf, was Sie hier erfahren werden. Denn es ist überaus wertvoll. Das Lernmodell, das ich Ihnen hier vorstelle, wird Ihnen von erheblichem taktischen Nutzen sein, denn es wird Ihrer Produktivität einen Schub verleihen, der es Ihnen ermöglicht, der Geschichte Ihren Stempel aufzudrücken.

In dieser Zeit der überwältigenden digitalen Ablenkungen, der unerbittlichen oberflächlichen Unterbrechungen und der enormen Attraktivität von belanglosen Onlinevergnügungen war es noch nie wichtiger zu begreifen, wie Wirtschaftsführer und Champions auf dem Gebiet der Kunst ihre Virtuosität schützen, sodass sie dauerhaft Meisterhaftes hervorbringen. Es ist schon schwer genug, von falscher Arbeit zu echter Arbeit umzuschwenken. Sie wissen mittlerweile, wie wichtig es ist, geschäftig sein nicht mit produktiv sein zu verwechseln. Noch schwerer ist es, regelmäßig Leistungen zu erbringen, die im Bereich des Genialen rangieren, und sicherzustellen, dass Sie dies dauerhaft und über Jahrzehnte aufrechterhalten können. (Wer dies vermag, den nenne ich einen »Hervorbringer mehrfacher Meisterwerke«, und das ist ein Standard, der wirklich Anerkennung verdient.)

Bevor ich Ihnen das System vorstelle, möchte ich den Kontext ansprechen und die Triade der Produktivitätsprinzipien erläutern.

Prinzip #1: Kognitive Bandbreite muss von einer Festung umgeben sein

»Kognitive Bandbreite« ist ein Begriff, den der Psychologe Eldar Shafir von der Universität Princeton geprägt hat, um das begrenzte Maß an Aufmerksamkeit zu beschreiben, welches das menschliche Gehirn täglich aufbringen kann. So fand er zum Beispiel heraus, dass Menschen, die sich mit Armut auseinanderzusetzen haben, einen Tunnelblick entwickeln, der zur Folge hat, dass Sorgen und Stress den Großteil ihrer kognitiven Leistungsfähigkeit in Beschlag nehmen und nur noch wenig für andere Aufgaben bleibt. Dies führt dazu, dass sie ihre angeborene intellektuelle Brillanz nur zu einem geringeren Teil für sich nutzbar machen und sich nur einen begrenzten Teil ihrer natürlichen Genialität erschließen können (um Probleme zu lösen, Chancen zu ergreifen und die Gesamtheit ihrer inhärenten Produktivität zur Geltung zu bringen, was es ihnen ermöglichen würde, ihr Wohlergehen zu mehren). Sorgen, Krisen und Tragödien, aber auch die Verminderung unserer Konzentration durch digitale Ablenkungen schmälern unsere kognitive Bandbreite und beeinträchtigen unsere Fähigkeit, staunenswerte Leistungen zu vollbringen, weil sie unsere Fokussierung und unsere Genialität behindern.

Prinzip #2: Aufmerksamkeitsrückstände muss man in den Griff bekommen

Eng verbunden mit der kognitiven Bandbreite ist das Phänomen des »Aufmerksamkeitsrückstands«, der von Sophie Leroy entwickelt wurde, einer Management-Professorin an der Universität Minnesota. Der Begriff bezieht sich darauf, dass ein Teil der Aufmerksamkeit, die man einer Aktivität widmet, noch eine Zeit lang bei dieser Tätigkeit verbleibt, wenn man zu einer anderen Aktivität übergeht. Jede einzelne Bewegung, die man macht, ist mit kreativen Kosten verbunden. Leute, die zum Beispiel ständig ihre Geräte checken, leiden bald an digitaler Demenz, denn jedes Mal, wenn sie nach Benachrichtigungen oder Likes schauen, lassen sie einen Teil ihrer kostbaren kognitiven Bandbreite bei dieser Aktivität zurück. Wenn man dies täglich tut, installiert man eine »Fragmented Attention Disorder« (Fragmentierte Aufmerksamkeitsstörung) als generelle Daseinsform. Dann wird man niemals etwas Aufsehenerregendes zustande bringen.

Prinzip #3: Produktive Erschöpfung erfordert eine planmäßige Erneuerung

»Produktive Erschöpfung« ist ein Begriff aus meinem Coachingprogramm; er beschreibt, was geschieht, wenn ein Spitzenleister über lange Phasen intensiv arbeitet. Insbesondere wenn Sie Ihre Produktivität und Ihr Wissen, das Sie in Ihr Fachgebiet einbringen, immer weiter steigern und verbessern, werden Sie regelmäßig Zeiten einer starken intellektuellen, emotionalen, physischen und geistigen Ermüdung erleben. Diese Müdigkeit ist kein Hinweis darauf, dass etwas nicht in Ordnung ist, sondern ein Signal, dass Sie alles richtig machen. Wenn Sie mit glühender Leidenschaft und fester Entschlossenheit darangehen, nichts weniger als meisterhafte Arbeit abzuliefern, werden Sie sich häufig ausgebrannt fühlen, weil Sie Ihr Können, Ihre Talente und Ihre Fähigkeiten zur Gänze einsetzen. Dies kann eine produktive Erschöpfung hervorrufen. Worin besteht die Lösung? In regelmäßigen Ruhephasen zum Auftanken. Eine besondere Fähigkeit, schrieb der berühmte Psychologe Carl Gustav Jung, bedeute, dass ein hohes Maß an Energie in eine bestimmte Richtung gelenkt werde, wodurch einer anderen Seite des Lebens entsprechend Energie entzogen werde.

Gut, befassen wir uns nun mit der Pyramide der Strategien zur Erzielung von Spitzenproduktivität.

DIE PYRAMIDE DER STRATEGIEN ZUR ERZIELUNG VON SPITZENPRODUKTIVITÄT

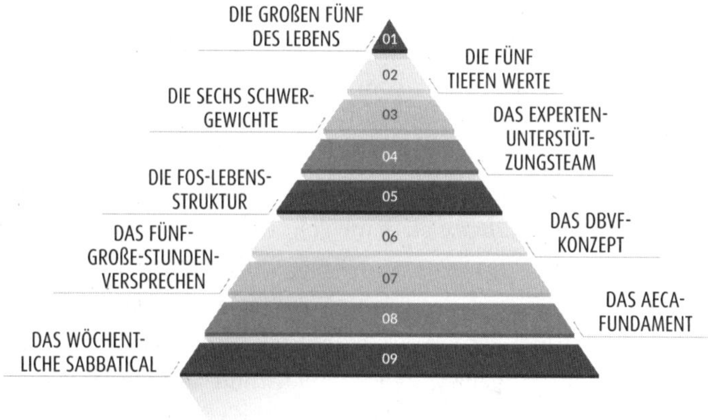

Strategie #1: Die »Großen Fünf« des Lebens

Vor vielen Jahren, auf einer meiner ersten Reisen nach Südafrika, das ich so liebe, organisierte mein Klient eine Safari für mich. Der Guide, der den Tag mit uns verbrachte, sprach von den »Großen Fünf«, den mächtigsten afrikanischen Wildtieren. Das sind der Löwe, der Leopard, der Büffel, das Rhinozeros und der Elefant. Am Abend, nach einem unvergesslichen Tag in der Savanne, zog ich mein Tagebuch heraus, um diesen Tag, den ich hatte erleben dürfen, festzuhalten und zu dokumentieren. Dann stellte ich mir die Frage: *Was sind meine »Großen Fünf«?* Anders gesagt: Was sind die fünf wichtigsten Prioritäten, mit denen ich mich für den Rest meiner Tage befassen muss? Seit diesem Abend sind dies die fünf

Leuchtfeuer meines Lebens, und der Gedanke der »Großen Fünf« des Lebens hat meine Produktivität seitdem enorm gesteigert.

Klarheit bringt Meisterhaftigkeit hervor, nicht wahr? Sie werden niemals anspruchsvolle Ziele erreichen können, wenn Sie diese gar nicht kennen. Die fünf zentralen Ziele festzuhalten, denen Sie sich für den Rest Ihres Lebens widmen wollen, wird es Ihnen ermöglichen, sich in voller Klarheit auf die Stunden, Wochen, Monate, Quartale und Jahre Ihres Lebens zu fokussieren – Ihre kognitive Bandbreite zu schützen und den bestmöglichen ökonomischen Umgang mit Ihrer Energie zu fördern. Die Begründung von Außergewöhnlichkeit ermöglicht es Ihnen, Ihren Genius auf einige wenige Dinge zu konzentrieren, sodass Sie diese außergewöhnlich gut beherrschen.

Der folgende Ratschlag von Thomas Alva Edison, dieses herausragenden Erfinders, gefällt mir sehr gut:

> Sie tun irgendetwas den ganzen Tag lang, nicht wahr? Jeder tut das. Wenn Sie um 7 Uhr aufstehen und abends um 23 Uhr zu Bett gehen, stehen Ihnen rund 16 Stunden zur Verfügung, und man kann davon ausgehen, dass die meisten Leute in dieser Zeit irgendetwas tun. Entweder sie gehen spazieren oder lesen oder schreiben oder denken nach. Das Problem besteht nur darin, dass sie viele verschiedene Dinge tun, während ich mich nur mit einer Sache beschäftige. Wenn sie die Zeit, die ihnen zur Verfügung steht, nur in eine Richtung gelenkt, sich nur mit einer Sache beschäftigt hätten, dann hätten sie etwas geschafft.

Strategie #2: Die fünf tiefen Werte

Ich weiß, es scheint offenkundig, doch jene Werte, die einem am meisten bedeuten, bestimmen auch, was man am stärksten wertschätzt. Und diese Werte genau zu kennen ist von entscheidender Bedeutung für ein Leben, das von maximaler Authentizität und herausragender Produktivität geprägt wird. Ein Verrat an den Werten, für die man gemäß der eigenen geistigen Haltung einstehen sollte, erzeugt eine »Integritätslücke«, wie ich es nenne, denn dann entsteht eine Kluft zwischen der Verhaltensweise des eigenen weltlichen Selbst und jener Verhaltensweise, die der heldenhafte Teil des Selbst wünscht. Diese Fehlausrichtung verschlingt viel Energie und Kreativität, die eingesetzt werden könnten, um erstklassige Leistungen hervorzubringen. Denn Ihre Weisheit beobachtet, dass Sie Ihrem wahren Selbst nicht gerecht werden.

Das Wichtigste ist daher, dass man sich der eigenen fünf tiefen Werte bewusst wird, damit man sich ihnen gemäß verhalten kann. Sie möchten gewiss nicht das Leben eines anderen führen – und am letzten Tag Ihres Lebens feststellen müssen, das Sie Ihre kostbare Zeit mit Beschäftigungen vergeudet haben, die für Sie eigentlich bedeutungslos waren.

In der Hoffnung, dass es hilfreich für Sie ist, sind hier meine eigenen fünf tiefen Werte: persönliche Meisterhaftigkeit, Engagement für die Familie, vollkommene Beherrschung des eigenen Handwerks, die Erfahrung anhaltender Schönheit und demütiger Dienst an der Gemeinschaft.

Strategie #3: Die sechs Schwergewichte

Die exponentielle Steigerung ihrer Produktivität und die damit verbundenen Steigerungen des Einkommens und des Lebensstils und des geistigen Wachstums meiner Klienten resultieren zum großen Teil daraus, dass sie gewissermaßen mit religiösem Eifer eine Reihe von Verhaltensweisen praktizieren, die ich ihnen nahegebracht habe. Ich nenne diese sechs Maßgaben »Die Standardarbeitsanweisungen für absolute Erstklassigkeit«. Üben Sie diese Verfahren ein, bis Sie sie quasi automatisch beherrschen (dann wird es leichter, sie umzusetzen), und Sie verschaffen sich dadurch einen »gigantischen Wettbewerbsvorteil«, wie ich es nenne, den nur wenige Gleichrangige jemals erlangen werden.

Außergewöhnliche Leistungsfähigkeit ist relativ leicht zu erreichen, weil nur sehr wenige Menschen jene Dinge tun, die für die Erlangung außergewöhnlicher Leistungsfähigkeit erforderlich sind. Es gibt nur wenig Konkurrenz in der dünnen Höhenluft der Virtuosität. Ja, unten am Boden, da tummeln sich viele. Doch in der Stratosphäre der höchsten Genialität trifft man nur auf wenige Menschen. Weil nur wenige Menschen wissen, was dafür zu tun ist – und dies dann auch mit nahezu fehlerloser Präzision umsetzen.

Nachfolgend stelle ich Ihnen die sechs täglichen Routinen vor, die es den Persönlichkeiten, die ich als Coach betreue, ermöglicht haben, höchste Leistungsfähigkeit zu erlangen:

1. Treten Sie dem »5-Uhr-Club« bei und reservieren Sie sich eine »Stunde des Sieges«, in der Sie Ihr Mindset auf den aktuellen Stand bringen, Ihr Heartset reinigen, Ihr Healthset optimieren und Ihr Soulset verbessern. Wie Sie Ihren Tag beginnen, hat eine nachhaltige Wirkung auf die folgenden Stunden. Beginnen Sie Ihren Morgen mit 60 Minuten der Selbststärkung und Sie werden dauerhaft positive, ertragreiche und wundervolle Tage erleben. Wie angeblich schon die Krieger von Sparta zu sagen pflegten: »Schwitze mehr beim Trainieren, dann musst du im Krieg weniger bluten.«
2. Machen Sie jeden Tag mindestens zehn Minuten lang Eintragungen in ein Dankbarkeits-Journal, um die Negativitätsfixierung des menschlichen Gehirns zu verdrängen und überschäumende Dankbarkeit zu Ihrem automatischen Grundzustand zu machen. Eines der wirkungsvollsten Hilfsmittel, das uns, wie auch die Wissenschaft bestätigt, nicht nur effektiver, sondern auch glücklicher macht, ist die Übung »Drei gute Dinge«, bei der man am Abend schlicht drei kleine Siege oder erbauliche Erlebnisse notiert.
   Martin Seligman, der Vater der positiven Psychologie, schrieb in diesem Zusammenhang in seinem Buch *Wie wir aufblühen. Die fünf Säulen des persönlichen Wohlbefindens:*

Es gibt gute evolutionäre Gründe dafür, dass die meisten von uns nicht annähernd so geübt darin sind, der guten Erkenntnisse eingedenk zu sein, wie sie im Analysieren unglücklicher Vorfälle sind. Jene unter unseren Vorfahren, die viel Zeit damit verbracht haben, sich im Sonnenschein angenehmer Ereignisse zu räkeln, während sie sich besser auf Schlimmeres vorbereitet hätten, haben die Eiszeit nicht überlebt. Um also die natürliche Neigung unseres Gehirns, sich auf Katastrophen einzustellen, überwinden zu können, müssen wir an der Fähigkeit des Denkens an Dinge, die gut gelaufen sind, arbeiten und sie einüben.

3. In Bezug auf das »Training mit der zweiten Luft« – idealerweise ein Spaziergang in der freien Natur –, das ich im Kapitel »Hüten Sie Ihre Gesundheit wie ein Profisportler« erwähnt habe, konnte ich feststellen, dass ich mich deutlich besser fühle, wenn ich gezielt darauf hintrainiere, wesentlich fitter zu werden. Und mit zwei Trainingseinheiten am Tag kann man genau dies erreichen.
4. Praktizieren Sie die Übung »Der 60-Minuten-Schüler«, was bedeutet, dass Sie erst schlafen gehen, wenn Sie am Tag mindestens eine Stunde mit Studien verbracht haben, also etwa ein Buch gelesen haben, das Ihre Entwicklung zur Führungspersönlichkeit vorangebracht hat, sich ein Hörbuch über den Aufbau von Beziehungen oder die Errichtung von Imperien angehört oder an einem Onlinekurs teilgenommen haben, der Ihnen hilft, Ihr Fachwissen auf Ihrem Gebiet zu verbessern, sodass Sie die Fähigkeit erwerben, Ihren Kunden einen stetigen Strom von Belohnungen zu bieten.
5. Die »90/90/1-Regel« ist ein Konzept, das ich ursprünglich entwickelt habe, um den Teilnehmern meiner Coachingprogramme zu helfen, die unerbittlichen Ablenkungen auszublenden, mit denen sie jeden Morgen konfrontiert sind. Legen Sie sich für die nächsten 90 Tage ein festes und unterbrechungsfreies Ritual zurecht, bei dem Sie sich in den ersten 90 Minuten

Ihres Arbeitstages ausschließlich auf eine Aktivität konzentrieren, die Ihnen eine führende Position in Ihrem Tätigkeitsbereich einbringen soll. Vergeuden Sie Ihre wertvollsten Stunden nicht mit den am wenigsten wertvollen Aktivitäten.

6. Das »Wochenplanungssystem« ist eine von mir entwickelte Methodik, die dafür sorgen soll, dass meine Coachingkunden nicht nur eine enorme Steigerung ihrer Produktivität erleben, sondern auch ein wirklich ausgeglichenes Leben führen können. Ein ausgeglichenes Leben ist kein Mythos. Ich werde Ihnen dieses System in einem späteren Kapitel vorstellen und ich kann Ihnen versichern, dass dieser Prozess für Sie ein echter Gamechanger sein wird. Zunächst möchte ich nur darauf hinweisen, dass die Aufgaben, die Sie in Ihrem Zeitplan festlegen, auch erledigt werden. Und dass eine dauerhafte, sorgfältig ausgeklügelte Wochenplanung ein optimaler Weg zur Erlangung eines Superstarstatus ist. Und eines Lebens mit ausgezeichneter Gesundheit, großherziger Liebe und grenzenloser Freude. Wenn Sie sich ein Video anschauen wollen, in dem ich dieses Verfahren vorstelle, besuchen Sie die Seite TheEverydayHeroManifesto.com/WeeklyDesignSystem.

Strategie #4: Das Experten-Unterstützungsteam

Wenn ich mit einem Vorstandschef oder einem hochkarätigen Unternehmer als Mentor zu arbeiten beginne, richte ich zunächst ein Beraterteam aus Experten ein, die den Klienten dabei unterstützen sollen, über seine Erfolge in der Vergangenheit hinauszuwachsen und jene Ziele zu erreichen, bei deren Umsetzung ich Hilfestellung leisten soll. Das ist eine ähnliche Vorgehensweise wie bei der Unterstützung von Profisportlern. Es ist unmöglich, meisterhafte Leistungsfähigkeit allein auf sich gestellt zu erreichen.

Die meisten Topathleten engagieren einen Mindsetcoach, um ihr Denken zu optimieren; einen Physiotherapeuten, um sich vor

Verletzungen zu schützen; einen Ernährungsberater, um ihre Ernährung und die Nutzung von Nahrungsergänzungsmitteln auf ihre spezifischen Bedürfnisse abzustimmen; und einen Strategieberater, um ihr Wettkampfverhalten zu verbessern. Ich empfehle auch Ihnen – soweit die finanziellen Möglichkeiten es zulassen –, sich einen exzellenten Personal Trainer zu suchen, der Ihnen hilft, Ihre Fitness zu optimieren. Ja, das kostet Geld, und von Warren Buffett habe ich gelernt, dass Menschen mit durchschnittlicher Leistungsfähigkeit oft allein auf die Kosten von etwas schauen, während Spitzenleister den Ertrag eines Investments im Auge haben. Immer das Billigste zu nehmen kann am Ende sehr teuer werden. Oder wie Aldo Gucci weise bemerkte: »An die Qualität erinnert man sich auch noch, wenn man den Preis schon längst vergessen hat.«

Einen Spitzentrainer zu engagieren, der Sie dazu bringt, topfit zu werden, wird Ihre Kreativität, Ihr Können und Ihre Wirksamkeit stark verändern, und zugleich wird Ihr Einkommen erheblich steigen, weil Sie energiegeladener, resilienter und begeisterter sind. Allein werden Sie nie so hart trainieren wie mit einem Trainer, der Sie in die Pflicht nimmt. Die Arbeit mit einem hochbegabten Fitnesstrainer hat mir die Energie und die gute Gesundheit verschafft, die es mir ermöglichen, Bücher zu schreiben, seit Jahrzehnten um die Welt zu reisen, ohne krank zu werden, und zusammen mit meiner Familie all die Dinge zu tun, die ich liebe (und dabei auch noch Zeit für mich selbst zu finden).

Ich empfehle meinen Klienten auch, sich einen erfahrenen Massagetherapeuten zu suchen, um das »Zwei-Massagen-Protokoll« umzusetzen, das aus zwei jeweils 90 Minuten dauernden Massageeinheiten pro Woche besteht (die ihrer Positivität einen enormen Schub verleihen, es ihnen ermöglichen, leichter um fünf Uhr früh aufzustehen, und ihre Lebenszeit beträchtlich verlängern). Außerdem vermitteln wir den Kunden einen erstklassigen Psychotherapeuten, damit der verdrängte emotionale Ballast, den ich im Zusammenhang mit Traumata erwähnt habe, nicht länger ihre Produktivität aufsaugt. Und wir empfehlen ihnen, eine Klinik für Bio-Hacking aufzusuchen, damit sie den Alterungsprozess bremsen und einem Verlust der kognitiven Funktionen vorbeugen können. Schließlich sorgen wir dafür, dass die Kunden einmal im Monat mit einem spirituellen Therapeuten arbeiten, um Zugang zu ihrem höchsten Selbst zu finden.

Noch einmal: Man kann nicht allein auf sich gestellt Weltspitze werden. Stellen Sie sich sobald wie möglich ein Unterstützungsteam aus hervorragenden Experten zusammen.

Strategie #5: Die »Forcierte Optimierungsstrategie« (FOS) und die Lebensstruktur

Eine weitere sehr effiziente Methode, die Ihre Produktivität, Ihr Einkommen und Ihre Wirksamkeit steigern wird, ist die »Forcierte Optimierungsstrategie«. Einer der wahren Gründe, warum wir unsere Absichten, unsere Bestrebungen und Möglichkeiten nicht in die Praxis umsetzen, besteht darin, dass es schlicht zu einfach ist, es nicht zu tun. Wenn Sie es versäumen, um fünf Uhr früh aufzustehen und Ihr Morgenprogramm zu absolvieren, müssen Sie sich nur mit Ihrem schlechten Gewissen auseinandersetzen. Wenn Sie einen Termin verpassen, den Sie vereinbart haben, um Ihre Finanzen zu analysieren oder Ihre berufliche Leistungsfähigkeit zu steigern oder sich massieren zu lassen, um Ihre geschwundenen Reserven wieder aufzufüllen, haben Sie meist keine großen Nachteile zu befürchten. Und so werden wir nachlässig und lassen die Disziplin schleifen. Und finden irgendwelche fadenscheinigen Entschuldigungen dafür, dass wir unsere Versprechen nicht einhalten können (ja, das passiert natürlich auch mir manchmal).

Das Gegenmittel gegen diese Schwäche? *Forcieren Sie die Optimierung* der Routinen, die Sie in Ihren Alltag integrieren wollen. Fangen Sie einfach an, die »Forcierte Optimierungsstrategie« in Ihrem Leben umzusetzen. Nehmen wir einmal an, Sie möchten in 90 Tagen in der besten körperlichen Verfassung Ihres Lebens sein.

Das ist durchaus möglich. Zweifellos. Und nehmen wir an, Sie wollen dieses Ziel erreichen, indem Sie wochentags bei Tagesanbruch aufstehen und sich ein intensives morgendliches Training zur Gewohnheit machen, damit Sie immer wieder wunderbare Tage erleben. Die meisten werden nach einer Woche aufhören. Manche halten vielleicht zwei Wochen durch. Wenn Sie jedoch einen exzellenten Personal Trainer engagieren, der drei Monate lang bei Ihnen zu Hause oder in Ihrem Fitnessstudio auftaucht (und sei es nur zweimal in der Woche), *erzwingen* Sie die Optimierung der neuen Routine. Weil Sie ein gewisses Eigeninteresse an der Sache haben, denn Sie haben bereits Ihr schwer verdientes Geld darin investiert, und weil dieser Mensch nun immer zur vereinbarten Zeit vor Ihrer Haustür steht oder Sie im Fitnessstudio erwartet.

Wenn Sie sich entscheiden, mein »Zwei-Massagen-Protokoll« umzusetzen, sollten Sie sich den besten Masseur in Ihrer Wohngegend suchen und für das nächste Vierteljahr zwei Termine pro Woche vereinbaren. Jetzt müssen Sie hingehen, denn Sie haben die Termine gebucht und bezahlen dafür. Sie haben die Optimierung dieser Gewohnheit *erzwungen.*

Implementieren Sie die FOS-Methode in verschiedenen Bereichen Ihres Lebens und Sie werden Ihre guten Vorsätze dauerhaft umsetzen können und jeden Tag Ergebnisse erzielen, die Ihr Leben auf wundervolle Weise bereichern.

Strategie #6: Die »Dichte Blase vollkommener Fokussierung« (DBVF)

Dies ist ein weiteres außerordentlich wertvolles mentales Konstrukt, mit dem Sie sich auf eine unvergleichliche Produktivität einstellen können. Mit dieser Methode organisieren Sie Ihre Arbeitstage so, dass Sie den Kampf gegen Ablenkungen, Unterbrechungen und triviale Beschäftigungen gewinnen. Auch für berühmte Künstler, mächtige Milliardäre, herausragende Sportler und weltmeisterliche Wissenschaftler hat der Tag nur 24 Stunden – wie für Sie und für mich. Doch die *Art und Weise, wie sie mit diesen Stunden umgehen,* unterscheidet sich diametral von der Art und Weise, wie die meisten Menschen ihren Tag verwalten.

Das DBVF-Konzept ermutigt Sie dazu, eine metaphorische Mauer um das zu errichten, was ich die »Fünf Assets des Genies« nenne. Diese sind: Ihr geistiger Fokus, Ihre körperliche Energie, Ihre persönliche Willenskraft, Ihre tägliche Zeit und Ihre ursprünglichen Gaben. Mithilfe des DBVF-Konzepts gestalten Sie Ihr Berufsleben so, dass Sie in einer dichten Blase vollkommener Fokussierung arbeiten, mit einer porösen Barriere, die nur Einflüsse zulässt, die Ihre Positivität schützen, Ihre Fertigkeiten beflügeln, Ihr Talent nähren und Ihren Dienst an der Gemeinschaft unterstützen. Negative Reize wie oberflächliche Influencer aus den sozialen Medien, Videos von Menschen, die alberne Tricks oder peinliche Tänze vorführen; die Mainstream-Nachrichten; toxische Menschen, die versuchen, kaltes Wasser auf Ihre helle Flamme zu schütten; unerbetene digitale Nachrichten; endlose Benachrichtigungen, die meist nichts bedeuten, und sonstige Aktivitäten, die Sie daran hindern, astronomische Fortschritte zu erzielen in Bezug auf Ihre »Großen Fünf« des Lebens – alle diese Einflüsse dürfen die Barriere nicht passieren.

Ein gewaltiger Schlüssel zu exponentieller Produktivität ist die kampferprobte Fokussierung. Diese leistungsstarke Strategie hilft Ihnen dabei. Sie werden sich entschlossen auf die wenigen Hauptprioritäten konzentrieren, die es Ihnen ermöglichen, die Einflüsterungen Ihres Herzens, die Sehnsüchte Ihrer Weisheit und die Rufe Ihrer alltäglichen Heldenhaftigkeit wahr werden zu lassen – bevor sich dieses wertvolle Fenster der Gelegenheit schließt (und irgendwann wird es sich schließen). Sobald Sie sich auf diesem Pfad befinden, wird Ihre DBVF-Strategie dafür sorgen, dass Dinge, die nicht wichtig sind, für Sie auch nicht mehr wichtig werden.

Hier ist der eigentliche Punkt, der auf der Ebene des gefühlten Wissens und nicht lediglich als eine intellektuelle Idee integriert werden muss: Eines der Geheimnisse unsterblicher Genies ist die Abgeschiedenheit. Und die Disziplin, sich aus der Welt zurückzuziehen, indem sie sich in eine Art Einzelhaft begeben, damit sie ihre Magie zum Tragen bringen können. Allen großen Menschen, die Geschichte geschrieben haben, war diese Angewohnheit gemeinsam. Sie richteten ihre Arbeitsräume so ein, dass es keine Ablenkung gab, damit sie sich jeden Tag für längere Zeit aus der Gesellschaft zurückziehen konnten. Denken Sie zum Beispiel an Thomas Edisons Labor in Menlo Park. Oder an das Telegraph Cottage, das kleine, private Landhaus, das General Dwight D. Eisenhower während des Zweiten Weltkriegs als Zufluchtsort nutzte (seine Mitarbeiter achteten sehr darauf, dass in dem Haus nichts vorhanden war, was ihn an den Krieg erinnerte, sodass er sich völlig von dem Druck befreien konnte, unter dem er stand, um konzentriert über seine Strategie und die Kriegsführung nachzudenken).

Ihr kreativer Fuchsbau kann auch metaphorischer Art sein: Sie können sich dafür entscheiden, einfach alle Ablenkungen auszuschalten und Ihre Geräte wegzusperren, sodass Sie Ihre Arbeit in ein paar festen Zeitblöcken pro Arbeitstag schaffen. Oder Sie können sich einen speziellen künstlerischen Raum einrichten, in den Sie sich zurückziehen, sodass nichts und niemand Ihre kognitive Bandbreite und Ihre Produktivität beeinträchtigen kann. Dies tagtäglich zu praktizieren ist eine hervorragende Möglichkeit, den »Flow-Zustand« zu institutionalisieren, sodass Sie Ihre Brillanz sozusagen bei Bedarf abrufen können. Sie können auch in einer Bibliothek, im Studiensaal einer nahe gelegenen Universität oder in einem freien Schlafzimmer arbeiten.

Wenn ich ein wichtiges Projekt abschließen muss, buche ich oft für ein paar Wochen ein schönes Hotelzimmer in einer meiner Lieblingsstädte. Manchmal miete ich auch eine Suite in meiner Heimatstadt, um mich von meinen üblichen Verpflichtungen und dem Verwaltungsaufwand zu befreien, der mich dabei behindert, meine besten Ergebnisse zu erzielen. Während ich diesen Absatz für Sie überarbeite, befinde ich mich in einem Hotelzimmer, das eine Stunde von meinem Haus entfernt ist; es läuft inspirierende Musik, ein Schild mit der Aufschrift »Privat« hängt an der Tür, mein Telefon ist auf »Bitte nicht stören« gestellt und es sind auch keine Besprechungen geplant oder Medien eingeschaltet. Alles, was ich hier tue, ist arbeiten (richtig arbeiten), essen (Zimmerservice) und schlafen (gutes Bett). Ja, es kostet mich Geld, das ich nicht ausgeben müsste, wenn ich diese Woche zu Hause arbeiten würde. Aber wenn mir die Ideen und die Kreativität entgehen würden, die mir hier zufließen, kostet mich das tausendmal mehr.

So sieht es momentan bei mir aus:

Der Arbeitsbereich in dem Hotelzimmer, in dem ich dieses Kapitel schreibe

Strategie #7: Das Fünf-große-Stunden-Versprechen

Die althergebrachte Arbeitsweise stammt aus einer Epoche, als die Menschen noch in Fabriken arbeiteten und überwiegend körperliche Tätigkeiten verrichteten. Wenn man länger arbeitete, konnte man mehr Waren herstellen (bis die Arbeiter müde wurden und die nächste Schicht übernahm). Heute leben wir in einer ganz anderen Zeit. Viele von uns werden dafür bezahlt, zu denken und zu erfinden und großartige Lösungen für die drängenden Probleme der Welt zu entwickeln. Viele von uns sind eher kognitive als physische Arbeiter. Länger zu arbeiten ist daher nicht besser für uns, lange Arbeitszeiten zehren vielmehr an unserer Kreativität und vermindern unsere Fähigkeiten.

Aus diesem Grund kann ich mich mit der ganzen Kultur des »Schuftens und Plagens« überhaupt nicht anfreunden. Die produktivsten Menschen auf diesem Planeten arbeiten nicht rund um die Uhr, sieben Tage in der Woche und 365 Tage im Jahr. Wenn sie arbeiten, dann arbeiten sie mit höchster Intensität. Sie lassen sich nicht von digitalen Vergnügungen ablenken oder plaudern dumm über Fernsehsendungen, wenn sie sich aufmachen, ihre Fertigkeiten zu verbessern und ihrem Beruf nachzugehen. Sie sind voll bei der Sache. Sie sind Profis, keine Dilettanten. Sie sind Spezialisten und keine Generalisten. Sie gehen bei ihrer Arbeit eher in die Tiefe als in die Breite. Wenn sie sich hinsetzen, um etwas zu produzieren, bringen sie die Fülle ihres menschlichen Genies zur Geltung und geben alles für ihren Beruf. Nach Beendigung der Arbeitssitzung regenerieren sie sich. Sie machen ein Nickerchen. Sie spielen. Sie genießen die Früchte ihres Fleißes und die Freude an ihrer Anstrengung.

Diese Art des Arbeitens – in Abschnitten oder Phasen – ist eines der größten Geheimnisse für unvergleichliche Produktivität und ein großartiges Leben.

Ich bin ein großer Fan des indischen Malers M. F. Husain, der oft der »Picasso Indiens« genannt wird. Als ein Reporter des *Guardian* die Künstlerlegende fragte, wie sie ihre Tage einteile, antwortete Husain: »Ich fange früh an mit der Arbeit. Ich stehe um fünf oder sechs Uhr auf. Ich habe immer das Gefühl, dass es mein erster Tag ist. Der Sonnenaufgang wird mir nicht langweilig. Dann arbeite ich drei oder vier Stunden lang konzentriert.«

Der Interviewer fragte, was er denn den Rest des Tages tue. »Ah, im Rest der Zeit ist es mir sehr wichtig, einfach nur herumzulungern.«

Einfach nur herumlungern. Das gefällt mir! Und so empfehle ich meinen Kunden, an jenen Tagen, die für die Arbeit reserviert sind, nur fünf Stunden zu arbeiten (für mich sind *fünf* Stunden ungestörte, konzentrierte, stetige und exquisite Arbeit ideal). Alles, was darüber hinausgeht, ist *völlig überflüssig* und führt sogar zu abnehmenden Ergebnissen, weil man müde wird (und in diesem Zustand wird man nichts Wesentliches hervorbringen, warum also die Zeit verschwenden?). Erbringen Sie an Ihren Arbeitstagen fünf Stunden glorreiche, majestätische, monumentale Leistungen. Dann erholen Sie sich. Regenerieren Sie sich. Tanken Sie auf. Und genießen Sie den Rest des Tages.

Viele meiner Kunden sträuben sich zunächst gegen das Fünf-große-Stunden-Versprechen, weil es so unorthodox (eigentlich ketzerisch) erscheint. Sobald sie jedoch feststellen, dass sie in einer Woche mehr erstklassige Arbeit zustande bringen als zuvor in vielen Monaten – und das mit *weniger Arbeitseinsatz* –, danken sie mir. Und sie nutzen die enorme Zeit, die sie dadurch gewonnen haben, um mit ihrer Familie zusammen zu sein, die Bücher in ihrer Hausbibliothek zu lesen, Kunstgalerien zu besuchen, in die Natur hinauszugehen oder sich ihren sportlichen Betätigungen zu widmen.

Strategie #8: Das »Anheuern eines Erstklassigen Chefassistenten und Adjutanten« (AECA)

Gut, jetzt bin ich fast fertig mit diesem Kapitel, von dem ich weiß, dass es sehr anstrengend war, aber von unschätzbarem Wert für Sie sein wird, wenn Sie es umgesetzt haben.

Bedeutende Unternehmensführer berichteten mir, dass diese spezielle Strategie, die ich Ihnen nachfolgend erläutern werde, ihr Vermögen vervielfacht, explosionsartige Leistungssteigerungen ausgelöst und ihr persönliches Leben wirklich revolutioniert hat, was ihnen viel mehr Glück, Ausgeglichenheit und geistigen Frieden beschert hat. Es erstaunt mich immer wieder, wie viele Führungskräfte der Superelite, berühmte Milliardäre und herausragende Unternehmer sich immer noch selbst mit vielen Dingen befassen, die sie zu Beginn ihrer Karriere gemacht haben, dass sie zum Beispiel selbst ihre Reisen buchen, Restaurantreservierungen vornehmen, Reparaturen zu Hause beaufsichtigen und ihre täglichen Einkäufe erledigen. Warum tun sie dies noch in der Position, in der sie sich befinden? Es ist die Macht der Gewohnheit. Sie haben es schon so oft getan, dass es ihnen unbewusst geworden ist. Doch dieses Verhalten, das ihnen in der Anfangsphase gute Dienste geleistet hat, verschlingt jetzt täglich viele Stunden, die sie für die Weiterentwicklung ihrer »Großen Fünf« des Lebens verwenden könnten, für ihre Meisterwerke, für die Vervollkommnung ihrer Fähigkeiten, für das Vorankommen ihres Imperiums, für die Ausweitung ihrer Aktivitäten und für die Veränderung des Lebens vieler anderer Menschen.

Wenn Sie eine talentierte und vertrauenswürdige Person – einen erstklassigen Chefassistenten und Adjutanten – damit beauftragen, Ihr berufliches Leben zu organisieren und zu steuern sowie Ihr Privatleben elegant zu managen, setzen Sie eine immense Bandbreite an Energie und Zeit für sich selbst frei. Ihr Assistent und Adjutant kann alle Termine verwalten, alle Anrufe entgegennehmen, sich um sämtliche Komplexitäten kümmern und im Grunde all jene Aktivitäten erledigen, die Sie nicht mögen.

Stellen Sie sich vor, wie sich Ihre Produktivität, Ihr Glück und Ihre Gelassenheit verbessern, wenn Sie sich ausschließlich auf die Dinge konzentrieren, die Sie am besten können, die Sie hervorragend beherrschen und die Sie gerne tun. Diese Methode ist ein wichtiger Weg, um sich ein bewundernswertes Leben zu erschaffen.

Strategie #9: Das wöchentliche Sabbatical

In früheren Zeiten war ein Tag in der Woche – auch Sabbat genannt – als eine Art Urlaub von der Arbeit reserviert. Die Familien kamen zusammen, die Pflüge wurden angehalten, man las Bücher und aß gemeinsam. Die letzte Standardarbeitsanweisung im Rahmen der »Pyramide der Strategien zur Erzielung von Spitzenproduktivität« besteht darin, besonders gut darin zu werden, freie Tage zu nehmen. Mindestens einen Tag pro Woche (und dann vielleicht eine Woche pro Monat und schließlich mindestens zwei Monate pro Jahr). Wechseln Sie vom menschlichen Tun zum menschlichen Sein – und widmen Sie viel mehr Zeit der Entspannung. Die besten Ideen kommen uns, wenn wir nicht arbeiten. Und wenn Sie erschöpft sind, werden Sie nie an die Spitze aufsteigen.

Wie ich bereits ausgeführt habe, ist Langlebigkeit eine wichtige Voraussetzung, um zur Legende zu werden, und wenn Sie sich wöchentlich, monatlich und jährlich ungewöhnlich viele Auszeiten nehmen, um mit Ihrer Familie zusammen zu sein, großartige Reisen zu unternehmen, großartige Bücher zu lesen, großartige Freundschaften zu schließen oder sich einfach auszuruhen, stellen Sie sicher, dass Sie noch viele, viele Jahrzehnte lang kreativ, inspiriert, kompetent und bärenstark sind.

So, das war's. Das waren meine besten Strategien zur Erzielung von Spitzenproduktivität, dargeboten mit viel Ermutigung und aufrichtigem Enthusiasmus. Nun können Sie Ihre Kathedralen der Möglichkeiten erkunden. Und Ihre Tempel der Verheißung bewohnen. Ich hoffe, dass es Ihnen hilft, Ihr Handicap, wie man im Golfsport sagen würde, exponentiell zu verbessern.

PS: Ein Arbeitsblatt, das Ihnen helfen kann, die »Pyramide der Strategien zur Erzielung von Spitzenproduktivität« schnell und effektiv umzusetzen, finden Sie hier: TheEverydayHeroManifesto.com/Productivity.

33

Treten Sie der Brigade der Hoffnung bei

Ich möchte gerne mehr von meinen Gedichten mit Ihnen teilen. Während Ben Harpers Lied »Excuse Me Mr.« den Boden meines Schreibzimmers zum Beben bringt, möchte ich Ihnen diese Worte anbieten:

Wo Dunkelheit und Untergang herrschen
und die Menschen sich besiegt fühlen,
wisse, dass der Zweifel der große Schwindler ist.
Und schließe dich der Brigade der Hoffnung an.

Wenn du für deine Wahrhaftigkeit bestraft wirst,
wenn du für deine Genialität missverstanden wirst,
rebelliere gegen solche Feigheit.
Und schließe dich der Brigade der Hoffnung an.

In Zeiten des Unglücks, wenn du ans Aufgeben denkst,
wenn Angst dein wahres Selbst verzaubert,
wo Verzweiflung ihre Gewalt tut, bring
die Feinde in dir zum Schweigen.
Erinnere dich an deine Fähigkeit zu zaubern.
Und schließe dich der Brigade der Hoffnung an.

Die Herde wird dich auffordern, wie sie zu werden,
laut zu leben und weit über
den Überfluss hinaus zu gieren,
deine Natur zu missachten und deine Macht zu entehren,
deinen Instinkt für Einfachheit zu unterdrücken,

den Reizen des Gewöhnlichen zu erlauben, in deine Stunden einzudringen.
Weise diese Forderung der Mehrheit zurück,
indem du die Wut deiner Souveränität erkennst.
Und schließe dich der Brigade der Hoffnung an.

Wenn du dich fragst, ob du wichtig bist,
während du dich erinnerst, dass du sterblich bist,
in den Morgenstunden deiner köstlichen Angst,
betrachte die Gelassenheit
an der Wurzel deines Mutes.
Geh inmitten aller Ungewissheit entschlossen voran.
Und schließe dich der Brigade der Hoffnung an.

Hat die Liebe dein Herz zerrissen?
Erscheint dir das Leben zu schwer?
Fühlst du dich allein?
Sind Widrigkeiten häufiger als Triumphe?
Hat dich die Sorge häufiger begrüßt als die Freude?

Eine neue Morgendämmerung bricht an.
Die Früchte deiner Güte werden sich bald zeigen.
Hab Vertrauen in die Fairness des Schicksals.
Und schließe dich der Brigade der Hoffnung an.

34

40 Dinge, die ich gerne schon mit 40 gewusst hätte

1. Dass Familie, Blumen und Waldspaziergänge mich glücklicher machen würden als Autos, Uhren und Häuser.
2. Dass superfit zu werden meine Kreativität, meine Produktivität und meinen Wohlstand um ein Vielfaches steigern würde.
3. Dass die Wahl des Beziehungspartners eine der Hauptquellen für Erfolg (oder Misserfolg), Freude (oder Leid) und Ruhe (oder Sorgen) ist.
4. Dass ich meine besten Leistungen zustande bringe, wenn ich in Hotelzimmern arbeite und in Flugzeugen fliege, anstatt an einen Büroschreibtisch gekettet zu sein.
5. Dass gute Freundschaften unbezahlbare Schätze sind. Und dass alte Freunde die wertvollsten sind.
6. Dass der Himmel denen hilft, die sich selbst helfen. Gib also dein Bestes und lass deine höhere Macht den Rest erledigen.
7. Dass Leute, die Sie niedermachen, ein Zeichen für Ihren wachsenden Erfolg sind.
8. Dass die Prioritäten, die ich in meiner Jugend für die wichtigsten hielt, in Wirklichkeit die sind, an denen ich am wenigsten interessiert bin, wenn ich reifer werde.
9. Dass Stille, Schweigen und Einsamkeit das süße Lied sind, das die Muse am meisten anzieht.
10. Dass kleine tägliche Erfolge, die mit disziplinierter Konsequenz über längere Zeiträume hinweg erzielt werden, zu revolutionären Ergebnissen führen.
11. Wenn ich nicht bekam, was ich mir wünschte, lag das daran, dass das Universum etwas viel Besseres im Sinn hatte.

12. Dass Angst zu haben nur bedeutet, dass man dabei ist zu wachsen. Und dass ständiges Unbehagen der Preis für beschleunigten Fortschritt ist.
13. Dass es, wenn man alles für die Liebe riskiert und es nicht klappt, kein Scheitern gibt, weil alle Liebesgeschichten in Wahrheit Heldengeschichten sind. Und dass Wachstum des Herzens keine Vergeudung ist. Niemals.
14. Dass fleißiges Arbeiten ohne Rücksicht auf die Belohnung genau das Verhalten ist, das die Belohnung bringt.
15. Nur weil jemand älter wird, bedeutet das nicht, dass er sich weiterentwickelt.
16. Dass das Leben ein fabelhaftes Feedbacksystem hat, das dir zeigt, was du richtig machst, wenn du gewinnst (und was du verbessern musst, wenn du frustriert bist).
17. Dass es in der Regel 20 Jahre namenloser Arbeit braucht, bevor man die Weisheit und die Fachkenntnis erlangt, die nötig sind, um zu wissen, was man aus einer Arbeit herauslassen muss, damit sie außergewöhnlich wird.
18. Je bescheidener die Person, desto stärker der Charakter.
19. Dass Ihr Einkommen nie größer sein wird als Ihre Selbstidentität. Und dass Ihr Einfluss nie größer sein wird als Ihre persönliche Geschichte.
20. Dass wir das bekommen, womit wir uns zufriedengeben. (Hören Sie also auf, sich mit dem zufriedenzugeben, was Sie nicht wollen.)
21. Dass Schweigen manchmal die lauteste Antwort ist, die man geben kann.
22. Dass das Gefühl, das Menschen Ihnen vermitteln, wenn Sie mit ihnen interagieren, Ihnen alles sagt, was Sie über sie wissen müssen.
23. Dass ich doppelt so produktiv bin, wenn ich mir eine Auszeit gönne.
24. Dass es Zeitverschwendung ist, die Trolle zu füttern. Die meisten Kritiker sind neidisch, weil Sie etwas geschafft ha-

ben, was ihnen nicht gelungen ist. Ignorieren Sie sie. Und lassen Sie zu, dass Meisterhaftigkeit Ihre Antwort ist.

25. Dass Tyrannen zu Feiglingen werden, wenn man sich ihnen entgegenstellt.

26. Dass Tagebuchschreiben ein Gebet auf Papier ist. Und dass das Gebet erhört wird.

27. Dass ein wirklich reiches Leben viel weniger kostet, als man denkt.

28. Dass manche Geschäftsleute Ihnen versprechen, sie würden erstaunliche Dinge für Sie tun, aber sobald der Vertrag unterschrieben ist, tun sie am Ende nichts mehr für Sie.

29. Dass die Aktivitäten und Orte, die Sie mit Freude erfüllen, die Aktivitäten und Orte sind, in und an denen Ihre Weisheit Sie haben möchte.

30. Dass die beste Nutzung von Geld darin besteht, Erfahrungen und Erinnerungen zu sammeln, und nicht darin, Gegenstände und Besitztümer zu erwerben.

31. Dass Willenskraft entsteht, wenn man schwierige Dinge erledigt. Erledigen Sie also mehr schwierige Dinge (täglich).

32. Dass es besser ist, einige wenige Bücher zu lesen, statt viele Bücher nur zu überfliegen.

33. Dass Not die Geburtsstätte der Heldenhaftigkeit ist. Halten Sie Ihre Narben in Ehren, denn sie haben Sie zu dem gemacht, der Sie sind.

34. Dass die meisten Menschen wunderbar herzlich sind und dies auch zeigen, wenn man ihnen ein Gefühl der Sicherheit vermittelt.

35. Dass alte Menschen die interessantesten Geschichten erzählen. Und den höchsten Respekt verdienen.

36. Dass jedes Leben wertvoll ist. Zertreten Sie nie eine Spinne.

37. Dass Sie, wenn Sie sich am einsamsten fühlen, Ihrer höheren Kraft am nächsten sind.

38. Dass nicht jede Stunde des Tages und nicht jeder Tag der Woche produktiv und intensiv genutzt werden müssen. Ein

Nickerchen machen, in den Sternenhimmel schauen und manchmal auch nichts tun sind Betätigungen, die unverzichtbar sind für ein Leben in unbegrenzter Schönheit.

39. Dass es wesentlich wichtiger ist, sich selbst zu respektieren, als von anderen gemocht zu werden.

40. Dass das Leben zu kurz ist, um die eigene Größe herabzusetzen.

35

Die Selbstvertrauen erzeugende Technik der Misty Copeland

Misty Copeland, die für Millionen Menschen eine Heldin ist, gehört zu den besten Balletttänzerinnen, die unsere Welt hervorgebracht hat. Sie war die erste afroamerikanische Frau, die Primaballerina am renommierten American Ballet Theatre wurde, und hat das Publikum mit ihren Auftritten im Metropolitan Opera House in New York, im Bolschoitheater in Moskau und im Bunka Kaikan in Tokio in ihren Bann gezogen. Sie ist auch ein leuchtendes Beispiel dafür, wie man eine schlimme Kindheit, die durch Alkoholismus der Eltern, ständige Umzüge und unerbittliche Widrigkeiten geprägt war, als Ansporn nutzen kann, um das scheinbar Unmögliche zu erreichen. Als junge Ballerina stand sie schon vor dem Morgengrauen auf, um ihr Trainingsprogramm zu absolvieren, denn sie wusste, dass Träumer ihr Potenzial in Macht umwandeln können, wenn sie besser sind als alle anderen um sie herum. Mit einer natürlichen Begabung ausgestattet und außerordentlich engagiert (wunderbare Voraussetzungen), konnte sie schon wenige Monate nach ihrer ersten Ballettstunde auf den Zehenspitzen stehen (in speziellen Ballettschuhen, um bestimmte Tanzschritte auszuführen), und das in einem Bereich, in dem es normalerweise viele Jahre dauert, bis man diese Fähigkeit erlangt.

Während niemand sonst daran glaubte, dass sich Copeland als Tänzerin würde durchsetzen können, erkannte ihre erste Lehrerin ihr Talent und ermutigte ihre ungewöhnliche Schülerin weiterzumachen, obwohl sie eigentlich aufhören wollte. »Die perfekte Ballerina hat einen kleinen Kopf, schräge Schultern, lange Beine und einen schmalen Brustkorb«, erklärte die Lehrerin und griff damit die viel beachtete Feststellung des berühmten Choreografen George Balanchine über die Eigenschaften eines Ballett-Superstars auf. »Das bist du«, flüsterte ihr ihre Lehrerin eines Tages im Unterricht zu. »Du bist vollkommen.«

Als Copeland im Laufe der Zeit ihren Trainingseinsatz steigerte, veränderte die Art und Weise, wie ihre Mentorin sie sah, allmählich auch die Art und Weise, wie sie sich selbst sah. In dem Maße, in dem Copeland an Fähigkeiten gewann, ihr Können verfeinerte und ihre Leistung steigerte, wuchs auch ihr Selbstbewusstsein. Sie begann zu akzeptieren, dass sie etwas Besonderes war, dass sie talentiert und vielleicht sogar begabt war.

Weltklasse hat vor allem mit Selbstbewusstsein zu tun. *Eine Berühmtheit zu werden auf dem eigenen Tätigkeitsgebiet beginnt damit, dass man sein Selbstvertrauen stärkt.* Die schnellste – und nachhaltigste – Technik zum Aufbau dieser psychologischen Unbesiegbarkeit und emotionalen Widerstandsfähigkeit besteht darin, sich so zu verhalten wie die Person, die man werden möchte.

Ein renommierter Psychologe stellte fest: Es ist einfacher, sich durch Handeln eine neue Denkweise anzueignen, als sich durch Denken eine neue Handlungsweise anzueignen. (Bitte lesen Sie diesen Satz zweimal.)

... Sie werden Ihr Selbstvertrauen durch unermüdliches Üben aufbauen und nicht durch bloße Hoffnungen.

... Die kleinsten Taten sind immer besser als die edelsten Absichten.

... Eine Idee ohne praktische Umsetzung ist das Tor zur Täuschung.

... Eine atemberaubende Vision, die nicht durch einwandfreie tägliche Umsetzung gestützt wird, ist der Kardinalfehler, der nicht gehaltenen Versprechen zugrunde liegt.

36

Die Gewohnheit, 40 Exemplare eines einzigen Buches zu kaufen

Unser Haus ist voll mit Büchern. Ich kenne wirklich keine Investition, die den gleichen Ertrag bringt wie ein Buch. Für einen geringen Betrag erhält man Zugang zu den wertvollsten Ideen der Welt und den klügsten Köpfen des Planeten. Wann immer ich den Wohnsitz eines Wirtschaftstitanen besuche, sehe ich nur wenige Fernsehgeräte. Fast immer aber eine riesige Bibliothek. Es braucht nur ein einziges Buch – das richtige –, um Ihr ganzes Leben zu verändern.

Ich kaufe oft mehrere Exemplare eines Buches. Sechs Exemplare von James Allens Klassiker *Wie wir denken, so leben wir* stehen in den Regalen meiner heimischen Bibliothek; acht Exemplare von Shel Silversteins *Der Baum, der sich nicht lumpen ließ* liegen auf einem Schreibtisch in meinem Büro; elf Exemplare von Paulo Coelhos *Der Alchimist* stapeln sich auf einem Tisch in meinem Arbeitszimmer, damit ich das Buch an jeden verschenken kann, der mich besucht. Ich habe 40 Exemplare der *Selbstbetrachtungen* des römischen Kaisers Mark Aurel gekauft. Warum, fragen Sie vielleicht. Eine Antwort kann der englische Philosoph und Staatsmann Francis Bacon liefern, der einmal schrieb: »Einige Bücher müssen gekostet, andere geschluckt und einige wenige gekaut und verdaut werden; das heißt, einige Bücher sind nur in Teilen zu lesen; andere sind zu lesen, aber nicht mit Neugier; und einige wenige sind ganz zu lesen, und zwar mit Fleiß und Aufmerksamkeit.«

Ich möchte Ihnen eine Geschichte erzählen, die hoffentlich Ihre Liebe zu Büchern verstärkt. (Ich kaufe mehr Bücher, als ich in meinem Leben je lesen werde, und ich vermute, dass auch Sie dieser Sucht verfallen sind. Aber eine Sucht ist nur dann ungesund, wenn es sich um eine ungesunde Sucht handelt, oder? Ein großartiges Vermächtnis wäre es, meine Bibliothek meinen Kindern zu vermachen.) Jedes Mal, wenn ich auf dem Flughafen Fiumicino in meinem geliebten Rom lande, gehe ich in die Wohnung, in der ich wohne, stelle mein Gepäck auf dem Boden ab, dusche kurz und begebe mich dann schnurstracks in eine winzige, charmante Buchhandlung in der Nähe der Spanischen Treppe, wo sich die staubigen Bände auf dem Boden stapeln, die zum Verkauf stehenden Werke mit einem Schild gekennzeichnet sind, das aus dem Römischen Reich übrig geblieben zu sein scheint, und wo eine Atmosphäre herrscht, wie man sie seit dem letzten Besuch im Vatikan nicht mehr erlebt hat. Ich steuere sofort die Philosophie-Abteilung an, die ich gut kenne, suche nach meiner Lieblingsausgabe der *Selbstbetrachtungen,* plaudere mit dem stets lächelnden Geschäftsführer in meinem primitiven Italienisch, das sich für ihn wahrscheinlich eher wie Mandarin anhört als seine wohlklingende Muttersprache. Dann kehre ich in meine Wohnung zurück. Und lese. Dann schlafe ich. Dann lese ich. Dann nehme ich ein Sonnenbad. Dann lese ich. Dann chille ich mit meinen Freunden bei selbst gemachten »Spaghetti all'amatriciana« oder »alla carbonara«. Dann widme ich mich abermals der Lektüre, während der Sonnenuntergang den Himmel über der Trinità dei Monti, der zauberhaften Kirche im Zentrum Roms, zart und rosafarben erscheinen lässt.

Ich kaufe jedes Mal dieses eine Buch, weil ich gelernt habe, dass die Weisheit einen dort abholt, wo man steht. Sie werden nichts verstehen, was über Ihren derzeitigen Kenntnisstand hinausgeht. Und Sie und ich können kein Werk würdigen, das sich unserem unmittelbaren Verständnis entzieht.

Ich meine damit …

… Als ich zum ersten Mal *Der Alchimist* las, verstand ich nicht, was der ganze Wirbel um dieses Buch sollte. Jetzt lese ich es und erkenne das spirituelle Genie, das sich dahinter verbirgt. Das Buch hat sich nicht verändert. Aber ich habe mich mit der Zeit verändert. Und mit mehr Wissen und Erfahrung wurde es mir möglich, das Wissen und die Erfahrung, über die Paulo Coelho verfügte, zu erkennen und anzunehmen.

… Als ich *Die Möwe Jonathan* zum ersten Mal in die Hände bekam, dachte ich, es sei nur ein Buch über einen Vogel. Jetzt verstehe ich es als ein Meisterwerk, das davon handelt, wie man zu seinem höchsten Selbstausdruck kommt und wie wichtig es ist, sich selbst treu zu bleiben. Um jeden Preis.

… Als ich die *Selbstbetrachtungen* vor etwa 15 Jahren zum ersten Mal durchblätterte (nachdem ich gehört hatte, dass sie auf den Nachttischen vieler der größten Präsidenten und Premierminister, Maestros und Gurus, Staatsmänner und Menschenfreunde der Welt liegen), fand ich das Buch doof, verwirrend und völlig uninteressant. Ich habe es schon nach wenigen Augenblicken weggelegt. Aber je öfter ich darin las, je älter ich wurde und je mehr ich mich als Mensch weiterentwickelte, desto besser verstand ich die Bedeutung dessen, was der Philosophen-Kaiser in sein privates Tagebuch schrieb (während Europa von einer der schlimmsten Seuchen seiner Geschichte heimgesucht wurde).

Noch einmal: Diese Bücher haben sich nicht verändert. Ich schon. Und – was noch viel wichtiger ist – Sie können das auch.

37

Die Bedeutung der Schande

Eine meiner Lieblingszeilen aus den *Selbstbetrachtungen* des Mark Aurel ist diese: »Es ist eine Schande, wenn die Seele aufgibt, während der Körper noch stark ist.«

Ich empfehle Ihnen, ein Dichter-Krieger zu werden. Leben Sie ruhig und sanft. Zeigen Sie Zärtlichkeit für alle. Schätzen Sie einfache Annehmlichkeiten, wissen Sie, wann es genug ist, und genießen Sie den hypnotisierenden Zauber eines spartanischen, minimalistischen und kreativen Lebensstils. So wie es ein ernsthafter Dichter tun würde. Doch wenn es darum geht, schwierige Maßnahmen zu ergreifen, um Ihre anspruchsvolle Mission umzusetzen, und wenn Sie entschlossen sind, Ihre Träume zu verwirklichen, geben Sie niemals auf. Leben Sie nach dem Credo eines Kriegers und bleiben Sie Ihrer Vision, Ihrem Ziel und Ihren Versprechen treu. Denken Sie daran, dass sich winzige Triumphe, die Sie mit aufrichtiger Regelmäßigkeit erringen, zu heroischen Verwandlungen auftürmen, wenn Sie sie ein Leben lang konsequent umsetzen. Sie werden dorthin gelangen, wo Sie hinwollen. Mit Entschlossenheit und Geduld. Denn Trägheit, Apathie und Kapitulation sind die Eltern des Bedauerns. Das Handtuch zu werfen ist das Verhalten von Besiegten. Und aufzugeben, wenn Sie Ihre Ziele, Wünsche und Ideale verfolgen, ist ein böser Schlag ins Gesicht Ihres ureigenen Genies. Sie haben so viel mehr verdient als die Erfahrung des Aufgebens – und der Anpassung, die daraus folgt.

Natürlich werden Sie auf Ihrem Weg Angst bekommen. Ich habe auch Angst. Doch die Angst richtet mehr Schaden an als die Dinge, die uns Angst einjagen, nicht wahr? Verzeihen Sie mir, wenn ich die Sterblichkeit anspreche, aber ich habe Ihnen versichert, dass ich immer ehrlich zu Ihnen sein werde …

… Und so muss ich Sie daran erinnern, dass jedem von uns der Tod bestimmt ist. Jeder von uns kann jederzeit sterben.

Ist es angesichts dieser Wahrheit nicht das Beste, die notwendigen Veränderungen vorzunehmen und den Weg einzuschlagen, von dem wir wissen, dass wir ihn gehen müssen? So erfahren wir, dass wir bedeutsam sind.

Und vermeiden Schande.

38

Ein grundlegendes Motto für überwältigenden Wohlstand

Hier ist ein kraftvoller Leitspruch, den Sie sich immer vor Augen halten und im Herzen tragen sollten: *Nur weil Sie keine Lösung sehen, heißt das nicht, dass es keine Lösung gibt.* Wenn wir unter Stress leiden, verengt sich unsere Wahrnehmung und unser Einfallsreichtum wird eingeschränkt. Wir verlieren die Fähigkeit, Möglichkeiten zu erkennen. Es ist fast, als ob die Angst eine Brille über unsere Augen stülpt, die uns daran hindert, Möglichkeiten wahrzunehmen. Wir beginnen, gewissermaßen durch eine »Angstbrille« zu sehen.

Einer meiner besten Freunde hat gerade die einträglichsten zwölf Monate seiner Karriere hinter sich. Ich habe ihn gefragt, wie er das geschafft hat.

»Ganz einfach«, antwortete er, während er an seinem Espresso nippte. »Mein Team und ich haben nach Lösungen gesucht für jedes Problem, das auftauchte. Wir weigerten uns, uns von Schwierigkeiten aufhalten zu lassen. Wir sprachen über Dinge, über die auch du und ich manchmal sprechen – wie eine Lotosblume im Sumpf aufblüht. Wir sind also positiv, widerstandsfähig und beweglich geblieben, egal was kam. So haben wir gewonnen.«

Das ist der Grund, warum er einer meiner besten Freunde ist. Und deshalb ist er zufällig auch superreich.

39

Umarmen Sie das Ungeheuer

Es war einmal ein alter spiritueller Meister, der ein mystisches Kloster besuchte. Als er den Bergpfad hinaufging, folgten ihm Schaulustige und solche, die die Geheimnisse seiner Geisteskräfte erkunden wollten. Bevor die Gruppe in das Kloster gelangte, musste sie einen großen Hof durchqueren, der mit bunten Fahnen und sorgfältig gefertigten Steinskulpturen geschmückt war. Als sie durch das Eingangstor traten, sahen sie, dass sich drei bösartige Hunde von ihren dicken Eisenketten befreit hatten und auf sie zustürmten. Sie erschraken und hielten inne. Dann rannten sie los – in die entgegengesetzte Richtung.

Alle, außer dem alten Meister. Er lächelte. Dann gähnte er. Und dann tat er etwas, was Sie vielleicht ganz außergewöhnlich finden würden: Er lief geradewegs auf die Hunde zu. Die Hunde beschleunigten ihr Tempo und liefen schneller durch den Hof. Der Meister gähnte noch einmal und erhöhte dann ebenfalls seine Geschwindigkeit. Die Hunde legten abermals zu und auch der Meister wurde schneller. Jetzt sang er, als er sprintete, und reckte eine Faust in die Luft, eine Geste, die seinen unüberwindlichen Glauben an seinen Sieg zu bezeugen schien.

Die Zuschauer verfolgten das Spektakel gebannt. Die Hunde bekamen Angst vor dem Meister, der offensichtlich stärker zu sein schien, sie drehten ab und kehrten in ihre Ecke zurück.

So funktioniert Angst, das habe ich herausgefunden. Wenn man vor ihr wegläuft, kommt sie näher, und zwar mit noch größerer Kraft. Geht man direkt auf sie zu, wird sie sich abwenden wie ein ungebetener Gast, der merkt, dass er nicht hätte kommen sollen.

Bei allem Respekt vor Ihrer höchsten Heldenhaftigkeit möchte ich Sie ermutigen, Ihre Ungeheuer möglichst regelmäßig zu umarmen. Wenn Sie zulassen, dass sie sich weiter im Keller aufhalten, werden sie Ihnen eine Gehirnwäsche verabreichen, damit Sie denken (und fühlen), dass sie wirklich bösartig sind. Aber wenn Sie die Treppe hinuntergehen, das Licht anschalten und ihnen in die Augen schauen, werden die Ungeheuer eher wie kleine Zeichentrickfiguren aussehen. Überhaupt nicht gefährlich.

Als ich an der Universität war, hatte ich anfangs eine ungeheure Angst vor öffentlichen Vorträgen. Bei dem Gedanken, eine Präsentation vor auch nur zehn Leuten zu halten, bekam ich Herzklopfen und meine Stimme zitterte. Wenn ich im Unterricht sprechen musste, raste mein Verstand und mein Puls pochte. Ich war wirklich ein Wrack. Damals. Aber dann wurde mir klar, dass jede bedeutende Leistung im Grunde ein Triumph über die Angst ist. Ich hatte große Träume und anspruchsvolle Ziele, und ich weigerte mich, meine Unsicherheiten die Oberhand gewinnen zu lassen. Ich wollte mein Leben verbessern und möglichst viele Menschen mitnehmen auf diese Reise. Und so fasste ich den Entschluss, mich nicht länger als Opfer zu verhalten. In einem kurzen Moment traf ich eine lebensverändernde Entscheidung. Ich ging in die Bibliothek und holte mir ein paar Bücher über die Überwindung der Angst vor öffentlichen Auftritten. Ich erinnere mich noch gut, wie ich viele Wochen lang einen großen Teil meiner Zeit in meinem Zimmer verbrachte und diese Bücher Zeile für Zeile las. Ich schloss mich gewissermaßen ein in mein Zimmer. Ich ging nicht mit Freunden aus. Ich habe nicht ferngesehen. Ich habe keine Spiele gespielt und nicht herumgealbert. Ich habe mich nur mit Strategien beschäftigt, wie ich mein Selbstvertrauen vor Publikum aufbauen kann. Und wie ich es schaffe, sicher auf meinen Beinen zu stehen, wenn ich vor fremden Leuten einen Vortrag halte.

Dann meldete ich mich für einen Dale-Carnegie-Kurs über Sprechen in der Öffentlichkeit an. Ich hielt kurze Reden vor den anderen Teilnehmern. Jeden Montagabend im Konferenzraum eines ruhigen Motels. Ich erinnere mich noch sehr gut daran. Ich weiß, es erscheint offensichtlich, aber dann geschah Folgendes:

... Je mehr Vorträge ich hielt, desto leichter wurde es für mich.

... Je mehr ich auf die »gefährlichen Hunde« zuging, desto schneller liefen sie vor mir weg.

... Mit der Zeit, mit viel Übung und unerschütterlicher Geduld begann mir das Reden in der Öffentlichkeit Spaß zu machen. Richtig Spaß.

Heute kann ich eine Bühne vor 10- oder 20 000, auch vor 30- oder sogar 40 000 Menschen betreten, und ich komme mir fast vor, als wäre ich zu Hause in unserem Wohnzimmer. Das ist die Kraft, die sich einstellt, wenn man konsequent sein Programm verfolgt, das darauf gerichtet ist, Angst in Energie zu verwandeln und Schwäche in Mut.

Auf der Bühne in einem Stadion mit Zehntausenden von Führungskräften aus der Wirtschaft

Bei einer Veranstaltung für Führungskräfte in São Paulo, Brasilien, vor 40 000 Menschen

Sehr gut gefällt mir dieses Zitat von Frank Herbert aus *Dune – Der Wüstenplanet,* das die Sache treffend auf den Punkt bringt:

> Ich darf mich nicht fürchten. Furcht tötet den Geist. Angst ist der kleine Tod, der die völlige Auslöschung bringt. Ich werde mich meiner Angst stellen. Ich werde ihr erlauben,

über mich hinweg- und durch mich hindurchzugehen. Und wenn sie vorbeigegangen ist, werde ich das innere Auge wenden, um ihren Weg zu verfolgen. Wo die Angst gegangen ist, wird nichts mehr sein. Nur ich werde bleiben.

Wenn Sie also Angst verspüren, erinnern Sie sich an die Geschichte von diesem weisen alten Meister. Und sorgen Sie dafür, dass Sie für den Rest Ihres sehr langen und reich gesegneten Lebens jeden Tag Ihre bösen Hunde jagen. Und Ihre bedrohlichsten Ungeheuer umarmen. Damit sie *alle* weglaufen.

40

Die Regel vom vierstelligen Dessert

Das Hôtel du Cap an der Côte d'Azur ist einer der bevorzugten Orte des Jetsets auf diesem Planeten. Das Anwesen ist wunderschön, es befindet sich in großartiger Lage und der Service des Hotels ist berühmt.

Eines Morgens wünschte sich ein Gast eine »Tarte tropézienne«, ein mit Sahne gefülltes Brötchen. Brigitte Bardot nannte es so, als sie in Saint-Tropez den Film *… und immer lockt das Weib* drehte. Die Küche wies den Gast höflich darauf hin, dass die Pastete nicht auf der Speisekarte stehe, da sie eine Spezialität der Region Saint-Tropez sei, die etwa 60 Kilometer entfernt liege. Doch der Gast bestand darauf. Er war der festen Überzeugung, dass er bekommen müsse, was er wünschte.

Also charterte der Concierge einen Hubschrauber und bat ein Mitglied seines Teams, zur besten Bäckerei in Saint-Tropez zu fliegen und eine frische »Tarte tropézienne« zu kaufen. Gerade noch rechtzeitig zum Kaffee wurde das Dessert auf den Tisch des Gastes gestellt. Zusammen mit der Rechnung. Der Betrag lautete: 2005 Euro. Die Tarte kostete 5 Euro, der Rest entfiel auf den Hubschrauber.

Der Gast war *begeistert.* Und so verzeichnete das Hôtel du Cap einen weiteren Gewinn im Rahmen seines Bestrebens, legendär zu bleiben.

In einer Zeit, in der die meisten Unternehmen nicht mehr halten, was ihr Marketing verspricht, sollten Sie sich dadurch von der Masse abheben, dass Sie es sich zur Standardvorgabe machen, Ihre Kunden zu *überraschen* und ihre Erwartungen in jeglicher Hinsicht zu übertreffen.

In einem Hotel in Prag fragte ich einmal die Rezeptionistin, ob es möglich sei, ein Hemd besonders schnell reinigen zu lassen. Ihre Antwort war für mich unvergesslich: »*Alles* ist möglich.« In einem anderen Hotel, im Tropenparadies Mauritius, ist das Personal angehalten, ein einfaches Mantra zu befolgen: »Die Antwort ist Ja. Stellen Sie mir jetzt Ihre Frage.« Wirklich exquisit, nicht wahr?

Wenn Sie also das nächste Mal mit einem unzufriedenen Kunden konfrontiert werden, bedenken Sie, dass jeder unzufriedene Kunde mit ein wenig Fürsorge, Verständnis, Findigkeit und Wertschätzung in einen glühenden Anhänger verwandelt werden kann. Alles, was es braucht, sind etwas Einfallsreichtum, unerschütterliches Engagement für den Schutz der eigenen Marke und das aufrichtige Bestreben, einen anderen Menschen glücklich zu machen. Wie es der Concierge zeigte, der das 2005 Euro teure Brötchen aufgetrieben hat.

41

Seien Sie kein Faultier

Ich muss Ihnen ein Geständnis machen: Mein bester Freund hat ein Faultier adoptiert. Das Faultier (ein seltsames Tier, das mir wie eine Kreuzung aus Waschbär und Orang-Utan vorkommt, falls Sie nicht wissen, was ein Faultier ist) lebt aber nicht wirklich bei ihm. Denn das wäre nicht schön. Es wäre wahrscheinlich auch ziemlich chaotisch, wenn Sie mich fragen. Nein. Er hat über eine Tierschutzorganisation einen Weg gefunden, einem Faultier in Not zu einem besseren Leben zu verhelfen. Indem er dem kleinen Kerl jeden Monat etwas Geld schickt.

Das Engagement meines Freundes ist für mich eine unerschöpfliche Quelle des Humors, wenn wir uns regelmäßig zum Abendessen treffen. Ich mache Witze darüber, denn ich finde seine Entscheidung, die Faulheit zu unterstützen, aus unerklärlichen Gründen höchst amüsant. Mein Freund rollt mit den Augen, rechtfertigt seine Entscheidung mit seiner Zuneigung zu dieser Kreatur und muss dann aber meist mit mir lachen. Und trinkt noch ein Glas Wein. (Bitte werfen Sie mir nicht vor, dass ich Faultieren zu wenig Respekt entgegenbringen würde; ich achte alle Lebewesen – außer Faultiere. Ich werde also Ihre Nachricht nicht lesen, in der Sie mich anflehen, dem Verein der Faultier-Unterstützer beizutreten. Ich bin schlicht nicht interessiert.)

Spaß beiseite: Wussten Sie, dass Faultiere jene Säugetiere sind, die sich am langsamsten bewegen? Das stimmt wirklich. Deshalb wird jemand, der dem Laster der Faulheit verfallen ist, auch als »Faultier« bezeichnet.

Worauf ich mit diesem kurzen Kapitel über Faultiere hinauswill? Ganz einfach: Seien Sie keins.

42

Benjamin Franklins Methode zur Aneignung der Gewohnheit der 13 Tugenden

Hervorragende tägliche Gewohnheiten bringen Sie wesentlich weiter als außergewöhnliche natürliche Talente. Nachdem Sie bereits so viel Zeit mit mir auf diesen Seiten verbracht haben, wissen Sie, dass das stimmt. Ich habe so viele geniale Menschen gesehen, die aus ihrem Potenzial nichts gemacht haben. Aber so viele Menschen mit durchschnittlichen Fähigkeiten haben sich zu faszinierender Meisterhaftigkeit hochgearbeitet.

Ja, ich räume ein, dass es schwierig sein kann, die Versprechen, die man sich selbst gegeben hat, konsequent einzuhalten, jeden Tag viele Stunden zu üben und sich zu verbessern und diszipliniert zu arbeiten. Ich behaupte jedoch, dass ein Leben, in dem man sich für hartes Arbeiten statt für müheloses Dahingleiten entscheidet, die einfachste Art zu leben ist. Wieso das, fragen Sie? Weil das regelmäßige Erbringen anstrengender Leistungen – wie etwa, mit der Sonne aufzustehen; Sport zu treiben, statt auf der Couch zu liegen; zu sparen, statt zu viel Geld auszugeben; seine Talente zu optimieren; und jeden, dem man begegnet, rücksichtsvoll zu behandeln – ein Leben voller Kreativität, Produktivität, Gesundheit, finanziellem Wohlstand, beruflichem Ansehen und Achtung durch andere Menschen (sowie ein reines Gewissen) garantiert. All dies wird Ihr Leben in exponentieller Weise verbessern und einfacher machen.

Ich möchte Sie auch an ein weiteres Grundprinzip erinnern, das die Aneignung neuer, einschneidender Gewohnheiten betrifft: Es ist viel einfacher, eine gute Gewohnheit beizubehalten, als sie wieder aufzunehmen, wenn man damit aufgehört hat.

Eines der Bücher, die mich als junger Mann am meisten geprägt haben, war *Autobiografie: Benjamin Franklins Leben, von ihm selbst beschrieben.* Bis heute im Gedächtnis geblieben ist mir seine Methode, die er anwendete, um jene 13 Tugenden zu verinnerlichen, die er als besonders wichtig erachtete für ein von Erfolg, Wohlbefinden und dauerhaftem Einfluss geprägtes Leben. Lassen Sie mich dazu eine Passage aus dem Buch wiedergeben:

> Ungefähr um diese Zeit fasste ich den kühnen und ernsten Vorsatz, nach sittlicher Vervollkommnung zu streben. Ich wünschte, leben zu können, ohne irgendeinen Fehler zu irgendeiner Zeit zu begehen; ich wünschte, alles zu überwinden, wozu entweder natürliche Neigung, Gewohnheit oder Gesellschaft mich veranlassen könnten. Da ich wusste oder zu wissen glaubte, was Recht und Unrecht sei, so sah ich nicht ein, weshalb ich nicht immer sollte das eine tun und das andere lassen können. Ich fand jedoch bald, dass ich mir eine weit schwierigere Aufgabe gestellt als ich mir eingebildet hatte.

Benjamin Franklin wusste zwar, was er tun musste, um ein sittlich gefestigter Mensch zu werden, dennoch geriet er häufig ins Straucheln. Die Lösung bestand darin, ein System zu entwickeln, das es ihm ermöglichte, schwache Gewohnheiten zu brechen, indem er sich konsequent stärkere Gewohnheiten aneignete.

Die wichtigsten Tugenden des Staatsmannes für ein großartiges Leben sind nach Benjamin Franklins Auffassung:

1. **Mäßigkeit.** Halte Maß beim Essen und Trinken.
2. **Schweigen.** Lasse dich nicht auf leere Gespräche ein und verwende keine herabsetzenden Worte.
3. **Ordnung.** Habe für jeden Gegenstand einen Platz und für jede Aufgabe eine festgelegte Zeit.
4. **Entschlossenheit.** Nimm dir vor, alles Notwendige und Wichtige auch umzusetzen, und tue dies möglichst fehlerfrei.

5. **Genügsamkeit.** Achte auf deine Ausgaben und verschwende kein Geld.
6. **Fleiß.** Vergeude keine Zeit und beschäftige dich nur mit nützlichen Aktivitäten.
7. **Aufrichtigkeit.** Täusche niemanden und bleibe stets integer.
8. **Gerechtigkeit.** Tue niemandem unrecht und schade anderen nicht.
9. **Mäßigung.** Vermeide gleichermaßen Trägheit und Asketentum wie jede andere Form von Extremität.
10. **Reinlichkeit.** Halte deinen Körper, deine Kleidung und deine Wohnung in Ordnung.
11. **Gemütsruhe.** Bemühe dich um Seelenfrieden und beunruhige dich nicht über Kleinigkeiten.
12. **Keuschheit.** Übe sexuelle Intimität nur in gesundem Rahmen aus.
13. **Demut.** Ahme die großen Denker, Weisen und Seher nach.

Benjamin Franklin erstellte die folgende Tabelle der 13 Tugenden für sein »Kleines Buch«, wie er es nannte. Wie Sie sehen, stehen in der linken Spalte die Initialen für jede Tugend und oben die Buchstaben für die Wochentage.

DIE 13 TUGENDEN MENSCHLICHER GROSSARTIGKEIT

	SO	MO	DI	MI	DO	FR	SA
1							
2							
3							
4							
5							
6							
7							
8							
9							
10							
11							
12							
13							

Jeden Abend vor dem Schlafengehen überprüfte er sein Verhalten während des Tages anhand seines Vorsatzes, die Gewohnheit, an deren Integration er arbeitete, zu verkörpern, indem er darüber nachdachte, wie er sich verhalten hatte. Franklin konzentrierte sich auf eine Tugend pro Woche und konnte auf diese Weise einen vollständigen Kurs des Programms in 13 Wochen und vier Kurse pro Jahr absolvieren. Zudem glaubte er, dass diese 13 Tugenden aufeinander aufbauen. Wenn Sie eine Woche lang an der Mäßigung arbeiten, werden Sie mehr Willenskraft haben, um durch Schweigen stärker zu werden. Nach einer Woche, in der Sie sich auf die Tugend der Stille konzentrieren, werden Sie mehr Selbstbeherrschung besitzen, um die Ordnung in Ihrem Leben zu maximieren. Und so weiter.

Meine Lieblingsausgabe der *Autobiografie* von Benjamin Franklin

Diese Methode ist ein hervorragendes Beispiel für die transformative Kraft der täglichen Arbeit an Ihrer Selbsterkenntnis und der Drei-Schritte-Erfolgsformel, die Sie in einem der nächsten Kapitel kennenlernen werden. Nehmen Sie sich in den nächsten Stunden einfach etwas Zeit, um über die grundlegenden Tugenden von Benjamin Franklin nachzudenken. Und darüber, wie sich Ihr Wohlbefinden, Ihr Wohlstand, Ihre Gelassenheit und Ihre Spiritualität verbessern würden, wenn Sie sein faszinierendes System regelmäßig anwenden.

PS: Das Arbeitsblatt mit den 13 Tugenden, das ich den Mitgliedern meines Online-Mentoring-Programms »Circle of Legends« zur Verfügung stelle, finden Sie unter TheEverydayHeroManifesto.com/13Virtues.

43

Die Klage des Pfaus

Ich lese immer wieder gern in den *Fabeln* von Äsop. Diese Gleichnisse leiten mich auf meinem Weg, erinnern mich daran, was wichtig ist, und helfen mir, mit mehr Wissen, Überzeugung und Klarheit zu leben. Heute Morgen habe ich das Gleichnis »Die Klage des Pfaus« gelesen.

Eines Tages beklagte sich ein schöner Pfau bei der Göttin Juno. Er erklärte, dass die Stimme der Nachtigall so viel melodischer sei als die seine. Dies sei höchst ungerecht, argumentierte der Vogel.

Juno entgegnete, dass der Vorzug des Pfaus in der Schönheit seines Gefieders liege und dass alle Lebewesen ihre eigenen einzigartigen Talente besäßen. Der Adler sei stark, der Papagei könne die Menschen nachahmen, die Taube sei außergewöhnlich friedlich. Und der Pfau sei ein Blickfang. Verführerisch. »Sie alle sind zufrieden damit, sie selbst zu sein, und wenn du nicht ständig unglücklich sein willst, solltest du das auch lernen«, riet die Göttin.

Der Pfau verstand die Lektion. Schon bald war er in seine Attraktivität verliebt und zeigte stolz sein Federkleid.

Auf dass alle Welt es sehen konnte.

44

Der kostspieligste Konflikt

Ich habe erlebt, wie Menschen in Kämpfe verwickelt wurden, die sie die wertvollsten Jahre ihres Lebens kosteten. Ich weiß von einem Herrn, der es mit einer großen Organisation aufnahm. Er hatte das Gefühl, ungerecht behandelt worden zu sein. Und er wusste, dass er im Recht war. Er hätte die Angelegenheit durch geschicktes Verhandeln, intelligente Gespräche und vielleicht einen kleinen Kompromiss regeln können. Aber er wollte entlastet werden. Vollständig und umfassend. Und so verbrachte er 20 Jahre damit, seinen Krieg zu führen. *Ja, 20 Jahre.* Und wissen Sie was? Er hat gewonnen. Aber was geschah dann? Er erlitt einen Schlaganfall, verlor den größten Teil seines Vermögens und landete im Rollstuhl. Als die ganze Schlacht vorbei war, konnte er kaum noch sprechen, aber er schaffte es, mir mit brüchiger Stimme zu erklären: »Sehen Sie, ich habe ihnen eine Lektion erteilt, nicht wahr?«

Natürlich bin ich fest davon überzeugt, dass man für das Richtige kämpfen muss. Martin Luther King Jr. hat einmal gesagt: »Unser Leben beginnt an dem Tag zu enden, an dem wir über Dinge, die wichtig sind, schweigen.« Für seine Prinzipien einzustehen, seinen Werten treu zu bleiben und zu verteidigen, was einem wichtig ist, stärkt den eigenen Charakter, fördert die tägliche Heldenhaftigkeit und steigert das Selbstwertgefühl. Das verstehe ich. Diesbezüglich sind wir auf derselben Seite. Doch durch meine eigenen Prüfungen habe ich auch dies gelernt: Kein Kampf ist den Verlust von Kreativität, Produktivität, Glück und Seelenfrieden wert. Wenn Sie diese Schätze verlieren, haben Sie *alles* verloren. Es ist also alles eine Frage des Gleichgewichts, nicht wahr?

Wählen Sie sorgfältig aus, in welche Kämpfe Sie sich begeben. Manchmal müssen Sie Ihre Ehre wahren und sich durchsetzen.

Und manchmal müssen Sie das Gesamtbild sehen, dem Schutz Ihrer Freude den Vorzug geben vor dem Rechthaben und die klügere Verhaltensweise wählen, indem Sie Konflikte vermeiden – im Vertrauen darauf, dass es Ihnen auf lange Sicht am meisten nützt, wenn Sie den richtigen Weg gehen.

45

Töten Sie Ihre Lieblinge

Ja, ich weiß, was ich weiter vorne über die Verwendung von Worten gesagt habe, die aufmuntern, ermutigen und inspirieren. Dennoch musste ich diese Überschrift für dieses Kapitel wählen. Um zu erklären, wie ich als Schriftsteller ticke. Es dauerte zwölf lange, mühsame und anstrengende Monate – Monate, die auch aufregend, überschwänglich und euphorisch waren –, bis ich dieses Buch fertiggestellt hatte. Folgendes Bild mag einen Eindruck vermitteln von der Detailgenauigkeit und der Detailversessenheit, die mich bei meinem kreativen Prozess verzehren.

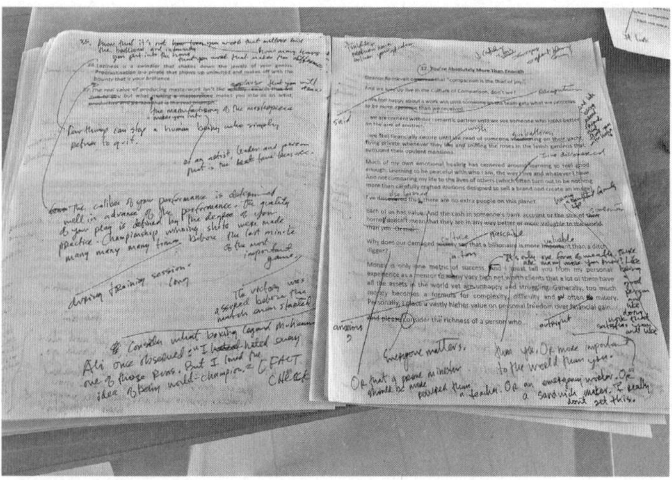

Ein Beispiel dafür, wie ich an einem Buch arbeite

Sie werden sich vielleicht fragen, warum ich so viel Mühe auf ein Projekt verwende (für *Der 5 Uhr Club* habe ich vier Jahre gebraucht) und warum ich so viel Zeit damit verbringe, jede Zeile akribisch hin- und herzuwenden. Die Werbe-Ikone David Ogilvie schrieb einmal: »Ich bin ein lausiger Texter, aber ein guter Redakteur. Also mache ich mich daran, meinen eigenen Entwurf zu bearbeiten. Nach vier oder fünf Überarbeitungen sieht er gut genug aus, um ihn dem Kunden vorzulegen.«

Zur Beantwortung Ihrer Frage, warum ich so vertieft und hingebungsvoll und fast fanatisch den höchsten Ansprüchen beim Schreiben zu genügen versuche, möchte ich einige meiner liebsten künstlerischen Regeln anführen:

1. Weil ich meine Leser zutiefst respektiere und ihnen mein Bestes geben muss, denn das haben sie verdient.
2. Es hat damit zu tun, dass ich mit jedem neuen Werk hinausgreifen möchte über das Niveau dessen, was ich in der Vergangenheit produziert habe, und mein Handwerk bis an die zerklüfteten Ränder seiner Grenzen vorantreiben will, um diese Grenzen dadurch auszuweiten.
3. Ich darf mich nie auf meinen Lorbeeren ausruhen, denn das wäre der Anfang vom Ende. Einfach nur zu wiederholen, was bei meinem letzten Bestseller funktioniert hat, ohne mich an die Gefahren und die Herausforderungen meiner nächsten Leistungsstufe heranzuwagen, würde letztlich der Irrelevanz den Weg bereiten.
4. Mein Name steht auf dem Einband, also darf ich nichts in die Welt schicken, was nicht das Ergebnis meines vollen Einsatzes ist.
5. Das Karma ist etwas Reales und unsere höhere Macht beobachtet alles, was wir tun. Indem ich, geleitet von der Liebe zu meinen Lesern und dem Geist aufrichtiger Hilfsbereitschaft, arbeite, um das Leben meiner Leser zu verbessern, werden auch meine persönlichen Träume wahr werden und große Dinge für meine Lieben geschehen.

6. Unsere Gesellschaft braucht mehr Wahrheit und Schönheit, und wenn ich in der Lage bin, mehr davon in die Welt zu bringen, ist es meine Pflicht, dies zu tun.

Unten sehen Sie ein Foto von der gestrigen Arbeitssitzung in dem kleinen Häuschen am Meer, in dem ich am Manuskript feile.

Was mich dem Titel dieses Kapitels näher bringt …

Schauen Sie bitte genau hin. Sie werden einen Zettel entdecken, der an dem Kerzenständer angebracht ist, gleich neben meinem Manuskript, sodass ich ihn beim Schreiben sehen kann. Darauf steht: »Kill Your Darlings« (Töte deine Lieblinge). Der Spruch wird manchmal auch in »Murder Your Darlings« (Ermorde deine Lieblinge) abgewandelt und häufig dem Nobelpreisträger und Romancier William Faulkner zugeschrieben.

Das ist wirklich eine sehr wertvolle Regel. Für jeden ernsthaften kreativen Produzenten. Und für jedes künstlerische Schwergewicht. (Und ganz gleich, ob Sie an einem Drehbuch feilen, ein

Start-up-Unternehmen vorantreiben, ein Team leiten oder eine Bewegung ins Leben rufen – Sie sind ein kreativer Produzent.) Der Ausdruck bedeutet für mich, dass Meisterhaftigkeit von uns verlangt, dass wir alles, was wir für gut oder sogar für großartig halten, aber nicht unbedingt für die Magie eines Projekts brauchen, zum Wohle des Werks weglassen. Dieser Satz erinnerte mich daran, dass weniger oft mehr ist und dass ich, auch wenn es Kapitel im Manuskript gab, die mir sehr am Herzen lagen, bereit sein musste, diese herauszunehmen, um das Buch besser zu machen. Bei der Arbeit an einem Meisterwerk kommt es in vielerlei Hinsicht mehr darauf an, was man sich traut wegzulassen, als auf das, was man drin lässt. Etwas einfach aussehen zu lassen ist mühsam und dauert oft ewig. Ein Gradmesser für echtes Können ist, alles wegzulassen, was nicht wichtig ist. Denn es erfordert enormen Scharfsinn, Wissen, Mut und Geschick, nur das Wesentliche aufzunehmen.

»Töte deine Lieblinge, töte deine Lieblinge, auch wenn es dir als egozentrischer kleiner Schreiberling das Herz bricht«, riet der berühmte Schriftsteller Stephen King – Worte, die ich im zugänglichsten Teil meines Gehirns gespeichert habe. Ich bitte Sie inständig, dass Sie das Gleiche tun.

PS: Ich habe einige der Kapitel, die ich nicht in dieses Buch aufgenommen habe, unter TheEverydayHeroManifesto.com/LostChapters zusammengestellt.

46

Vermeiden Sie die dritte Belohnung

Jemandem ein Geschenk zu machen und eine Gegenleistung zu erwarten ist gar kein Geschenk. Es ist ein Tausch. Was das Schenken zu einem Akt macht, der so beglückend ist, dass er ans Mystische grenzt, ist die Absicht, mit der Sie geben. Und wenn man etwas zurückhaben will, untergräbt man die Pracht des Geschenks, das man überreicht.

Bevor ich diesen Text für Sie schrieb, habe ich – wieder einmal – eine Passage in den *Selbstbetrachtungen* des römischen Kaisers Mark Aurel gelesen. Sie wissen mittlerweile, dass dieser philosophische Krieger für mich ein großer Held ist. Er benutzte den Begriff »wohlwollend«, der mich endlich so traf, wie ich es mir schon lange gewünscht hatte. Ich habe es verstanden. Es hat viele Jahre gedauert, bis ich so weit war. Bis die Bedeutung dieses Wortes für mich zu einem gefühlten Wissen wurde statt lediglich eine Erkenntnis auf der intellektuellen Ebene.

Ein wohlwollender Mensch (oder eine Führungspersönlichkeit, ein Schöpfer, ein Macher) zu sein heißt, dass man das, was man tut, gewissermaßen in Reinheit tut. Aus den richtigen Gründen. In vollkommener Integrität. Hauptsächlich zum Wohle anderer Menschen. Ich sage nicht, dass es falsch wäre, auch für sich selbst Gutes zu tun. Selbstliebe ist ein wunderbares Verhalten. Und eine Win-win-Situation anzustreben ist ein großartiges Spiel, das man spielen kann. Und doch werden Sie erst dann in höhere Sphären Ihrer triumphalen, glücklichen Natur vordringen, den Garten Eden Ihrer glorreichen Erhabenheit betreten und das Nirwana Ihres heiligsten Erfolgs erleben, wenn Sie in erster Linie um des Gebens willen geben. Nicht um etwas zu erhalten.

Der weise und mutige Herrscher (zurück zu Mark Aurel), dem

das Wohlergehen Roms (damals das mächtigste Reich der Welt) und das Leben seiner Untertanen sehr am Herzen lagen, schrieb in der Passage, die ich las: »Wenn du eine gute Tat vollbracht hast und es einem anderen dadurch gut ergangen ist, warum suchst du dann noch *eine dritte Belohnung,* wie es die Narren tun, sei es den Ruf zu erlangen, eine gute Tat vollbracht zu haben, oder etwas dafür zu bekommen?«

... Philanthropische Werke zu verrichten, damit man den eigenen Namen auf einem Krankenhausflügel lesen kann, ist keine echte Philanthropie, oder? Es ist Eitelkeit.

... Eine gute Sache zu unterstützen und dann überall mit seiner Spende hausieren zu gehen, um daraus Kapital zu schlagen für das eigene Geschäft, ist keine echte Hilfe. Es ist Eigenwerbung. (Ich weiß nicht, wie es Ihnen geht, aber ich bin mittlerweile all diese Unternehmen leid, die unaufrichtig etwas tun, um ihr vermeintliches »soziales Gewissen« unter Beweis zu stellen, während ihnen dies außerhalb des Rampenlichts völlig egal ist.)

... Etwas Gutes zu tun für einen geliebten Menschen, einen Nachbarn oder einen Arbeitskollegen und dann auf ein Dankeschön zu warten macht die Großartigkeit der wunderbaren Tat zunichte, zu der Sie sich in Ihrer Weisheit entschlossen haben.

Überreichen Sie den Menschen einfach die Geschenke und lassen Sie die Sehnsucht nach einer Gegenleistung los. Dass Sie anderen einen Dienst erbracht haben, das ist Ihre wahre Belohnung. Bieten Sie den Menschen einen Nutzen, einen Vorteil, ohne Bedingungen zu stellen. Es braucht keine Antwort. Es braucht keinen Applaus. Nur dann ist Ihre Großzügigkeit aufrichtig. Und dadurch ehrenhaft.

Wann immer Sie so handeln, werden Sie zum Herrscher über Ihre sehnlichsten Wünsche werden, über die unerbittlichen Forderungen Ihres Egos und über jede Untreue gegenüber den Ihnen innewohnenden Kräften, denen Sie gemäß Ihrer Heldenhaftigkeit Ausdruck verleihen sollen.

Wäre das nicht das schönste Geschenk, das man als Gegenleistung erhalten kann?

47

Ihr einst weit geöffnetes Herz zu heilen macht Sie zu einem großen Meister

Unsere Gesellschaft suggeriert uns, dass es ein Ausdruck von Sanftmut sei, sein Herz zu öffnen und seine Emotionen zu zeigen. In Wirklichkeit muss man ein echter Krieger sein, um die grundsätzliche und äußerst mutige Arbeit leisten zu können, die erforderlich ist, um die Festung einzureißen, die um das einst weit geöffnete Herz gebaut wurde, und sich wieder zu vereinen mit der emotionalen Intimität, die es einem Menschen ermöglicht, Mitgefühl für die Menschheit, Ehrfurcht vor der Pracht des Lebens und Begeisterung für die Magie seiner tiefsten Träume zu empfinden.

Als Kinder waren wir emotional nackt. Wir hielten unsere Verletzlichkeit in unseren offenen Händen, sodass sie für die ganze Welt sichtbar war. Ja, so stark waren wir. Wir sprachen ehrlich über unsere Ängste, weinten unschuldige Tränen, wagten es, Risiken einzugehen, blieben uns selbst treu und fühlten uns sicher, unsere Schönheit jedem zu zeigen, der sie sehen wollte. Und weil wir friedvoll jeden Schmerz fühlten, den wir als menschliche Wesen, die an der menschlichen Erfahrung teilhaben, natürlicherweise empfinden, hatten wir auch unbeschränkten Zugang zu dem Glück, das wir alle kennenlernen sollten. Der Dichter Khalil Gibran hat dies in seinem Meisterwerk *Der Prophet* (eines meiner Lieblingsbücher) trefflich zum Ausdruck gebracht:

> Eure Freude ist euer entschleiertes Leid. Und derselbe Brunnen, dem euer Lachen entsteigt, war oftmals mit euren Tränen gefüllt. Je tiefer sich jenes Leid in euer Wesen gräbt, desto mehr Freude könnt ihr fassen. Ist nicht der Becher, der

euren Wein enthält, derselbe Becher, der im Ofen des Töpfers gebrannt wurde?

Im Laufe unseres Lebens, in dem wir mit Enttäuschungen, Schwierigkeiten und Entmutigungen konfrontiert werden, haben wir die emotionalen Rückstände unserer schwierigen Begegnungen gesammelt. Um uns zu schützen, begannen wir unbewusst, eine Rüstung über unser zartes, weises und starkes Herz zu legen. Um dem Schmerz zu entgehen. Um das Leiden zu vermeiden. Um das Trauma zu vergessen.

... Doch indem wir unseren Schmerz verdrängten, entfernten wir uns auch von unserem Licht.

... Indem wir vor unserer Traurigkeit flohen, verrieten wir auch unsere Hoffnung.

... Indem wir wegliefen vor dem, was wir fürchteten, ließen wir unsere Fähigkeit verkümmern, unsere Ungeheuer zu umarmen und unsere Dämonen zu vernichten.

... Und indem wir uns der wundervollen Freundschaft mit all dem, was wir wirklich sind, widersetzten, erstickten wir ungewollt die Weisheit, die Meisterhaftigkeit und das Wunder unseres souveränen Selbst, das in einem Schrank tief in unseren unbesuchten Teilen verschlossen bleibt.

Ein Grundprinzip meiner Philosophie über das Heartset lautet: Um eine Wunde heilen zu können, muss man die darunterliegende unterdrückte Emotion spüren.

Ein zweiter Grundsatz, den ich besonders hervorheben möchte (damit Sie auf einer tieferen Ebene der Unvergesslichkeit damit umgehen), ist dieser: *Wenn es hysterisch ist, ist es historisch.* Mit anderen Worten: Das Ausmaß einer Überreaktion auf eine bestimmte Situation zeigt an, wie tief die frühere emotionale Verletzung war.

Ein dritter Heartsetgrundsatz, der Ihre Aufmerksamkeit verdient, lautet: Gefühle, die nicht gefühlt werden, bilden ein unterbewusstes Feld des Schmerzes, das Ihre Genialität herabsetzt, Ihr Versprechen hintergeht und Ihre Größe blockiert.

Der Psychologe Carl Gustav Jung schrieb über die willentliche Blindheit der meisten Menschen gegenüber dem, was er unseren »Schatten« nannte, jenem gegensätzlichen Teil von uns selbst, den wir ins Unbewusste verdrängen, um uns nicht damit auseinandersetzen zu müssen, das Folgende:

> Unglücklicherweise gibt es keinen Zweifel an der Tatsache, dass der Mensch im Ganzen genommen weniger gut ist, als er sich einbildet oder zu sein wünscht. Jedermann ist gefolgt von seinem »Schatten«, und je weniger dieser im bewussten Leben des Individuums verkörpert ist, umso schwärzer und dichter ist er. Wenn eine Minderwertigkeit bewusst ist, hat man immer die Chance, sie zu korrigieren. (…) Aber wenn sie verdrängt und aus dem Bewusstsein isoliert ist, wird sie niemals korrigiert. Es besteht dann überdies die Gefahr, dass in einem Augenblick der Unachtsamkeit das Verdrängte plötzlich ausbricht. Auf alle Fälle bildet es ein unbewusstes Hindernis, das die bestgemeinten Versuche zum Scheitern bringt.

Sigmund Freud äußerte sich diesbezüglich noch direkter:

> Nicht ausgedrückte Gefühle sterben nicht, sie werden lebendig begraben und kommen irgendwann auf unschöne Weise wieder hervor.

Wer die Arbeit am Heartset als töricht abtut und sich darauf konzentriert, sein Mindset zu verbessern, während er es versäumt, alte Wunden zu heilen und den in ihm gespeicherten Schmerz zu verarbeiten, missachtet die offene Tür zu seiner Überlegenheit und befördert einen Zustand der Selbstsabotage, der ihn an dem Ort verharren lässt, an dem er sich gerade befindet. Alle diese unterdrückten Mikrotraumata – und möglicherweise auch Makrotraumata –, von denen Sie wahrscheinlich gar nichts wissen, weil sie so tief in Ihrem Unterbewusstsein vergraben sind, sind der eigentliche Grund dafür, dass Sie sich Ihrer Gaben nicht bewusst sind, dass Sie mit Ihren Talenten nicht vertraut sind und dass Sie Ihr Potenzial, Sternenstaub in die Welt zu streuen, nicht voll auszuschöpfen vermögen.

Dieses Feld des Schmerzes, das in Ihre Psyche eingebunden ist, ist der Hauptgrund dafür, dass Sie die Schaffung Ihres Opus magnum aufschieben, sich gegen die Aneignung virtuoser Gewohnheiten sträuben, gesunde Beziehungen sabotieren (oder sich zu toxischen Beziehungen hingezogen fühlen, weil traumatisierte Menschen nicht wissen, worin Gesundheit besteht, und ihnen ein von Dramen durchzogenes Leben sicherer erscheint als ein friedliches, weil es so viel vertrauter ist) oder Abhängigkeiten verstärken. Das tun Sie, indem Sie beispielsweise zu viel Zeit in den sozialen Medien oder beim Einkaufen verbringen, zu viel trinken oder zu viel jammern und im Grunde genommen die Gelegenheiten verpassen, die unmittelbar vor Ihnen liegen, um Ihr großes Versprechen zu verwirklichen, ein phänomenales Leben zu führen und zugleich vielen Menschen etwas Gutes zu tun.

All der verdrängte Schmerz unserer Vergangenheit erklärt auch, warum sich die meisten Menschen in ihren Kopf zurückziehen und vergessen, dass der Instinkt immer viel klüger ist als der Intellekt. Und das Herz immer weiser ist als die Vernunft. Und da so viele von uns heute allein in ihrem Verstand leben und in ihrem *Denken* feststecken, anstatt sich an ihrer natürlichen Fähigkeit zu erfreuen, in der Gegenwart dessen zu leben, was wir *empfinden*, haben wir vergessen, wie wir all das Leben um uns herum wahrnehmen (und wertschätzen) können.

Das wiederum bedeutet:

... Wir sind unfähig, Reue zu empfinden, wenn wir einen anderen Menschen verletzen.

... Wir fangen Kriege an, die unsere Brüder und Schwestern töten (weil wir uns nicht mehr mit ihnen verbunden fühlen).

... Wir behandeln einen Nachbarn respektlos wegen seiner

Hautfarbe, seines Geschlechts oder seiner Religion, weil wir nicht spüren, wie schrecklich ein solch gewalttätiges Verhalten ist.

… Wir verschmutzen einen einstmals unberührten Planeten mit Chemikalien, Müll und anderem Unrat, der die Ozeane zerstört, den Zustand der Wälder verschlechtert und unsere tierischen Freunde auslöscht, weil wir uns abgeschirmt haben vor den körperlichen Empfindungen des Schmerzes, die jeder wache Mensch beim Töten von etwas Lebendigem empfinden würde.

So verhält sich eine Zivilisation, die nicht mehr mit ihren Gefühlen in Verbindung steht und taub ist gegenüber ihren körperlichen Empfindungen. Das ist der Weg eines Volkes, das in roboterhafter Vernunft und maschineller Intellektualisierung gefangen ist und es vorzieht, immer mehr Informationen zu produzieren, statt an Weisheit zu gewinnen. Das ist das Ergebnis, wenn der weltliche Egoismus über die menschliche Heldenhaftigkeit triumphiert.

Ich möchte dieses Kapitel nun beenden (das ich in einer Bretterbude auf einer zerklüfteten und dünn besiedelten Insel im Atlantischen Ozean schreibe, während der Wind heult, die Wellen schlagen und die Fensterscheiben zittern). Zum Schluss möchte ich Ihnen aber noch eine spezielle Technik an die Hand geben, welche die Kreativität, die Produktivität, den Wohlstand und die Selbstwirksamkeit meiner Klienten verändert hat. Ich nenne es das BFLA-Tool.

B steht für *Bewusstheit.* F steht für *Fühlen.* L steht für *Loslassen.* Und A steht für *Aufsteigen.* Schauen wir uns das damit verbundene Lernmodell an:

DAS BFLA-TOOL FÜR DIE REINIGUNG DES HEARTSET

1 **BEWUSSTHEIT**
DAS GEFÜHL ERSPÜREN

2 **FÜHLEN**
IN DER EMPFINDUNG VERWEILEN

3 **LOSLASSEN**
DEN SCHMERZ LOSLASSEN

4 **AUFSTEIGEN**
SICH AUFWÄRTS ENTWICKELN

Wenn Ihr schwächeres Selbst das nächste Mal durch einen Menschen oder eine Situation auf negative Weise aktiviert wird, spielen Sie nicht das Opfer und geben Sie nicht der anderen Person oder den äußeren Umständen die Schuld, sondern nutzen Sie diese Gegebenheit dazu, Ihr Heartset zu reinigen, indem Sie mit den verdrängten emotionalen Verletzungen und alten Traumata arbeiten, die durch dieses Szenario auf wunderbare Weise aus den verborgenen Nischen Ihres Unterbewusstseins in Ihre bewusste Aufmerksamkeit gehoben wurden. Sie werden erkennen, dass blockierte Emotionen aus dem Feld des Schmerzes an die Oberfläche gelangt sind, wo Sie sich nun mit ihnen befassen können – schon allein deswegen, weil sie Ihnen unangenehm sind, was eine Bestätigung dafür ist, dass sie Ihren unbewussten Bereich verlassen haben und in Ihre bewusste Welt aufgestiegen sind. »Alles, was uns an anderen irritiert, kann uns zu einem tieferen Verständnis von uns selbst führen«, erklärte Carl Gustav Jung.

Wenn Sie keinen präexistenten Ärger in sich trügen, könnte Sie nichts jemals wütend machen, oder? Der frustrierende Liebespartner, der schwierige Mitarbeiter oder der aggressive Autofahrer, der Sie in Rage bringt, ist in Wahrheit ein spiritueller Freund, der vom Himmel gesandt wurde, um Sie zu fördern und Ihnen zu helfen, Ihre Souveränität stärker zum Tragen zu bringen. Denn sie haben an eine uralte Wunde gerührt und Ihnen diese wieder bewusst gemacht, sodass Sie sie betrachten und, wenn Sie wollen, die Verletzung heilen können, damit sie Ihre Kreativität, Ihre Produktivität, Ihr Wohlergehen und Ihre Freude nicht länger sabotiert. Wenn Sie nicht alte unbewältigte Traurigkeit oder Scham, Groll, Eifersucht, Enttäuschung oder Bedauern über frühere Ereignisse in sich tragen würden, könnte Sie heute nichts und niemand von Ihrem Genie abbringen, nicht wahr?

Wenn Sie das BFLA-Tool regelmäßig anwenden, werden Sie nicht nur sogenannte Schwierigkeiten zu Ihrem Vorteil wenden können, indem Sie jede komplizierte Situation für Ihr Wachstum und Ihre Selbstbeherrschung nutzen und alle Stolpersteine in Trittsteine verwandeln, sondern Sie werden auch Verletzungen in Weisheit und sämtliche Probleme in eine Kraft umwandeln, die Sie für den Rest Ihres Lebens mitnehmen können.

Erlauben Sie mir nun, Ihnen zu zeigen, wie Sie dieses Werkzeug praktisch anwenden können. Wenn Sie das nächste Mal eine *starke* Reaktion auf ein bestimmtes Ereignis oder eine Entwicklung verspüren, machen Sie es sich zur Gewohnheit, stets sogleich an das BFLA-Akronym zu denken. Ich betone »stark«, denn nur dann, wenn Ihre emotionale Reaktion eine *Überreaktion* auf das Ereignis ist, wissen Sie, dass an einer alten bestehenden Wunde gerührt wurde. Natürlich ist es normal und gesund, wenn wir auf gewisse Umstände in unserem Alltag emotional reagieren, und deutet auch nicht darauf hin, dass eine alte Wunde aktiviert wurde – also zum Beispiel, dass wir wütend werden, wenn wir ein unerfreuliches Gespräch mit einem Familienmitglied führen müssen, oder traurig, wenn ein Kunde unsere engagierte Arbeit nicht zu schätzen weiß; dass uns bange wird angesichts einer anspruchsvollen Herausforderung im Beruf oder wir uns unsicher fühlen in Bezug auf finanzielle Angelegenheiten oder uns herabgesetzt fühlen durch die Art und Weise, wie ein Freund mit uns spricht; oder uns ein Gefühl der Minderwertigkeit beschleicht, wenn wir sehen, dass es jemandem erheblich besser zu gehen scheint als uns selbst. Der folgende Vier-Schritte-Prozess kann uns dazu verhelfen, Heilung zu erlangen:

Schritt #1: Bewusstheit

Beginnen Sie damit, sich die alte innere Wunde bewusst zu machen, indem Sie das Gefühl in Ihrem Körper lokalisieren. Die ursprüngliche Verletzung ist dort gefangen, weil man Ihnen beigebracht hat, sie nicht vollständig zu spüren und zu fühlen (den meisten Menschen wurde als Kind gesagt, dass Gefühle falsch oder nur etwas für Schwächlinge seien). Wir fühlten uns nicht sicher genug, um die emotionale Verletzung anzuerkennen, also haben wir sie verleugnet, wodurch sie in uns erstarrt und eingefroren ist und unsere wahre Kraft blockiert hat, Erstaunliches zu vollbringen und das Erhabene zu erreichen.

Vielleicht sind Sie zunächst nicht in der Lage, das Gefühl zu lokalisieren, das mit der Emotion verbunden ist, weil Ihnen der Umgang mit dem Emotionalen nicht geläufig ist. Aber denken Sie daran: Sie beginnen damit, sich eine neue Fähigkeit anzueignen. Deren Beherrschung erfordert Übung und Geduld. Suchen Sie weiter nach der körperlichen Reaktion, die durch die betreffende Person oder Situation hervorgerufen wurde. Das kann ein Engegefühl in der Brust sein oder ein Schweregefühl im Hals oder ein Schmerz im Magen oder ein Pochen im Kopf. Verstehen Sie sich gewissermaßen als emotionaler Detektiv, der das Universum in Ihrem Heartset erforscht und diesen wesentlichen Teil Ihres

Selbst besser kennenlernt. Richten Sie Ihre ganze Aufmerksamkeit auf das Gefühl in Ihrem Körper. Dies wird Sie automatisch in die Gegenwart bringen und aus dem Grübeln und Intellektualisieren herausholen. Bemühen Sie sich, aus Ihrem Kopf herauszukommen und bei der tatsächlichen Empfindung zu bleiben, die sich in Ihrem Körper verankert hat. Achten Sie auf ihre Beschaffenheit und spüren Sie ihre Farbe. Seien Sie eins mit ihr.

Schritt #2: Fühlen

Dass Sie jetzt die alten, einst verdrängten Emotionen fühlen, welche die aktuelle Situation wieder aktiviert hat, ist überhaupt nichts Schlechtes. Ja, die Gesellschaft sagt, dass irgendetwas nicht stimmt, wenn wir uns nicht ständig glücklich fühlen. Was für ein Unsinn!

Ein vollwertiger Mensch zu sein bedeutet, vielfältige Emotionen zu erleben. Um es noch einmal zu wiederholen: Die Tatsache, dass Sie ein unangenehmes Gefühl empfinden, bedeutet, dass diese Emotion aus Ihrem Unterbewusstsein aufgetaucht ist und sich nun im bewussten Teil von Ihnen befindet. Fantastisch! Sie ist kein in Ihnen verborgenes Element mehr, das Ihre Kreativität, Ihre Produktivität und Ihr Glücksgefühl steuert und meist behindert. In diesem Schritt geht es also darum, das Gefühl bewusst wahrzunehmen und in ihm zu verweilen. Laufen Sie nicht vor ihm weg. Flüchten Sie nicht, indem Sie sich mithilfe irgendeines Gerätes ablenken. Denn um eine Wunde zu heilen, müssen Sie die verdrängte Situation, die dahintersteckt, wirklich spüren. Und die Tatsache, dass das Gefühl jetzt für Sie wahrnehmbar ist, weil es eine tatsächliche Empfindung in Ihrem Körper ist, bedeutet, dass es auf dem Weg nach draußen ist und nicht mehr in Ihrem Feld des Schmerzes feststeckt, wo es Chaos in Ihrem Leben anrichten kann, ohne dass Sie sich dessen überhaupt gewahr werden. Atmen Sie einfach in dieses Gefühl hinein, verweilen Sie bei ihm und akzeptieren Sie es, anstatt es als falsch zu verurteilen.

Vertrauen Sie darauf, dass der schnellste Weg aus dem Schmerz darin besteht, sich unmittelbar dem Gefühl auszusetzen.

Schritt #3: Loslassen

Ich weiß, es klingt etwas nebulös, aber in dieser Phase der Anwendung des BFLA-Tools müssen Sie lediglich die Absicht bekunden, die alte Wunde loszulassen. Indem Sie die verschüttete Emotion in voller Gänze spüren und dann den Wunsch entwickeln, sie aus Ihrem System herauszulassen, lösen Sie den eingefrorenen Schmerz auf. Dann wird er beginnen, Ihren Körper zu verlassen. Das macht Sie freier. Manchmal dauert die Befreiung nur ein paar Minuten oder ein paar Stunden. Manchmal ist der festsitzende emotionale Ballast größer, sodass es länger dauert, ihn zu bearbeiten. Vertrauen Sie diesem Prozess. Und seien Sie sich bewusst, dass Sie eine umfassende Heilung erleben werden, wenn die Verletzungen der Vergangenheit verschwinden. Durch diese Übung werden Sie vertrauter werden mit Ihren Gaben und aufgeschlossener für Ihre Stärken, Sie werden sich stärker verbunden fühlen mit Ihrem Mut, wacher sein für Ihre Lebendigkeit und vertrauensvoller gegenüber Ihren Instinkten, und Sie werden sich Ihrem liebenden Wesen viel näher fühlen. Für immer.

Schritt #4: Aufsteigen

Dieses Reinigungsprotokoll für das Heartset wird sich für Sie auszahlen, wenn Sie es durchführen, und Ihnen helfen, weiter emporzusteigen und gesünder zu werden. Jedes Mal, wenn Sie das BFLA-Tool anwenden und etwas von der zuvor ignorierten Toxizität loslassen (die oft übrigens nicht nur von vergangenen Verletzungen herrührt, die wir erlitten haben; zum Teil erwächst sie auch aus der Schuld, der Scham und dem Bedauern, das wir darüber empfinden, wie wir andere behandelt haben), die Ihre Leistungsfähigkeit behindert und Ihr Herz davon abgehalten hat, auf eine Weise zu lieben, die jenseits aller Vernunft liegt, wird das Feld des Schmerzes weniger bedrückend wirken. Sie werden sich unbeschwerter fühlen. Sie werden dem grenzenlosen Glück, der ungebundenen Vortrefflichkeit und der spirituellen Freiheit näher kommen, die Ihre grundlegende Natur darstellen. Sie werden mehr Energie und Zuversicht erfahren. Praktizieren Sie diese Methode weiterhin täglich als Antwort auf alle »Probleme«, die das Leben Ihnen schickt, und Sie werden bald erkennen, dass das Leben Sie nie wirklich behindert. Alles, was geschieht, hilft Ihnen, sich zu erheben und Ihre ursprüngliche Genialität wiederzuerlangen.

Machen Sie weiter mit dieser Herzensarbeit – so mühsam und verwirrend sie manchmal auch sein mag –, und das riesige Reservoir an Selbsthass (das aus all den gespeicherten Gefühlen mit niedriger Energie besteht, die wir verleugnet haben), das in den emotionalen Systemen so vieler Menschen sitzt, wird nach und nach verschwinden. Automatisch beginnen dann die höherwertigen Emotionen der Hoffnung, der Dankbarkeit, der Freude, der Empathie, des Mitgefühls, der Tapferkeit, der Inspiration und der Ehrfurcht sich in Ihnen zu verankern und Sie wieder mit der höheren Kraft und der täglichen Großartigkeit zu verbinden, die Ihre wesentliche Natur sind. Und Ihre beste Verkörperung. Ja, die Heilung Ihres einst weit geöffneten Herzens wird Sie zu einem großen Meister machen. Diese Übung ist ein direkter Weg, um jene Selbstliebe zu erlangen, die es Ihnen ermöglicht, Ihren ethischen Ambitionen zu entsprechen, Ihre Begabungen zu verwirklichen, sich selbst mit Respekt zu behandeln und unsere Welt zu einem besseren Ort zu machen. Wegen Ihres strahlenden Lichts.

Jede Situation, welche die Stimme der Angst (auch bekannt als Ihr Ego) als schlecht bezeichnet, ist in Wahrheit ein Segen, der Ihren Aufstieg zu der künstlerischen Kraft, dem produktiven Riesen und dem dienenden Helden fördert, zu denen Sie in Ihrem Leben bestimmt sind. Und wenn Sie nach und nach alle emotionalen Verunreinigungen loslassen, indem Sie alles, was Ihnen widerfährt, als Teil Ihres Prozesses nutzen, der Sie zu einem Weisen und einem Krieger werden lässt, werden Sie das Wunder, die Erhabenheit und die Fähigkeit wiedererwecken, die Sie einst als Kind besaßen: das Mögliche zu sehen. Bevor die Welt Sie dazu brachte, sich zu verschließen, und Sie Ihren Zauber missachtet haben.

48

Was ich aus Leonardos privaten Notizbüchern gelernt habe

Eines unvergesslichen Nachmittags, als ich im Frühling durch die Straßen Roms spazierte – was ich so gern tue –, suchte ich das leicht zu übersehende Museum auf, das am Rande der Piazza del Popolo liegt. Ein einfaches Schild an der Außenseite warb für eine Ausstellung der Werke von Leonardo da Vinci. Leonardo, ein vielfältig begabter Meister, schuf Werke in den Bereichen Architektur, Malerei, Anatomie, Bildhauerei, Technik und Luftfahrt. Die Produktivität dieser ungewöhnlich kreativen Seele war zweifellos etwas Besonderes. Sein berühmtester Biograf, Giorgio Vasari, schrieb: »Manchmal ist ein einzelner Mensch vom Himmel auf übernatürliche Weise mit Schönheit, Anmut und Talent in solchem Überfluss ausgestattet, dass jede seiner Handlungen göttlich ist und alles, was er tut, eher von Gott stammt als von menschlicher Kunst.« Und doch, als ich durch das Museum ging und mir die von Leonardo entwickelten Instrumente und seine Diagramme des Innenlebens verschiedener Lebewesen ansah und einige Stunden lang die Radierungen, Markierungen und Worte in den privaten Notizbüchern studierte, die er akribisch führte, wurde mir eine Erkenntnis schlagend klar: Sein sogenanntes Genie war weniger ein genetischer Segen als vielmehr das Ergebnis von Selbstunterricht. Und ständiger täglicher Verbesserungen. Und eines enormen Maßes an Disziplin, Hingabe und Training.

Überragende Künstler, Architekten, Erfinder und Führungskräfte werden nicht mit ihren Fähigkeiten geboren. Ihre Meisterhaftigkeit haben sie sich selbst erarbeitet (ich habe mich nach Kräften bemüht, Ihnen dies im Laufe dieses Buches nahezubringen, damit Sie davon tatsächlich überzeugt sind, wenn Sie das

Buch zur Seite legen). Diese Koryphäe verbrachte Tag für Tag damit, obsessiv (und leidenschaftlich) die scheinbar kleinsten Themen zu studieren, die zu der fortgeschrittenen Wahrnehmung und der Optimierung jener Fähigkeiten beitragen sollten, die später unsere Kultur beflügelten. Er lernte für sich selbst, wie der Kiefer eines Krokodils funktioniert, wie die Plazenta eines Kalbs beschaffen ist und die Anatomie der Zunge eines Spechts und wie das Mondlicht durch einen klaren Winterhimmel strahlt. Er verstand, dass die Erlangung einer herausragenden schöpferischen Führungsrolle gewissenhafte Konzentration, unermüdlichen Einsatz und ungewöhnliche Hartnäckigkeit erfordert – und nicht gute Gene, den Besuch einer berühmten Schule oder die richtigen sozialen Kontakte.

In einem seiner Notizbücher hielt Leonardo 730 seiner hart erarbeiteten Erkenntnisse über die Physik des Wasserflusses fest. Ein anderes enthielt 169 präzise Versionen des Versuchs, einen Kreis zu quadrieren. Eine Kritzelei zeigte eine unordentliche Liste von 67 Wörtern, die er entdeckt hatte, um fließendes Wasser zu beschreiben.

Leonardo arbeitete unermüdlich, wenn er an einer Sache war. Er verschwendete aber auch eine Menge Zeit, wie alle kreativen Menschen (das ist kein Missbrauch von Ressourcen – es ist die Inkubation der nächsten Generation von Ideen). Echte Profis vertrauen auf ihren natürlichen Produktivitätsrhythmus und wechseln zwischen betäubender Intensität und tiefer Erholung, sodass sich ihre Fähigkeiten über ein ganzes Leben hinweg ausdehnen, anstatt ein schnelles Ende zu erleben.

Je mehr ich mich mit dem Werk dieses Großmeisters beschäftigte, desto mehr inspirierte es mich. Je länger ich das Werk dieses großen Mannes betrachtete, desto klarer wurde mir, dass jeder von uns erstaunliche Talente in sich trägt – Fähigkeiten, die, wenn sie unermüdlich weiterentwickelt und verfeinert werden, es auch uns ermöglichen würden, Werke zu schaffen, die unerfahrene Betrachter als von Gott inspiriert bezeichnen würden.

Werfen wir einen Blick auf sechs der täglichen Gewohnheiten, die Leonardo zu jenem Virtuosen machten, als der er heute gilt.

Gewohnheit #1: Er schrieb Dinge auf

Was man aufschreibt, wird mit geistiger Klarheit erfasst und dadurch verstärkt. Und Klarheit im Denken führt zu Meisterhaftigkeit in der Produktion. Tagebücher zu führen zu den verschiedenen Themengebieten, in denen Sie Spitzenleistungen anstreben, ist ein wirksames Mittel, um Ihre Ideen zu verbessern, Ihre Inspiration zu erfassen, Ihre Vorstellungen zu Papier zu bringen und Ihr wachsendes Wissen festzuhalten.

Gewohnheit #2: Er bediente sich seiner natürlichen Neugierde

Ich werde nie den Tag vergessen, an dem meine Tochter und ich von einem Besuch bei meinem Bruder nach Hause fuhren. Sie war damals fünf Jahre alt, saß still auf dem Rücksitz und schaute in den weiten blauen Himmel, während ich den Wagen über die Autobahn lenkte. Als sie eine Wolkengruppe entdeckte, rief sie begeistert: »Sieh mal, Papa, da ist ein Löwe am Himmel!«

Als Kinder sind wir mit unseren künstlerischen Veranlagungen noch vertraut. Wenn wir unsere spielerischen Jahre hinter uns lassen, verlieren leider zu viele von uns diesen natürlichen Zugang. Denn dann werden wir ernst. Und erwachsen. »Ich habe vier Jahre gebraucht, um wie Raffael zu malen, aber ein Leben lang, um wie ein Kind zu malen«, sagte Pablo Picasso einmal.

Gewohnheit #3: Er war unglaublich geduldig

Unermüdliche Geduld ist eine wichtige Verhaltensweise von Spitzenleistern. Als Leonardo *Das letzte Abendmahl* schuf, pflegte er ein Ritual, das darin bestand, lange Zeit vor der Leinwand zu sitzen und das Gemälde einfach nur zu betrachten – er studierte das Werk in seiner Gesamtheit und versuchte auch seine komplizierten Nuancen zu erfassen. Dann stand er auf, machte einen einzigen Strich und ging weg. Manchmal kehrte er erst nach Wochen wieder zu dem Gemälde zurück. Der südafrikanische Künstler Lionel Smit, einer der bemerkenswertesten heute lebenden Künstler, macht es ganz ähnlich. (Wenn Sie jemals die Chance bekommen, eines seiner Gemälde zu erwerben, sollten Sie sie nutzen.)

Gewohnheit #4: Er verband unterschiedliche Disziplinen

Leonardo verband sein Interesse für die Aeronautik mit seiner Liebe zur Kunst, sein Eintauchen in die Technik mit seiner Hingabe zur Bildhauerei. Seine vermeintliche Begabung war in Wirklichkeit zum großen Teil das Ergebnis intensiver Konzentration und radikaler Innovation auf vielen verschiedenen Interessengebieten. Wenn Sie sich in vielen Disziplinen engagieren, können Sie Punkte miteinander verbinden, die nur wenige andere erkennen können.

Gewohnheit #5: Er nahm sich Auszeiten

»Männer von hoher Genialität vollbringen manchmal am meisten, wenn sie am wenigsten arbeiten«, schrieb Leonardo einmal. Sich Zeit zu nehmen, um zu träumen, zu spielen und das Leben zu genießen, war Teil der Formel für seine ungeheure Produktivität. Umwälzende und geschichtsträchtige Erkenntnisse gewinnt man nur selten, wenn man in einem Büro sitzt. Reisen Sie also, erkunden Sie, haben Sie Spaß und ruhen Sie sich aus.

Gewohnheit #6: Er bewunderte die Schönheit der Natur

Viele der größten Vordenker unserer Zivilisation verbrachten viel Zeit in der Natur. Lange Spaziergänge in den Wäldern. Ausgedehnte Stunden in einer Hütte am Meer. Stille Abende, an denen sie in die Sterne blickten. Durch einen Dokumentarfilm über den griechischen Schifffahrtsmagnaten Aristoteles Onassis erfuhr ich, dass Onassis, nachdem sich die eleganten Gäste, die er auf seiner Jacht bewirtete, zu Bett begeben hatten, auf dem Deck blieb, Cognac trank und einfach in den Himmel starrte, um Lösungen für Probleme zu finden oder Inspirationen zu gewinnen, die sein Geschäftsimperium wachsen ließen.

Sich in die Natur zu begeben ist eine altbekannte Methode, um den Geist zu entspannen. So kann man seinen Einfallsreichtum am besten entfalten.

Als ich mich dem Ausgang des Museums näherte und die Sonne auf das Kopfsteinpflaster draußen schien, entdeckte ich das folgende Zitat von Leonardo da Vinci, das ich Ihnen mit auf den Weg geben möchte:

> Ich liebe diejenigen, die in Schwierigkeiten lächeln können, die aus Schwierigkeiten Kraft schöpfen können und durch Nachdenken mutig werden. Es ist die Sache kleiner Geister zu schrumpfen, aber die, deren Herz fest ist und deren Gewissen ihr Verhalten billigt, werden ihren Grundsätzen bis in den Tod treu bleiben.

Klingt gut, nicht?

49

Die »Du wirst nicht gewinnen, wenn du es nicht einmal versuchst«-Einstellung

Eine ganz schlichte Einsicht: Du wirst nicht gewinnen, wenn du es nicht einmal versuchst. So oft haben wir eine große Idee. Eine Idee, die unsere Karriere in eine neue Umlaufbahn bringen wird. Eine Idee, die unser Leben in die nächsthöhere Liga hebt. Eine Idee, die uns das Gefühl gibt, wirklich wach zu sein (und unserem Wunder ganz nahe). Aber was geschieht dann als Nächstes? Die Stimme der Vernunft gewinnt die Oberhand, unter der sich oft ein Gefühl namens Angst verbirgt.

… Wir fangen an, uns alles Mögliche einzureden, was passieren und dafür sorgen könnte, dass wir scheitern.

… Wir fangen an, uns Sorgen zu machen, ob wir das Zeug dazu haben, den Traum zu erfüllen, das Ziel zu verwirklichen und das Erreichte zu realisieren.

… Wir lassen uns dazu verleiten zu glauben, dass unsere aufregenden Vorstellungen und Träume unsere Aufmerksamkeit nicht mehr wert seien.

Schließlich erscheint uns die wunderbare und kühne Idee, die unser Herz zum Rasen gebracht und unseren Geist beflügelt hat, dumm und lächerlich. Und so handeln wir nicht entsprechend. Eigentlich versuchen wir es nicht einmal.

Stellen Sie sich einen Athleten vor, der gewinnen möchte, aber nicht einmal am Turnier teilnimmt. Stellen Sie sich einen Manager vor, der sein Team in die dünne Luft absoluter Weltklasse führen will, aber nicht einmal zur ersten Strategiesitzung erscheint.

Stellen Sie sich einen genialen Erfinder vor, der sein Fachgebiet auf den Kopf stellen will, aber noch nicht einmal mit dem Tüfteln beginnt. *Nichts geschieht, bis Sie sich bewegen.* Wenn Sie immer nur abwarten, werden Sie nie ein Vorreiter werden. Das Schicksal belohnt die Initiatoren. Das Glück belohnt die Getriebenen. Und Sie werden den Sieg nie erfahren, wenn Sie sich durch Apathie lähmen lassen.

In Momenten meines Lebens, in denen ich mich dagegen wehre, etwas Neues zu beginnen, lese ich diese Erkenntnis des indischen Weisen Patanjali:

> Wenn du von einem großen Ziel, einem außergewöhnlichen Projekt inspiriert bist, lösen sich alle deine Gedanken aus ihren Fesseln. Dein Geist überwindet Grenzen, dein Bewusstsein erweitert sich in alle Richtungen und du findest dich in einer neuen, großartigen und wunderbaren Welt wieder. Schlummernde Kräfte, Fähigkeiten und Talente werden lebendig und du entdeckst, dass du ein weitaus größerer Mensch bist, als du es dir je erträumt hast.

Und daher möchte ich Sie aufrufen …

… sich nie von einer großen Idee zu verabschieden, ohne etwas zu unternehmen, um sie zu verwirklichen.

… immer daran zu denken, dass es nie schadet zu fragen (das Schlimmste, was passieren kann, ist, dass Sie ein »Nein« hören, das aber möglicherweise die Vorstufe zu einem »Vielleicht« ist).

… nicht die Nerven zu verlieren, wenn der Gedanke und das Gefühl der Niederlage aufkommen.

… sich stets bewusst zu sein, dass Ablehnung eine Prüfung ist, die Helden des Alltags bestehen müssen, wenn sie ihre Talente und ihre Größe zur Geltung bringen möchten. Und wenn Sie warten, bis Sie qualifiziert genug, geschickt genug und selbstbewusst genug sind, um das zu tun, was Sie wollen, werden Sie vielleicht sehr, sehr lange warten müssen. Perfekte Bedingungen gibt es nicht, und auf sie zu warten ist häufig nur eine Ausrede, weil man in Wirklichkeit Angst hat anzufangen.

Sie sagen vielleicht: »Aber Robin, was ist, wenn ich es versuche und versage?«

Ich würde darauf antworten: »Was ist, wenn Sie es nicht versuchen und dann den Rest Ihres Lebens damit verbringen, all das zu bedauern, was hätte sein können oder hätte sein sollen, und es nicht schaffen, einen Blick auf das zu werfen, was Sie wirklich sind?«

»Wir kennen uns nur so weit, wie wir geprüft wurden«, schrieb die polnische Nobelpreisträgerin Wisława Szymborska. Die Götter der fortgeschrittenen Leistung begünstigen diejenigen, die ihr visionäres Vorhaben in Angriff nehmen, und belohnen nur diejenigen, die tatsächlich in den Ring steigen. Man kann nicht verlieren, wenn man sich auf seine Herzenswünsche und leuchtenden Träume einlässt, das sollten Sie wissen. Wenn Sie bekommen, was Sie wollen, haben Sie gewonnen. Und wenn das, was Sie sich wünschen, nicht eintritt, wachsen Sie.

50

Der Mann, der fleißig trainierte, aber einfach nicht besser wurde

Heute Morgen besuchte ich ein Fitnessstudio, bevor ich in mein Hotelzimmer in der Stadt zurückkehrte, in der ich mich gegenwärtig aufhalte, um diesen Abschnitt des Buches für Sie zu schreiben (ja, ich muss immer wieder meine Aufenthaltsorte wechseln, um meine Kreativität, meine Energie und meine Inspiration auf hohem Niveau zu halten; die Muse liebt die Abwechslung). Kurz nach Sonnenaufgang machte ich mich auf den Weg ins Fitnessstudio, wo wir Gewichte stemmten, Armbeugen machten, eine Reihe von Unterarmstützen absolvierten und so ziemlich alle Rückstände vom Vortag ausschwitzten. Es war fantastisch und wunderbar. Für mich jedenfalls. Bei diesem speziellen Gruppentraining müssen die Bewegungen zum treibenden Beat von Tanzmusik ausgeführt werden. Die Idee ist, die Übungen als choreografiertes Ganzes auszuführen, damit sich alle Teilnehmer im Einklang bewegen. So werden wir alle vereint. So bilden wir gewissermaßen eine Einheit.

Zu Beginn der Stunde belobigte die Kursleiterin einen der Teilnehmer. »Dies ist Joels 1000. Sitzung«, verkündete sie fröhlich. Joel strahlte, legte sich gleich mächtig ins Zeug und stemmte seine Gewichte wie ein Mann, der für seine Sache brennt. Aber dennoch … Während des gesamten Kurses und bei allen Übungen war der Empfänger der Belobigung ziemlich neben der Spur, völlig aus dem Takt und erschien nicht besonders sportlich. Er hatte das Engagement, den Willen und die Ausdauer aufgebracht, 1000-mal den Kurs zu besuchen. Eine unglaubliche Leistung. Wirklich erstaunlich. Sehr schön, Joel! Dennoch fand ich es faszinierend, dass er nach all diesen Kursen immer noch nicht die geringsten Anzeichen von jener Meisterhaftigkeit zeigte, welche die Trainerin an den Tag legte.

Was lernen wir daraus? Verwechseln wir nicht Kilometerleistung mit Beherrschung. Und investierte Zeit nicht mit optimiertem Können. Worum geht es in Wirklichkeit? Ein Training, das nicht bewusst darauf ausgerichtet ist, Sie besser zu machen, wird Sie auch nicht besser machen.

Anders Ericsson war ein Pionier in der Erforschung außergewöhnlicher Leistungen. Ich habe vor mehr als 25 Jahren zum ersten Mal von ihm und seiner 10 000-Stunden-Regel gelesen, lange bevor das Konzept von anderen Autoren bekannt gemacht wurde. Die 10 000-Stunden-Regel, die auf Ericssons Studien mit Spitzensportlern, Schachwunderkindern, Musikern und anderen kreativen Genies beruht, besagt, dass man ungefähr 10 000 Stunden Übung und Training investieren muss, bis sich die ersten Anzeichen von Erstklassigkeit zeigen.

Ericsson war auch der Erfinder des Begriffs »Bewusstes Üben«. Seine Arbeit hat bestätigt – und das ist sehr wichtig –, dass das bloße Trainieren einer bestimmten Fähigkeit über einen längeren Zeitraum nicht unbedingt zu Meisterhaftigkeit führt. Was die Großen zu Vorreitern macht, ist vielmehr, dass sie sich einer *bestimmten Art des Übens* verschrieben haben. Wenn fortgeschrittene Künstler mit der Absicht kommen, aus ihrem Talent Kapital zu schlagen, werden die Übungen zielgenau darauf ausgerichtet, ihre Fähigkeiten zu verbessern. Sie trainieren mit dem klaren Ziel, sich schrittweise zu verbessern. Und jede Übungseinheit ist wichtig, denn sie ist ein Sprungbrett auf dem Weg zur Verwirklichung ihres ersehnten Ideals, nämlich in dem, was sie tun, legendär zu werden. Alle kleinen Fortschritte beim Training summieren sich zu einer Revolution des Könnens, wenn das Training über einen längeren Zeitraum hinweg konsequent durchgeführt wird. Die winzigen bewusst herbeigeführten Triumphe werden schließlich zu großen Verhaltensänderungen, und die Tage, die in die Optimierung jenes Bereichs investiert werden, auf den man sich konzentriert, verwandeln sich unweigerlich in Jahrzehnte der Dominanz in diesem Bereich. Das ist ein absichtlicher und bewusster Prozess und keine zufällige Entwicklung.

… Athleten, die nur kurz beim Training auftauchten, die Übungen absolvierten und die Spielzüge durchführten, ohne sich bewusst um die Verbesserung ihrer Leistung zu bemühen, stiegen nicht auf die nächste Ebene auf.

… Maler, die einfach in ihr Atelier gingen und so malten, wie sie immer gemalt hatten, haben ihre Kunst nicht verfeinert oder ihre Fähigkeiten verbessert.

… Hirnchirurgen, die sich in ihrer Karriere nur darauf konzentrierten, mehr Operationen durchzuführen, wurden nicht zu Superstars. Sie blieben einfach gewöhnliche Hirnchirurgen.

Deshalb ist Übung, die nicht gezielt auf Sie zugeschnitten ist und nicht in dem leidenschaftlichen Bemühen ausgeführt wird, Ihr Handeln zu verbessern und Ihre Meisterhaftigkeit zu vergrößern, nicht wirklich Übung. Es ist einfach nur ein Nachahmen. Wie der verschwitzte Mann in meiner morgendlichen Gymnastikstunde. Dem ich aufrichtig für seinen 1000. Auftritt applaudiere.

51

Die dunklen Seiten Ihrer Vorzüge

Jede Gabe birgt eine Art Fluch in sich. Jede heldenhafte Figur in Shakespeares Tragödien besaß sowohl ein besonderes Talent, das sie großartig machte, als auch einen tragischen Makel, der zu ihrem Untergang führte. Die Segnungen, die uns großartig machen, sind dieselben Qualitäten, die uns Kummer bereiten können. Jede einzelne Ihrer Stärken hat auch eine damit verbundene Schwäche. Der Mensch ist ein Meister der Dualität.

Ein paar Beispiele, um diese Einsicht zu verdeutlichen:

… Das kritische Auge, das es jemandem ermöglicht, sein magisches Werk zu schaffen und sein helles Licht leuchten zu lassen, ist dasselbe Auge, das ihn veranlasst, die Fehler in anderen zu kritisieren. Und er wird überwachsam, weil er jede Unvollkommenheit seiner Umgebung bemerkt, was ihn dazu veranlasst, sich zu beklagen und sich der Frustration hinzugeben.

… Der unbändige Drang, in einer Zeit, in der sich nur wenige von den eisernen Ketten der Ablenkungen und Unterbrechungen befreien können, Großes zu leisten, um beeindruckende Ergebnisse zu erzielen, bringt oft den tragischen Fehler mit sich, dass man extrem ungeduldig mit anderen und außerordentlich hart zu sich selbst ist.

… Die künstlerische Integrität, die ihre Arbeit so ehrlich, herausragend und kraftvoll macht, kann auch dazu führen, dass Sie fanatisch darauf bedacht sind, ihre Qualität zu perfektionieren, was andere dazu veranlasst, Sie als schwierig zu bezeichnen.

… Die Besessenheit, sich an die Standards der Virtuosenliga zu halten, auf höchstem Niveau zu arbeiten und sich unermüdlich weiterzuentwickeln, ist dieselbe Handlungsweise, die einem das Gefühl vermittelt, nie genug erreicht zu haben.

… Das überragende Selbstvertrauen, das einen Menschen veranlasst, an sein enthusiastisches Streben und seine großartigen Fähigkeiten zu glauben, ist auch ein Charakterzug, der sich zur Arroganz steigern kann. Und zu dem falschen Glauben verleiten kann, dass man nichts falsch machen könne.

… Ultrakompetitiv zu sein kann einen an die Spitze bringen. Es ist aber auch ein Verhalten, das, sofern es nicht kontrolliert wird, gute Beziehungen zerstören, Ängste in der Umgebung erzeugen und Ihre Gelassenheit erheblich beeinträchtigen kann. Denn dann wird alles zu einem Wettbewerb. Und wenn Sie verlieren, wird Ihre Selbstidentität vernichtet.

… Wenn Sie durch ständige Übung Ihre Entschlossenheit zum Ausdruck bringen, ungewöhnlich hart an sich zu arbeiten, kann dies zu enormer Produktivität führen. Doch genau diese Tugend kann Sie davon abhalten, die kleinen Freuden des Lebens zu genießen und sich still über das Erreichte zu freuen. Denn Sie sind süchtig nach dem Tun geworden. Und Sie haben vergessen, wie man einfach still ist.

… Die Selbstdisziplin, die erforderlich ist, um atemberaubende Erfolge zu erzielen, kann auch zu einem starren, roboterhaften Verhalten führen, das mit echter Lebensfreude nicht vereinbar ist.

Bedeutet all dies, dass Sie vor Ihrer Großartigkeit zurückschrecken, Ihre Brillanz unter den Scheffel stellen oder Ihrem Meisterwerk Gewalt antun sollten, indem Sie Ihre Talente vernachlässigen? Und Ihr Streben nach Verzauberung bremsen? Nein, natürlich nicht. Die Tatsache, dass Ihre angeborene Genialität mit dem Auftauchen von Saboteuren und Schattenseiten einhergeht, bedeutet nur, dass wir alle – als Schöpfer, als produktive Menschen und als Führungspersönlichkeiten – das Tageslicht unseres Bewusstseins nutzen müssen, um mehr Klarheit zu erlangen über die Handlungen, die uns (und den Menschen um uns herum) nicht dienlich sind, und diese nicht idealen Verhaltensweisen auf intelligente, verantwortungsvolle und präzise Weise zu handhaben.

Bringen Sie Ihre menschlichen Talente zum Leuchten und setzen Sie sie ein, um krönende Ergebnisse zu erzielen. Seien Sie immer ein Mensch mit ungewöhnlichen Fähigkeiten und ein echter Verzauberer für die Welt (ja, Sie arbeiten für die Welt). Dennoch möchte ich in aller Bescheidenheit vorschlagen, dass Sie niemals zulassen sollten, dass die Schattenseiten Ihrer herausragenden Fähigkeiten die Positivität, die moralische Autorität und die fortgeschrittene Spiritualität unterjochen. Denn Ihr bestes Selbst verdient es, aufzublühen und zu gedeihen.

52

Die Drei-Schritte-Erfolgsformel (und mein Brokkoli-Essverhalten)

Wenn Sie meine Arbeit schon eine Weile verfolgen, kennen Sie den Grundsatz des »2×3×-Mindset«. Einfach ausgedrückt, lautet dieses Prinzip: »Um Ihr Einkommen und Ihren Einfluss zu verdoppeln, müssen Sie Ihre Investitionen in zwei Kernbereichen verdreifachen: in Ihrer persönlichen Meisterhaftigkeit und Ihren beruflichen Fähigkeiten.« Bildung ist eine echte Schutzimpfung gegen Störungen und Beeinträchtigungen. Und der Leader, der am meisten lernt, der gewinnt. *Denn wenn Sie mehr wissen, können Sie auch Ihr Handeln verbessern.* Wissen – sofern es richtig eingesetzt wird – verleiht außergewöhnliche Macht. Man muss nicht unbedingt das größte Talent sein, um in seinem Bereich führend zu sein und ein Leben in dünner Höhenluft zu führen – man muss nur der beste Schüler sein.

»Bildung ist das Anzünden einer Flamme, nicht das Füllen eines Gefäßes«, sagte schon Sokrates. »Weisheit ist kein Produkt der Schulbildung, sondern des lebenslangen Versuchs, sie zu erwerben«, meinte Einstein.

Zum Thema transzendentes Wachstum verwende ich ein Lernmodell, das von Lesern von *Der 5 Uhr Club* aus der ganzen Welt als sehr hilfreich für die Steigerung ihrer Führungskompetenz, ihrer Produktivität und ihrer Positivität empfunden wurde. Daher möchte ich die Drei-Schritte-Erfolgsformel mit Ihnen teilen:

DIE MECHANIK DES TÄGLICHEN HELDENHAFTEN HANDELNS:
DIE DREI-SCHRITTE-ERFOLGSFORMEL

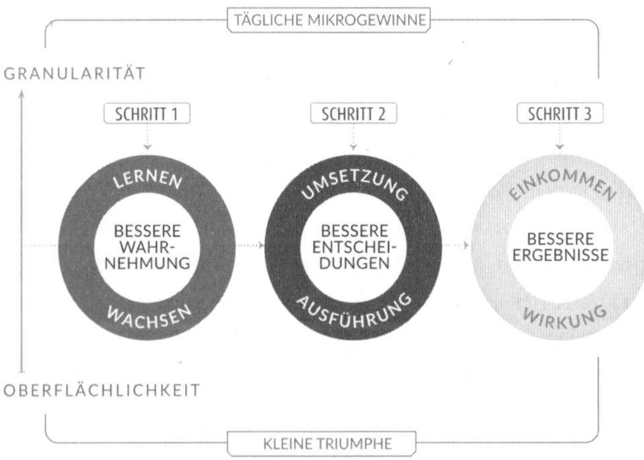

Die Grundthese hinter diesem Konzept lautet, dass Sie sich durch eine bessere tägliche Wahrnehmung in die Lage versetzen, bessere tägliche Entscheidungen zu treffen. Und wenn Sie anfangen, bessere tägliche Entscheidungen zu treffen, werden Sie automatisch auch bessere tägliche Ergebnisse erzielen. Die Drei-Schritte-Erfolgsformel lautet einfach ausgedrückt wie folgt: *Bessere Wahrnehmung führt zu besseren Entscheidungen, die bessere Ergebnisse nach sich ziehen.* Je mehr Sie lernen und dadurch Ihre Bewusstheit erweitern, desto mehr werden Sie auch an Weisheit gewinnen, um zu einem Menschen zu werden, der klügere Entscheidungen trifft. Und eine bessere Entscheidungsfindung ist auch ein Garant für außergewöhnliche Ergebnisse.

Einige Beispiele hierzu:

… Lernen Sie, was die langlebigsten Menschen der Welt essen, und Sie werden die neuen Erkenntnisse erlangen, die es Ihnen ermöglichen, bessere tägliche Entscheidungen zu treffen, die bessere tägliche Resultate in Bezug auf Ihre Energie, Ihre Vitalität und Ihre eigene Langlebigkeit nach sich ziehen werden.

... Studieren Sie die besten Routinen legendärer Künstler und Sie werden Einsichten gewinnen, die Ihnen, wenn Sie konsequent danach handeln, jene Ergebnisse bescheren werden, die Sie sich erträumt haben.

... Befassen Sie sich mit der Psychologie, der Emotionalität, den Gewohnheiten und Ritualen der Superreichen und Sie werden mit einem ungewöhnlichen Bewusstsein ausgestattet werden, das Ihnen dazu verhelfen kann, bessere finanzielle Ergebnisse zu erzielen.

... Erforschen Sie die Methoden, mit denen die Errichter von Imperien große Unternehmen aufgebaut haben, und Sie verfügen dann auch über die Intelligenz, die im Laufe der Zeit zur Entwicklung eines Weltklasseunternehmens führen wird.

... Entdecken Sie, wie die großen spirituellen Meister zu Meistern geworden sind, und durch zielstrebige Umsetzung des Gelernten können auch Sie in jenen geistigen Zustand gelangen, der diese Meister ausgezeichnet hat.

Ja, Bildung erzeugt eine immense Kraft, wenn sie auf kluge Weise genutzt und umgesetzt wird. (Umgekehrt führt eine Idee ohne Umsetzung zu einer gefährlichen Verblendung.) Auch der Pfeil von der »Oberflächlichkeit« zur »Granularität« auf der vertikalen Achse des visuellen Modells ist wichtig. Schauen Sie sich eine beliebige Spitzenleistung an und Sie werden feststellen, dass keiner der Fachleute auf dem betreffenden Gebiet mit Oberflächlichkeit an die Thematik herangegangen ist. *Fachleute wissen sehr viel über sehr wenige Dinge.* Und je besser sie ihr Fachgebiet beherrschen, desto detaillierter wird ihr Ansatz.

... Der Wissenschaftler Charles Darwin hat acht Jahre lang ausschließlich Seepocken studiert. Aber diese Besessenheit war entscheidend für seinen Erfolg als Naturforscher und von zentraler Bedeutung für die Entwicklung seiner bahnbrechenden Evolutionstheorie.

... Der Manager im Eleven Madison Park, das mit dem Titel

»World's Best Restaurant« ausgezeichnet wurde, verlangte von allen Mitarbeitern, das Emblem des Restaurants in einer bestimmten Ausrichtung auf dem Gedeck zu platzieren, auch wenn es für die Gäste nicht sichtbar war, weil es sich auf der Unterseite des Tellers befand. Der Manager war der Ansicht, dass dieser Grad an Granularität den Kellner in den richtigen Zustand versetzen würde, sodass der anschließende Service ebenso präzise sein würde.

... Formel-1-Teams saugen den Boden der Garage im Boxenbereich ab, damit nicht einmal ein winziges Schmutzteilchen in den Motor des Rennwagens gelangen und eine Katastrophe verursachen kann.

Hier ein etwas eigenartig erscheinendes Beispiel aus meinem eigenen Leben (das ich Ihnen aber nicht vorenthalten möchte) über den Wert des lebenslangen Lernens für die Erzielung besserer täglicher Ergebnisse: Ich interessiere mich in letzter Zeit für Brokkoli. Sehr sogar. Nachdem ich einen diesbezüglichen Podcast entdeckte, war ich fasziniert von den vielen Vorzügen einer in Brokkoli enthaltenen Substanz namens Sulforaphan, die unter anderem die Neutralisierung körpereigener Toxine, die Reduzierung freier Radikale, eine Verringerung der Entzündungswerte und eine verbesserte Gehirnfunktion bewirkt.

Die frischen Erzeugnisse, die man in den Gemüseabteilungen der Lebensmittelgeschäfte bekommt, erscheinen mir ein bisschen zu groß. Sie sind schwer zu essen. Es kommt mir vor, als würde ich mir einen Ziegelstein in den Mund stopfen. Ähnlich sieht es meine Familie. Wenn ich Brokkoli zubereite, bekomme ich bestenfalls einen Stern. Ganz im Ernst. Also habe ich ein wenig experimentiert und nach einer Lösung gesucht, die uns die Vorzüge des Gemüses ohne die Nachteile der frischen Version bietet. Schließlich habe ich einen Beutel *gefrorenen* Brokkoli gekauft. Ich entschied mich dafür, weil die Stücke auf dem Bild auf der Verpackung etwas kleiner aussahen. Die Brokkoliköpfe waren anscheinend nicht so groß wie mein eigener Kopf. Die Stängel sahen nicht aus wie der Eiffelturm. Das erschien mir passender für uns. Und ich hoffte, dass ich dann vielleicht auch einmal eine Drei-Sterne-Bewertung bekommen könnte.

Ich brachte den gefrorenen Brokkoli nach Hause, ließ ihn auftauen und kochte ihn in einem Wok mit etwas Avocadoöl, frischem Knoblauch, etwas Kurkuma und spanischen Zwiebelstücken. Dann streute ich ein wenig Himalaja-Meersalz und schwarzen Pfeffer darüber. Eine köstliche Beilage für das Abendessen, das ich an diesem Abend zubereitete. Meine Familie war sehr angetan. Aber dann fragte ich mich: Enthält gefrorener Brokkoli die gleiche Menge an Sulforaphan wie frische Ware? Nach einigen Nachforschungen fand ich Folgendes heraus: Durch das Einfrieren von Brokkoli wird dem Gemüse das Sulforaphan entzogen. Oder genauer gesagt, seine Freisetzung wird blockiert. Aber jetzt kommt das Schöne, das ich durch eifriges Lesen entdeckt habe ... Wenn man Brokkoli auftaut und dann Senfkörner darüberstreut oder etwas Dijonsenf untermischt, wird das Enzym Myrosinase gebildet. Das setzt dann eine chemische Reaktion in Gang, welche die Bioverfügbarkeit von Sulforaphan erhöht. Cool, oder?

Dass ich das erfahren habe, war toll. Dass ich diesen Kniff entdeckte, hat mich glücklich gemacht. Erkennen Sie die Kraft des Lernens? Und den Wert der Drei-Schritte-Erfolgsformel? (Großartig recherchieren zu können ist ein weiterer GWV – ein Gigantischer Wettbewerbsvorteil – in dieser Welt der Oberflächlichkeit und der Menschen, die nicht bereit sind, die Fokussierung, die Leidenschaft und die Zeit aufzubringen, um etwas gründlich zu studieren.)

Diese weitergehenden und detaillierteren Informationen haben mir zu besseren Erkenntnissen verholfen, die es mir ermöglichen, bessere tägliche Entscheidungen für mich und meine Familie zu treffen, wenn es um unsere Gesundheit geht. Und bessere tägliche Resultate zu erzielen. Das mag ein eigenartiges oder auch etwas abseitiges Beispiel sein. Aber ich hoffe, dass die Drei-Schritte-Erfolgsformel für Sie jetzt mehr Sinn ergibt. Denn wenn es darum geht, eine Fähigkeit, eine Gewohnheit oder einen anderen wichtigen Bereich in Ihrem Leben zu verbessern, funktioniert sie. Sehr gut sogar.

53

Woran ich denke, wenn ich über Schwierigkeiten nachdenke

Ich war früher ein Läufer. Dann zog ich mir eine Verletzung zu. Jetzt laufe ich nicht mehr (außer auf dem Laufband; in gewisser Weise bin ich also doch noch ein Läufer). Wie auch immer, ein Buch, das ich sehr gern mag, stammt von Haruki Murakami, einem berühmten japanischen Schriftsteller, Marathonläufer und ehemaligen Besitzer einer Jazzbar namens Peter Cat. Es heißt *Wovon ich rede, wenn ich vom Laufen rede.* In diesem Kapitel möchte ich Murakamis Worte unter einem anderen, abgewandelten Titel aufgreifen: *Woran ich denke, wenn ich über Schwierigkeiten nachdenke.* Ich stelle Ihnen neun Kernüberzeugungen vor, die ich psychologisch und emotional verinnerlicht habe, sodass sie sich mittlerweile quasi automatisch einstellen und mir helfen, Widrigkeiten zu überwinden. Es liegt in der Natur der Sache, dass ein energiegeladenes, intensives Leben oft mit tiefgreifenden Umwälzungen und bisweilen auch mit echtem Leid verbunden ist. Es ist also durchaus sinnvoll, seine Fähigkeit zu verbessern, Stürme gut zu meistern.

Groovy. Los geht's.

Überzeugung #1: Auch das wird vorübergehen

Vor vielen Jahren, als ich eine schmerzhafte Scheidung zu bewältigen hatte, machte mich ein respektierter Mentor mit dieser Weisheit vertraut, um mich in meiner Krise zu trösten. Zunächst hatte es nicht den Anschein, als könnten diese vier Worte einen Unterschied machen. Aber dennoch taten sie es (und ich bin ihm nach wie vor sehr dankbar für seinen großzügigen Rat). Diese Worte waren für mich wie Balsam auf meine empfindliche Wunde und erinnerten mich an meine bessere Zukunft. Und an die Tatsache, dass schmerzhafte Erfahrungen nie von Dauer sind, geduldige, unerschütterliche Menschen aber schon.

Überzeugung #2: Jede scheinbar schreckliche Situation nimmt zwangsläufig ein gutes Ende

Der Philosoph Arthur Schopenhauer formulierte diesen Grundsatz, als er sagte, dass das Leben vorausschauend gelebt werden müsse, aber erst im Nachhinein verstanden werden könne. Erst wenn wir auf unser Leben zurückblicken, können wir die einzelnen Punkte miteinander verbinden und erkennen, dass alles, was geschehen ist, unserem höchsten Wohl diente. Und unserer Weiterentwicklung. Was wir in der Hitze des Gefechts als Last empfunden haben, entpuppt sich im Laufe der Zeit als Segen. Das macht unser Leben um ein Vielfaches besser. Bitte vergessen Sie diesen Gedanken nie. Er hat mir sehr gute Dienste geleistet.

Überzeugung #3: Wenn Ihnen etwas hilft, sich weiterzuentwickeln, dann ist es kein Problem, sondern eine Belohnung

Für mich besteht der Hauptzweck eines erfüllten Lebens darin, unsere alten Wunden zu heilen, unsere angeborenen Talente voll zur Geltung zu bringen und zu all dem aufzusteigen, wozu wir geschaffen wurden, während wir zugleich möglichst vielen menschlichen Seelen hilfreich zur Seite stehen. Das war ein langer Satz. Doch er bringt eine Wahrheit zum Ausdruck, an die ich glaube. Eines der Hauptziele unserer Schule auf Erden besteht darin, dass wir lernen, jeden Zustand, den wir erleben, zu nutzen, um Schwäche in Weisheit, Angst in Glauben und Schmerz, den man in sich trägt, in unbesiegbare Kraft umzuwandeln. Zweifellos aber ist der Prozess, verlorene Heldenhaftigkeit zurückzuerobern, indem man stärker, mutiger und edler wird, mit vielen chaotischen, unangenehmen und schwierigen Phasen behaftet.

Doch meine größte Weiterentwicklung habe ich erfahren, als mein Leben am schlimmsten aussah. Dank meiner Schwierigkeiten habe ich meine Tugenden kennengelernt. Das Elend ist das Feuer, das den Mut und die Beharrlichkeit geschmiedet hat, die Geduld und die Sanftmut, den Optimismus, zu verzeihen, und die Hingabe, sich für die Welt einzusetzen. Diese unschätzbaren Vorteile wurden nicht in den Tagen der Leichtigkeit entwickelt, sondern in den Zeiten meines tiefsten Leidens. Sie sind die Belohnungen, die mir das Schicksal hat zuteilwerden lassen, weil ich mich den Schwierigkeiten gestellt habe und die Not in Heilung, in Läuterung und spirituellen Aufstieg umgewandelt habe.

Alles, was das Ego als »negativ« und als »Problem« bezeichnet, ist aus einem höchst positiven und unglaublich hilfreichen Grund in Ihrem Leben. Sie können nur noch nicht erkennen, wie es sich auszahlen wird. Denn Sie sollen es auch nicht erkennen. Sie sollen das, was Sie zu ertragen haben, in voller Gänze erfahren. Dann wird grenzenloser Segen in Ihre Tage strömen.

»Was uns nicht umbringt, macht uns stärker«, schrieb Friedrich Nietzsche. Anhand meiner Lebenserfahrung kann ich bestätigen, dass er recht hat.

Überzeugung #4: Widrigkeiten sind eine Prüfung, die anzeigt, wie sehr wir uns nach unseren Träumen sehnen

»Wenn dir das Leben hart erscheint und du dich fragst, warum das so ist, denke daran, dass der Lehrer während einer Prüfung immer still ist« lautet ein Sprichwort. Das Leben hält für Hoffnungsträger, Ausnahmetalente und Möglichkeitsmenschen wie Sie und mich enttäuschende und unbequeme Erfahrungen bereit, um unser Engagement für unsere hehren Ziele zu prüfen. Und für unsere euphorischen Ideale. Wenn das Schicksal mich auf die Probe stellt, bin ich dank meiner langjährigen Erfahrungen mit dem

Gebet, der Meditation, der Visualisierung, der Autosuggestion, dem Tagebuchschreiben, der Atemarbeit und des Austauschs mit spirituellen Beratern viel besser in der Lage zu erkennen, dass ein Problem nur dann zu einem Problem wird, wenn es auch als solches gesehen wird. Also atme ich tief ein, kremple die Ärmel hoch und mache mich daran, der Situation zu zeigen, dass ich entschlossen bin, sie in den Griff zu bekommen.

Überzeugung #5: Das Chaos birgt Chancen

Als ich Anfang 30 war, las ich Napoleon Hills Klassiker *Denke nach und werde reich.* Dieses Buch hat mein Leben verändert. (Es geht übrigens weniger darum, viel Geld zu verdienen, sondern vielmehr darum, ein reiches Leben zu gestalten.) Einer von Hills Sätzen ist mir besonders im Gedächtnis geblieben: »In jeder Widrigkeit, selbst im Scheitern, in jedem Herzschmerz liegt der Keim für einen ebenso großen oder noch größeren Nutzen.« Ich ermutige Sie, sich auf die Suche nach Chancen zu begeben, wenn es knüppeldick kommt. Überlegen Sie, wie Sie den Rückschlag nutzen können, um Ihre Kräfte in ihrer Gänze auszuschöpfen, das Unglück in einen Sieg zu wenden und das scheinbare Scheitern in ein noch besseres Leben umzuwandeln, als Sie es zuvor genossen haben. So gehen Krieger vor. Und Schwergewichte.

Überzeugung #6: Helden werden in schwierigen Zeiten geboren

Helden werden nicht in Zeiten der Stabilität geboren, sondern in Phasen des Unbehagens.

… Mandela wurde zu Mandela auf Robben Island.

… Rosa Parks wurde zu einer Legende, als sie Benachteiligung und Diskriminierung ausgesetzt war.

… Martin Luther King Jr. wurde zu Martin Luther King Jr. im Kampf gegen die Grausamkeit des Rassismus.

… Und Gandhi wurde zu Gandhi, als er gegen ein mächtiges Imperium kämpfte.

Was Sie zu brechen versucht, bietet Ihnen auch die lebensverändernde Chance, Ihre unsichtbaren Stärken kennenzulernen und neue Fähigkeiten zu entwickeln, die Ihnen für den Rest Ihres Lebens hilfreich sein werden. Die Schriftstellerin Jennifer DeLucy hat diese Einsicht treffend formuliert:

> Aber es war eine besondere Gabe, das Chaos anzunehmen, auch wenn ich die meiste Zeit geflucht und gehadert habe. Ich bin überzeugt, dass das Leben einen dazu zwingt, sich bewusst zu werden, wer man ist und wer man werden kann. Was die Erfüllung der Seele ist.

Überzeugung #7: Ein Leben ohne Abenteuer ist kein richtiges Leben

Eine große Hollywood-Geschichte braucht sowohl Tragödie als auch Triumph, sowohl Verlust als auch Liebe – und einen dunklen Bösewicht, der am Ende gegen den unvollkommenen Sieger verliert. Das war auch die Geschichte meines bisherigen Lebens. Und sehr wahrscheinlich ist es auch die Heldengeschichte Ihres Lebens. Je höher man steigt, umso schmerzhafter ist der Sturz. Mehr Risiken, mehr Stolpersteine. Mehr Einfluss und Wirkung, mehr Steinewerfer und Pfeilschleuderer. So funktioniert das Spiel nun mal, oder? Aber dennoch würde ich lieber mutig nach diesen Zielen greifen – und scheitern –, als am letzten Tag meines Lebens voller Bedauern und Wut darüber zu sein, dass ich das Spiel von der Tribüne aus verfolgt habe, anstatt selbst an einem Meisterschaftsspiel teilzunehmen. Die wahre Niederlage ist die Entscheidung, nicht alles zu geben und die Talente, die einem das Universum verliehen hat, unter den Scheffel zu stellen. Blut zu vergießen gehört zum Gewinnen einfach dazu. Tragen Sie also Ihre Wunden gewissermaßen wie Tapferkeitsmedaillen.

Überzeugung #8: Das Leben steht immer hinter Ihnen

Auch wenn Sie nicht das Gefühl haben, dass eine höhere Macht Sie beschützt und Ihre Schutzengel über Sie wachen, so tun sie es doch. Tatsächlich sind Sie dem Himmel Ihres stärksten Selbst gerade dann am nächsten, wenn Sie sich am einsamsten fühlen. (Denken Sie auch daran, dass das Ego am lautesten schreit, wenn es dem Tod am nächsten ist.) Ich habe herausgefunden, dass »die dunklen Nächte der Seele« in Wahrheit Glaubenserfahrungen sind. Anders gesagt, sie kommen genau zum richtigen Zeitpunkt, um Ihnen zu helfen, auf eine Kraft zu vertrauen, die größer ist als Sie selbst. Wenn es in meinem Leben aussah, als würden die Dinge völlig auseinanderfallen, wurden sie (und ich) einfach auf die wunderbarste (und intelligenteste) Weise wieder zusammengesetzt, wie ich später erkannte.

... Damit ich leichter darauf vertrauen kann, dass alles, was geschieht, tatsächlich zu meinem Besten ist.

... Damit mein egoistisches Selbst weniger zu sagen hat und meine heldenhafte Seite deutlicher vernehmbar ist.

... Damit aus Angst Zuversicht wird, Schmerz Frieden erfährt und Egoismus die Kunst des Gebens lernt.

... Und so kann ich die Kontrolle über alles, was sich entfaltet, loslassen und lernen zu akzeptieren, dass die Weisheit einer Quelle, die souveräner ist als ich selbst, mich dorthin führt, wo es für mich am besten ist.

Ich glaube, dass sich das Leben als eine magische Inszenierung von scheinbar zufälligen Ereignissen entfaltet, die unvermeidlich unserem größten Fortschritt dienen. Und unserem größten Gewinn. Warum also dagegen ankämpfen, wenn es Sie tatsächlich an einen besseren Ort führt? Nehmen Sie es einfach an. Und genießen Sie die Reise.

Überzeugung #9: Das Leben ist zu kurz, um Tragödien allzu ernst zu nehmen

Ich habe in den vergangenen Jahrzehnten hart an mir gearbeitet. Doch ich habe noch einen langen Weg vor mir. Ich muss noch viel lernen, viele Schwächen ausmerzen und noch mehr Unsicherheiten loswerden. Aber wenn Sie gestatten, möchte ich es folgendermaßen formulieren: Ich habe ein gutes Gefühl dabei, wie weit ich gekommen bin.

Wie ich bereits erwähnt habe, lautet eine der wertvollsten Erkenntnisse, die ich durch meine Kämpfe gewonnen habe, dass man gelassener und selbstsicherer werden muss, wenn die Situation besonders unangenehm wird. Ich habe das Loslassen intensiv geübt. Schwierige Zeiten haben mich gelehrt, mich von den Ergebnissen zu lösen. Meinen Teil zu tun und dann der Natur den Rest zu überlassen. Einen unbesiegbaren inneren Kern aufzubauen, sodass meine Freude, mein Seelenfrieden und meine Freiheit nicht mehr so abhängig sind von irgendwelchen Dingen oder Ereignissen in der Außenwelt. Es ist mir immer noch wichtig (aber sicherlich weniger als zuvor), was andere von mir denken. Ich sehne mich immer noch danach, in der Gesellschaft Großes zu leisten, und werde teilweise von dem angetrieben, was ich in der Welt erreiche. Ich fühle immer noch einen Stich, wenn mich jemand schlecht behandelt. Aber es macht mir nicht mehr so viel aus. Jedenfalls viel weniger als früher, als ich noch jünger war und ein geringeres Selbstwertgefühl hatte.

Ich möchte es noch weiter vertiefen …

… Ich spüre noch immer ein Brennen in mir und bin ungeheuer ehrgeizig, aber jetzt auf eine ganz andere Art und in Bezug auf ganz andere Dinge.

… Ich habe noch immer den Ehrgeiz, meine Selbstbeherrschung zu verbessern und mein Können mit stiller Kühnheit zu optimieren.

… Ich habe noch immer den Ehrgeiz, weniger nach Anerkennung, Beifall und Wertschätzung zu trachten und bescheidener, standhafter und wahrhaftiger mir selbst gegenüber zu werden.

… Ich habe noch immer den Ehrgeiz, meine Familie zu inspirieren, zu ermutigen und zu beschützen, die Welt um mich herum zu verbessern und mich noch stärker für Dinge einzusetzen, die mich bewegen, wie zum Beispiel die Verringerung des Analphabetentums und die Hilfe für leprakranke Kinder, damit sie ein besseres Leben führen können (das ist wirklich ein tragisches Leiden, umso mehr für ein kleines Kind).

… Ich habe noch immer den Ehrgeiz, mich in der Zeit, die mir noch bleibt, leichtfüßig zu bewegen auf der Erde, Rücksicht zu nehmen auf alle Menschen und zu tun, was in meinen Kräften steht, um anderen Menschen ein loyaler Diener zu sein.

… Ich habe noch immer den Ehrgeiz, meine Beziehung zu meinem Schöpfer zu vertiefen und durch die Erforschung meiner inneren Welt mehr Glück und Anregung zu erfahren als durch meine ausgedehnten Reisen in der äußeren Welt.

Diese Philosophie, die mein moralischer Kompass, mein überragender spiritueller Leuchtturm ist, wurde durch Kummer und Herzeleid geschmiedet. Durch den Verrat von Menschen, denen ich vertraute und die ich liebte. Wegen der schlechten Behandlung durch Menschen, denen ich geholfen hatte und zu denen ich großzügig war. Indem ich auf dramatische Weise von Menschen enttäuscht wurde, die ich aufrichtig hochgehoben und denen ich mein Herz geöffnet hatte. Wie kann ich es also wagen, diese gewöhnlichen, wunderbaren und weisen Lehrer schlechtzumachen? Wie kann ich es wagen zu behaupten, dass all die Schwierigkeiten, die ich durchgemacht habe, ein erbitterter Kampf waren, während sie in Wirklichkeit ein perfekt organisiertes Trainingslager waren, um mich zu einer besseren Version meines früheren Selbst zu formen? Ich sehe dies alles (meistens jedenfalls) in einem positiven Licht …

… und ich nehme das alles nicht so ernst. Heute nicht mehr.

Ich habe zweifellos viel Schreckliches durchgemacht. Aber ich lache immer noch, wenn mein Kumpel mir von seinem adoptierten Faultier erzählt, und ich weine immer noch, wenn ich eine romantische Komödie sehe, und ich weiß immer noch, dass ich nur ein relativ unbedeutender Mann bin, der keinen Platz im Pantheon der Geschichte bekommen wird. Kein besonderer Mensch.

Wenn Sie sich zu ernst nehmen, wird Sie garantiert niemand ernst nehmen. Seien Sie in der Welt, aber auch nicht zu sehr in der Welt. Ich mag es, in der Welt zu sein, aber ich brauche ihre Belohnungen nicht, um ein befriedigendes Leben zu führen. Ich genieße, was ich tue, freue mich über die Vorteile, die ich mir verschafft habe, und die Annehmlichkeiten, die das Leben mir bietet. Doch all dies definiert mich nicht. Mein Selbstverständnis, meine Handlungsachse und mein geistiges Fundament erwachsen mehr und mehr aus dem, was in mir ist, als aus dem, was außerhalb von mir ist. Und dies hat mir große Gelassenheit verschafft. Jene Art von Seelenfrieden, den ich auch Ihnen von ganzem Herzen wünsche.

Eines der schönsten Geschenke, die mir eine vergangene Prüfung gemacht hat, bestand darin, dass ich einen Zustand erreicht habe, in dem es mir selbst dann noch gut gehen würde, wenn ich *alles* verlieren würde, was ich im Leben erreicht habe und was ich besitze. Jetzt bin ich dankbar für diese »Tragödie«. Denn sie hat mich befreit.

Zum Abschluss dieses Kapitels noch ein kurzes Zitat. Ich denke, es ist Ihre Aufmerksamkeit wert, und ich glaube, dass es Ihnen Hoffnung und Kraft geben wird, wenn Sie am Boden liegen. Es stammt von John Lennon: »Am Ende wird alles gut werden. Wenn es nicht gut wird, ist es nicht das Ende.«

54

Warum ich bei herzergreifender Countrymusik schreibe

Auf einem Flug nach Paris saß ich einmal neben einem Künstler. Im Gespräch meinte er: »Ich suche mir Frauen aus, die mir das Herz brechen. Das ist gut für meine Kunst.« Ich musste lachen, aber dann begann ich darüber nachzudenken. Große Kreativität erfordert tiefe Sensibilität. Und tiefe Sensibilität entsteht durch wachsende Vertrautheit mit Ihrer Emotionalität. Mit Ihrem Heartset. Mit Ihren Gefühlen. Kein Meisterwerk wurde jemals von einem Künstler geschaffen, der in seinem Intellekt feststeckte. Es ist das menschliche Herz, das Zauberhaftes entstehen lässt.

Eine der Methoden, die ich anwende, um die Türen zu meiner höchsten Kreativität zu öffnen, ist der strategische Einsatz von Musik. Ich erstelle Playlists für jedes meiner künstlerischen Projekte. Und oft kuratiere ich Projekte, die tief in längst vergessene Verletzungen eindringen. Denn dort schlummert ein Berg aus kreativem Gold. Leiden ist ein fruchtbarer Boden für jeden Künstler, denn es birgt die Saat für das vom Ego befreite, aufrichtige, unbegrenzte und daher wirkmächtige Werk. Während ich diesen Beitrag für Sie schreibe, höre ich herzergreifende Countrymusik. Sie kennen diese Art von Musik. Der Interpret singt davon, dass er zu viel Whiskey trinke, dass er sich wünsche, er hätte sie so geliebt, wie er sie jetzt vermisst, und dass er seine Jugend auf dem Rücksitz eines Pick-ups vergeudet habe. Er trinkt »Bud Light«.

Sie möchten gern wissen, warum ich eine solch exzentrische produktivitätsfördernde Praxis verfolge? Weil Musik mir tatsächlich das Herz öffnet. Sie durchflutet meine Seele mit einer Weisheit, die über den Verstand hinausgreift, und erfüllt sie mit einer Inspiration, die das Alltägliche transzendiert und mein handwerkliches Können aufwertet. Und mir neue Energie verleiht. Die richtige Art von Musik erleichtert den Zugang zum Musischen in Ihnen, in mir und jedem anderen Kreativen. Ein guter Song öffnet mich, bringt mich in Schwung, und ab und an, wenn ein spezieller Track läuft, erobert er mein Herz im Sturm. Denn diese Verzücktheit kann auch förderlich sein für meine eigene Begeisterung. Und für die Kunst, die ich hervorbringen will.

Ihre Aufgabe als beständiger Hervorbringer monumentaler Unternehmungen ist es, Ihre Dämonen zu bekämpfen, Ihre Drachen zu erschlagen und gegen die Lügen anzugehen, die Ihre Träume vereiteln. Großartige Melodien werden Ihnen dabei helfen.

Man sagt, Musik sei die stärkste Form von Magie. Ich glaube, das stimmt.

55

Der Patient, der ein Buch erblinzelte

Jean-Dominique Bauby war ein Mann, der das Leben auf großem Fuß liebte – und es sich auch leisten konnte. Er war Chefredakteur der französischen Zeitschrift *Elle,* fuhr schnelle Autos, genoss ausgezeichnetes Essen und besaß einflussreiche Freunde. Dann erlitt er aus heiterem Himmel während einer Autofahrt mit seinem kleinen Sohn Théophile in der Nähe von Paris einen massiven Schlaganfall, der ihm die Sprache raubte und ihn körperlich vollständig lähmte. Bis auf sein linkes Augenlid. Dieser Zustand, der als »Locked-in-Syndrom« (oder Pseudokoma) bezeichnet wird, beeinträchtigte jedoch nicht seinen Verstand, der völlig klar blieb, sodass Bauby imstande war, seine Erfahrungen aufzuzeichnen. Damit er kommunizieren konnte, brachten ihm seine Therapeuten im Krankenhaus von Berck-sur-Mer einen speziellen Code bei, ein sogenanntes stummes Alphabet, bei dem mittels Blinzeln Wörter gebildet werden, Buchstabe für Buchstabe. Dieser Prozess, bei dem selbst die einfachsten Bedürfnisse erklärt werden mussten, war sehr mühsam und zermürbend. Doch Bauby schaffte es und bewies in dieser fürchterlichen Situation außergewöhnlichen Heldenmut. Er entschloss sich, seine Lebensumstände, seine Gedanken über das Leben und seine Reflexionen über das Menschsein in einem Memoirenband zu veröffentlichen. Über mehrere Monate hinweg blinzelte er 200 000-mal, um auf diese Weise das Buch zu diktieren, wobei eine vertrauenswürdige Assistentin seine Worte festhielt.

Das Buch *Schmetterling und Taucherglocke* wurde ein großer Bestseller. Hier ist eine Passage daraus:

Mittels einer Sonde in den Magen sichern zwei oder drei Flaschen mit einer bräunlichen Substanz mein tägliches Kalorienquantum. Zu meinem Vergnügen greife ich auf die lebendige Erinnerung an Geschmäcker und Gerüche zurück, ein unerschöpfliches Reservoir an Empfindungen. Es gab einmal die Kunst der Resteverwertung. Ich kultiviere die Kunst, Erinnerungen aufzukochen. Man kann sich jederzeit zwanglos zu Tisch setzen. Wenn ich ins Restaurant gehe, brauche ich nicht zu reservieren.

Bauby starb drei Tage nach dem Erscheinen des Werks an einer Lungenentzündung. Er hinterlässt uns eine Erinnerung, die ein unvergessliches Zeugnis der Positivität, des Möglichen und der vollen Entfaltung des Menschseins ist.

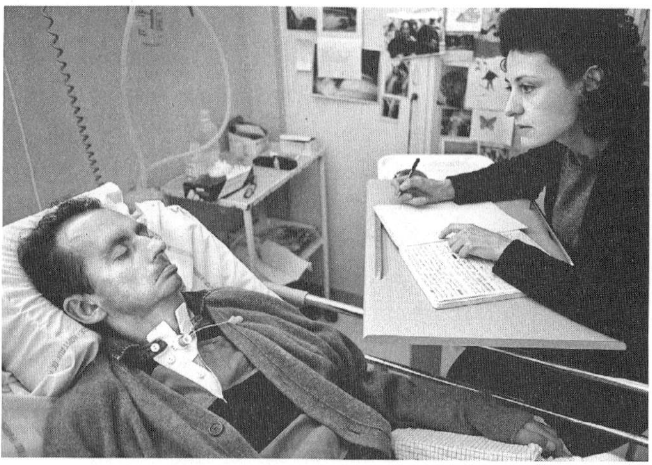

56

Das Geheimnis des Menschen, der seine Möglichkeiten nutzt

Wir leben in einer Zeit enormer Unbeständigkeit, Unsicherheit und rasanter Veränderungen. Der Umbruch rüttelt an den Grundfesten vieler Organisationen. Und er beeinträchtigt den Lebensmut vieler Menschen. Viele von uns haben das Vertrauen verloren, dass die Zukunft vorhersehbar ist. Die meisten Menschen sind in ständiger Sorge. Der Großteil der Bevölkerung ist überwältigt von einer äußerst wenig hilfreichen Negativität. Doch eine kleine Gruppe von Menschen ist in der Lage, auch angesichts tiefgreifender Umwälzungen auffallend positiv und grundsätzlich optimistisch zu bleiben. Und das obwohl auch sie persönlich schwierige Zeiten durchleben. Eine der wichtigsten Strategien dieser Menschen, um sich auf das Mögliche zu konzentrieren, anstatt in Verbitterung abzugleiten, besteht darin, ihren Geist mit solch großen Träumen zu füllen, dass schlicht kein Platz für Stress erzeugende Sorgen bleibt.

Ich möchte die Idee noch einmal besonders herausstellen, damit wir sie gemeinsam verarbeiten können: Erfüllen. Sie. Ihren. Geist. Mit. Großartigen. Träumen. Da. Ist. Kein. Platz. Für. Belanglosigkeiten.

Stellen Sie sich Ihren Geist als einen Brunnen vor. Füllen Sie ihn bis zum Rand mit Gedanken an Ihre hehren Bestrebungen, Ihre mitreißende Begeisterung und die aufbauenden Informationen, die Ihre Energie auf die visionären Projekte, das Gute, mit dem Sie gesegnet sind, und die leuchtenden Ziele ausrichten, die den Möglichkeitsmenschen in Ihnen ausmachen. So werden Sie alle dunklen und von Zweifeln geprägten Ängste verdrängen. »Sonnenlicht ist das beste Desinfektionsmittel«, bemerkte Louis Brandeis, ein Richter am Obersten Gerichtshof der USA.

Hier ist ein weiteres grundlegendes Prinzip, das bestimmend ist für die Herausbildung persönlicher Leadership: *Menschliche Fähigkeiten entwickeln sich in Momenten der Einschränkung und der Behinderung.* Damit meine ich, dass jedes Mal, wenn Sie Ihre Selbstbeherrschungsmuskeln trainieren (egal, wie schwach diese gerade sind), um einen Impuls zu unterdrücken, von dem Sie wissen, dass er Ihnen nicht guttut, Ihre Willenskraft stärker wird. Jedes Mal, wenn Sie das Richtige statt das Leichte tun, das Mutige statt das Zaghafte, das Ausgezeichnete statt das Mittelmäßige und das Wohlwollende statt das Selbstgefällige, steigern Sie Ihre Kraft. Praktizieren Sie dies täglich, und Sie werden schließlich in den wichtigsten Bereichen Ihres Lebens zu Meisterhaftigkeit gelangen.

Tu das Richtige statt das Leichte. Eine wirklich einfache Anweisung, die man befolgen sollte. Eine Instruktion, die unsere Ergebnisse neu strukturieren würde. Aber weil sie so einfach ist, vergisst man sie auch leicht. Und ignoriert sie.

Eine meiner Lieblingsgewohnheiten ist der nächtliche Spaziergang. Spät in der Nacht, wenn ich in der Stimmung bin, erkunde ich die Straßen meiner Heimatstadt oder der Stadt, in der ich gerade einen Vortrag halte. Das sind meine geliebten »Weisheitsspaziergänge«, denn im Laufe von zwei oder manchmal sogar drei Stunden, unter dem Sternenhimmel und in der Dunkelheit, denke ich darüber nach, wohin ich mich entwickle, was ich lerne, welche Ideen ich faszinierend finde und welche Elemente meines beruflichen und privaten Umfelds ich verbessern möchte. Gestern Abend zum Beispiel habe ich etwas beobachtet, von dem ich Ihnen erzählen muss. Es war dunkel, und am Straßenrand stand ein Mann. Er hob seinen Hund hoch und knipste das Licht seines Handys an, um das Häufchen zu finden, das sein Vierbeiner hinterlassen hatte. Vielleicht berührt Sie das, was ich gesehen habe, nicht so sehr wie mich (ich musste noch stundenlang an den Mann und seine Rücksichtnahme auf seine Nachbarn denken). Aber das ist das Entscheidende: Er hat das Richtige getan in einer

Kultur, in der viele Menschen das Einfachste bevorzugen. Der Hundebesitzer wusste nicht, dass ich ihn beobachtete. Er war nicht auf Anerkennung aus. Er hat es getan, weil es richtig war. Und das ist es, was ihn großartig macht.

Immer wenn Sie Gedanken der Apathie, der Schwäche, der Mittelmäßigkeit und der Niederlage verdrängen und durch Überlegungen zu Leistung, Schönheit, Güte und Sieg ersetzen, wird Ihre menschliche Kraft zunehmen. Und zwar erheblich. Und Ihr Geist wird noch stärker von jener Positivität erfüllt sein, die Angst, Mangel und Unsicherheit neutralisiert.

Was einen fabelhaften Wein so fantastisch macht, ist das Terroir, die Umgebung, in der die Reben wachsen. Zu den Elementen des Terroirs gehören Klima, Boden, Gelände und Anbaumethoden. In ähnlicher Weise hat auch Ihr Geist sein Terroir – die Umgebung, die jeden Ihrer Gedanken prägt. Ein negatives Umfeld führt zu unwürdigem Denken. Ein unberührtes, reines Terroir fördert positive Gedanken. Wählen Sie also Ihr Terroir gut aus. Darum bitte ich Sie.

Die folgenden vier Methoden können Ihnen helfen, ein Möglichkeitsmensch zu werden, der Ehrfurcht, Verzauberung und Chancen in Umständen sieht, in denen die meisten nur Negativität erkennen.

Taktik #1: Mit Inspirations-Karteikarten arbeiten

Schreiben Sie die Zitate, die Sie am meisten ermutigen – sei es aus heiligen Büchern, heroischen Autobiografien oder wunderbaren Gedichten –, auf Karten im Format 3 × 5 cm, die Sie überallhin mitnehmen. Wenn Sie etwas Zeit haben, zum Beispiel in der Schlange im Supermarkt oder im Zug, prägen Sie sich die Sätze ein. Und lassen Sie diese Worte in die Gedanken einfließen, die Ihr Bewusstsein bestimmen. Natürlich können Sie diese Strategie auch unter Nutzung Ihres digitalen Geräts umsetzen. Aber das ist weniger effektiv, weil Sie dann in Versuchung geraten, nach Mitteilungen zu suchen, in den sozialen Medien zu stöbern oder Nachrichten zu lesen.

Taktik #2: Setzen Sie die »SAS-Formel« um: Stille, Abgeschiedenheit und Schweigen

Diese drei machtvollen Einflüsse erzeugen ein Umfeld, das einen sorgenvollen Geist und ein aufgewühltes Herz beruhigt. Eine laute Umgebung erzeugt eine laute Psyche und eine angsterfüllte Emotionalität. Je mehr Zeit Sie in der Stille verbringen, desto mehr lösen Sie toxische Energien auf und ersetzen sie organisch durch Hoffnung, Glück und geistige Freiheit. Die Meditation wird Ihnen dabei enorm helfen. Ich habe eine Reihe kraftvoller geführter Meditationen entwickelt, die Ihre Lebensqualität erheblich verbessern, Ihre Positivität und Produktivität steigern und Ihnen helfen werden, vergangene Kränkungen loszulassen. Sie sind abrufbar unter TheEverydayHeroManifesto.com/PositivityMeditations.

Taktik #3: Nutzen Sie die Wertkette der Dankbarkeit

Wenn Sie sich auf Ihre Fähigkeiten statt auf Ihre Belastungen besinnen, verändert sich Ihre Neurochemie, was wiederum Ihre Stimmung hebt. Denken Sie daran, dass Gehirnzellen, die zusammenwirken, sich auch miteinander verbinden. Wenn Sie also gezielt nach Dingen suchen, die Sie in Ihrem Leben zu schätzen wissen, entstehen stärkere neuronale Bahnen in Richtung Dankbarkeit. Und je dankbarer Sie werden, desto weniger Raum bleibt für Entmutigung, welche die Realität in Richtung einer negativen Wahrnehmung verzerrt. Doch üben Sie sich nicht nur in Dankbarkeit, indem Sie ein paar kurze Einträge in Ihr Dankbarkeits-Journal machen. Gehen Sie in die Tiefe, indem Sie sich auf das einlassen, was ich die »Wertkette der Dankbarkeit« nenne: Zeigen Sie sich vom Anfang bis zum Ende dankbar für alle Vorteile, die Ihr Leben verbessern. Sprechen Sie zum Beispiel an der Kasse eines Lebensmittelladens ein stilles Dankgebet an die Kassiererin, die Sie bedient, an den Lageristen, der die Lebensmittel ins Regal geräumt hat, an den Lkw-Fahrer, der die Waren zum Laden gebracht hat, und an den Landwirt, der die Pflanzen angebaut hat, die Sie und Ihre Familie essen werden. Wenden Sie diese Strategie auf alle Bereiche Ihrer täglichen Erfahrungen an, und schon bald wird Ihr ganzes Leben ein einziges großes Erlebnis detaillierter Dankbarkeit sein. Und damit ein Quell unausweichlicher Freude.

Taktik #4: Werden Sie zum Lösungsmerker

Für jedes Problem gibt es bereits eine fertige Lösung – unabhängig davon, ob Sie diese Lösung schon sehen oder nicht. Dies ist ein äußerst wichtiger Grundsatz, den Sie verstehen und umsetzen müssen, wenn Sie sich von Belastungen befreien und die Dämonen des defätistischen Denkens vertreiben wollen. Wenn Sie sich vornehmen, Ihre Problemlösungskompetenz zu verbessern, werden Ihre Sorgen verschwinden und Sie können Ihre höchsten Gaben einer aufgeschlossenen Welt gegenüber zum Ausdruck bringen.

Ich möchte noch etwas anderes mit Ihnen teilen, das mir sehr am Herzen liegt. Als ich in meinen 20ern als Anwalt in einer Stadt lebte, die weit vom Wohnort meiner Eltern entfernt war, schrieb mir mein Vater eine Notiz auf einen Zettel seines alten Rezeptblocks und steckte ihn in ein Buch, das er mir mit der Post schickte. Er erklärte mir, dass das Sanskritwort für »Scheiterhaufen« fast genauso aussieht wie das für »Sorgen«.

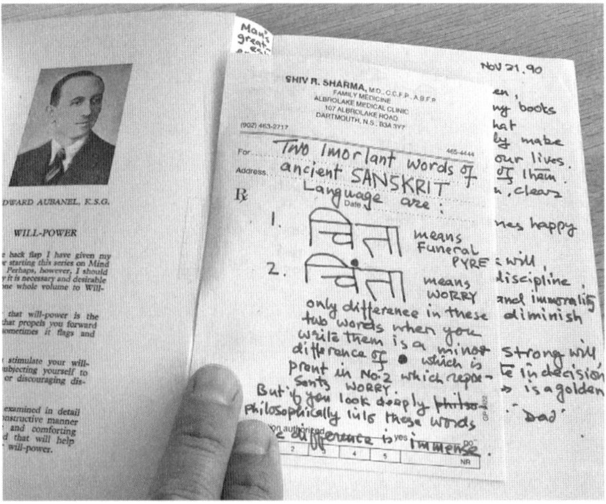

Die Notiz meines Vaters an mich

Hm.

Wenn Sie sich das Bild genau anschauen, werden Sie sehen, dass er schreibt: »Der einzige Unterschied zwischen diesen beiden Wörtern, wenn sie ausgeschrieben werden, ist ein kleiner •.« Ein Punkt. Interessant, nicht wahr? Papa erklärte, dass der einzige technische Unterschied zwischen den beiden Sanskritwörtern nur ein einziger Punkt sei, der tatsächliche Unterschied aber folgender: *Ein Scheiterhaufen verzehrt die Toten, während die Sorge die Lebenden verzehrt.*

Also gilt es, Sorgen um jeden Preis zu vermeiden. Weise Worte, an die wir uns erinnern können, wenn wir durch die Gezeiten unserer Tage navigieren. Und unter dieser Notiz hatte er geschrieben:

> *Es gibt viele Bücher, die uns begegnen und unser Leben positiv beeinflussen. Dieses Buch ist eines von ihnen. Entschlossenheit, Meditation und klares Denken vergrößern die kostbaren Schätze unseres Lebens.*

Selbstzweifel, Willensschwäche, Lethargie, mangelnde Disziplin, Ziellosigkeit und Unmoral dagegen sind sichere Wege, die Lebenskraft zu schmälern.
Charakter, Ehrlichkeit, Willensstärke, Rücksichtnahme, Entschlossenheit und Geradlinigkeit sind der goldene Weg zu einem goldenen Leben.
Dein Papa

Das Buch, das mir mein Vater schickte, heißt *Will-power* und stammt von Edward Aubanel. Es steht ganz vorne in meiner Bibliothek, damit ich oft darin lesen kann. Und Sorgen verscheuchen kann.

57

Die große Lüge des positiven Denkens

Nun gut. Ich lehne mich (wieder einmal) weit aus dem Fenster und biete Ihnen eine weitere Erkenntnis an, die Ihnen vielleicht etwas unkonventionell vorkommen oder als Widerspruch zu dem Kapitel erscheinen mag, das Sie gerade abgeschlossen haben. Meine These lautet folgendermaßen: Positives Denken funktioniert im Grunde nicht wirklich. Genauer gesagt: Positives Denken funktioniert nicht (oder trägt zumindest nicht auf Dauer), sofern nicht bestimmte Bedingungen dafür geschaffen werden, dass es funktioniert (und dauerhaft tragen kann). Erlauben Sie mir, diese unorthodoxen Aussagen in den notwendigen Kontext zu stellen.

Ich habe viele der klassischen (und auch weniger klassischen) Bücher darüber gelesen, wie man Rückschläge in Erfolge verwandelt, Schwierigkeiten in Vorteile ummünzt und Probleme in Triumphe wendet. Ich muss sagen, ich habe viel aus diesen Werken gelernt und schätze die wunderbaren Bemühungen dieser Autoren, Menschen zu helfen, die mit Herausforderungen konfrontiert sind. Doch in gewisser Weise habe ich mich immer etwas unwohl gefühlt bei ihren Empfehlungen, in einem Problem stets die Belohnung zu suchen, dankbar zu sein für all das Gute, das einem in schmerzhaften Phasen immer noch verbleibt, und so schnell wie möglich aus einer Krise herauszukommen, ohne noch mehr Energie auf die Sorge zu verwenden.

Ja, um ein glückliches, heiteres und inspiriertes Leben zu führen, dürfen wir uns nicht mit unserem Unglück aufhalten. Darin sind wir uns einig. Und es ist die reinste Zeitverschwendung, in der Vergangenheit verhaftet zu sein und sich mit einem Szenario zu beschäftigen, das zu Enttäuschungen geführt hat. Es wird nichts Gutes herauskommen, wenn Sie sich weigern loszulassen. Aber es war auch noch nie sinnvoll, sich nicht mit den Tatsachen auseinanderzusetzen. Es war noch nie richtig, nicht anzuerkennen, wie man sich fühlt, wenn man von Kummer erfüllt ist und in einer schwierigen Phase emotional belastet ist. Und umstandslos in positives Denken zu verfallen, ohne die Emotionen, die das Problem hervorgerufen hat, zu würdigen (und dann zu verarbeiten). Das Denken zu manipulieren, ohne die authentischen Gefühle anzunehmen und auszuhalten, wirkt unecht und erzwungen. Wie pure Verleugnung. Wenn Sie eine schwierige Zeit in Ihrem Leben durchmachen und Ihr Denken dahin gehend umstrukturieren, dass Sie nur die Vorteile sehen und alles Positive hervorheben, ignorieren Sie dadurch alle emotionalen Realitäten, die zwangsläufig auftauchen.

… Wenn Sie Ihren Job verloren haben oder mit finanziellen Sorgen anderer Art konfrontiert sind, führt die Konzentration Ihres Denkens auf die Chancen, die in dieser Widrigkeit stecken, dazu, dass der Ärger, die Traurigkeit, die Angst, die Scham oder die Peinlichkeit in Ihrem Heartset unterdrückt werden, was viele zukünftige Probleme schaffen kann (Krankheit ist das Ergebnis von Unwohlsein).

… Wenn Sie mit Liebeskummer nach dem Ende einer Beziehung oder einer anderen Form des Verlustes eines geliebten Menschen zu tun haben und sich einreden, Sie würden nicht trauern und den Kopf einziehen, sich mit anderen Dingen beschäftigen (wie viele Therapeuten empfehlen) und einen falschen Optimismus an den Tag legen, verleugnen Sie die Tatsache, dass Sie Qualen empfinden, die verarbeitet werden müssen.

… Wenn Sie eine emotionale Verletzung erleiden, die durch eine schwere Krankheit, einen potenziell katastrophalen Rechtsstreit oder einen schweren Unfall verursacht wurde, und sich in intellektuelle Übungen flüchten, die darauf abzielen, den Silberstreif am Horizont zum Vorschein zu bringen, missachten Sie die sehr realen Gefühle, die jeder Mensch empfindet, der seine Emotionen nicht vergraben hat. Und dies verstärkt die unsichtbare Toxizität, die sich bereits in Ihrem System befindet und von unverarbeiteten Verletzungen in der Vergangenheit herrührt (die Sie jetzt sehr gut kennen).

In positives Denken zu flüchten, ohne emotionale Heilung zu betreiben, macht alles nur noch schlimmer. Es errichtet eine Mauer zwischen Ihnen und der Weisheit, der Vitalität, der Kreativität, der Produktivität, dem Mitgefühl und der Courage, die Ihrer wahren Natur entsprechen. (Das Wort »Courage« leitet sich übrigens von dem altfranzösischen Wort »cuer« ab, das »Herz« bedeutet.) Wenn Sie sich nicht mit den natürlichen Gefühlen auseinandersetzen, die in Ihnen aufsteigen, schotten Sie sich gegenüber der enormen Kraft Ihres Herzens ab und leben nur noch in Ihrem Kopf, werden eher zu einem kalten, logischen Automaten als zu einem hoch funktionalen Menschen, der gleichermaßen mit dem gemeinschaftlichen wie auch mit seinem eigenen Zauber verbunden ist. Wenn Sie sich von Ihrem Schmerz trennen, trennen Sie sich auch von der Freude und von Ihrem ursprünglichen Genie. Umgekehrt: Setzen Sie sich Ihrem Schmerz aus, und Sie werden Ihre Fähigkeit zurückgewinnen, die Ehrfurcht und das Wunder zu erleben, die das Schicksal für Sie bereithält.

Ich gehe noch weiter: Viele der Probleme, die es derzeit auf unserem Planeten gibt – die Kriege, die Rassen- und Geschlechterungerechtigkeit, die Umweltzerstörung und die finanzielle Gier –, werden von Menschen verursacht, die sich von ihrem Herzen abgetrennt haben und in ihrem Verstand eingesperrt sind. (Vielleicht kann das »Locked-in-Syndrom« nicht nur physisch, sondern auch in psychischer Form auftreten?) Weil ihnen nie jemand gezeigt hat, wie man es besser machen kann …

… Und weil die Gesellschaft ihnen beigebracht hat, dass »die geistige Einstellung, das Mindset, alles ist«.

… Und weil Experten sie gelehrt haben, dass positives Denken die ultimative Rettung ist.

… Und dass positives *Fühlen* etwas für Dumme, Schwache und Unproduktive ist. Und dass man es unter den Teppich kehren sollte.

Wenn Sie nicht mehr fühlen können (weil Sie es so lange vermieden haben), wie sollen Sie dann jemals das Mitgefühl empfinden können, das nötig ist, um einen anderen gut zu behandeln? Wenn Sie keinen Zugang mehr zu Ihrer Freude und Lebendigkeit haben, wie wollen Sie dann jemals die Inspiration und die geistigen Ressourcen aufbringen, um Ihre Bewegung zu starten oder Ihr Meisterwerk zu schaffen? Zu viele Menschen – in der Wirtschaft wie in der Gesellschaft – leiden unter einem »dysfunktionalen Optimismus«, wie ich es in meinem Mentoring-Curriculum bezeichne. Wir bemühen uns sehr, erbauliche Gedanken hervorzubringen, aber wir befinden uns im Krieg mit dem Reservoir der in uns verborgenen toxischen Emotionen. Das ist die perfekte Formel für vollständige Selbstsabotage.

Wenn Sie Ihr Gefühlsuniversum nicht mehr erleben können, wird jeder Schritt, den Sie tun, zu einer Form von mentalem Kalkül. Sie werden eher zu einer Maschine als zu einem Menschen, eher zu einem Bot als zu einer Person. Wenn Sie nur noch Mikro- und Makrotraumata anhäufen, werden Sie jeden Tag in der Öffentlichkeit eine Rüstung tragen. Ja, diese Rüstung kann Sie schützen. Aber sie wird Sie auch daran hindern, das Flüstern Ihrer Größe zu hören, die tiefe Inspiration zu spüren, die Ihr Meisterwerk antreibt, und jedem Menschen, der Ihren Weg kreuzt, mit Höflichkeit und Geduld, Mitgefühl und Liebe zu begegnen.

Wenn Sie unangenehme Emotionen unterdrücken, erschaffen Sie eine riesige unterbewusste Welt der Dunkelheit, des Zorns und der Schuldgefühle, die Sie an die Opferrolle kettet und Sie süchtig macht nach Fluchtmöglichkeiten wie übermäßigem Arbeiten, Dramen, digitaler Ablenkung und zügellosem Konsumverhalten, weil Sie vor sich selbst davonlaufen. Es ist einfach zu schwierig, mit sich allein zu sein. Also versucht man, zu viel in der Welt zu sein.

Ich bin mir nicht sicher, ob die folgenden Worte von Dostojewski wirklich hierherpassen, gleichwohl drängt es mich, sie hier anzubringen:

> Du hast gespürt, dass du einen anderen Weg einschlagen solltest, einen ehrgeizigeren Weg. Du spürtest, dass du für andere Dinge bestimmt warst, aber du wusstest nicht, wie du sie erreichen konntest, und in deinem Elend begannst du, alles um dich herum zu hassen.

Die unbewusste Bewältigung all dieser unverarbeiteten Gefühle verbraucht außerdem enorme Mengen an Energie (was Ihre Produktivität vermindert) und erfüllt Ihren Körper mit einer Toxizität, die zu Unordnung in Ihren Organen führt und Ihre Gesundheit beeinträchtigt. Es ist sehr wichtig, dass Sie das wissen.

»Ist positives Denken also Zeitverschwendung, Robin?«, fragen Sie.

Meine Antwort: »Es ist eine hervorragende Möglichkeit, Ihre Zeit zu nutzen – sofern Sie die natürlichen Emotionen und körperlichen Empfindungen, die in einer Krise auftreten, verarbeitet haben. Andernfalls fügen Sie Ihrem emotionalen System nur noch mehr Traumata hinzu, die Ihren Optimismus, Ihre Leistungsfähigkeit, Ihre Wirksamkeit und Ihr Engagement für die Allgemeinheit stark beeinträchtigen über das Feld des Schmerzes und all seine Energie, die durch Ihren Körper und in Ihren Geist ausstrahlt und seine ursprüngliche Kraft schwächt.« Indem Sie die Gefühle aushalten, die in einer schwierigen Phase auftauchen, und sich mit ihnen anfreunden, bis sie sich auflösen, wird Ihre spirituelle Energie verstärkt, was dann gewissermaßen automatisch Ihre Positivität auf natürliche Weise erhöht. Es erscheint als eine Ironie des Schicksals, dass der beste Weg zu nachhaltigem positiven Denken eine gezielte emotionale Heilung ist, nicht wahr?

»Und woher weiß ich, wann ich mit der emotionalen Verarbeitung aufhören und zur kognitiven Umdeutung und zum Schreiben von Dankbarkeitslisten übergehen soll, um meine Einstellung zu verbessern, und woher weiß ich, dass ich all die Dinge tun soll, zu denen mich diese Verfechter des positiven Denkens anleiten? Ich kann doch nicht ewig diese unangenehmen Gefühle in mir hegen, oder?«, fragen Sie.

»Richtig«, würde ich Ihnen respektvoll antworten. »Es ist klug, die Emotionen zu durchleben, damit man sie nicht unterdrücken muss und das Loslassen einleiten kann, aber Sie wollen sich bestimmt auch nicht in ihnen suhlen. Sie werden wissen, wann es an der Zeit ist, den Wechsel zu vollziehen und den intellektuellen Prozess in Gang zu setzen, sich Ihrer Begabungen zu vergewissern und frohgemut in die Zukunft zu schauen. Vertrauen Sie auf Ihren Instinkt.« Denn Sie sind weiser, als Sie wissen, mächtiger, als Sie es sich vorstellen können, und dazu bestimmt, ein außerordentlich positives Leben zu führen.

58

Als ich einmal zelten war

Ich muss vorausschicken, dass ich nicht unbedingt ein Camper bin. Ein Morgen ohne Dusche ist für mich nicht gerade ein Vergnügen. Die Abende mit Fliegen, Käfern und Bären zu verbringen ist einfach nicht mein Ding. Aber einmal habe ich eine Campingerfahrung gemacht.

Zur Vorbereitung auf die große Reise gingen meine beiden Freunde und ich in einen Supermarkt. Wir kauften eine Laterne, Wasserkanister, leichte Töpfe und Pfannen, wasserfeste Streichhölzer, Schlafsäcke und ein schickes Zelt. Wir fuhren vier Stunden mit dem Auto. Raus aus der Stadt. Vorbei an der Landschaft. In die Wildnis. Es war wunderschön. Wir gelangten zum Zeltplatz, wo wir den Bodenbelag auslegten, die Metallpflöcke einschlugen und das Zelt aufbauten. Das war gar nicht so einfach, denn ich bin wahrscheinlich der IKEA-untypischste Mensch, den man sich denken kann. (Das heißt ich und Bedienungsanleitungen, das ist wie Öl und Wasser. Oder wie Thunfisch und Marmelade.)

Schließlich stand das Zelt. Es sah etwas unförmig aus. Wackelig und fragil. Aber es war unser Zelt, also waren wir glücklich und stolz auf unsere Leistung. Als die Sonne unterzugehen begann, machte ich ein kleines Lagerfeuer. Ich fühlte mich wie ein Entdecker. Wie jene kühnen und abenteuerlustigen Überlebenskünstler, die neue Länder erkunden.

… Wie Vasco da Gama oder Amerigo Vespucci.

… Oder vielleicht auch wie Ferdinand Magellan, mit einem Hauch von John Cabot und Christoph Kolumbus.

Es war ein aufregender Moment in meinem Leben. Ich fühlte mich ein bisschen unbesiegbar. Wenn Sie wissen, was ich meine.

Natürlich holten wir, wie es üblich ist, eine Tüte mit Marshmallows heraus und suchten uns ein paar Stöcke, damit wir sie in den Flammen rösten konnten. Wir knabberten an den Sandwiches, die wir sorgfältig vorbereitet hatten, und wärmten heiße Schokolade, als die Luft immer kälter wurde. Wir begannen, Geschichten zu erzählen und uns gegenseitig zum Lachen zu bringen. Es war ein sehr besonderer Moment. In gewisser Weise wirkte es fast etwas magisch. Doch dann geschah etwas, von dem ich Ihnen gerne erzählen möchte.

Ich hörte ein Rascheln in den Bäumen. Dann ein Brechen von Ästen, das mich zu beunruhigen begann. Darauf folgten seltsame Tierlaute, die uns erschrecken ließen. Ein Kojote? Ein Wolf? Ein riesiger Schwarzbär? Ich weiß nicht, was es war (oder was sie waren). Ich weiß nur, dass ich nicht vorhatte hierzubleiben, um es herauszufinden. Und so – ich scherze nicht – rissen wir das Zelt ab mit der Energie eines Hippies, dem die Haare brennen, stampften auf die Flammen, als wären wir Mitglieder von *Riverdance,* und sammelten unsere Laternen, Feldflaschen, Töpfe und Pfannen ein, als müssten wir um unser Leben fürchten. Dann rannten wir los. Zum Auto. So schnell wie Jesse Owens. So flink wie Flo-Jo. Während ich rannte, konnte ich nur daran denken, dass ich nicht schneller laufen musste als das gefährliche Tier. Ich musste nur schneller laufen als meine Freunde.

Da waren wir also. Drei junge Männer in den 20ern mit all unseren Sachen in den Händen. Wir rannten zu unserem Fahrzeug. Die unheimlichen, kreischenden Geräusche waren immer noch laut zu vernehmen. Unter den Sternen an einem unglaublich dunklen Himmel. Wir schafften es. Wir stiegen in das Auto ein, verriegelten die Türen und fuhren los wie James Bond auf der Flucht vor dem Bösewicht. Erleichtert, mit dem Leben davongekommen zu sein. Es war schon spät, doch der Himmel spielte mit, und bald entdeckten wir ein altes Motel, direkt an der Hauptstraße. Alles war dunkel, nur in der Lobby brannte noch Licht. Wir buchten jeder ein Zimmer und verbrachten dort die Nacht. Weit weg vom Kojoten. Oder dem Wolf. Oder dem Grizzlybären.

Was habe ich daraus gelernt? Geh nicht zelten. Nie wieder. Und … dass das Leben eine wirklich wertvolle Reise ist. Achten Sie darauf, dass Sie nicht zu viel verpassen. Und nehmen Sie sich immer die Zeit, ein bisschen Spaß zu haben.

Die Reise, auf der Sie und ich uns befinden, bietet so viele Abenteuer und Möglichkeiten, Unbekanntes zu erkunden, bezaubernde Erfahrungen zu machen und mehr über sich selbst herauszufinden. Gelegenheiten, mehr zu erfahren über das, was man liebt und was nicht. Wie man mit Überraschungen umgeht und wie man den Wert tiefer Freundschaften zu schätzen lernt. Einladungen, sich der Verzückung eines sternenübersäten Himmels, der Pracht der Natur und der unverfälschten Freundlichkeit unseres Universums hinzugeben.

»Wann immer du Schönheit um dich herum erschaffst, stellst du deine eigene Seele wieder her«, schrieb die amerikanische Schriftstellerin Alice Walker. Sagen Sie also Ja zu neuen Perspektiven und machen Sie das Siegeszeichen, wenn sich Ihnen eine einzigartige Gelegenheit bietet, Ihrem Schicksal mehr Respekt zu zollen. Verschieben Sie niemals das wahre Leben. Verschieben Sie nie etwas auf einen besseren Zeitpunkt in der Zukunft. Denn es gibt keinen besseren Zeitpunkt als jetzt, um sich in Abenteuer, persönliches Wachstum und Aufregung zu stürzen.

Besorgen Sie sich einfach ein gutes Zelt. Und hüten Sie sich vor den Schwarzbären. Wenn Sie wissen, was ich meine.

59

Die 13 verborgenen Charakterzüge der Milliardäre, die ich beraten habe

In den vielen Jahren, in denen ich mit Milliardären und anderen finanziellen Hochkarätern (wobei ich Wert darauf lege, dass sie sich an bestimmte ethische Standards halten) zu tun hatte, habe ich festgestellt, dass die meisten von ihnen eine Reihe von Eigenschaften gemeinsam haben, die unsere Gesellschaft dazu veranlasst, sie als begabt und außergewöhnlich zu bezeichnen – obwohl sie eigentlich nur so denken, wie wenige denken, und handeln, wie wenige handeln. Bedenken Sie: Um die Ergebnisse zu erzielen, die nur 5 Prozent der Bevölkerung erreichen, müssen Sie tun, was 95 Prozent der Menschen nicht tun wollen.

In Anbetracht der Tatsache, dass so viele Menschen hart darum kämpfen müssen, einen gewissen wirtschaftlichen Wohlstand zu erlangen, halte ich es für sinnvoll, die 13 prägenden Eigenschaften jener Milliardäre aufzuführen, denen ich in der Vergangenheit zur Seite gestanden habe.

Eigenschaft #1: Ein verwegener Grad an Selbstvertrauen

Die Superreichen sind unerschütterlich in ihrem Glauben, dass ihre kreativen Ambitionen und ihre enthusiastischen Bestrebungen in Erfüllung gehen werden, auch wenn alle um sie herum behaupten, ihre Visionen seien lächerlich, unpraktikabel, unsinnig und unmöglich. Sie werden angezweifelt, verspottet, abgelehnt, verurteilt und bekämpft. Und doch bleiben sie der Schönheit ihrer Ideale treu.

Eigenschaft #2: Eine blendende Vision von einer besseren Zukunft

Mit dem ersten Punkt verwandt, aber doch etwas anderes, ist die Eigenschaft unternehmerisch supererfolgreicher Menschen, großartige Möglichkeiten zu erkennen, wo die Mehrheit fälschlicherweise glaubt, dass nur das möglich sei, was bereits geschehen ist. Es liegt in der Natur von Erfindungen und Innovationen, dass sie das Normale mindern und herabstufen. Und sie degradieren den Status quo. Ich nenne diese Fähigkeit, Werte und Magie freizusetzen, wo die meisten Menschen nichts dergleichen sehen, die »Gabe des Visionärs«. Wo die meisten ein Problem zu erkennen meinen, entdecken diese mutigen Seelen Möglichkeiten. Und eine bessere Zukunft für die Menschheit.

Eigenschaft #3: Ein unbändiger Durst nach Rebellion

Die Milliardäre, die ich betreue, sind Wegbereiter, Leute, die eine Schneise freischlagen, oft Rebellen und immer entschiedene Revolutionäre. Sie setzen sich konsequent über Regeln hinweg, sind insgeheim Freiheitskämpfer und Piraten, die sich als Wirtschaftsgrößen verkleiden. Sie besitzen die Unverfrorenheit, sich die Welt nach ihren Vorstellungen zurechtzubiegen. Und die Ausdauer, alles zu tun, was nötig ist, um ihre Vision zu verwirklichen.

Eigenschaft #4: Ein kindliches Maß an Neugier

Als Kinder waren wir Zauberer, Sie und ich. Wir träumten heldenhafte Träume, malten über den Tellerrand hinaus und betrachteten das Leben als einen Vergnügungspark. Wir liebten es, neue Dinge zu lernen und neue Fähigkeiten auszuprobieren. Wir fragten ständig »Warum?« und verlangten nach Antworten auf unsere drängendsten Fragen. Doch als wir heranwuchsen, wurde unsere heilige Neugierde eingehegt.

Die Superreichen auf diesem Planeten haben ihre Neugierde

vor einer gelangweilten, gewöhnlichen und allzu oft düsteren Gesellschaft abgeschirmt. Sie sind höchst wissbegierige Studenten. Sie lesen ständig (ich kann Ihnen nicht sagen, wie oft ich einen Tycoon sagen hörte: »Ich lese alles, was ich in die Finger bekomme«). Sie investieren eifrig in Trainer und Ratgeber. Sie nehmen an Weiterbildungskursen teil, besuchen Konferenzen (oft sitzen sie in der ersten Reihe und machen sich fleißig Notizen) und verbessern unermüdlich ihre Fähigkeiten. Sie wissen, *dass man umso mehr Wert schaffen kann, je besser man wird.* Und je mehr Meisterleistungen man an so viele Menschen wie möglich weitergibt, desto mehr Geld wird man verdienen (Geld ist schlicht die Rendite des Marktes für den erbrachten Nutzen). Das ist ein Teil dessen, was diese Menschen wirtschaftlich so erfolgreich macht.

Eigenschaft #5: Der Meinung von Kritikern keinerlei Bedeutung beimessen

Sie können sich danach sehnen, von allen Menschen, die Sie umgeben, gemocht zu werden. Oder Sie können die Welt durch Ihre Genialität erleuchten. Ich bezweifle, dass Ihnen beides gelingen wird. Wie ich bereits erwähnt habe, sind die Meinungen der anderen nichts weiter als deren Meinungen. Mehr nicht. Schreiben Sie ihnen nicht mehr Macht zu. Die Meinung einer Person ist lediglich eine Aussage darüber, was diese Person – auf der Grundlage ihres fest verwurzelten Glaubenssystems und ihrer früheren Erfahrungen – für möglich hält. *Das betrifft Sie in keiner Weise,* also lassen Sie nicht zu, dass Ihr Erfolg dadurch sabotiert wird. Und lassen Sie nicht zu, dass sich die begrenzten Wahrnehmungen (und die Eifersucht) derjenigen, die sich durch Ihre Ausstrahlung bedroht fühlen, in Ihrem Verstand, Ihrem Herzen und Ihrem Geist einnisten. Dieser Platz ist viel zu kostbar, um zu dulden, dass andere ihn besetzen. Die Ikonen des großen Reichtums sträuben sich energisch dagegen, dass ihre Ambitionen durch angstbasierte oder von Eifersucht getriebene Überzeugungen eingeschränkt werden. Sie sind wie meisterliche Rennpferde, die mit Scheuklappen an den Seiten ihrer Augen versehen sind. Ihr Tunnelblick richtet sich allein auf ihre Mission. Ablenkungen werden ausgeblendet.

Eigenschaft #6: Ein unerbittliches Bemühen um Beständigkeit und Ausdauer

Alle Weltklasseproduzenten sind enorm beständig. Sie haben die Macht der Alltäglichkeit erkannt – die tagtägliche Wiederholung derselben Routinen, Rituale und Umsetzungsmethoden, die es ihnen ermöglicht, ein übermenschliches Maß an Produktivität, Einfluss und Wirksamkeit zu erzielen. Beständigkeit ist tatsächlich einer der sichersten Wege zur Erlangung eines legendenhaften Status. Auch meine sehr vermögenden Kunden legen ein ungewöhnliches Maß an Beständigkeit an den Tag. Wenn sie hinfallen, stehen sie wieder auf. Wenn man ihnen durch eine Mauer den Weg versperrt, reißen sie diese ein. Wenn Sie ihnen sagen, dass ein Problem nicht überwunden werden kann, werden sie vielleicht nie wieder mit Ihnen sprechen. Diese Menschen stoßen auf Ablehnung, hören dabei aber nur ein »Ja«, das erst noch im Entstehen ist. Für diese Menschen ist Scheitern nichts anderes als ein Tor zu größerem Erfolg. Sie sind unaufhaltsam, unbesiegbar und nicht umzubringen. Von Haus aus.

Bei einer Live-Veranstaltung, die ich vor einigen Jahren durchführte, kam ein Teilnehmer – ein wunderbarer junger Mann mit einem Lächeln, das eine ganze Arena verzaubern konnte – am Ende auf mich zu. »Das muss ich Ihnen lassen, Robin«, sagte er bewundernd, »Sie sind wirklich *beständig.*« Ich glaubte, dass ich den Teilnehmern Inhalte geboten hatte, die ihnen als wertvolle Inspirationsquellen dienen konnten, und ihnen Einsichten vermittelt hatte, die ihnen den Weg zu ungewöhnlichem Reichtum aufzeigten, und alles, was er sagte, war: »Sie sind wirklich beständig«? Doch später an diesem Abend, in der Stille meines Hotelzimmers, verstand ich, was er meinte. Er war ein gefeierter College-Footballspieler, ein Spitzensportler, und er war schon bei vielen meiner Live-Veranstaltungen dabei gewesen. Zu sehen, wie ich jedes Mal auf demselben Niveau agierte, dieselben Tugenden herausstellte und derselben Philosophie treu blieb, das bedeutete für ihn *Beständigkeit,* die ein Wesenszug eines jeden großen Athleten ist.

Eigenschaft #7: Verliebt sein in das Gewinnen und darin, zu den Besten der Welt zu gehören

Oh, wie sehr die Superreichen das Gefühl lieben, voranzukommen und ihre leidenschaftlichen Pläne in die tägliche Praxis umzusetzen. Viele von ihnen sind ehemalige Sportler. Ihr Drang, den Titel zu gewinnen oder sich die Meisterschaft zu sichern, hat ihnen geholfen, eine Besessenheit zu entwickeln, die es ihnen ermöglicht, auch in jedem anderen Bereich erfolgreich zu sein. Und sie wollen nicht nur einigermaßen gut und einigermaßen erfolgreich sein. Diese Menschen wollen unbedingt die absolut Besten sein. Auf der ganzen Welt. (Ich habe nie eine Zeile aus dem Unternehmensleitbild eines unserer Kunden vergessen: »Wir haben uns verpflichtet, die Besten in unserem Fach zu sein. *Mit Abstand.*«)

Eigenschaft #8: Die tief verinnerlichte Fähigkeit, sofortiger Wunscherfüllung zu widerstehen

Fast jeder Milliardär, mit dem ich gearbeitet habe, verfügte über eine exzellente persönliche Disziplin. Eine tadellose Fähigkeit zur Selbstbeherrschung. Eine geradezu herkulische Fähigkeit. Diese Menschen halten an ihren ethischen Ambitionen fest, ihren ausgefeilten Plänen und ihren hochgesteckten Zielen, aber nicht nur, solange sie von der Energie der Start-up-Phase beseelt sind, sondern auch noch, wenn die Mühen des Alltags eingekehrt sind und sie gefordert sind, schwierige Probleme zu meistern. Ihre verbissene Ausdauer ist bewundernswert. Viele dieser Finanztitanen essen weniger als die meisten Menschen, stehen im Morgengrauen auf, um einen Vorsprung zu haben, legen großen Wert darauf, fit zu bleiben, und organisieren ihre Tage wie einen ausgeklügelten Feldzug. Wichtig ist, dass sie auf schnelle Vergnügungen verzichten, weil sie wissen, dass sie mit täglicher Konzentration, mit Geduld, einer überragenden Arbeitsmoral und unnachgiebiger Hingabe im Laufe der Zeit stetige, kleine Belohnungen für ihre Bemühungen erhalten werden. Ich nenne diese Art der Lebensführung »nachhaltigen Inkrementalismus«. Superstars der Wirtschaft denken langfristig. Ein Leichtgewicht hingegen will den sofortigen Sieg.

Eigenschaft #9: Eine erlernte Fähigkeit zur Vermehrung des Wohlstands

Die meisten Menschen sind Verbraucher. Sie kaufen ständig irgendwelche Dinge, oft gerade dann, wenn sie sie am wenigsten brauchen. Das füllt eine emotionale Lücke und befriedigt ein ungestilltes Bedürfnis, was sie glücklich macht – für ein paar Minuten. Bis sie erkennen, dass sie sich dadurch noch mehr verschulden, was sie wieder unglücklich macht – und das viele Jahre lang. Die Helden des Wohlstands hingegen sind Schöpfer. Sie stellen jene Dinge her, die die meisten Menschen kaufen. Und während ihr wirtschaftliches Vermögen wächst, lassen sie ihr Geld für sich arbeiten, wenn sie schlafen. Indem sie kluge Investitionen tätigen. Und sie hüten sich vor dem Teufelskreis der untragbaren Schulden.

Verfallen Sie bitte nicht dem Irrglauben, dass die Erzeugung eines passiven Einkommens, das im Laufe der Zeit exponentiell steigt, der einzige Weg zu herausragendem Wohlstand sei. Ich möchte Ihre Aufmerksamkeit vielmehr auf einen Begriff lenken, der nicht so häufig verwendet wird: aktives Einkommen. Meine

Kunden verfügen über ein ungewöhnlich hohes Vermögen, weil sie *sowohl* auf die Erzielung von passivem Einkommen setzen (indem sie ihr Geld für sich arbeiten lassen, anstatt für ihr Geld zu arbeiten und ihre Arbeitskraft gegen Geld einzutauschen) *als auch* von aktivem Einkommen (Geld, das sie verdienen, indem sie ihren Markt durch Wertschöpfung bereichern).

Eigenschaft #10: Die Weigerung, sich mit negativen Menschen zu umgeben

Die großen Visionäre panzern sich mit ihrer optimistischen Energie. Jede großartige Errungenschaft wurde von einem zutiefst inspirierten Menschen geschaffen. Wenn Sie diesen Zustand einbüßen, verlischt auch das Feuer, das Ihren Sternenstaub real werden lässt. Daher meiden die Maestros des Geldes Menschen, die ständig nach Ausreden suchen, und Nörgler wie die Pest und verbringen ihre Zeit lieber mit Verkündern von Hoffnung, mit Erbauern von Welten und anderen Erschaffern von Imperien.

Eigenschaft #11: Ein nahezu unbegrenztes Gefühl der Macht über das Erreichte

Das Opfer meint, die Gesellschaft schulde ihm seinen Lebensunterhalt. Wer sich als Opfer fühlt, bittet die Regierung, seine Verwandten und jeden, den er zufällig trifft, um Hilfe und erzählt, wie schwierig es für ihn sei, in einem turbulenten wirtschaftlichen Klima zu überleben, und wie schwer es sei, erfolgreich zu sein. Eine visionäre Führungspersönlichkeit hingegen ist sich ihrer menschlichen Kraft bewusst, ihre Ziele zu verwirklichen, und hat ein *Gefühl von Handlungskompetenz,* das ihr hilft, sich ihrer Fähigkeiten zu vergewissern. Sie verfügt über die Weisheit, den Mut und die Kreativität, um zu wissen, dass die wahre Kraftachse eines lebendigen Menschen von innen kommt, niemals von einer äußeren Macht.

Ich habe erlebt, dass diese Menschen sich weigern, ein Lotterielos zu kaufen, weil dies eine Botschaft an ihr höchstes Selbst wäre, eine Botschaft, die besagt, dass sich Reichtum und Erfolg nur einstellen können, wenn das Glück eingreift, und nicht das direkte Ergebnis ihres Handelns sein können. Diese Menschen wissen, dass ihre Fähigkeit, auch besonders ehrgeizige Vorhaben verwirklichen zu können, umso mehr wächst, je konsequenter sie die Versprechen einlösen, die sie sich selbst gegeben haben. Und dass man, wenn man sich monomanisch auf seine Prioritäten konzentriert, alle Mitbewerber in seinem Bereich übertrifft, Waren und Dienstleistungen produziert, die unverwechselbar und wertvoll sind, härter arbeitet als alle anderen und all dies mit überschwänglicher Integrität tut, viel leichter in die Ruhmeshalle des Wohlstands gelangt, als wenn man auf Almosen hofft.

Eigenschaft #12: Die Anwendung des »Asymmetrischen Risiko-Belohnungs-Paradigmas« (ARBP)

Das ist ein Begriff, mit dem ich die Praxis von Milliardären beschreibe, ihren Scharfsinn, ihre Energie und ihre Zeit ausschließlich in Chancen zu investieren, bei denen die Vorteile *exponentiell* größer sind als die Nachteile. Oder anders gesagt, dass die möglichen Gewinne in keinem Verhältnis stehen zu den Risiken, wenn das Unternehmen oder die Investition scheitert. Es ist ein Mythos, dass Wirtschaftsmagnaten törichte, risikofreudige Menschen seien, die ständig unüberlegte Schachzüge machen und nur auf gut Glück handeln. Nein. Die Superreichen sind in der Regel konservativer, besonnener und überlegter, als man erwarten würde, und suchen sich Vorhaben aus, die herausragende Renditen versprechen, ohne dass sie dafür alles aufs Spiel setzen müssen.

Eigenschaft #13: Eine nonkonformistische Art der Kapitalverwendung

Die Milliardäre, die ich beraten habe, zeichnen sich meist auch durch eine völlig andere Art aus, mit Geld umzugehen (und durch eine andere Einstellung zum Geld). Ich nenne dies eine »eigenwillige Investitionsrechnung«. Im Wesentlichen beschreibt dies ihre eigenartige (jedoch verdiente und entwickelte, nicht angeborene und in die Wiege gelegte) Fähigkeit, *verborgene Werte zu erkennen.* Ganz gleich, ob es sich bei der Anlageklasse, mit der sie sich beschäftigen, um Aktien, Kunst, Immobilien oder Edelmetalle handelt, sie erkennen einen Schatz, wo die Mehrheit einen Verlust sieht. Leute, die in der ersten Liga spielen, sind *vorausschauend,* blicken weit in die Zukunft und tragen Ehrenabzeichen, weil sie ihrer Zeit voraus sind. Sie wissen, dass es zu dem Zeitpunkt, an dem die Mainstream-Medien über eine finanzielle Chance berichten, schon zu spät ist, um noch einzusteigen. Auch ihre Gabe, um die Ecke zu schauen und sich dorthin zu begeben, wo der Puck hingeht, anstatt dorthin, wo er sich gerade befindet (wie es etwa die Eishockeygröße Wayne Gretzky beherrschte), ist in Wirklichkeit keine Gabe, sondern das Ergebnis beharrlichen Studiums, geduldiger Vorbereitung, ausgiebiger Tests und disziplinierten Trainings, wozu die meisten Menschen schlicht nicht bereit sind.

Zum Schluss möchte ich Ihnen noch die Philosophie von John D. Rockefeller mit auf den Weg geben, dem reichsten Menschen, der jemals gelebt hat, jedenfalls wenn man die Inflation berücksichtigt:

> Ich glaube an die Würde der Arbeit, sei es der Arbeit mit dem Kopf oder mit der Hand; dass die Welt niemandem den Lebensunterhalt schuldet, aber dass sie jedem Menschen die Möglichkeit gibt, seinen Lebensunterhalt zu verdienen.
> Ich glaube, dass Sparsamkeit ein wesentliches Merkmal ei-

nes geordneten Lebens darstellt und dass Sparsamkeit eine Grundvoraussetzung für eine solide Finanzstruktur ist, sei es in der Regierung, in der Wirtschaft oder in persönlichen Angelegenheiten.

Ich glaube, dass es die gemeinsame Pflicht der Menschheit ist, von Nutzen zu sein, und dass nur im reinigenden Feuer des Opfers die Schlacke der Selbstsucht verbrannt und die Größe der menschlichen Seele freigesetzt wird.

Ich glaube an einen allweisen und alle liebenden Gott, mit welchem Namen auch immer er benannt wird, und dass die höchste Erfüllung, das reinste Glück und die größte Nützlichkeit des Einzelnen darin zu finden sind, in Harmonie mit seinem Willen zu leben.

Ich glaube, dass die Liebe das Größte auf der Welt ist; dass sie allein den Hass überwinden kann; dass das Recht über die Macht triumphieren kann und wird.

PS: Eine digitale Version von *The Billionaire Blackbook,* einem Handbuch für die Gründung eines überragenden Wachstumsunternehmens, die Beschleunigung Ihres finanziellen Fortschritts und die Sicherung Ihres Wohlstands unter unbeständigen Bedingungen, erhalten Sie unter TheEverydayHeroManifesto.com/BillionaireBlackbook.

60

Die »Acht Arten des Reichtums«

Eine der philosophischen Grundlagen meiner Mentoring-Methode ist ein transformatives Konzept, was ich die »Acht Arten des Reichtums« nenne und das ich Ihnen gerne vorstellen möchte, weil es für meine Kunden bei der Organisation und der Gestaltung eines wirklich erstklassigen Lebens sehr hilfreich war.

Unsere Kultur möchte glauben machen, dass es Reichtum nur in einer Form gibt: in Form von Geld. Ich bin in dieser Hinsicht anderer Meinung. Es gibt viele Menschen, die eine Menge Geld haben – aber sonst nicht viel. Solche Menschen sind reich an Geld, aber arm an Freude. Sie verfügen über finanzielle Liquidität, doch es mangelt ihnen an Positivität. Und auch an geistigem Reichtum. FFF (Freude, Frieden und Freiheit) sind ungleich wertvoller als RRB (Ruhm, Reichtum und Beifall), zumindest aus meiner Sicht.

Es gibt *acht* Hauptdimensionen des Reichtums, an denen Sie arbeiten müssen, wenn es Ihnen ernst ist mit einem Leben in echter Fülle. Und wahren Reichtums. Bei einem privaten Beratungsauftrag oder bei der Gründung einer meiner Online-Coachinggruppen wird zunächst jeder Klient gebeten, seine derzeitige Leistung in jedem dieser acht Bereiche auf einer Skala von eins bis zehn zu bewerten, wobei eins für extrem niedrig und zehn für erstklassig steht.

DIE ACHT ARTEN DES REICHTUMS

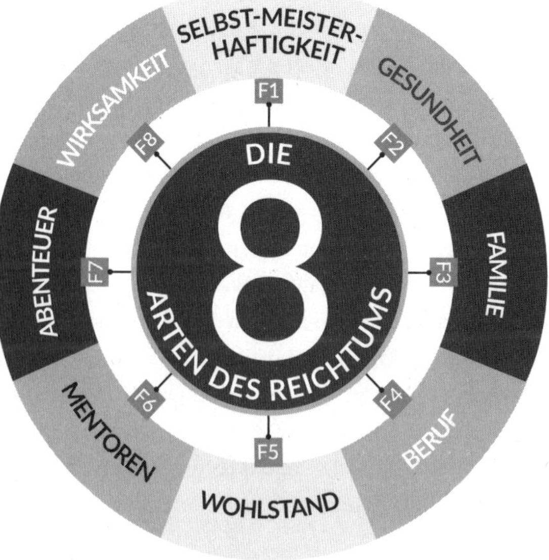

Mit dieser Übung erhalten die Klienten eine aussagekräftige visuelle Einschätzung ihrer Leistung in jedem der Bereiche des *authentischen Reichtums.* Klarheit ist eine Voraussetzung für Beherrschung. Man kann ein Problem nicht beheben, wenn man sich des Problems gar nicht bewusst ist. Um Spitzenleistungen erbringen und ein großartiges Leben führen zu können, ist es zunächst notwendig, sich mit seinen blinden Flecken vertraut zu machen. Und die Hypnose der Selbsttäuschung zu beenden.

Wenn auch Sie diese transformative Onlineanalyse durchführen und auf ein hilfreiches Trainingsvideo für die »Acht Arten des Reichtums« zugreifen möchten, besuchen Sie TheEverydayHeroManifesto.com/The8FormsofWealth. Lassen Sie uns nun gemeinsam die verschiedenen Arten des Reichtums durchgehen:

Reichtumsart #1: Selbst-Meisterhaftigkeit + wahre Heldenhaftigkeit

Dieser Bereich repräsentiert Ihren Fortschritt, wenn es darum geht, Ihre heldenhafte Natur zu erkennen, sie sich wieder anzueignen und zur Geltung zu bringen. Bei dieser Selbst-Meisterhaftigkeit geht es darum, Ihr Mindset passgenau einzustellen, Ihr Heartset zu reinigen, Ihr Healthset zu optimieren und Ihr Soulset zu verbessern – also die vier inneren Reiche zu maximieren, die ich Ihnen bereits vorgestellt habe. Wenn Sie sich angewöhnen, diese essenzielle Arbeit jeden Morgen zu verrichten, während die übrige Welt noch schläft, werden Sie in Ihren äußeren Reichen der Kreativität, der Produktivität, des Wohlstands und des Dienstes an der Gemeinschaft mit Sicherheit große Fortschritte erzielen. Denken Sie daran: Führung, Größe und Wirksamkeit sind eine innere Angelegenheit. Sie werden nie ein großartigeres, stärkeres und edleres Leben im Außen führen als jenes, das Sie in Ihrem Inneren aufbauen. Ihr bestes Selbst zu verwirklichen ist eine wahre Form von echtem Reichtum.

Reichtumsart #2: Körperliche Fitness + Langlebigkeit

Diese Lebensdimension bezieht sich auf alle Aspekte Ihres körperlichen Zustands, einschließlich der Gesundheit Ihres Gehirns, Ihrer persönlichen Energie, Ihrer Ausdauer, Ihrer Fähigkeit, sich schnell zu erholen, der Qualität Ihres Immunsystems, Ihrer Schlafhygiene und Ihrer Langlebigkeit. Es ist mir klar, dass es Sie etwas kosten wird, wenn Sie die Zeit und die Ressourcen aufwenden, die erforderlich sind, um sich in diesem Bereich Ihres Lebens zu verbessern und weiterzuentwickeln. Aber Krankheit (oder Tod) wird Sie noch mehr kosten.

Hervorragende Gesundheit ist ein Schlüsselelement für wahrhaftes Glück. Investieren Sie in Ihre Gesundheit, denn die Erträge, die sich daraus ergeben, werden in einer Größenordnung liegen, die Sie sich nicht vorstellen können. Wie es in einer alten

Weisheitstradition heißt: »Als junge Menschen sind wir bereit, unsere Gesundheit für finanziellen Reichtum zu opfern; aber wenn wir alt und weise werden, sind wir bereit, all diesen Reichtum für nur einen einzigen Tag mit ausgezeichneter Gesundheit zu geben.«

Ja, das Healthset gehört in diese Kategorie, ist aber auch Teil der Reichtumsart #1. Ich habe es absichtlich hier eingeordnet, denn obwohl eine ausgezeichnete Gesundheit Teil der persönlichen Meisterhaftigkeit ist, verdient sie auch ihr eigenes Reich. Machen Sie sich also Gesundheit zu einer Ihrer obersten Prioritäten, wenn Sie sich ein Leben von Weltklasse aufbauen. Denn ohne Gesundheit ist alles andere nichts.

Reichtumsart #3: Familie + Freundschaften

Niemand wünscht sich in seiner letzten Stunde, er hätte mehr Zeit mit seinen Anwälten, Zulieferern und Golfpartnern verbracht. Nein. Wir alle hoffen, am Ende unseres Lebens von Familie und Freunden umgeben zu sein, die wir gut behandelt haben und die von ihrer Wertschätzung und Bewunderung für uns überwältigt sind. Viele Menschen sind an ihrem Lebensabend von großem Bedauern darüber erfüllt, dass sie nicht genug Zeit mit jenen verbracht haben, die ihnen nahestehen. Wenn dies auch für Sie am Ende von Bedeutung sein wird, sollten Sie sich bereits jetzt darum kümmern. Das gilt besonders, wenn es um Kinder geht. Als Eltern haben wir ein winziges Zeitfenster, um unseren Kindern bedingungslose Liebe zu zeigen und sie zu formen, bevor sie in ihr eigenes Leben gehen. Wenn sich dieses Zeitfenster einmal geschlossen hat, ist es schwer, es wieder zu öffnen, wenn man sich nicht beizeiten die Mühe gemacht hat, diese wichtige Beziehung zu vertiefen.

Reichtumsart #4: Beruf + Karriere

Jeder Mensch hat die Möglichkeit, ein hohes Maß an Freude, Sinnhaftigkeit und innerem Frieden zu erlangen, wenn er sich in dem, was er beruflich tut, hervorragend auskennt und imstande ist, seine Kräfte, seine Talente und Fähigkeiten in vollem Umfang zur Geltung zu bringen. Es gibt nur wenige Beschäftigungen, die so viel geistige Befriedigung verschaffen, wie die eigene Arbeit meisterhaft auszuführen, der Weltbeste (mit Abstand) in seinem Handwerk zu werden, schwierige Probleme zu lösen und dadurch das Leben vieler Menschen zu bereichern, und zu jenem Schöpfer zu werden, zu dem man kraft seiner inneren Heldenhaftigkeit bestimmt ist. Wenden Sie also ein hohes Maß an Energie auf, um Ihre Leistungsfähigkeit in diesem Bereich zu steigern. Betrachten Sie das Bemühen um die Maximierung Ihrer beruflichen Fertigkeiten und die damit verbundene Förderung Ihrer Karriere ebenfalls als eine Form von Reichtum, die es wert ist, gefeiert (und gesteigert) zu werden.

Reichtumsart #5: Geld + Vermögen

Ja, natürlich sind Ihr Einkommen und Ihr Vermögen (ob Sie es glauben oder nicht, aber manche Leute denken, das sei dasselbe, dabei sind es zwei sehr verschiedene Dinge) eine Form von Reichtum in Ihrem Leben. Um ein schönes Leben zu führen, ist es von grundlegender Bedeutung, dass man genug Geld hat, um fantastische Erinnerungen für die Familie zu schaffen, ihre Bedürfnisse (und die eigenen) zu befriedigen und die Früchte der Arbeit zu genießen, indem man sich die materiellen Güter (und Erfahrungen) kauft, die das Herz (und die Seele) mit Glück erfüllen. Viel Stress wird durch mangelndes wirtschaftliches Wohlergehen verursacht. Dabei kann man so viel Gutes in der Welt tun, wenn man erst einmal über eine ordentliche Summe Geld verfügt.

Ich möchte darauf hinweisen, dass einer der größten Fehler, den viele Menschen in finanzieller Hinsicht begehen (nach der

Anhäufung zu vieler Schulden und der Missachtung der bewährten Regel, dass man stets im Rahmen seiner Möglichkeiten leben sollte), darin besteht, dass sie ihren Lebensstil jedes Mal ein Stück höherschrauben, wenn sich ihr Einkommen erhöht. Ein schwerer Fehler. Wenn Sie immer, sobald Sie mehr Geld verdienen, Ihre Ausgaben erhöhen, werden Sie nie ein Vermögen aufbauen. Sie werden immer im Hamsterrad laufen.

Ich empfehle Ihnen auch, sich nicht beeindrucken zu lassen vom persönlichen Einkommen eines Menschen (oder vom Unternehmenseinkommen), sondern stattdessen den *Gewinn* zu betrachten. Ihr jährlicher und monatlicher Geldzufluss ist viel weniger wichtig als der Betrag, der Ihnen nach Abzug der Ausgaben und der Steuern zum Sparen und Investieren bleibt. Verwechseln Sie nicht das Bruttoeinkommen mit dem Nettogewinn. Niemals. Das möchte ich Ihnen dringend ans Herz legen.

Ein letztes Wort noch zur Reichtumsart #5: Vertrauen Sie darauf und machen Sie sich bewusst, dass Geld nicht böse ist. Nur Menschen, die kein Geld haben, stellen diese Behauptung auf, um ihre Armut zu rechtfertigen. Wohlstand kann Ihnen – und Ihren Angehörigen – Glück bringen. Sofern Sie ihn mit Weisheit, Enthusiasmus, Rücksichtnahme und unter disziplinierter Wahrung Ihrer Integrität nutzen.

Reichtumsart #6: Mentoren + Beeinflusser

Wir erheben uns selbst auf die Ebene unserer Gespräche, unserer Kontakte und Beziehungen. *Ihr innerer Kreis beeinflusst maßgeblich Ihre äußere Meisterhaftigkeit.* Die sechste Art des Reichtums besteht also darin, mehr Zeit mit Menschen zu verbringen, deren Leben Sie auch gerne leben würden. Menschen, die Ihnen durch die Art und Weise, wie sie denken, fühlen, handeln und ihren Beitrag zur Gesellschaft leisten, eine ganz neue Art zu arbeiten und zu leben offenbaren. Influencer, die Sie durch ihr Beispiel dazu bringen, mit noch mehr Optimismus, Exzellenz, Originalität und Anstand aufzutreten.

Und wenn es Ihnen wirklich ernst damit ist, auf Weltklasseniveau aufzusteigen, sollten Sie sich regelmäßig mit Menschen treffen, die sich auf einem so erstaunlichen Niveau bewegen, dass Sie sie niemals werden einholen können! Ihr Vorbild wird ein unauslöschliches Feuer in Ihrem Inneren entfachen und Ihren großartigen Aufstieg zu jenem Zauber fördern, den Sie repräsentieren sollen, und es Ihnen ermöglichen, Ihr Sternenlicht in das Universum auszustrahlen. Wenn Sie der erfolgreichste Mensch sind, den Sie kennen, ist es vielleicht wirklich an der Zeit, ein paar neue Leute kennenzulernen. Wenn Sie außergewöhnliche Vorbilder finden, die Ihnen als Mentoren zur Seite stehen, wird Ihr Leben eine völlige Kehrtwendung erfahren. Das verspreche ich Ihnen.

Reichtumsart #7: Abenteuer + Lebensstil

Wir Menschen sind am glücklichsten, wenn wir uns weiterentwickeln und Vertrautes oder Fremdes erforschen. Und wenn wir uns hinauswagen auf die lebendigen blauen Ozeane von zuvor erdachten Orten, Möglichkeiten und Zielen, die unseren Geist beflügeln. Sie und ich, wir sind auf einer ursprünglichen Ebene Nomaden. Wir sind Reisende. Pioniere, sozusagen. Wir sehnen uns danach, neue Fähigkeiten zu erlernen, neue Erfahrungen zu sammeln, in fremde Kulturen einzutauchen, Fremde zu Freunden zu machen und mit leuchtenden Augen und tanzenden Herzen durchs Leben zu gehen.

Um ein optimales Gleichgewicht zu erreichen, ist es wichtig, eine Art »institutionalisiertes Abenteuer« in das Leben einzubauen, sei es ein Ausflug in eine Kunstgalerie, ein Besuch in der Bibliothek oder eine Wanderung zu einem Restaurant, das eine Speise anbietet, die Sie noch nicht probiert haben. Wenn Sie Ihren inneren Entdecker regelmäßig pflegen, wird das Ihre Inspiration und Ihre Kreativität steigern. Zur Steigerung dieser Art von Wohlstand gehört auch die konsequente Verbesserung Ihrer gesamten Lebensweise. Sich dem Aufbau eines Lebensstils auf

Weltklasseniveau zu widmen ist ein großartiges Ziel. Überlegen Sie, wie das ideale Haus aussehen soll, in dem Sie leben möchten, wie die Qualität der materiellen Dinge sein soll, die Sie besitzen, wie viel Freizeit Sie sich gönnen möchten, wie es wäre, in unterschiedlichen Ländern zu leben, die Ihre künstlerische Arbeit beflügeln (anstatt ein zweites oder drittes Haus zu kaufen, das Kapital verschlingt und Sie dazu zwingt, dort Zeit zu verbringen, könnten Sie sich überlegen, ob Sie nicht lieber in einem guten Hotel übernachten wollen), und wie Ihr allgemeines Lebensniveau beschaffen sein soll. Wenn Sie jede Woche etwas tun, um Ihren Lebensstil zu optimieren, wird sich das mit der Zeit auszahlen.

Reichtumsart #8: Wirksamkeit + Beitrag

Ich weiß, dass wir uns einig sind, dass ein Leben, das nicht dazu beiträgt, das Leben anderer Menschen zu verbessern, ein schrecklich leeres Leben ist. Verpflichten Sie sich also, noch sorgfältiger in diese letzte Art des Reichtums zu investieren, indem Sie jede Woche eine Aktivität planen, die Ihren Nutzen erhöht und Ihren Dienst an der Gemeinschaft in irgendeiner kleinen (oder großen) Form steigert. Wenn Sie diese Welt verlassen, werden Sie die Ehre und die Würde eines Lebens kennen, das für so viel mehr als nur für sich selbst gelebt wurde.

Das war das Modell der »Acht Arten des Reichtums«. So können Sie echte und dauerhafte Vortrefflichkeit erleben, anstatt am Ende Ihrer Tage festzustellen, dass Sie Ihre kostbarsten Stunden damit verbracht haben, Berge zu besteigen, die zu den falschen Gipfeln führten. Sie sollten niemals das Leben führen, das Ihnen die moderne Gesellschaft als erfolgreich verkauft, und dadurch negieren, dass die universelle Weisheit uns gelehrt hat, was ein wundervolles Leben wirklich beinhaltet.

Wenn ich meine Gedanken über die verschiedenen Arten des

Reichtums mit Ihnen teile, kommen mir folgende humorvollen Worte aus dem Tagebuch des berühmten Schriftstellers Henry James in den Sinn:

> Wenn man eine gute Gesundheit, ein gutes Vermögen und ein reines Gewissen hat und vollständig befreit ist von peinlichen Verwandten, dann ist man wohl verpflichtet, sich selbst als glücklich zu bezeichnen.

61

Der Algorithmus für ein wunderbar ausgewogenes Leben

Bitte beachten Sie: Dieses Kapitel enthält zielgenaue, kalibrierte Informationen über meinen Wochenplanungsprozess. Ich habe mich nach Kräften bemüht, ihn verständlich zu machen, und habe dazu auch ein Lehrvideo erstellt, das ich am Ende dieses Artikels erwähne. Seit Jahren werde ich gebeten, dieses Verfahren öffentlich darzustellen, was ich hiermit tue. Also, dann lassen Sie uns beginnen.

Nachdem Sie nun wissen, dass es *acht* Arten von Reichtum und Wohlstand gibt (Geld ist nur eine davon), möchte ich Ihnen eine transformative Methode vorstellen, die Ihnen helfen wird, diese Ansätze auf wunderbare Weise in Ihr Leben zu integrieren, sodass sich Ihre guten Absichten in großartige Ergebnisse verwandeln können. Dieses System nutze ich auch für meine persönliche Wochenplanung. Es ist eines der wertvollsten Werkzeuge, die ich für den Aufbau eines kreativen, produktiven und nützlichen Lebens verwendet habe. Um die Methodik dieses Kapitels vollständig zu verstehen und umzusetzen, gehen Sie bitte auf TheEveryday-HeroManifesto.com/WeeklyDesignSystem und drucken Sie sich die dort abrufbaren Arbeitsblätter aus, damit Sie sie vor sich haben. Schauen Sie sich auch das Video an, das ich sorgfältig erstellt habe und das Sie durch die acht Schritte des Planungsprozesses führt. So wird meine Darstellung hier noch klarer und nützlicher für Sie sein.

Um eine absolut erstklassige Wochengestaltung zu erstellen, sollte man sich auf folgende drei elementaren Grundsätze stützen:

1. Dinge, die geplant werden, sind auch Dinge, die erledigt werden.
2. Vage Pläne führen zu vagen Zielen.
3. Aus erstklassigen Wochen werden bald sensationelle Quartale, die in spektakuläre Jahre münden, aus denen großartige Jahrzehnte werden.

Mit diesen grundlegenden Erkenntnissen im Hinterkopf werfen wir einen Blick auf das folgende Lernmodell, das Ihnen einen Überblick über das System bietet, das Ihre Leistungsfähigkeit, Ihr Wohlergehen und Ihre innere Freiheit erheblich steigern wird.

DAS WOCHENPLANUNGSSYSTEM

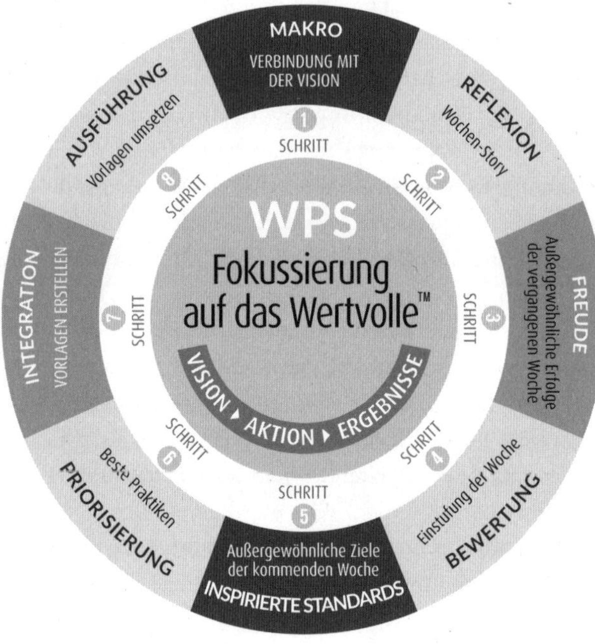

Jeden Sonntagmorgen nehme ich mir früh eine Stunde Zeit, um die kommende Woche zu planen. (Wie der amerikanische Schriftsteller Saul Bellow einmal sagte: »Ein klarer Plan befreit dich von der Qual der Wahl.«) Meine Familie schläft noch tief und fest, in der Nachbarschaft ist alles still, meine Geräte sind auf eine wunderbare Einstellung namens »Aus« eingestellt, und ich kann mich ganz der Kontemplation hingeben. Um darüber nachzudenken, was am wichtigsten ist. Und die sieben Tage, die vor mir liegen, so zu gestalten, dass ich sie ideal verbringe (so ideal und so gut, wie es möglich ist in einer unberechenbaren Welt).

Ich möchte darauf hinweisen, dass eine der besten Methoden, um Ihre Selbstdisziplin zu stärken und Ihre Fähigkeit zu verbessern, konsequent zu handeln, darin besteht, dass Sie wirklich gut darin werden, Ihre wöchentlichen Termine zu planen (und dann auch die kleinen täglichen Versprechen einzuhalten, die Sie sich gegeben haben).

Lassen Sie uns nun die einzelnen Schritte des Prozesses durchgehen:

Schritt #1: Blick auf die Makroebene + Verbindung zu Ihrer Vision

Beginnen Sie damit, dass Sie sich im Schnelldurchlauf überlegen, wofür Ihr Leben stehen soll und was Sie erreicht haben müssen, wenn Sie alt werden, um zufrieden konstatieren zu können, dass Sie Ihren Idealen treu geblieben sind. Dadurch wird sichergestellt, dass die vor Ihnen liegende Woche strategisch und nicht reaktiv verläuft, absichtsvoll und nicht automatisch.

Wenn ich einem Klienten dieses System zum ersten Mal erkläre, bitte ich ihn, seine Grabrede zu verfassen – vier Absätze, die beschreiben, was er hofft, dass seine Familie, seine Freunde und Kollegen nach seinem Tod über ihn sagen werden. Dies beruht auf den Zielen der »Großen Fünf« für das Leben, ein Konzept, das ich Ihnen im Kapitel über die Pyramide der Strategien für

Spitzenproduktivität erläutert habe. Dann bitte ich die Klienten, ihre »Top Ten der täglichen Hingabe« aufzuschreiben – jene Gewohnheiten und täglichen Routinen, die sie zu Höchstleistungen motivieren können, wenn sie konsequent umgesetzt werden. Jeden Sonntagmorgen gehen die Klienten diese beiden Dokumente sorgfältig und voller Vorfreude durch, um sich auf das Wesentliche zu besinnen, bevor sie ihren Plan für eine ideale Woche erstellen. Dies ermöglicht es ihnen, ihren persönlichen Leuchtturm aufzusuchen, der sie mit Klarheit leitet. Auch hierzu habe ich die Arbeitsblätter, die ich bei meinem Coaching verwende, für Sie auf der eingangs erwähnten Website bereitgestellt. Sie können Ihre Grabrede und Ihre »Top Ten der täglichen Hingabe« auch in Ihr Tagebuch schreiben. Bitte tun Sie, was Ihnen angemessen erscheint.

Schritt #2: Reflexion über Ihre Wochen-Story

Als Nächstes verfassen Sie einen Wochenbericht, in dem Sie detailliert beschreiben, wie Sie jeden Tag der vergangenen Woche verbracht haben. Sobald Sie die eigentliche Wochenplanungsvorlage verwenden, die Teil dieser Methode ist, können Sie diesen Schritt wesentlich leichter durchführen, weil Sie dann einen übersichtlichen Zeitplan für jeden der vergangenen sechs Tage haben werden. Überlegen Sie zunächst, was Sie in der vergangenen Woche jeden Tag getan haben, und listen Sie dann die Arbeitsergebnisse, die Trainingseinheiten, die Lernzeiten, die mit Familie und Freunden verbrachte Zeit etc. auf.

Wenn Sie Ihren Wochenbericht schreiben, wird Ihnen bewusst werden, wo Sie Erfolge erzielen. Hier wird auf wundervolle Weise festgehalten, wo die Dinge gut gelaufen sind, sodass Sie Ihre Erfolgsformel in der kommenden Woche wiederholen können (stellen Sie sich vor, wie viel Inspiration, Schwung und Produktivität Sie Woche für Woche erleben werden, wenn Sie dies konsequent tun). Und wenn Sie Ihre gesamte Woche bis ins kleinste Detail durchgehen, werden Sie feststellen, welche Verbesserungsmöglichkeiten sich anbieten. Je besser Sie wissen, wie es um Ihre Leistung bestellt ist, umso besser können Sie die täglichen Entscheidungen treffen, die für bessere Ergebnisse sorgen (denken Sie an meine Brokkoli-Essgewohnheit und an die Drei-Schritte-Erfolgsformel).

Schritt #3: Freuen Sie sich über die außergewöhnlichen Ereignisse der Woche

Wenn Sie das eine Seite umfassende Wochenplanungssystem verwenden (das ich Ihnen online zur Verfügung stelle), notieren Sie drei wirklich außergewöhnliche berufliche Ziele und drei wirklich außergewöhnliche persönliche Ergebnisse, die Sie bis zum Ende der kommenden Woche erreichen wollen. In dieser Phase des sonntäglichen Planungsprozesses feiern Sie das Erreichen dieser Ziele. Stellen Sie anschaulich dar, wie Sie sich fühlten, als Sie diese Ziele erreichten.

Schritt #4: Die wöchentliche Bewertung und Messung

Wenn Sie die Vorlage heruntergeladen haben, werden Sie sehen, dass es einen Bewertungsindex gibt, in dem Sie die abgelaufene Woche von eins bis zehn bewerten können. Dadurch wird Ihnen noch bewusster, was in Ihrem Leben klappt (sodass Sie es wiederholen und dadurch verstärken können) und was verbesserungsbedürftig ist.

Schritt #5: Die außergewöhnlichen Ziele für die kommende Woche

In dieser Phase des Wochenplanungsprozesses notieren Sie die drei wirklich außergewöhnlichen beruflichen Ziele, die Sie in der kommenden Woche erreichen müssen, damit Sie das Gefühl haben, dass diese Woche sehr erfolgreich war. Auf beruflicher Ebene könnten dies etwa der Abschluss eines wichtigen Kreativprojekts, die gelungene Durchführung einer wichtigen Verkaufspräsentation oder die Planung eines ablenkungsfreien Abends sein, an dem Sie sich mit einem Aspekt Ihres Berufes beschäftigen, der Ihr Fachwissen erweitert. Wirklich außergewöhnliche Dinge im persönlichen Bereich könnten zum Beispiel sein: fünf intensive Trainingseinheiten, viermal morgens meditieren, drei Familienmahlzeiten mit meiner vollen Anwesenheit und ohne ablenkende Geräte oder Samstag bis Mittag ganz für mich allein.

Schritt #6: Beste Praktiken und Setzung von Prioritäten

Als Nächstes werfen Sie einen Blick auf die Liste der besten Praktiken für jede der »Acht Arten des Reichtums«, die Sie bei der erstmaligen Umsetzung des Systems aufzeichnen werden. So können Sie sich vor Beginn der Woche an jene Verhaltensweisen in den acht Schlüsselbereichen Ihres Lebens erinnern, die Ihrer Erfahrung nach dazu führen, dass Sie Ihr Leben optimal gestalten können. Eine recht einfache Erkenntnis, nicht wahr? Um Ihr Glück und Ihren Erfolg zu steigern, sollten Sie jene Aktivitäten ins Auge fassen und durchführen, die Ihnen erfahrungsgemäß Erfolg und Glück bringen. Zum Beispiel, wenn es um die Selbst-Meisterschaft geht, könnte Ihre Bestandsaufnahme Folgendes umfassen: »Um fünf Uhr morgens aufstehen und meine Morgenroutine durchführen«, »das ›Zwei-Massagen-Protokoll‹ anwenden«, »eine Stunde Zeit nehmen für das Gebet in der Stille«, »ein zweistündiger Spaziergang in der Natur«, »eine dreistündige Lese- und Studienzeit« und »eine Sitzung für Tagebuchschreiben und die Zukunftsplanung«.

Führen Sie diese Art von Inventur auch für jede der übrigen Reichtumsarten durch, dann erhalten Sie eine klare und aussagekräftige Liste der besten Verhaltensweisen in den wichtigsten Bereichen Ihres Lebens, die Sie in Ihren Plan für die kommenden sieben Tage aufnehmen können. Jeden Sonntag gehen Sie die Liste durch, wählen dann ein, zwei oder vielleicht auch drei Ziele aus den Verzeichnissen der Reichtumsarten aus, die Sie am stärksten vorantreiben oder verbessern möchten, und halten dann das, was Ihnen eingefallen ist, in Ihrem ausgedruckten Plan fest. So stellen Sie sicher, dass Sie nie Aktivitäten verpassen, die besonders wichtig sind, weil Sie in einen Trott des »Geschäftigseins« verfallen sind.

Schritt #7: Integration und Erstellung Ihrer Vorlage (für eine wundervolle Woche)

Mithilfe des Terminplaners, den Sie online unter TheEverydayHeroManifesto.com/Scheduler herunterladen können, stellen Sie nun Ihren kompletten Kalender für die kommende Woche fertig. Das ist wichtig: Tragen Sie Ihre Arbeitssitzungen und alle Ihre beruflichen Aktivitäten ein. Notieren Sie aber auch Ihr Training, Ihre Spaziergänge in der Natur, Ihre Mahlzeiten mit der Familie, Ihre Massagen und Meditationszeiten usw. sowie all die persönlichen Dinge, die normalerweise nicht in den Terminkalender eines Spitzenleistungsmenschen aufgenommen werden (und deshalb auch nicht erledigt werden). So wird sichergestellt, dass alles Wesentliche in Ihrem Plan erfasst wird – nicht nur das, was Sie brauchen, um superproduktiv zu sein, sondern auch das, was Sie brauchen, um Ihre Familienbande zu pflegen, superfit und in finanzieller wie in geistiger Hinsicht stark und zuversichtlich zu werden.

Oben auf dem Plan befindet sich ein Feld für Ihre jeweils drei außergewöhnlichen Vorhaben im persönlichen und im beruflichen Bereich, damit Sie diese in der kommenden Woche jeden Tag im Blick haben.

Ein Beispiel für einen Zeitplan, den ich kürzlich erstellt habe

Wenn ich im Laufe des Tages eine Aufgabe erledige, schreibe ich ein »V« daneben für »Victory«. Das hält mich bei Laune, setzt Energie frei durch die Erleichterung, dass ich es geschafft habe, und gibt mir neuen Schwung. Oft mache ich kleine Notizen neben etwas, das ich gerade erledigt habe, um mir stärker bewusst zu machen, warum es geklappt hat. Ein anderes Mal notiere ich in kurzen Worten, wie ich mich während einer bestimmten Zeitspanne oder einer Optimierungsmöglichkeit fühlte. All dies fließt in den Wochenbericht ein, den ich am Ende der Woche in meinem Tagebuch festhalte, wenn ich die Woche Revue passieren lasse.

Schritt #8: Die Vorlage umsetzen und mit Leben erfüllen

Der letzte Schritt bei der Erstellung Ihres Wochenplanungssystems besteht darin, sich an jedem Morgen der neuen Woche ein paar Minuten Zeit zu nehmen, um Ihre außergewöhnlichen Vorhaben und Ihren Zeitplan für den vor Ihnen liegenden Tag noch einmal durchzugehen. Dies fördert die Klarheit und aktiviert Ihre Fähigkeit, Ablenkungen zu widerstehen und sich nur den Dingen zu widmen, die Sie sich vorgenommen haben. So erreichen Sie ein Höchstmaß an Produktivität, Leistung und Lebensbalance, während Sie sich stetig auf das Ziel der »Großen Fünf« Ihres Lebens zubewegen.

So, das war's! Das Wochenplanungssystem für die konsequente Verwirklichung von Weltklassewochen, die zu Weltklassemonaten, dann zu Weltklassequartalen, zu Weltklassejahren und schließlich zu Weltklassejahrzehnten werden, die ein Weltklasseleben hervorbringen. Je regelmäßiger Sie dieses System anwenden, desto einfacher wird die Praxis. Und desto größer werden die Belohnungen sein, die Sie erhalten.

Ich weiß, dass das Material, das ich hier vorlege, anstrengend und herausfordernd ist. Dennoch ist es meine Pflicht, Ihnen die Methodik anzubieten, die Ihnen helfen wird, Ihr Genie zu verwirklichen. Ich beglückwünsche Sie dazu, dass Sie zu jener Art von Lernenden und Führungspersönlichkeiten gehören, die sich in einer Kultur, in der viele nur das Einfache schätzen, mit detaillierten Informationen auseinandersetzen. Das vollständige Schulungsvideo zu diesem Prozess erhalten Sie auf folgender Seite: TheEverydayHeroManifesto.com/WeeklyPlanning.

Nun folgen noch einige kürzere Kapitel, da wir uns dem Ende unserer gemeinsamen Zeit nähern.

Ein Letztes noch. Manche Klienten fragen sich, ob das Wochenplanungssystem nicht die Spontaneität unterdrücke. Tatsächlich aber werden Sie durch die Umsetzung dieses Prozesses so viel Freizeit haben wie seit Jahren nicht mehr. Wie jemand einmal zu mir sagte: »Wenn die Planung das Sprungbrett ist, dann sorgt die Spontaneität für den Platscher.«

62

Der »Nur weil«-Code für Alltagshelden

Ein wenig mehr von meiner »Poesie«, um Ihren Optimismus zu stärken und Ihren Glauben an all die Segnungen und Wunder zu festigen, die das Schicksal auf dem vor Ihnen liegenden Weg platziert hat …

… Nur weil Ihre Vergangenheit schmerzhaft war, heißt das nicht, dass Ihre Zukunft nicht wundervoll sein wird.

… Nur weil Sie gestern etwas nicht geschafft haben, heißt das nicht, dass Sie es heute auch nicht erreichen können.

… Nur weil Sie vor Kurzem noch keine Lösung für ein Problem sehen konnten, heißt das nicht, dass sich nicht jetzt eine Lösung anbahnt.

… Nur weil jemand ein Versprechen bricht, das er Ihnen gegeben hat, heißt das nicht, dass Sie die Versprechen, die Sie anderen geben, auch nicht einhalten sollten.

… Nur weil jemand mehr genommen hat, als er gegeben hat, heißt das nicht, dass Sie nicht ein exzellenter Geber sein sollten. Und außerordentlich großzügig.

… Nur weil eine Person immer zu spät kommt, heißt das nicht, dass auch Sie nicht pünktlich sein sollten.

… Nur weil tägliches Lesen in einer Welt voller Cyber-Zombies nicht mehr so beliebt ist, heißt das nicht, dass Sie nicht ein lebenslanger Bücherliebhaber sein sollten. Und die sachkundigste Person in Ihrem Fach.

… Nur weil jemand, dem Sie vertraut haben, Ihren Glauben an ihn verraten hat, heißt das nicht, dass Sie selbst auch nicht vertrauenswürdig sein sollten.

… Nur weil ein Traum, den Sie verfolgt haben, zu einer herben

Enttäuschung geführt hat, heißt das nicht, dass Sie nicht ein begeisterter Träumer bleiben und entschlossen die Möglichkeiten nutzen sollten, die sich bieten.

... Nur weil jemand, den Sie lieben, sich lieblos verhält, heißt das nicht, dass er Ihre Liebe nicht verdient. (Hinter Wut verbirgt sich immer Trauer und hinter einem Angriff immer Traurigkeit.)

... Nur weil viele Menschen negativ und pessimistisch sind, heißt das nicht, dass Sie sich nicht von der Herde abwenden und ein echter Hoffnungsträger sein sollten, der seinen Zauber hinausträgt in die Welt.

... Nur weil tadellose Höflichkeit und akkurate Umgangsformen selten geworden sind, heißt das nicht, dass Sie nicht zu einem einzigartigen Menschenschlag gehören und der rücksichtsvollste, kultivierteste und würdigste Mensch in Ihrer Gemeinschaft sein sollten.

... Nur weil es nicht mehr so üblich ist, einen besonderen Aufwand zu treiben, heißt das nicht, dass Sie nicht für eine ungewöhnliche Leistung stehen sollten. Und für echtes Können. Ihre Integrität erfordert, dass Sie sich weigern, sich mit Mittelmäßigkeit in welcher Form auch immer zufriedenzugeben und diese auszustrahlen, richtig?

... Nur weil Sie einen Fehler gemacht haben, heißt das nicht, dass der Respekt, den man Ihnen entgegenbringt, falsch ist.

... Nur weil manche Menschen nur auf sich selbst fixiert sind, heißt das nicht, dass Sie nicht für Hilfsbereitschaft, Dienst an der Gemeinschaft und Freundlichkeit stehen sollten.

... Nur weil Sie Wunden zu heilen und mit Grenzen zu kämpfen haben, heißt das nicht, dass etwas mit Ihnen nicht stimmt.

... Nur weil andere Menschen momentan eine bestimmte Fertigkeit besser beherrschen als Sie, heißt das nicht, dass Sie sich nicht darin üben können, in diesem Bereich ebenfalls zu Meisterhaftigkeit zu gelangen. Und dann Virtuosität in der Welt demonstrieren können.

... Nur weil Sie nicht das Leben haben, das Ihr höchstes Selbst anstrebt, heißt das nicht, dass das Schicksal Ihnen die Verwirklichung Ihrer höchsten Sehnsüchte verweigert.

… Nur weil viele Menschen nicht wissen, wie man verzeiht, heißt das nicht, dass Sie nicht alte Kränkungen loslassen und Ihren Weg fortsetzen sollten ungeachtet aller Ärgernisse, die Ihnen in die Quere kommen mögen.

… Nur weil viele um Sie herum zu ängstlich sind, um ganz Mensch zu sein, heißt das nicht, dass es keinen Wert hat, dass Sie die Größe, die Liebe und die Großartigkeit vorleben, die jene Moleküle sind, die uns zu einem echten Menschen machen.

… Nur weil das Leben relativ kurz ist, heißt das nicht, dass man sich nicht darauf vorbereiten sollte, lange Zeit zu leben. So hinterlassen Sie ein großartiges Zeichen.

63

Der Tod ist nur ein Hotelzimmer-Upgrade

Ich habe Angst in mir, weil ich ein Mensch bin.

Meine Stimme zitterte wirklich vor Angst, als ich im Biologielabor an der Universität vor zehn Leuten sprechen sollte. Wenn ich Berühmtheiten treffe, jemand Neues kennenlerne oder von Grenzbeamten intensiv befragt werde, werde ich im Allgemeinen etwas nervös. (Ich habe gelesen, dass nur Banditen in der Nähe dieser letzten Gruppe ruhig sind.) Als introvertierter Mensch fühle ich mich bei gesellschaftlichen Anlässen wie Hochzeiten, Geburtstagsfeiern und – das ist die ultimative Folterkammer – auf Dinnerpartys unwohl. Ja, ich habe mir beigebracht, vor großem Publikum zu sprechen und mich in fordernden öffentlichen Situationen zu entspannen (das können Sie auch). Doch das ist nichts, was ich als besonders angenehm empfinde. Das muss ich ehrlich zugeben. Aber wenn es eine Sache gibt, die mir nie Angst gemacht hat, dann ist es das Sterben.

Vor Kurzem habe ich mich mit einem guten Freund über den Tod unterhalten. Er sprach davon, dass er viel Zeit damit verbringt, über sein Ende nachzudenken. Offenbar macht er sich Gedanken darüber, wie es ablaufen wird, wie es aussehen wird und ob im Jenseits Harfen laute klassische Musik spielen werden.

Ich für meinen Teil freue mich eigentlich auf den Tod, wenn ich das sagen darf. Ich möchte ganz klar feststellen: Ich liebe das Leben wirklich sehr, und es macht mir sehr viel Spaß.

… Ich lebe für meine Familie.

… Ich liebe meinen Beruf und das Privileg, für andere Menschen hilfreich sein zu können. Es rührt mich zu Tränen, wenn ich dies schreibe und darüber nachdenke, wie meine Leser sich mir gegenüber verhalten. Ich weiß nicht, ob ich das verdiene, aber ich danke Ihnen.

… Ich fühle mich gesegnet, dass ich so wunderbare Freunde habe, die mich zum Nachdenken, zum Lachen und manchmal auch dazu bringen, dass ich zu viel »Cacio e pepe« esse.

… Ich liebe die unzähligen Stapel von Büchern, welche die Räume unseres Hauses verzaubern, meine Touren mit dem Mountainbike, meine häufigen Reisen zu den Orten, die es mir besonders angetan haben, wie insbesondere Rom und Alba, Mauritius und Apulien, das Viertel TriBeCa in Manhattan und Franschhoek in Südafrika, Zürich, London, Dubai und Mumbai.

… Ich bin über alle Maßen dankbar für die Vortragsreisen, die ich rund um den Globus unternommen habe, für die unglaublich tollen Klienten, mit denen ich zusammenarbeiten darf, für die hervorragenden Mahlzeiten, die ich genossen habe, und für die herrlichen Sonnenaufgänge, die meine alternden Augen erleben durften.

All das ist cool. Es macht Spaß. Es erheitert mich. Oft jedenfalls. Doch ich brauche nichts davon. Ich *hänge nicht mehr daran.* Ich *identifiziere mich nicht mehr damit,* was bedeutet, dass ich all das nicht brauche, um meinen Selbstwert zu stützen und mir ein Gefühl von wahrer Macht zu verschaffen. In der Welt sein, aber niemals von ihr abhängig sein, so könnte man es vielleicht sagen. Ich habe begriffen, dass das Leben eine flüchtige Reise ist. Und dass diese Reise viel zu schnell zu Ende geht. Und dass jeder Tag auf Erden (trotz aller unvermeidlichen Tragödien) ein kostbares und vollkommenes Geschenk ist.

Dennoch mache ich mir keine Sorgen über den Abschied, weil ich aufrichtig glaube, dass alles, was uns wirklich ausmacht, *weiter besteht,* nachdem unser Körper zu Staub zerfallen ist. Unsere höchsten, weisesten, stärksten, unbesiegbaren, edelsten, ewigen und alles liebenden Identitäten – unsere Seelen – kehren zurück zu der Quelle, aus der sie kamen. Und streben in die Unendlichkeit. Und ich glaube auch nicht, dass dieser Ort, zu dem sie zurückkehren – oder genauer gesagt, in den sie eintauchen werden –, ein schlechter Ort ist, vor dessen Betreten wir uns fürchten sollten, mit Höllenfeuern und bösen Herrschern der Unterwelt, die Engeln mit Mistgabeln drohen und Heilige verfluchen. Nein, ganz und gar nicht.

Ich glaube, dass wir nach dem Tod einfach ins Licht zurückkehren. Einen Zustand des Seins, der vollkommene Kreativität, umfassende Wahrheit, epische Glückseligkeit und grenzenlose Liebe bedeutet. Und an einen Ort mit wirklich gutem Kaffee. Okay, vielleicht ist das mit dem Kaffee etwas übertrieben. Aber erlauben Sie mir bitte, diese philosophischen Ausführungen noch auf eine etwas andere Art und Weise zu formulieren …

… Es ist fast, als würden wir bei unserem Erdenwandel in einem Drei- oder vielleicht auch Viersternehotel übernachten. Dann sterben wir. Dabei passiert nichts Tragisches, wirklich. Wir werden sogar hochgestuft. In ein Fünfsternehotel. Die vorherige Herberge sah eigentlich schon recht gut aus. Aber die neue Unterkunft wird Sie umhauen. Warum sollte man sich diesem Wechsel widersetzen? Wenn es ein noch besserer Ort ist?

64

Warum Aristoteles auf dem Boden schlief

Zu meinen guten Bekannten gehört auch einer der erfolgreichsten Bestsellerautoren der Welt. Ich spreche nicht von einem Bestsellerautor, der ein paar Millionen Exemplare verkauft hat. Ich meine wirklich phänomenale Verkaufszahlen (ja, mehr als 100 Millionen Exemplare). Eines Abends, als wir in einer winzigen Stadt in Europa, in die er sich zurückgezogen hat, gemeinsam zu Abend aßen, erzählte er mir etwas, das mir bis heute im Gedächtnis geblieben ist. Der Schriftsteller erklärte, dass sein enormer Erfolg ihn dazu veranlasse innezuhalten, die Grenzen seines Handwerks zu akzeptieren und eine defensive Haltung einzunehmen, um seinen Erfolg zu bewahren, anstatt in die Offensive zu gehen und seine Arbeit noch weiter zu verbessern. Er hat auf seinem Gebiet mehr erreicht, als die meisten Menschen je erreichen werden, daher ist die Versuchung groß, sich auf seinen Lorbeeren auszuruhen und nicht mehr viel zu tun. Ihm fehlt es an nichts und er muss praktisch nichts mehr beweisen.

Doch er weiß, dass nichts so schnell vergeht wie der Erfolg, und Menschen, die Geschichte schreiben, bewahren sich stets die Leidenschaft, die sie als Amateure hatten. *Das Besondere an einem Meister ist, dass er nie denkt, er sei ein Meister.* Legendäre Menschen streben stets danach, ihr Fachgebiet zu beherrschen, in ihrem Bereich führend zu sein und so gut zu werden, dass sie sich in einer völlig anderen Umlaufbahn bewegen als alle anderen. Der große Golfspieler Bobby Jones bemerkte, als er Jack Nicklaus beim Masters-Turnier beobachtete, wo dieser seine Genialität unter Beweis stellte: »Er spielt ein Spiel, das ich nicht kenne.«

Der Hauptgrund, sich weiter zu verbessern – selbst wenn man

an der Spitze steht –, ist nicht das Streben nach mehr Ruhm, Reichtum und Bewunderung. Es geht darum, ein noch stärkeres persönliches Wachstum zu erfahren, die eigenen unsichtbaren Talente noch besser zum Vorschein zu bringen und charakterlich zu reifen, indem man noch mehr wertvolle Dinge produziert, während man pflichtbewusst den Einflüsterungen des höchsten geistigen Selbst folgt. (Ja, ich glaube fest daran, dass die Arbeit auf Weltklasseniveau eine sehr spirituelle Übung ist, weil man der Kraft, welche die Welt regiert, Tribut zollen kann, während man zugleich das Leben seiner Brüder und Schwestern auf diesem Planeten bereichert.)

Also raten Sie mal, was mein Freund getan hat? Er buchte einen sehr langen Aufenthalt in einem sehr billigen Motel (nicht Hotel). Und er begann, seinen nächsten monumentalen und einflussreichen Blockbuster zu schreiben. Er zwang sich selbst dazu, die Annehmlichkeiten seines täglichen Lebens hinter sich zu lassen, um sich auf das Wesentliche zu besinnen, seine Stiefel wieder auf den Boden zu stellen und sich das Leben etwas beschwerlicher zu gestalten. Denn der Kampf ist eine tiefe Quelle der Originalität. Und Zurückhaltung macht uns stärker.

Dieser angesehene (und sehr wohlhabende) Autor lebte also in einem billigen Motelzimmer. Ein ganzes Jahr lang. Und schrieb das beste Buch seiner Karriere. Ich habe gelesen, dass Aristoteles alle paar Wochen auf einem Steinboden schlief, um zäh, geerdet, wendig und bescheiden zu bleiben. Ich habe auch gelesen, dass junge Spartaner in der Kälte trainierten, nur mit einer Tunika und Sandalen bekleidet, um sich auf die harten Prüfungen vorzubereiten, denen sie im Krieg ausgesetzt sein würden. Ihre Mütter sagten zu ihren Söhnen, wenn sie in die Schlacht zogen: »Kommt siegreich zurück. Oder tot auf eurem Schild. Andernfalls kommt gar nicht erst zurück.«

Wir sind zu einer Kultur von Menschen geworden, die sich schnell verletzt fühlen, die furchtbar empfindlich sind und schnell aufgeben. Wir haben uns zu einer Gesellschaft von Schneeflocken, Nörglern und Hedonisten entwickelt, die sich immer nur Leichtigkeit, Vergnügen und Luxus wünschen. Um jedoch ein überragendes Werk zu schaffen, das die Zeit überdauert und ein Leben ermöglicht, auf das man stolz sein kann, muss man sich selbst in schwierige Situationen begeben. Und sich zwingen, schwierige Dinge zu tun. Damit man durch den Kampf zur eigenen verborgenen Stärke findet. Und zu Selbstvertrauen. Und zu Brillanz.

Ich schätze sehr diese Worte des stoischen Philosophen Epiktet: »Aber weder ein Stier noch ein edelmütiger Mensch wird plötzlich zu dem, was er ist; er muss ein hartes Wintertraining absolvieren, er muss sich vorbereiten und sich nicht vorschnell in etwas hineinstürzen, das ihm nicht angemessen ist.« Ich bemühe mich nach Kräften, die Botschaft der freiwilligen Entbehrung zu leben, zu der ich in diesem Kapitel ermutige, indem ich mich unablässig dazu zwinge, neue Dinge auszuprobieren, neue Möglichkeiten zu testen, meine Erfolgsformeln infrage zu stellen, noch früher aufzustehen, noch länger zu fasten und noch härter zu trainieren. Sich selbst zu fordern und ständig zu wachsen, das ist der einzige Weg, um die Alterung und die Apathie zu vermeiden, die uns in ein frühes Grab schicken werden.

In Hollywood gibt es einen Begriff, über den ich oft nachdenke – »jump the shark« (über den Hai springen) –, der als Mahnung verwendet wird, Erfolg nie als selbstverständlich anzusehen. Ich möchte Ihnen gerne mehr darüber erzählen. Vor vielen Jahren gab es in Amerika eine äußerst beliebte Fernsehserie namens *Happy Days.* Die supercoole Hauptfigur (gespielt von Henry Winkler) in dieser Sitcom war ein böser Junge namens Arthur Fonzarelli, bekannt als Fonzie oder einfach »der Fonz«. Millionen schalteten jede Woche ein, um die Serie zu sehen, und sie wurde ein sensationeller Erfolg. (Ich liebte die Serie und hatte sogar eine schwarze Lederjacke, die wie die von Fonzie aussah, um dies unter Beweis zu stellen.) Aber auf dem Höhepunkt des Erfolgs der Serie passierte etwas. Die Handlungsstränge verloren an

Spannung, und die Faszination der Geschichten begann zu schwinden. Die Dialoge wiederholten sich und wurden langweilig, und viele der einst so originellen Ideen wirkten müde.

Ich vermute, dass nach den vielen Staffeln, die immer wieder Spitzeneinschaltquoten erreichten, einige der sehr gut bezahlten Schauspieler gelangweilt waren und viele der Drehbuchautoren auf Autopilot schalteten, weil sie Angst hatten, etwas Neues auszuprobieren, bei dem sie auf die Nase fallen könnten. Die Besonderheit, die die Zuschauer einst begeistert hatte, verschwand einfach. In einer bestimmten Folge schien die Prämisse nur darauf ausgelegt zu sein, Zuschauer anzulocken: Fonzie wollte sich ein Paar Wasserskier anschnallen und über einen Hai springen. Kaum zu glauben, oder?

Obwohl der Fonz dieses Kunststück vollbrachte, wurde »über den Hai springen« zu einem Begriff, der heute in der Unterhaltungsbranche verwendet wird, wenn eine Serie ihr Haltbarkeitsdatum überschritten hat. Er dient als Warnung an Kreative, nicht auf bequeme Mittel zurückzugreifen, um Aufmerksamkeit für ihr Produkt zu erreichen, weil sie zu faul geworden sind, um sich darum zu bemühen, auf die nächste Stufe der Innovation zu gelangen. Und um zu vermeiden, dass man so sehr damit beschäftigt ist, den eigenen Erfolg zu sichern, dass man es versäumt, sich weiterzuentwickeln und die Risiken einzugehen, die einem noch größeren Erfolg einbringen würden.

65

Zerschlagen Sie Ihre Erfolgsformel wie Miles Davis

Gestern Abend habe ich eine Dokumentation über den Jazzgiganten Miles Davis gesehen. Die hätte Ihnen vielleicht auch gefallen. Ich erfuhr dabei Folgendes …

… Miles Davis wuchs in einer begüterten Familie auf, war jedoch rassistischen Vorurteilen ausgesetzt, was mir im Herzen wehtat, als ich es hörte.

… Er spielte mit Virtuosen wie Charlie Parker und Duke Ellington, deren Stil er nachahmte, bis er den Mut aufbrachte, mit dem Status quo zu brechen, und die Entschlossenheit, eine völlig neuartige Spielweise zu entwickeln.

… Er liebte Ferraris, Maßanzüge und andere Annehmlichkeiten eines gehobenen Lebensstils und wurde süchtig nach Alkohol, Heroin und Kokain.

… Er scherte sich auffallend wenig um die Meinung anderer und blieb sich selbst anscheinend immer treu. (Oh, wie selten und wichtig das ist!)

… Vom Aufwachen am Morgen bis zum Schlafengehen am Abend dachte er hauptsächlich an eines: an Musik. Alles andere war für ihn unwichtig. Wirklich.

Doch was diesen Meistertrompeter auszeichnete, der im Alter von 75 Jahren unerwartet an einem Schlaganfall starb, war sein unerschütterlicher Widerwille, sein Erfolgsrezept zu wiederholen. Miles Davis revolutionierte den Klang des Jazz mit dem Album *Kind of Blue,* mit seinen eindringlichen Melodien und der ätherischen Schönheit seiner Musik. Als in den späten 60er-Jahren Rock und Funk aufkamen, wechselte er überraschend sein Erscheinungsbild, legte seine maßgeschneiderten Anzüge ab und präsentierte sich im neuen Glamourstil (mit großen Sonnenbrillen im Stil von Jackie O., karierten Hemden und geschmeidigen Lederhosen). Mit *Bitches Brew*, einem Album, das der Gitarrist John McLaughlin als »Picasso des Klangs« bezeichnete, schuf er einen revolutionären (und rebellischen) Stil, der ans Psychedelische grenzte. Dann folgten seine Experimente mit elektronischer Musik, die völlig neue Jazzformen hervorbrachten.

In einer Szene dieses Dokumentarfilms verrät der Sohn von Miles Davis, dass sein Vater keine seiner alten Platten zu Hause aufbewahrte. Er interessierte sich einfach nicht für das, was er früher gemacht hatte – nur für das, was ihn gerade beschäftigte. Es faszinierte ihn viel stärker, an die Grenzen zu gehen, Neuland zu erforschen und die künstlerische Expansion weiter voranzutreiben, die immer über das Normale, das Akzeptable und das kommerziell Machbare hinausgreift. Wie einer der Musiker, die in seiner Band spielten, bemerkte: »Er wollte nicht, dass wir spielen, was wir kennen. Er wollte, dass wir spielen, was wir nicht kennen.«

So blieb er (und seine Musiker) immer an der Spitze des Feldes, in dem er sich betätigte. Und er entwickelte einen neuen bahnbrechenden Stil, der auch in einer vielfältigen, farbenreichen Zukunft cool, relevant und inspirierend bleiben sollte.

66

Der nichtzerbrechliche Künstler im glänzenden lila Anzug

Nassim Talebs Konzept der »Antifragilität«, das von der Fähigkeit handelt, zunehmende Unsicherheit und Unordnung in Stärken umzumünzen, spricht sowohl den Krieger als auch den Dichter in mir an. In meinen Gebeten, Meditationen und Tagebuchaufzeichnungen übe ich diszipliniert und bemühe mich, jene Art von schöpferischer Kraft zu entwickeln und jener Mensch zu werden, der standhafter und mutiger wird, wenn die Umstände herausfordernder und schwieriger werden. Zu triumphieren im Angesicht heftiger Turbulenzen bedeutet, dass man einen Durchbruch auf der ganzen Linie erlebt.

Das bringt mich zu einem Gemälde, das zu Hause vor meinem Schreibzimmer hängt. Ein Leser, der meine Arbeit als hilfreich und nützlich empfand, hat es mir großzügigerweise geschenkt. Und ich bin dankbar für dieses Geschenk. Ich habe es so aufgehängt, dass ich es sehe, bevor ich morgens mit dem Schreiben beginne und wenn ich am Ende des Tages mein Arbeitszimmer verlasse. Um mich daran zu erinnern, was echte Künstler tun. Und wie echte Ausnahmekünstler vorgehen. Das Bild zeigt Gord Downie, den Leadsänger einer Band namens The Tragically Hip, einer der größten Rockbands aller Zeiten (auch wenn sie weltweit nicht besonders bekannt ist). Ich habe die Gruppe viermal live gesehen, darunter das Konzert im Fillmore in San Francisco, das ein fast religiöses Erlebnis war, und ihr letztes Konzert in ihrer Heimatstadt Kingston in Kanada, bei dem meine Tochter und mein Sohn auf den Stühlen neben mir standen und mit weit aufgerissenen Augen die Fäuste in die Luft stießen. Es war ein unvergesslicher Abend. Aber dieses Erlebnis war in gewisser

Weise auch irgendwie tragisch. Erlauben Sie mir zu erklären, warum …

Ein Symbol für Meisterhaftigkeit, das mich täglich inspiriert

… Downie war eine Koryphäe aus einer anderen Welt. Seine Fähigkeiten als Songschreiber und Sänger waren großartig. Und die Art, wie er sich bei seinen Auftritten bewegte, habe ich noch bei keinem anderen Frontmann je gesehen. Mick Jagger kam ihm selbst in seinen besten Zeiten nur einigermaßen nahe.

Ein echter Rockstar im Fillmore

Gord Downie war ein Showman, der das Publikum hypnotisierte, auf der Bühne Zauberkunststücke vollführte und alte Legenden wie nur wenige zuvor wieder zum Leben erweckte. Die Leute hielten bei den Konzerten selbst gebastelte Schilder mit der Aufschrift »In Gord We Trust« in die Höhe. Und Millionen Menschen taten das wirklich.

Aber dann änderte sich alles schlagartig. Wie es immer im Leben kommt …

… Eines Tages, es war im Dezember, brach Downie in Kingston, wo er die Weihnachtszeit verbrachte, auf einer belebten Straße zusammen, wo er spazieren ging, und erlitt vor den fassungslosen Augenzeugen einen schweren Krampfanfall. Nach eingehenden Untersuchungen verkündete sein Arzt auf einer Pressekonferenz die Nachricht: Der Musiker litt an einem seltenen Hirntumor, einem Glioblastom. Und die Prognose lautete, dass die Krankheit unheilbar sei.

Downie wurde geraten, seine persönlichen Angelegenheiten zu regeln, sich von Angehörigen und Freunden zu verabschieden und nie wieder mit der Band auf Tournee zu gehen, die er so sehr liebte. Aber Downie war nichtzerbrechlich, nichtfragil. Also machte er weiter. The Hip – wie die Band von ihrer Fangemeinde liebevoll genannt wurde – machten sich auf den Weg zu ihren letzten Auftritten, um sich bei all ihren Fans zu bedanken, die sie so lange unterstützt hatten. Maßgeschneiderte Zylinder, wallende Schals, schillernde glänzende Hemden und lilafarbene Paillettenanzüge wurden für den Star angefertigt, damit er sie auf der Tournee tragen konnte. Notfallteams standen bei jeder Show in Bereitschaft. Angesichts der Krankheit machte sich die Gruppe Sorgen, dass ihr Leadsänger auf der Bühne einen Anfall erleiden könnte oder dass er aufgrund seiner anstrengenden Chemotherapie nicht die Energie haben würde, die Konzerte zu Ende zu bringen.

Es ist mir ein Bedürfnis zu erwähnen, was dann Außergewöhnliches geschah: Je länger die Tournee dauerte, desto *stärker* wurde Gord Downie. Während die Roadshow von einer Stadt zur anderen tingelte, wuchs seine Energie, sein Charisma nahm zu und sein Zauber verstärkte sich. Die letzte Show, die live im nationalen Fernsehen übertragen wurde und bei der fast zwölf Millionen Menschen zuschauten, wurde in einem einzeiligen Tweet der Polizei von Toronto zusammengefasst, in dem es hieß: »Liebe Welt, bitte beachten Sie, dass Kanada heute Abend um 20.30 Uhr geschlossen wird.« Wie bereits erwähnt, haben meine Kinder und ich das Konzert besucht. Wir haben gejubelt, geklatscht, getanzt und geweint. Jeder im Konzertsaal wusste, dass Downie bald sterben würde.

Etwa ein Jahr später schickte mir ein Freund eine Nachricht, als ich in Montenegro an einer Veranstaltung für Führungskräfte teilnahm. Als die Sonne über der Adria unterging und ich auf der Terrasse einer Hütte saß, die früher zu einem Fischerdorf gehörte, las ich, dass Gord Downie, der nichtfragile Künstler in dem glänzenden lila Anzug, von uns gegangen war. An einen besseren Ort.

67

Die »Lassen Sie Ihr Feuer brennen«-Theorie für ein Leben voller Kühnheit

Es ist noch sehr früh am Morgen, als ich diesen Beitrag für Sie schreibe. Dunkelheit umhüllt unser Haus, eine Tasse frischer Minztee steht auf meinem hölzernen Schreibtisch neben dem Papierstapel des Manuskripts. Das Stück »Roads« von Portishead läuft. Und die Stimmung ist genau richtig. Es würde Ihnen bestimmt gefallen, wenn Sie hier mit mir säßen.

In der Stille der Morgendämmerung denke ich über das wütende Feuer nach, das in so vielen guten Seelen loderte, die darum rangen, sich ihre hehren Wünsche zu erfüllen und ihre heroischen Sehnsüchte zu verwirklichen, bevor eine Welt voller Rechnungen, die bezahlt werden müssen, Schulden, die bedient werden müssen, und Verpflichtungen, denen man nachkommen muss, die Fülle der Möglichkeiten in die schwelende Glut einer verlorenen Gelegenheit verwandelte.

Seien Sie gewiss, dass die Unannehmlichkeiten des Wachstums stets geringer sind als der Kummer des Bedauerns. In diesem Zusammenhang muss ich an die Worte von Ayn Rand denken:

> Lasst euer Feuer nicht, einen unersetzlichen Funken nach dem anderen, in den hoffnungslosen Sümpfen des Nicht-ganz, des Noch-nicht und des Überhaupt-nicht erlöschen. Lasst das Heroische in eurer Seele nicht aus einsamer Verzweiflung darüber zugrunde gehen, dass ihr das Leben, das ihr verdient habt, niemals erreichen konntet. (…) Die Welt,

die ihr euch gewünscht habt, ist erreichbar, sie existiert, sie ist wirklich, sie ist möglich, sie gehört euch.

Wenn Sie also dem Ruf Ihres Lebens folgen, Ihre Träume zu verwirklichen und Ihre Begeisterung wahr werden zu lassen, dürfen Sie niemals zulassen, dass der kämpferische Eifer, der im Mittelpunkt Ihrer Lebendigkeit steht, durch die Verantwortlichkeiten Ihres Erwachsenseins erstickt wird. Und in einer Kultur von Menschen, die sich wie Schlafwandler durch die besten Jahre ihres Lebens bewegen, sollten Sie die Majestät Ihrer Kühnheit weiter befeuern. Indem Sie regelmäßig nach dem greifen, was die Allgemeinheit für unmöglich hält.

68

Wie Hochkaräter arbeiten

Die Art und Weise, wie die meisten Menschen arbeiten, wurzelt weit in der Vergangenheit. Die Vorstellung, dass man produktiver und besser wird, wenn man länger und härter arbeitet, ist überholt. Und völlig falsch. Sie stammt aus einer Zeit, in der die meisten Arbeiter am Fließband schufteten. Und wenn sie mehr Zeit investierten, konnten sie mehr Produkte herstellen. Die Produktivität war an die Bandlaufzeiten gebunden.

Heute dagegen leben wir in einer völlig anderen Zeit. Das Fabrikzeitalter hat sich in die »Mastery Economy« verwandelt. Als Geistesarbeiter und kreative Führungskräfte werden Sie und ich nicht für die am Fließband verbrachten Stunden bezahlt, sondern für den Reichtum, die Wirkung und die Erfahrung des Zaubers, die unser Handwerk anderen verschafft (ja, Sie arbeiten, um Menschen zu helfen, einen *Zauber* zu erleben). Die Spitzenleistungsmenschen, die Meisterwerke hervorbringen und auf dem Markt feilbieten, sind es, die das meiste Geld und die meiste Anerkennung erhalten und sich der größten Freiheit in der Lebensart und der größten spirituellen Zufriedenheit erfreuen können.

Das ist der wichtigste Punkt, den ich jedem ans Herz legen möchte, der sich mit der Erzeugung von Kunst beschäftigt: *Durch mehr arbeiten bringt man meist weniger zustande.*

Doch es gibt die seltene Spezies des modernen Arbeiters, der diese grundlegende (und transformative) Wahrheit versteht. Das sind Leute, die sich die Zeit nehmen, ungemein intensiv zu arbeiten, wenn sie sich in ihrem kreativen Schaffensprozess befinden, und sich erstaunlich tief zu erholen, wenn sie frei haben.

Ich möchte Sie bitten, über die folgende Maxime zu meditieren: *Legendäre Produzenten sind professionelle Pausenmacher.*

Menschen, die in der Lage sind, beständig außergewöhnliche Leistungen zu erbringen, sind Menschen, die sich besser konzentrieren, besser selbst erfinden und besser arbeiten können als alle anderen um sie herum. Wenn sie arbeiten, dann arbeiten sie wirklich (anstatt nur mit ihren Geräten zu spielen, mit ihren Freunden zu chatten oder online Schuhe oder Hemden zu kaufen oder Urlaube an exotischen Orten zu buchen). Und wenn sie ihr Können in einem heißen Ausbruch gigantischen Ruhms zum Ausdruck gebracht haben, verglühen sie. Ja ... sie werden zum Geist. Unerreichbar. Unsichtbar. Sie regenerieren sich. Sie tanken auf. Sie füllen sich auf. Sie erneuern sich. Sie lesen. Sie gehen spazieren. Sie verbessern ihre Kochkünste, schauen sich tolle Filme an und haben Spaß mit ihrer Familie. Oder sie machen ein Nickerchen (Nickerchen sind meine Geheimwaffe).

Das ist die saisonale oder zyklische Art und Weise des Arbeitens, einen Tag, eine Woche, einen Monat und schließlich ein ganzes Jahr lang, mit voller Hingabe, um sich dann zurückzuziehen und sich wieder vollständig zu erholen. Auf diese Weise regenerieren Sie Ihre genialen Fähigkeiten, sodass Sie eine weitere herausragende Runde kreativer, konzentrierter und inspirierter Arbeit leisten können. Eine solche Arbeitshaltung ist ungewöhnlich und verblüffend, wenn man bedenkt, welche Einstellung zu Produktivität uns von der Gesellschaft nahegebracht wurde. Unsere Kultur erzieht uns dazu, uns zu schämen, wenn wir nicht die meiste Zeit arbeiten und uns ins Zeug legen. Aber die meiste Zeit zu arbeiten erschöpft uns, macht uns launisch und leer. Es zehrt an unserer Energie. Es raubt uns den Überschwang und den Elan, den wir unbedingt brauchen, um eine Arbeit zu leisten, die sich von derjenigen unserer Kollegen abhebt und einen bleibenden Eindruck hinterlässt.

Ich bin einfach kein Fan des »Ackerns und Schuftens«. Denn das ist über die Dauer eines Berufslebens (oder auch eines Quartals) nicht tragbar. Ich glaube, dass Überarbeitung oft Unsicherheit ist, die sich als Produktivität tarnt. Und öffentliche Angeberei. »Es gibt eine Zeit für viele Worte und es gibt auch eine Zeit für den Schlaf«, schrieb Homer in der *Odyssee.* Denken Sie also daran, dass das Geheimnis, mehr herausragende Arbeit zu leisten, darin besteht, *viel weniger zu arbeiten.* Sorgen Sie für ein Gleichgewicht zwischen Phasen höchster Intensität und echter Erholung. So kann in den Stunden, in denen Sie arbeiten, jedes Gramm Ihres Könnens zum Vorschein gelangen.

69

Die kleinen Dinge sind die großen Dinge

Während ich dieses relativ kurze Kapitel für Sie schreibe, habe ich Schmerzen. Keine starken, ernsten, heftigen Schmerzen. Nein. Gott sei Dank. Es ist wesentlich harmloser. Irgendwie hat gestern Abend ein winziges Insekt den Weg in mein Schlafzimmer gefunden. Und hat sich die ganze Nacht lang an mir genährt (höchstwahrscheinlich mit Vergnügen). Das Ergebnis: rote, geschwollene Stellen, an denen das ungebetene Tierchen sein Unwesen auf meinem ahnungslosen Körper trieb.

Als ich heute Morgen in der Badewanne saß, dachte ich an die Worte der Gründerin der Firma The Body Shop, Anita Roddick: »Wenn du denkst, dass du zu klein bist, um etwas zu bewirken, dann nimm doch mal eine Mücke mit ins Bett.« Die kleinen Dinge können wirklich übergroße Auswirkungen haben. Tatsächlich habe ich in mannigfacher Hinsicht entdeckt, dass die kleinen Dinge die großen Dinge sind.

… Wenn Sie sich noch sechs Monate lang mit den kleinsten Details Ihres Meisterwerks beschäftigen, obwohl Sie denken, dass es so gut wie fertig ist, wird Sie das zu einem Meister machen (und ein wirklich großartiges Karma einbringen).

… Sich so zu ernähren, dass sich Mikrogewinne in Ihrem Ernährungsplan mit der Zeit zu exponentiell guter Gesundheit summieren.

… Ein handschriftliches Dankschreiben an den Chefkoch eines Restaurants zu verfassen, das Sie kürzlich begeistert hat, oder an einen Dienstleister, der für Sie mehr geleistet hat, als Sie erwarteten, ist eine kleine Handlung mit großem Gewinn.

… Sich die Zeit zu nehmen, um über die Strategie nachzudenken, die Ihr Unternehmen erfolgreich gemacht hat, und dann Schlachtpläne zu erstellen, um Innovation, Wertschöpfung und den Dienst an der Gemeinschaft zu verbessern, ist nicht der größte Schritt der Welt, aber das, was Sie sich ausgedacht haben, könnte die Welt verändern.

... Winzige disziplinierte Handlungen wie frühes Aufstehen, konsequente Freundlichkeit, regelmäßiges Absolvieren des Trainings und das Einhalten von Versprechen können als unbedeutend erscheinen, doch *jede Handlung hat eine Konsequenz,* und diese kleinen Handlungen fördern die Herausbildung außergewöhnlicher Führungsqualitäten und führen zu Erfolg, wenn sie zeitlebens praktiziert werden.

Und daher ...

Erinnern Sie sich bitte an den kurzen Merksatz, den ich seit Jahrzehnten verkünde und auch in diesem Buch mehrmals herausgestellt habe, weil er für Ihre tägliche Heldenhaftigkeit so wichtig ist: Kleine, tägliche, scheinbar unbedeutende Verbesserungen führen, sofern sie über einen längeren Zeitraum hinweg konsequent durchgeführt werden, zu erstaunlichen Ergebnissen.

Und dann schließen Sie alle Fenster und Türen, bevor Sie schlafen gehen.

70

Werden Sie zu einem kreativen Athleten

Werden Sie nicht nur fit, um wirklich gut auszusehen. Werden Sie stark, um die Welt zu bereichern. Werden Sie physisch stark, um sich besser konzentrieren zu können. Um Ihre Ausdauer zu steigern, wenn Sie etwas Bestimmtes schaffen wollen. Um Ihre körperliche Verfassung zu verbessern und dadurch Ihre Fähigkeit zu maximieren, große Ideen zu entwickeln, um herausfordernde Probleme zu lösen. Üben Sie regelmäßig, damit Sie ein besserer Künstler werden. Trainieren Sie härter, damit Sie eine bessere Führungspersönlichkeit werden. Und bleiben Sie länger auf dem Laufband, damit Sie ein Mensch werden, der Dinge in Bewegung setzen kann.

Ich habe in meinem Leben festgestellt, dass es eine direkte und enge Beziehung gibt zwischen dem Grad meiner Gesundheit und der Qualität meiner Arbeit. Wenn ich in hervorragender Verfassung bin, indem ich diszipliniert trainiere, mich gesund ernähre, häufig faste, richtig trinke und mich intelligent ausruhe, liefere ich meine beste Arbeit ab. Mein Gehirn arbeitet einfach besser, ich fühle mich glücklicher (die Stimmung wirkt sich dramatisch auf die Leistung aus), ich kann viel länger am Schreibtisch sitzen und in einen »Flow-Zustand« eintauchen, und ich verfüge über viel mehr Willenskraft (sodass ich mich nicht dazu verleiten lasse, ständig meine Social-Media-Feeds zu checken, um mich vor einer technisch schwierigen Passage zu drücken, gegen die ich mich innerlich sträube).

Wenn Sie sich körperlich mehr anstrengen, verdienen Sie mehr Geld (weil Sie Ihre Produktivität steigern können), Sie sind geduldiger, ausgeglichener und umgänglicher, wenn Sie mit Ihrer

Familie zusammen sind (dank der verbesserten Neurochemie infolge des physischen Trainings), und Sie verbessern Ihr Gespür für die Ehrfurcht, für den Zauber und alles Lebendige. Ich möchte Sie also nachdrücklich ermutigen, superfit zu werden, sodass Sie das Universum mit Ihrer Poesie bereichern können. Um herauszufinden, wie weit Sie gehen können. Und das Leben anderer Menschen ein wenig (oder viel) besser zu machen durch den Sternenstaub, den Sie mit ihnen teilen, während Sie in diesem Prozess auch Ihre eigene Lebenserfahrung optimieren.

Ja, werden Sie ein kreativer Athlet. Nicht nur, damit Sie einen schlankeren Bauch und straffere Gesäßmuskeln bekommen, sondern damit Sie an der Schaffung einer besseren Gesellschaft mitwirken können.

71

Wie Spitzenleistungsmenschen vorgehen

In einer der faszinierendsten Studien, die jemals auf dem Gebiet der Sozialpsychologie durchgeführt wurden, ging es um acht Männer in ihren 70ern, die in ein Kloster aufgenommen wurden, das die Forscher so eingerichtet hatten, dass es noch genauso aussah wie 22 Jahre zuvor. Zu Beginn des Experiments, als die Männer das Gebäude betraten, gingen einige von ihnen gebückt, während andere Stöcke benutzten. Es erklang Musik aus einer vergangenen Epoche, Zeitschriften und Bücher aus dieser Zeit standen in den Regalen, und Artefakte aus der früheren Zeit waren so angeordnet worden, dass es tatsächlich so aussah, als wären die Teilnehmer in eine Zeitschleife geraten.

Die Leiterin der Studie, die unkonventionelle Harvard-Professorin Ellen Langer, die heute als »Mutter der positiven Psychologie« gilt, wies die Probanden an, so zu denken, zu fühlen, zu sprechen und zu handeln, als wären sie ihr jüngeres Ich von vor 22 Jahren. Sie sollten sich in diese frühere Zeit *hineinversetzen,* als lebten sie tatsächlich wieder darin. Nach fünf Tagen im Kloster wurde eine Reihe von Biomarkern untersucht, die Auskunft über das Alter geben. Bemerkenswerterweise sahen die Männer nun jünger aus, waren körperlich geschmeidiger, zeigten eine verbesserte manuelle Geschicklichkeit und hatten sogar ein besseres Sehvermögen. Während sie auf den Wagen warteten, der sie nach Hause bringen sollte, spielten sie Touch-Football und schrien und johlten dabei wie Teenager.

Bei der Auswertung der Ergebnisse dieses eindrucksvollen Versuchs kam Langer zu dem Schluss, dass die Illusion, die durch das Hineinversetzen der Teilnehmer in ihr jüngeres Ich entstanden war, eine Neuverdrahtung ihrer Wahrnehmungen und eine Überarbeitung ihrer Selbstidentität bewirkt hatte. Anstatt den kulturellen Vorurteilen (und der Beeinflussung durch die Gesellschaft) zu glauben, wie sich Menschen jenseits der 70 verhalten sollen, zerschlugen sie dieses Narrativ und wurden gewissermaßen jünger. Weil sie sich selbst anders sahen.

Für mich ist dies ein sehr aussagekräftiges Beispiel dafür, wie die Neuordnung der eigenen Identität die Fähigkeit verändert, die eigene Meisterhaftigkeit zum Ausdruck zu bringen. Und ein fantastisches Beispiel dafür, wie Ihre persönliche Story Ihre Fähigkeit beeinflusst, wie gut Sie Ihr Potenzial entfalten können. Menschen verhalten sich niemals so, dass es nicht mit ihrer Selbstwahrnehmung übereinstimmt. Das tun sie einfach nicht.

... Wenn Sie sich selbst nicht als eine Person sehen, die das Zeug dazu hat, Weltklasseergebnisse zu erzielen, werden Sie nicht einmal anfangen, die Maßnahmen zu ergreifen und die Leistungen zu erbringen, die erforderlich sind, um Weltklasseergebnisse zu erreichen. Was hätte das für einen Sinn?

... Wenn Sie sich nicht zutrauen, Ihre Vision auch zu verwirklichen, werden Sie sich nicht beraten lassen, nicht in das Lernen investieren und nicht alle Schritte unternehmen, die zur Verwirklichung Ihrer Fantasie nötig sind, weil in Ihrem Kopf und Ihrem Herzen bereits ein negatives Ende vorprogrammiert ist.

... Wenn Sie nicht glauben, dass Sie die Macht haben, unsere Welt zu gestalten und Ihr Schicksal zu beeinflussen, werden Sie die Umwelt nicht schützen, Fremde nicht gut behandeln und den weniger Begünstigten nicht helfen, weil Sie die Schlussfolgerung gezogen haben, dass Sie nicht wirklich wichtig sind. Und dass die Sterne Ihr Schicksal bestimmen.

Diese Verhaltensweise – und das ist wirklich wichtig – erzeugt eine sich selbst erfüllende Prophezeiung. *Ihre Wahrnehmung Ihrer Fähigkeiten erschafft aktiv Ihre Realität.* Ihre falschen psychologischen, emotionalen, physischen und spirituellen Programme sind genau jene Straßensperren, die Sie daran hindern, die Autobahn zu Ihren größten Wünschen zu befahren. Jeder halbherzige Glaube an Ihre individuelle Größe zieht genau jene halb garen Resultate nach sich, die Sie noch unsicherer machen. Und damit komme ich zu der Frage, wie Spitzenleistungsmenschen vorgehen.

Wir glauben zwar, dass wir jeden Tag die Realität sehen, aber was wir wirklich sehen, ist unsere Wahrnehmung der Realität. Wir verarbeiten alles, was außerhalb von uns ist – alle Ereignisse, Umstände und Erfahrungen –, durch unseren eigenen Filter. Unsere eigene persönliche Linse. Eine Art »Buntglasfenster«, um einen Begriff des amerikanischen Mythenforschers Joseph Campbell zu verwenden. Dieser Filter hat sich im Laufe Ihres Lebens entwickelt durch das, was ich in meinem Mentoring-Ansatz die »Fünf kreativen Werkzeuge« nenne. Wenn Sie diese Instrumente verfeinern und optimieren, werden Sie Ihre persönliche Erzählung darüber, wie das Leben funktioniert, und Ihre Fähigkeit, im Leben erstaunliche Ergebnisse zu erzielen, völlig umgestalten. Wenn Sie Ihre persönliche Story überarbeiten und verfeinern, werden Sie beginnen, eine ganz neue Welt wahrzunehmen, welche die meisten Menschen praktisch nie zu Gesicht bekommen, weil sie in Pessimismus, Begrenztheit und ständiger Unsicherheit gefangen sind und nur selten einen Blick hinaus auf das Meer der Möglichkeiten und der Chancen erhaschen, das sich unmittelbar vor ihren Augen auftut.

Arbeiten Sie konsequent an Ihrer Selbstidentität, und Ihr Verhalten wird sich dahin gehend verändern, dass es deckungsgleich wird mit Ihrem neuen Verständnis dessen, was Sie erschaffen und erreichen können. Wenn Sie dies täglich praktizieren, werden Sie eine positive Rückkopplungsschleife erzeugen, in der Ihr positives Verhalten immer wieder die überragenden Ergebnisse hervorruft, die Ihre neue, stabilere Identität nähren, was letztlich Ihr positives Verhalten weiter stärkt. Dies ist der transzendente Prozess, den jeder Mensch umsetzen kann – unabhängig von Alter, Nationalität, wirtschaftlichem Hintergrund oder Bildung –, um seine Produktivität, seinen Wohlstand, sein Glück und sein Selbstwirksamkeitserleben durchgreifend zu verändern.

Nachfolgend das Lernmodell, das ich normalerweise nur den Klienten meines Online-Coachingprogramms »Circle of Legends« vorstelle, das ich aber nun gerne auch mit Ihnen teilen möchte:

WIE SPITZENLEISTUNGS-MENSCHEN VORGEHEN

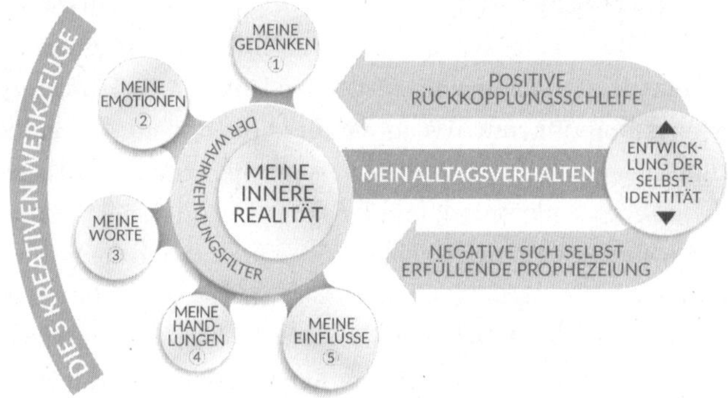

Wie Sie sehen, bestehen die »Fünf kreativen Werkzeuge«, mit deren Hilfe Sie sich ein völlig neues persönliches Narrativ aufbauen können, das Ihre Selbstidentität grundlegend neu gestaltet, aus den folgenden Elementen: Ihren Gedanken, Ihren Gefühlen, Ihren Worten, Ihren Handlungen und den Einflüssen, denen Sie sich aussetzen. Dies sind die Kräfte, die im Laufe der Zeit den Filter geschaffen haben, durch den Sie die Welt verarbeiten und der Ihnen hilft, sich Ihre eigene, einzigartige Erklärung für die Funktionsweise des Spiels und Ihre eigene Rolle darin zurechtzulegen. Auch hier gilt: Wenn Sie Ihren Filter ändern, durch den Sie die Realität betrachten, werden Sie auch Ihre Realität ändern.

In dem Maße, in dem Sie die Qualität jedes dieser fünf Werkzeuge verbessern, wird sich auch die Art und Weise, wie Sie sich selbst wahrnehmen, entsprechend verbessern. Und wenn Sie die Art und Weise, wie Sie sich selbst sehen, umgestalten und neu programmieren, werden auch Ihr Erfolg, Ihr Wohlergehen und Ihr innerer Frieden eine neue Qualität erlangen.

Wie Sie aus dem visuellen Modell ersehen können, beginnt der Weg zum Spitzenleister (und zum heldenhaften Menschen, der die Fülle seiner Gaben, Talente und Tugenden zum Ausdruck bringt) mit der Reinigung der fünf Kräfte, die Ihre innere Realität erschaffen und die Art und Weise prägen, wie Sie die Welt außerhalb von Ihnen verarbeiten. Wenn Sie Ihr Innenleben immer weiter verfeinern, wird sich Ihr Verhalten entsprechend Ihrer gestärkten Selbstidentität und Ihrer erweiterten Wahrnehmung verbessern. Ihr besseres, adäquateres Verhalten setzt dann eine positive Rückkopplungsschleife in Gang, indem es Ihnen die positiven Ergebnisse liefert, die bestätigen, dass Sie jetzt die Art von Person sind, die Weltklasseergebnisse erzielen und ein wundervolles Leben erreichen kann. Dies wiederum verbessert Ihre Gedanken, Ihre Gefühle, Ihre Worte und Taten und die Auswahl Ihrer Einflüsse weiter. Es ist eine positive Rückkopplungsschleife, die eine außerordentlich wertvolle Aufwärtsspirale des Erfolgs in Gang setzt und die, sofern sie über lange Zeiträume hinweg angewandt wird, *explosive* Gewinne hervorbringen kann.

Andernfalls aber …

… Wenn Ihre »Fünf kreativen Werkzeuge« eher mittelmäßig sind, werden Sie einen negativen Wahrnehmungsfilter installieren, der, wenn Sie die Realität durch ihn wahrnehmen, einer negativen Selbstidentität den Weg bereitet, die in der Folge die entsprechenden negativen täglichen Verhaltensweisen hervorbringt, wodurch schließlich eine negative sich selbst erfüllende Prophezeiung entsteht. Denn Ihr Innenleben und Ihre unzureichende und verfehlte Art, mit der Realität zu interagieren, werden Sie darin bestärken, dass Ihre negative Sichtweise der Welt richtig ist. Auch wenn dies in Wirklichkeit nicht der Fall ist.

Deshalb möchte ich Sie ermutigen, einen genauen Blick auf

den Zustand Ihrer »Fünf kreativen Werkzeuge« zu werfen. Nehmen Sie sich vor, Ihr Denken zu bereinigen, Ihre Emotionen auf ein höheres Niveau zu heben, Ihre Worte zu verfeinern, Ihren Taten mehr Meisterhaftigkeit zu verleihen und sicherzustellen, dass die Einflüsse, mit denen Sie sich umgeben, erhebend und großartig sind und übereinstimmen mit den herausragenden Standards, nach denen Sie zu arbeiten versuchen. Und dann gehen Sie hinaus in die Welt und arbeiten unerschütterlich an Ihrem Vorhaben, jene Art von Spitzenleistungsmensch und absolut großartiger Person zu werden, die Sie werden können und die zu werden Sie auch verdienen, wie Sie und ich wissen.

72

Entfliehen Sie der Astronautentrübsal nach dem Mondspaziergang

Der Apollo-11-Astronaut Buzz Aldrin, Mitglied der ersten Weltraummannschaft, die auf dem Mond landete, wurde gefragt, wie es dort war. Seine »poetische« Antwort: »Eine großartige Trostlosigkeit.« Doch in den folgenden Jahren hatte dieser Mann, der etwa drei Stunden lang auf der Mondoberfläche spazieren ging, mit Depressionen und Alkoholismus zu kämpfen. Er fühlte sich ziellos und war nicht in der Lage, eine Tätigkeit zu finden, die ihn nach seiner lebensverändernden Erfahrung zu begeistern vermochte. Was kann man noch anfangen, wenn man es geschafft hat, zum Mond zu fliegen?

Aldrin schrieb in seinen Memoiren *Magnificent Desolation,* dass es für ihn nach der Mondlandung »kein Ziel, kein Gefühl der Berufung, kein Projekt gab, in das ich mich hätte stürzen können«.

Und daher …

… Wenn Sie sich zu immer kühneren Höhenflügen der Außergewöhnlichkeit und zu den erhabensten Bereichen Ihres Könnens aufschwingen, sollten Sie sich vor dem Phänomen der »Astronautentrübsal nach dem Mondspaziergang« hüten. Dabei handelt es sich darum, dass jeder Spitzenkünstler ein gewisses Unwohlsein verspürt oder in einen Zustand der Apathie verfällt, wenn er die Ziele verwirklicht hat, von denen er immer geträumt hat. Sie haben alles erreicht, was Sie sich vorgenommen haben. Wahrscheinlich haben Sie mutige, hochgesteckte Ziele erreicht, die sonst niemand, den Sie kennen, verwirklichen konnte. Sie haben jetzt den Ruf, die Karriere, den Wohlstand und den Lebensstil, die Sie sich in Ihren kühnsten Träumen vorstellten und die Sie in hohem Maße begeistern. Sie haben es geschafft. Sie sind ein

Spitzenmann/eine Spitzenfrau und ein echter Hochkaräter auf dem Planeten. Weltklasse ist Ihre neue Normalität geworden. Und was jetzt? Wie Buzz Aldrin fragen Sie sich, wie Sie das noch toppen können. Das erfüllt Sie mit Leere. Und mit Existenzangst.

Worin könnte die Lösung bestehen? Ganz einfach. Geben Sie sich niemals zufrieden. Hören Sie nie auf, sich Ziele zu setzen und dann auf die nächsthöhere Ebene zu streben und sich noch aufregenderen Herausforderungen zu stellen. Auf diese Weise erkunden Sie beständig verborgene und ungesehene kreative Himmel. So sonnen Sie sich dauerhaft im hellen Licht unerforschter Universen. So stürzen Sie sich regelmäßig in aufregende Abenteuer. Und lernen heldenhaft bisher unentdeckte Seiten Ihres erstaunlichen Selbst kennen. Denn die größte Traurigkeit des Lebens besteht darin, nie zu erfahren, was man wirklich ist.

73

Lektionen über Resilienz von einem Menschen, der sein Gesicht verloren hat

Führungskraft und Mut haben weniger damit zu tun, dass man zu Kühnheit geboren wird, sondern vielmehr damit, was man tut, wenn man Angst hat. Die Menschen, die wir als Retter, Hüter und Beschützer ansehen, sind meist rechtschaffene, gewöhnliche Menschen, die in Momenten der Not, der Bedrohung oder der Gefahr zu einer Stärke fanden, von der sie nicht wussten, dass sie sie besitzen. Denken Sie zum Beispiel an Mahatma Gandhi und Amelia Earhart. An Alan Turing, Helen Keller, Emmeline Pankhurst und Galileo.

Wir alle haben ungenutzten Heldenmut in uns. Sie sind in Wirklichkeit viel stärker, als Sie wissen.

Damit komme ich zu Niki Lauda, dem früheren Formel-1-Weltmeister. Und zu dem, was er am 1. August 1976 erlebte. Es war zu Beginn des Rennens zum Großen Preis von Deutschland auf dem Nürburgring. Als Lauda mit überhöhter Geschwindigkeit in eine Kurve einbog, verlor er die Kontrolle über sein Fahrzeug und prallte gegen eine Mauer; sein Ferrari ging in Flammen auf. Lauda war *43 Sekunden* lang in seinem Auto eingeklemmt, bei einer Temperatur von fast *425 Grad Celsius.* Er erlitt schreckliche Verbrennungen. Ein Zuschauer berichtete, dass es aussah, als würde ihm das Gesicht vom Kopf schmelzen. *Sein Gesicht schmolz ihm vom Kopf.* »Noch zehn Sekunden und ich wäre gestorben«, erklärte Lauda später. Im Krankenhaus sah es so schlimm aus, dass ein Priester gerufen wurde, um ihm die Letzte Ölung zu geben. Als Laudas Frau eintraf und sah, in welchem Zustand sich ihr Mann befand, fiel sie in Ohnmacht.

Die Rennfahrerlegende erzählte später einem Reporter:

Als ich ins Krankenhaus kam, fühlte ich mich sehr müde und wollte am liebsten einschlafen. Aber Sie wissen, dass es nicht nur um Schlaf geht. Es ist etwas anderes. Du kämpfst mit deinem Gehirn. Du hörst Geräusche und Stimmen, und du versuchst einfach zu hören, was sie sagen. Du versuchst, dein Gehirn auf Trab zu halten, um den Körper auf den Kampf gegen die Krankheit vorzubereiten. Das habe ich getan, und so habe ich überlebt.

In einer erstaunlichen Demonstration von Kampfgeist zog sich Lauda *nur 40 Tage später* – als noch immer Verbände seine verletzte Kopfhaut bedeckten – seinen Rennhelm über den Kopf und nahm am Großen Preis von Italien teil, während die Zuschauer verblüfft seine Tapferkeit und sein Kämpfertum bewunderten.

Mit der Formel-1-Legende Niki Lauda beim Großen Preis von Montreal

»Ich kann laufen und fahren, warum also sollte ich in einer Klinik liegen?«, sagte er. »Das ist meine Welt.« Er belegte bei diesem Rennen den vierten Platz. Nach seinem Rückzug aus dem Sport wurde Lauda Luftfahrtunternehmer und erfolgreicher Geschäftsmann und zeigte sich in der Öffentlichkeit nur selten ohne seine berühmte rote Mütze, die seine großen Narben verdeckte. »Ich habe einen Grund, hässlich auszusehen. Die meisten Leute haben keinen«, erklärte er mit einem schelmischen Grinsen und fügte hinzu: »Die Mütze ist mein Schutz vor dummen Leuten, die mich dumm angucken.«

Was Sie mitnehmen können aus diesem Beispiel für grenzenlose Unbesiegbarkeit:

Erkenntnis #1: Seien Sie hart im Nehmen

Resilienz und extreme Härte sind keine angeborenen Eigenschaften. Nein. Es sind Charaktereigenschaften, die im Feuer gefährlicher Bedingungen geschmiedet werden. Warum sollten Sie Schwierigkeiten verurteilen, wenn diese doch gerade die Medizin und die Nahrung sind, die Sie stärker machen? Betrachten Sie sie als das, was sie sind: eine notwendige Bedingung, die Ihre Entwicklung fördert. Sogenannte Probleme sind in Wirklichkeit Plattformen, die erforderlich sind, damit die in Ihnen schlummernde gewaltige Kraft erwachen und Ausdruck finden kann.

Erkenntnis #2: Steigen Sie wieder ins Auto – und zwar schnell

Lauda gab zu, dass er Angst davor hatte, wieder Rennen zu fahren. Etwa sechs Wochen nach seiner Beinahebegegnung mit dem Sensenmann wieder ins Auto zu steigen erschien den meisten Zuschauern wie ein Akt des Wahnsinns. Aber Lauda wusste, je länger er wartete, desto größer würde seine Angst werden. Er spürte den Schmerz, lernte aber, mit der Angst umzugehen, und setzte sich wieder in den Sitz. Das gilt auch für Sie und für mich: Wenn wir vor einer Prüfung, einer Tragödie oder gar einer Katastrophe stehen, ist es unsere Pflicht, wenn wir unsere Integrität wahren wollen, aufzustehen und weiterzumachen, und zwar so schnell wie möglich. Denn der Ort des Scheiterns kann auch der Raum sein, in dem sich Mut entfaltet. Und das Leben bremst für niemanden.

Erkenntnis #3: Niemals aufhören zu beschleunigen

Lauda fuhr immer weiter – auch nachdem er die Rennfahrerkarriere an den Nagel gehängt hatte. Nach seinem Ausstieg aus der Formel 1 gründete er zwei Fluggesellschaften. Er schrieb ein Buch. Er setzte seine Siegesserie fort. Sie sehen, für einen Spitzenleistungsmenschen, der sich in dünner Höhenluft bewegt, gibt es keine Ziellinie. Fortgeschrittene Künstler lieben das Gewinnen so sehr, dass ihnen der Ruhestand und die Selbstzufriedenheit als Tanz mit dem Tod erscheinen. *Diese Menschen sind so darin geübt, spektakulär zu sein, dass Unspektakuläres keinen Platz in ihrem Betriebssystem hat.* Die wirkliche Belohnung für Spitzenproduktivität ist die Erkenntnis der eigenen Genialität. Und das, wozu die Reise zu immer höheren Gipfeln der Außergewöhnlichkeit Sie drängt. Wie Niki Lauda dürfen Sie sich niemals ausruhen. Sie sind es Ihrer großartigen Natur schuldig, sich niemals auf Ihren Lorbeeren auszuruhen. Werden Sie nicht langsamer. Sträuben Sie sich dagegen, nachlässig zu werden. Weigern Sie sich, Ihr Selbstverständnis auf die Trophäen zu gründen, die Sie vor vielen Jahren gewonnen haben. Sie sind so viel größer als das.

Dazu fällt mir eine Bemerkung des berühmten Psychologen Abraham Maslow ein: »Der einzige Rivale sind die eigenen Möglichkeiten. Das einzige Versagen besteht darin, seinen eigenen Möglichkeiten nicht gerecht zu werden. In diesem Sinne kann jeder Mensch königlich sein. Und deshalb muss er auch wie ein König behandelt werden.« Wenn Sie also ans Aufgeben denken – wenn die Bedingungen schwierig werden –, denken Sie an den Mann, der sein Gesicht verloren hat. Und dann machen Sie weiter. In hohem Tempo.

74

Charles Darwin und der Vorteil ausgeprägter Agilität

Charles Darwin war ein cooler Typ.

… Er beschäftigte sich acht Jahre lang, von 1846 bis 1854, eingehend mit Seepocken. Eines der wichtigsten Merkmale von Meisterhaftigkeit ist ein unvergleichliches Maß an Geduld, nicht wahr?

… Er umrundete den Globus auf der HMS Beagle, wo er die Möglichkeit hatte, Orte wie Patagonien, Tahiti und Neuseeland zu besuchen und sich mit vielfältigen Studienobjekten zu befassen, von exotischen Felsformationen bis zu selten gesehenen Wildtieren.

… Er schrieb ein am Ende 770 Seiten umfassendes Tagebuch, verfasste 1750 Seiten mit Feldnotizen und fertigte mehrere Kataloge an, in denen er seine detaillierten Erkenntnisse festhielt.

Und nach all seinen Überlegungen, Übungen und Experimenten gelangte er schließlich zu seiner Evolutionstheorie. Wie ich es verstehe, liegt seiner Darstellung der Entwicklung der Arten sein Konzept des »Überlebens des Stärkeren« zugrunde. Lassen Sie uns dieses Thema vertiefen, denn ich denke, es wird Ihnen helfen, sich in der heutigen, sich schnell verändernden Zeit zurechtzufinden.

Als ich vor meinem Jurastudium an der Universität Biologie studierte, lernte ich etwas über die genetischen Mutationen, die bei allen Lebewesen auftreten. Wenn eine Mutation einen Vorteil hervorbringt, der einem Lebewesen hilft, sich in einer neuen Umgebung gut zu entwickeln, überlebt diese neue Form. Sie vermehrt sich. Und wenn sie sich im Laufe der Zeit weiter durchsetzt, gewinnt sie eine dominierende Stellung. Dieser Prozess wird als natürliche Auslese bezeichnet.

… Pinguine – Vögel, die nicht fliegen können – haben überlebt, weil sie hervorragende Schwimmer sind. Und weil es in der Antarktis keine Raubtiere an Land gibt.

… Giraffen haben lange Hälse entwickelt, um hoch oben in den Bäumen zu fressen, was dazu führte, dass sie sich unter harten Bedingungen behaupten konnten, während ihre Konkurrenten ausstarben.

… Der Mensch, der aufrecht stehen konnte, hatte den Vorteil, dass er nach Nahrung suchen und diese ins Lager mitnehmen konnte. Deshalb gibt es uns noch.

Die Mitglieder einer Spezies, die über Eigenschaften verfügten, die es ihnen ermöglichten, nicht nur zu überleben, sondern auch erfolgreich zu sein, erlangten Überlegenheit unter sich ständig verändernden Bedingungen.

Sie und ich leben in einer Zeit beschleunigten Wandels. Unser Umfeld verändert sich durchgreifend in den kreativen Bereichen, im Handel, in der Technologie, im Sport, in den Wissenschaften und in der Gesellschaft im Allgemeinen.

Und daher …

… Der Unternehmenslenker, der seiner Zeit voraus und vorausschauend genug ist, um für seine Organisation einen beeindruckenden Mehrwert zu generieren, wird das Feld beherrschen.

… Der Arbeitnehmer, der gerne lernt, sich neue Fähigkeiten und Fertigkeiten aneignet und sein Fachwissen unter Beweis stellt, wird befördert werden und Auszeichnungen erhalten, auch in einer schwierigen Wirtschaftslage.

… Der kreative Schöpfer, der sich weigert, die Dinge so zu verrichten, wie sie immer verrichtet wurden, und der sich zielstrebig auf dem schmalen Grat der Originalität bewegt, wird »heiß« bleiben, während seine Kollegen kalt werden.

… Der Mensch, der die Fähigkeit entwickelt, sich rasch anzupassen, täglich über sich hinauszuwachsen und in der Ungewissheit das Freudvolle zu suchen, wird die Vorherrschaft in seinem Stammesverband erlangen.

Das ist die natürliche Auslese, die Darwin uns gelehrt hat. Die Natur wird am Ende diejenigen aussortieren, die nicht flink, neugierig, fleißig, einfallsreich und meisterhaft sind. Sie werden nicht überleben können. Weil sie schwach sind und sich nicht an die veränderte Umwelt anpassen wollen oder können. Was lernen wir daraus? Wenn es zu Umwälzungen kommt, sollte man sich nicht den sich bietenden Gelegenheiten des Wachstums widersetzen. Sonst endet man wie die Dinosaurier, ausgestopft und hübsch in einem Museum sitzend, das von Schulkindern mit Superhelden-Lunchboxen besucht wird.

75

Das Freies-Geld-Modell für fortgeschrittenen Wohlstand

Dieses Kapitel ist sehr wichtig für alle, die ein Leben in größerem Wohlstand, Überfluss und Freiheit anstreben. Betrachten Sie das folgende visuelle Modell. Mir ist klar, dass es auf den ersten Blick etwas metaphysisch erscheinen mag, aber ich kann Ihnen versichern, dass es durchaus praxisbezogen ist.

DAS FREIES-GELD-MODELL

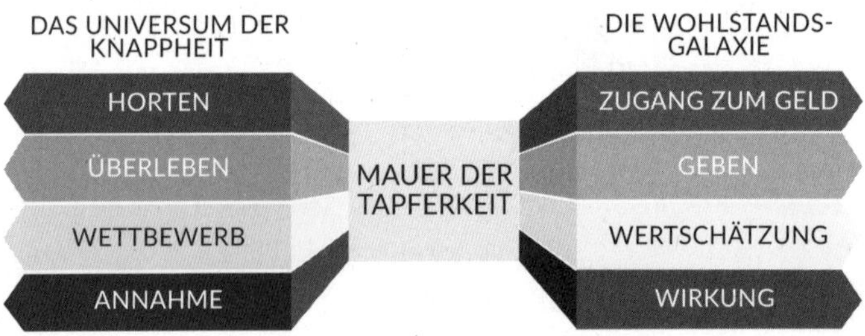

Auf der linken Seite werden die Verhaltensweisen der Mehrheit dargestellt, die allgemeinen Gewohnheiten, die dafür sorgen, dass viele rechtschaffene Menschen durch den Mangel beengt und ausgebremst werden. Und durch finanzielle Unsicherheit.

Schauen wir uns die erste Verhaltensweise an: Der Großteil der Bevölkerung hortet, was er hat, und klammert sich an alles, was er besitzt (oder durch Käufe auf Kredit erworben hat), wie ein kleines Kind an seine Lieblingsschlafdecke. Aber wenn man zu starr –

spirituell gesprochen – am vorhandenen Besitzstand festhält, hindert man das Universum daran, einem mehr zuteilwerden zu lassen. Denn Ihre Unsicherheit sendet die Botschaft an die Macht, welche die Welt beherrscht, dass Sie undankbar sind für all das, was Sie haben. Und weil Sie so verängstigt sind, gibt es keinen Raum für die Energie des Wohlstands und für das, was für Sie bestimmt ist und sich für Sie verwirklichen soll.

Ich möchte Ihnen empfehlen, dass Sie Ihre Besitztümer zu Ihrem Diener machen, niemals zu Ihrem Herrn. Wir werden mit nichts geboren und wir gehen mit nichts. Zwischen diesen beiden Zuständen sind wir nur *Verwalter* dessen, was wir durch die Früchte unserer Arbeit und das Wohlwollen des Schicksals genießen dürfen. Halten Sie das, was Sie haben, in einem sehr lockeren Griff. Lassen Sie nicht zu, dass materielle Güter die Grundlage für Ihre Identität (oder Ihren Selbstwert) bilden. Wenn Sie die Fähigkeit entwickeln, einen kühlen Kopf zu bewahren – selbst wenn Sie alles verlieren sollten –, belohnt das Leben Ihre Gefühle des Überflusses ironischerweise damit, dass es Sie noch mehr damit eindeckt.

Der nächste Fallstrick, der viele Menschen behindert, besteht darin, dass ihr limbisches System sie auf das reine Überleben ausrichtet. Aufgrund ihrer Angst (die durch ein früheres Trauma entstanden ist) können sie sich die anspruchsvolleren Denkprozesse im präfrontalen Kortex ihres Gehirns nicht erschließen. Vielmehr haben sie unbewusst den Zugang zu diesem fortgeschrittenen logischen Denken versperrt und operieren mit dem Reptiliengehirn des limbischen Systems. Sie befinden sich in einer Kampf-, Flucht- oder Erstarrungsreaktion und sind nicht in der Lage, das Meer von Möglichkeiten zur Schaffung von Wohlstand zu sehen, das um sie herum existiert. Ihre Angst verschließt auch die Tür zu ihrem Herzen, sodass sie nicht in der Lage sind, sich mit ihrer natürlichen Kreativität, ihrer größten Weisheit und ihrer angeborenen Fröhlichkeit zu verbinden.

Geld ist eine psychologische und emotionale (und ja, auch eine spirituelle) Geschichte. Viele Menschen leben täglich mit dem Märchen, dass finanzieller Reichtum die Domäne von Betrügern, Lügnern und Dieben sei und dass wirtschaftlicher Reichtum nur den glücklichen Gewinnern oder denjenigen zuteilwerde, die mit Gaben gesegnet sind, über die »normale Menschen« nicht verfügen. Genau dieses Märchen erschafft ihre Realität, denn wie Sie mittlerweile wissen, spiegelt Ihr tägliches Verhalten stets Ihre tiefsten Überzeugungen wider. Und wenn Ihre Kernphilosophie darin besteht, dass Sie nicht zu jener Art von Menschen gehören, die Freiheit in Bezug auf Geld genießen können, werden Sie auch nicht die grundlegenden Gewohnheiten und Praktiken entwickeln, die erforderlich sind, um wirtschaftliches Wohlergehen zu erlangen. Eine Philosophie des Mangels geht oft mit der Erwartung einher, dass einem die Hand gehalten wird und man Hilfe von anderen erhält. Denn diese Menschen erliegen der Vorstellung, dass sie nicht die Fähigkeit besitzen, ihre Visionen von Erfolg mittels Geld zu verwirklichen.

Aber schauen Sie sich die reichsten Menschen der Welt an. Viele von ihnen sind in ärmlichen Verhältnissen aufgewachsen. Sie haben mit nichts als einer bahnbrechenden Idee begonnen. Einer Erkenntnis, die der Menschheit erstaunlichen Nutzen bringen und die traditionelle Arbeitsweise in ihrem Tätigkeitsbereich infrage stellen konnte. Und anstatt sich zurückzuziehen, als es schwierig wurde, blieben sie hartnäckig. Diese kreativen Helden übertrafen alle um sie herum. Wenn Probleme auftauchten, rückten sie nicht von ihren Idealen ab. Wenn neidische Kritiker oder gehässige Zyniker versuchten, ihnen Steine in den Weg zu legen, wichen sie nicht vor ihrer Verantwortung zurück. Sie erfüllten ihren mächtigen Auftrag.

Wenn Sie sich die linke Spalte des Geld-Modells anschauen, sehen Sie, dass für Menschen, die im Universum der Knappheit feststecken, der Wettbewerb überall ist. Diejenigen, die in dieser Sphäre leben, sehen die Welt eher als einen begrenzten denn als einen unendlichen Ort. Die Wirtschaft (und das Leben selbst) ist ein Nullsummenspiel: Damit einer gewinnt, muss ein anderer verlieren. In ihren Herzen lebt der Schrecken, dass es nicht genug für alle gibt, um genau das zu bekommen, was sie sich wünschen. Dieser Glaube beruht nicht auf der Realität, sondern auf einer fehlerhaften Psychologie und Emotionalität, die von Menschen, die ihre Tage in diesem Bereich verbringen, nicht überwunden werden kann. Und wie Sie aus dem Lernmodell ersehen können, sind Menschen, die zur Gruppe jener gehören, die in einer Welt leben, in der die Ressourcen sehr knapp sind und erkämpft werden müssen, um anschließend eifersüchtig gehortet zu werden wie von den Jägern in der Savanne, in der Regel sehr starke Nehmer.

... Sie nehmen mehr von den Organisationen, für die sie tätig sind, als sie geben. (Wer nicht zumindest im Verhältnis zu dem, wofür er bezahlt wird, Hilfsbereitschaft zeigt, bestiehlt das Unternehmen, nicht wahr?)

... Sie eignen sich die klügsten Ideen anderer an, weil sie nur über geringe eigene persönliche Fähigkeiten verfügen und ihre ursprüngliche Originalität verleugnet haben.

... Sie nehmen Almosen und Vergünstigungen an, die sie nicht wirklich verdient haben, und stellen sich als Opfer dar, weil sie ihre eigenen Gaben vernachlässigt haben und nicht an die ihnen innewohnende Macht glauben, die Dinge außerhalb ihrer selbst zu gestalten.

Gut, werfen wir jetzt einen Blick auf die rechte Spalte des Modells, die ganz anders ist, wie Sie erkennen werden. Sie können diese alternative Galaxie durchaus betreten, wenn Sie sich durch Ihre Angst hindurchbewegen und die »Mauer der Tapferkeit« überschreiten, indem Sie das Gegenteil dessen tun, was die Bewohner des Universums der Knappheit tun. Das Gegenteil zu tun von dem, was die meisten anderen tun, ist übrigens fast immer die beste Strategie, die zum Sieg führt.

Unter den Milliardären, die ich seit über einem Vierteljahrhundert betreue, und den Wirtschaftsmagnaten, die ich berate, denkt, fühlt und handelt fast jeder folgendermaßen:

… Sie verstehen intuitiv, dass das Geld, das sie wollen, bereits vorhanden ist. Es ist da draußen und wartet auf ihre warme Umarmung. Sie glauben, dass sie einfach nur den verborgenen Wert auf ihren Märkten freilegen müssen, der ihnen dann den Zugang zu all dem Reichtum ermöglicht, den sie suchen. Und diese Möglichkeitsmenschen glauben fest daran, dass alles im Leben grenzenlos ist. Wenn sich ein Geschäftsabschluss zerschlägt, bleiben sie ruhig, denn sie vertrauen darauf, dass sich zum richtigen Zeitpunkt ein besseres Geschäft ergeben wird. Sollten sie einen wertvollen Besitz verlieren, ist ihnen das ziemlich egal. Sie wissen, dass sich die Natur immer zu ihren Gunsten entwickelt. Und sie halten sich an das spirituelle Gesetz, *dass man, sobald man einen Zustand innerer Freiheit und alltäglicher Heldenhaftigkeit erreicht hat, in dem man keine Angst haben muss, alles zu verlieren, vor nichts mehr Angst haben wird.*

… Sie begreifen, dass Geben den Prozess des Empfangens beflügelt. Anstatt sich von der angstbeladenen Energie des akuten Überlebenskampfes übermannen zu lassen, bleiben sie entspannt und handeln im Einklang mit der Wahrheit, dass unsere Galaxie ein Palast unendlicher Möglichkeiten ist, die – sofern man sie gekonnt, selbstbewusst und auf ethisch verantwortungsbewusste Weise ergreift – unbeschränkte Chancen auf Vermögen und Wohlstand bieten. Es gibt keine Grenzen für die Sterne am Himmel, für die Ideen, die sich ein menschlicher Geist ausdenken kann, oder für die Schätze, die man entdecken kann. Und so teilen sie die Gaben ihrer Arbeit und die Wunder ihres Geistes so freigebig und spektakulär wie möglich und gelangen dadurch in eine geheime Sphäre, in welcher der Strom des Geldes mühelos fließt und wo Wunder, die Antwort auf ihre Mildtätigkeit, real sind. Und auch erstaunlich häufig, denn die Belohnungen des Karmas sind real. Und das Universum hat ein sehr faires Buchhaltungssystem.

… Sie wissen, dass das, wofür man dankbar ist, wächst und sich vergrößert. Und all das, was Sie wertschätzen, dehnt sich in Ihrem

Bewusstsein aus. Fangen Sie an, sich über alles zu freuen, was Ihnen vergönnt ist, wie klein oder groß es auch sein mag – vom gemeinsamen Essen mit Ihrer Familie bis zu einem Job, der es Ihnen erlaubt, etwas zu bewirken, von guten Büchern, die Sie lesen können, bis zu den Freunden, die Ihre Stimmung heben –, dann wird all das, was Sie loben und rühmen, vergrößert werden. So wird noch mehr davon auf natürliche Weise Ihre Tage bereichern.

… Sie sind besessen vom Dienen und besessen von ihrer Selbstwirksamkeit. Und weil sie das Leben so vieler Menschen bereichern, vergilt ihnen dies die fürsorgliche Realität mit Überfluss.

Zum Abschluss dieses Kapitels möchte ich die Worte der Metaphysikerin Catherine Ponder zitieren, deren Buch *Die dynamischen Gesetze des Reichtums* ich meinen Kunden oft empfehle, um ihr Vermögen zu vergrößern und dabei stets ihre Integrität zu wahren:

> Die schockierende Wahrheit über Wohlstand ist, dass es schockierend richtig ist – und nicht schockierend falsch, wohlhabend zu sein. Bitte beachten Sie, dass das Wort »reich« bedeutet, eine Fülle von Gütern zu haben oder ein erfüllteres, zufriedeneres Leben zu führen. In der Tat sind Sie in dem Maße wohlhabend, wie Sie Frieden, Gesundheit, Glück und Fülle in Ihrer Welt erleben. Es gibt ehrenwerte Methoden, die Sie schnell zu diesem Ziel führen können. Das ist leichter zu erreichen, als Sie jetzt vielleicht denken.

Inspirierend, nicht wahr?

76

Legen Sie Ihr Telefon weg und sprechen Sie persönlich mit den Menschen

Heute Morgen habe ich ein Café besucht. Ich hatte gerade einen intensiven Spinning-Kurs beendet und war noch ein wenig verschwitzt. Verzeihen Sie mir. Ich hatte den Kopf voller neuer Ideen, das Herz voller Tatendrang (nach einer schönen heißen Dusche) und einen Geist, der beflügelt wurde durch den Wunsch, die Welt durch meinen eigenen bescheidenen Beitrag ein klein wenig besser zu machen.

Während ich in der Schlange stand, sann ich über ein spannendes Konzept für einen neuen Onlinekurs nach. Als ich meinen Kaffee geholt hatte, ging ich zum nächstgelegenen Tisch, um die Erkenntnisse auf meinem Handy festzuhalten. Dabei fiel mir ein Mann auf, der auf einer langen Bank saß. Sein Bart war struppig, sein Haar zerzaust, und er trug eines dieser karierten Arbeitshemden, die man häufig bei Bauern sieht. Und er hatte eine lederne Aktentasche mit goldfarbenen Scharnieren vor sich auf dem Tisch stehen. Interessant. Ich sagte: »Guten Morgen.«

Der Mann war ungemein freundlich. Er lächelte. Wir unterhielten uns. Er erzählte, dass er in Connecticut aufgewachsen sei, in einer sehr kleinen Stadt. Am Atlantischen Ozean. Er erzählte von seiner Familie, berichtete von Enttäuschungen, die er erlebt hatte, und brachte mich mit seinen lebhaften Geschichten zum Lachen. Ich erzählte ihm, dass auch ich in einer Kleinstadt aufgewachsen bin. Und dass auch ich in der Nähe des Meeres groß geworden bin. Ich gestand ihm, dass ich mich danach sehnte, in einer Hütte auf einer Klippe mit Blick auf das Wasser zu leben und ein schlichteres, klösterlicheres und spartanischeres Leben zu führen. Das Leben eines Künstlers. Das Leben eines kreativen Arbeiters.

Wir unterhielten uns noch ein paar Minuten lang – über die wunderbaren Menschen, die am Meer leben, über die Freuden von frischem Hummer und darüber, dass es mehr Respekt, Freundlichkeit, Fürsorge und Liebe in unserer Welt geben sollte. Ich muss zu meiner Schande gestehen, dass ich meinen neuen Freund zunächst für einen Landstreicher hielt, der sich im Café aufhielt, um sich vor der Kälte zu schützen. Jetzt weiß ich, dass er eine Art König ist. Klug. Sanft. Und kultiviert. Auf eine exzentrische Art und Weise. Heute vermute ich, dass er ein wohlhabender Fischer war – vielleicht der Besitzer eines Fischereibetriebs –, der für ein Treffen mit einem Anwalt in die Stadt gekommen war. Aber ich bin mir nicht sicher. Ich weiß nur, dass ich nie jemanden nach seinem Aussehen beurteilen darf. Dass ich mein Handy noch öfter weglegen muss. Und mit mehr Menschen reden muss. Die mich besser machen.

77

Das kürzeste Kapitel in der Geschichte der Produktivität

Hören Sie auf, Ihre Grenzen zu erproben. Beginnen Sie, Ihren Zauber nach außen zu tragen. Sie haben die Chance Ihres Lebens erhalten!

Ein alternativer Inhalt des Kapitels: Träumen Sie groß. Fangen Sie klein an. Handeln Sie jetzt.

(Bitte. Und danke.)

78

Das Geschäft ist ein schöner Krieg

Ich habe etwas gezögert, bevor ich diesen Abschnitt geschrieben habe.

Ich wünsche mir sehr, dass dieses Buch Sie dazu inspiriert, erstaunliche Dinge zu erreichen, dass es Sie dazu bewegt, Ihr Bestes zu geben, und dass es Sie dazu bringt, Ihre Kräfte in höchstem Maße auszuschöpfen. Und dabei glücklich zu leben. Aber ich bin auch entschlossen, alles zu tun, was ich kann, um Ihre Sicherheit zu gewährleisten. Indem ich weiterhin ehrlich zu Ihnen bin. Auch wenn Ihnen vielleicht nicht gefällt, was ich sage. Deshalb muss ich hier Folgendes feststellen: Das Geschäft kann ein Vergnügen sein. Aber es kann auch eine blutige Angelegenheit sein. Wenn die Dinge gut laufen, können Sie Ihre kreative Seite entfalten, Ihr Genie zum Tragen bringen, Ihre Bewegung verbreiten und eine bessere Zukunft aufbauen. Aber wenn die Bedingungen irgendwann schwierig werden (und das ist unausweichlich) …

… werden Partner, denen Sie vertrauen, Verrat begehen.

… werden Teamkollegen, die Sie geschätzt, ermutigt und überdurchschnittlich gut behandelt haben, Sie zutiefst enttäuschen.

… werden Zulieferer, die Sie unterstützt haben, Sie ausnutzen.

… werden neidische Konkurrenten und rücksichtslose Nachahmer Sie bestehlen.

Ich glaube zwar, dass Sie Ihre Arglosigkeit pflegen, Ihre Hoffnung festigen und Ihren Optimismus nähren müssen, damit Sie positiv und stark bleiben, doch um zu überleben – und sich weiterzuentwickeln –, müssen Sie auch tun, was immer nötig ist, um sich vor Schaden und Verletzungen zu schützen. Unsere Welt ist großartig. Aber sie ist auch grausam.

Erinnern Sie sich an den alten Film *Million Dollar Baby?* Was hat der Trainer dem Mädchen, das er trainierte, immer wieder gesagt?

… Lass niemals deine Deckung fallen.

… Geh nie davon aus, dass alles nach deinem Plan ablaufen wird.

… Schütze dich immer.

Behalten Sie also Ihren Glauben an das Gute im Menschen. Das ist wichtig. Die meisten Menschen, denen ich in all den Jahren begegnet bin, in denen ich geschäftlich tätig bin, waren ehrlich, rechtschaffen und mitfühlend. Erwarten Sie, dass sich in Ihrer Zukunft fantastische Dinge ereignen werden. Denn, glauben Sie mir, das wird geschehen. Achten Sie aber auch darauf, Ihre eigenen Interessen zu wahren. »Vertrauen ist gut, aber Kontrolle ist besser«, das ist ein Satz, der mir in diesem Zusammenhang in den Sinn kommt. Oder auch der Satz: »Bete zu Allah. Aber binde dein Kamel an.« Denn das Geschäft ist ein wundervoller Krieg. Und der Sieg gereicht den stärksten Generälen zur Ehre.

79

Seien Sie ernst, wenn Sie ernst sind

Ein wohlmeinender und höflicher Follower in den sozialen Medien schickte mir neulich folgende Nachricht: »Hallo Robin. Sie wirken immer so ernst. Haben Sie denn nie Spaß? Können Sie sich nie entspannen?« Ich musste lächeln. Meine Antwort? »Ich bin ernst, wenn es ernst ist. Und wenn es nicht ernst ist, habe ich jede Menge Spaß.«

Wenn ich mich für etwas engagiere, will ich auch wirklich mitmischen. Ich bringe mich voll und ganz ein und mache keine halben Sachen. Wenn ich nicht täglich mein Fachwissen erweitere und mein Handwerk verbessere, gerate ich im Laufe der Zeit in Vergessenheit. Ich stehe mit einem Bein auf dem Friedhof der Versager und Mitläufer. In dem Moment, in dem ich beginne, mich für einen Meister zu halten, beginnt der Abstieg in die Bedeutungslosigkeit und Veralterung. Wenn ich ein neues Buch schreibe, eine Nachricht für meine Mailingliste verfasse, einen wichtigen Vortrag vorbereite oder ein Video für meine Mitglieder des Online-Mentoring-Programms »Circle of Legends« aufnehme, dann meine ich es ernst. Denn ich bin ein Profi. (Und ich hoffe, dass ich das, was ich tue, noch lange tun kann.)

Und außerdem …

… Absolut erstklassige Ergebnisse für meine Kunden und Anhänger zu erzielen bedeutet mir wirklich die Welt.

… Mein Handwerk so auszuüben, dass dabei auch die Werte, nach denen ich mich zu leben bemühe, zum Ausdruck kommen, ist Teil dessen, was ich unter Integrität verstehe.

… Ablenkungen auszublenden, meine Aktivitäten einzuschränken und mich an eine Arbeit zu machen, die mich in meinem irdischen Dasein intellektuell, emotional und spirituell weiterbringt, ist für mich von entscheidender Bedeutung.

Wenn ich arbeite, dann arbeite ich schnell, intensiv und mit einer Fokussierung, die weit mehr ist als Hartnäckigkeit. Ich stelle höchste Ansprüche an mich selbst und strebe nach der Inspiration eines Mannes, der von den Geistern längst vergessener Genies heimgesucht wird. Dabei muss ich an eine Aussage des Dramatikers George Bernard Shaw denken:

> Ich will völlig verbraucht sein, wenn ich sterbe, denn je härter ich arbeite, desto mehr lebe ich. Ich erfreue mich am Leben um des Lebens willen. Für mich ist das Leben kein »kurzer Kerzenstummel«. Es ist eine Art wunderbare Fackel, die ich für einen Moment halten darf, und ich möchte sie so hell wie möglich brennen lassen, bevor ich sie an die nächsten Generationen weitergebe.

Und dann, wenn ich fertig bin (und mich bis zur Erschöpfung verausgabt habe), werde ich ganz unernst. Ich mache einen Ausflug mit meiner außergewöhnlich klugen Tochter oder sitze in der Sonne und plaudere mit meinem ungemein lebensbejahenden Sohn. Oder ich arbeite an der Verbesserung meiner »Bucatini al limone« (das Wasser, in dem die Nudeln gekocht werden, muss sich perfekt vermischen mit dem Olivenöl, dem Zitronensaft, den Minzblättern, dem Pecorino-Käse und den Bucatini, damit die »Creme« genau richtig ist), oder ich tauche in meine Bibliothek ein, um mir ein Buch vorzunehmen, das ich zwar gekauft, aber noch nicht gelesen habe, oder ich gehe ins Fitnessstudio, um eine Runde zu trainieren, oder ich schaue mir einen Film an, der mich gut unterhält (und meine Müdigkeit vertreibt).

Denn wie ich schon sagte: Wenn Sie sich selbst zu ernst nehmen, wird Sie niemand ernst nehmen.

Ernsthaft.

80

Die vier wichtigsten Kommunikationspraktiken von Menschen, die Dinge in Gang setzen

Egal ob Sie Drehbücher schreiben, Software entwickeln, in einer Bäckerei arbeiten, ein Unternehmen führen, Yoga unterrichten oder eine Vertriebsorganisation leiten – Ihre Tätigkeit zielt darauf, eine Basis glühender Anhänger aufzubauen, die für Ihr Produkt werben und zu engagierten Botschaftern für Ihre persönliche Marke werden. Das macht Sie zu einem Menschen, der etwas in Bewegung setzt. Sie sollten wissen und darauf vertrauen, dass Sie umso mehr Einkommen, Einfluss, Wirksamkeit und spirituelle Erfüllung erhalten werden, je enthusiastischer, meisterhafter und beständiger Sie Ihre Bewegung ausbauen. Je mehr Menschen Sie in Ihre machtvolle Mission einbeziehen und je mehr Sie das Leben anderer Menschen bereichern, desto mehr Gutes wird sich in Ihrer Zukunft entfalten. Oftmals durch scheinbare Zufälle. Je mehr Menschen Sie helfen, desto mehr Glück wird sich einstellen, um auch Ihnen zu helfen.

Die größten Begründer von Bewegungen aller Zeiten haben eines gemeinsam: Sie waren fantastische Kommunikatoren. Durch ihre Worte und ihre Arbeitsweise konnten sie ihre Leute und ihre Anhänger davon überzeugen, ihnen auf den Gipfel zu folgen. »Schätzen Sie niemals die Macht der Worte gering. Worte bewegen Herzen und Herzen bewegen Gliedmaßen«, schrieb der Gelehrte Hamza Yusuf.

Schon lange wollte ich meine besten Ideen darüber, wie außergewöhnliche Führungspersönlichkeiten und die großen Schwergewichte der Menschheit kommunizieren, einem breiteren Publikum bekannt machen. Deshalb habe ich sehr gern dieses Kapitel für Sie geschrieben. Wenn Sie das Wissen, das Sie in diesem Kapitel erwerben werden, konsequent umsetzen, werden sich Ihre Ausgaben für dieses Buch um ein Vielfaches auszahlen. Schalten Sie also Ihre Aufmerksamkeit ein. Und schnallen Sie sich an.

Das folgende Lernmodell stellt die vier Schlüsselelemente dar, die einen Menschen zu einem genialen Kommunikator machen:

DIE VIER WICHTIGSTEN KOMMUNIKATIONSPRAKTIKEN VON MENSCHEN, DIE ETWAS BEWEGEN

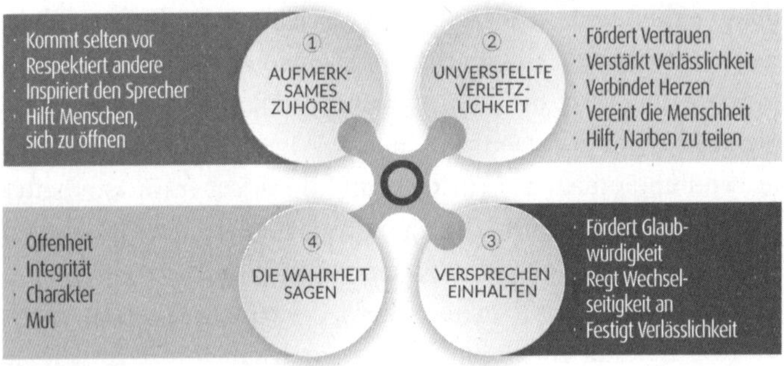

Praxis #1: Aufmerksames Zuhören

Machen Sie sich als Erstes bewusst, dass jene Führungsperson, die am besten zuhört, am meisten lernt. Wenn Sie nur reden, wachsen Sie nicht.

Zweitens hat derjenige, der die Fragen stellt, die Kontrolle über das Gespräch. Schulen Sie sich darin, kluge Fragen mit einem Höchstmaß an Aufrichtigkeit zu stellen (Manipulation mindert zwangsläufig die Glaubwürdigkeit).

Drittens: Die Lautstärke des Zuhörens zu erhöhen ist eine der schönsten Handlungen, die ich kenne, um einem anderen Menschen überwältigenden Respekt zu erweisen, besonders in dieser Kultur der Schwätzer, die den Klang ihrer eigenen Stimme lieben. Ich scherze nicht: Sich darin zu üben, aus einem tiefen Interesse heraus zuzuhören, gepaart mit dem brennenden Wunsch, den Redner zu verstehen, ist ein mächtiges Mittel, um einen anderen Menschen dazu zu bringen, sich in Ihre Mission, in Ihre Bewegung und in Sie als Person zu verlieben.

Wenn Sie in hohem Maße präsent und aufrichtig engagiert sind (anstatt Nachrichten zu checken, darüber nachzudenken, was Sie zu Abend essen, oder Ihre Antwort zu proben), fühlt sich der andere exponentiell wichtig, ernst genommen und sicher im Austausch mit Ihnen. All das steigert das Vertrauen enorm. Und Vertrauen ist die Grundlage jeder guten Beziehung, sei es im Beruf oder im Privatleben.

Praxis #2: Unverstellte Verletzlichkeit

Dies ist ein weiterer, sehr seltener Wesenszug. Das bedeutet, dass Sie sich von allen anderen Menschen in Ihrem Umfeld unterscheiden werden, wenn Sie diese Verhaltensweise täglich praktizieren, bis sie Ihnen gewissermaßen in Fleisch und Blut übergegangen ist.

Wenn Sie die soziale Maske ablegen, die die meisten Menschen tragen, um cool zu wirken, sich lieb Kind zu machen und Ablehnung zu vermeiden (wie viele großartige Gelegenheiten werden verpasst, weil wir zu cool sind, um ein Risiko einzugehen, und zu unsicher, um albern auszusehen!), fühlen sich andere zu Ihnen hingezogen. Wenn Sie dagegen echt sind und den Mut aufbringen, »Sie selbst« zu sein, erlaubt das allen Leuten um Sie herum, ebenfalls echt zu sein. Schaffen Sie eine Kultur von Menschen, die sich dabei wohlfühlen, ihr wahres Ich zu zeigen, während sie gemeinsam an einem emotional fesselnden Vorhaben arbeiten, und Sie werden jene Alchemie aktivieren, die weltverändernde Bewegungen hervorbringt.

Vorzugeben, jemand zu sein, der man nicht ist, nur um dazuzugehören und gemocht zu werden, verbraucht große Mengen an kreativer, produktiver und emotionaler Energie, die aber schnell wieder zurückkommt und die Sie nutzen können, um Ihre Leistung und Ihren Einfluss zu steigern, sobald Sie die Weisheit und den Mut haben, Sie selbst zu sein.

Praxis #3: Versprechen einhalten

Das ist sehr einfach. Und wirklich *transformierend.* Aber auch sehr ungewöhnlich in diesen Tagen. Bemühen Sie sich, niemals ein Versprechen zu geben, das Sie nicht halten können, um eine jener kreativen Führungspersönlichkeiten, einer jener Spitzenleister und herausragenden Menschen zu werden, die jedes ihrer Versprechen einhalten – sei es, dass sie ein Projekt (vor einem festgelegten Datum) in bestechender Qualität abliefern, dass sie das Buch verschicken, das sie einem Topkunden bei einem Lunchmeeting versprochen haben, dass sie die Laufgruppe gründen, die sie Freunden zugesagt haben, oder dass sie mindestens dreimal in der Woche mit der Familie zu Abend essen, wie sie es versprochen haben.

Jedes Versprechen, das Sie einhalten, erhöht die Vertrauenswürdigkeit, die Sie in den Köpfen und Herzen der Personen genießen, denen gegenüber Sie das Versprechen abgegeben haben. Wenn Sie tun, was Sie versprechen, werden Sie in den Augen aller, die Sie kennen, bald ein Held sein. Die Wertschätzung, die Loyalität und die Bewunderung, die sie für Sie empfinden, werden massiv zunehmen. Das ist sicher.

Noch wichtiger als das konsequente Einhalten der Versprechen, die Sie anderen geben, sind die Versprechen, die Sie sich selbst geben. Wenn Sie sich darin üben, auch diese Selbstversprechen einzuhalten, werden Sie Ihre Willenskraft, Ihr Selbstvertrauen und Ihr Talent, große Dinge zu erreichen, enorm steigern. Sie werden auch ein Maß an Selbstachtung entwickeln, das sich im

Laufe der Zeit in Selbstliebe verwandeln und es Ihnen ermöglichen wird, allen Hindernissen zu trotzen, die die Entstehung Ihrer faszinierenden Bewegung aufzuhalten drohen.

Praxis #4: Die Wahrheit sagen

Jede Lüge, die Sie erzählen, wird von Ihrem souveränen Selbst, das Ihre innere Natur ist, registriert. Der beste Teil Ihres Selbst nimmt jede Unehrlichkeit wahr, an der sich Ihre schwächste, egoistische Seite zu beteiligen versucht. Jede Falschheit befleckt Ihren Charakter, und jeder Verstoß gegen die Integrität verletzt Ihre Seele. Jeder Verstoß gegen die eigene Stärke durch das Aussprechen von Unwahrheiten zerstört nicht nur das Vertrauen, das ein anderer Mensch in Sie gesetzt hat, sondern schadet auch Ihrem Gewissen und macht Sie allmählich zu einem Menschen, der das Vertrauen verliert zu seinen eigenen Werten, seinen Tugenden und seiner Fähigkeit, einen sinnvollen Auftrag zu verwirklichen, der die Gesellschaft voranbringt und dazu beiträgt, mehr von seinem eigenen verborgenen Potenzial freizusetzen.

Wenn Sie die Wahrheit aussprechen, auch wenn Ihre Stimme und Ihre Hände zittern, werden Sie Ihre Würde vervielfachen, Ihre Glaubwürdigkeit verstärken und eindrucksvoll die Besonderheit zum Tragen bringen, mit der das Schicksal Sie ausgestattet hat.

Einen letzten Gedanken möchte ich Ihnen noch mit auf den Weg geben, der Ihnen helfen wird, Ihre verzehrendsten Visionen mit Leben zu erfüllen und Ihre faszinierendsten Ambitionen mit der Energie anzureichern, die sie in Erfahrungen verwandeln wird …

… Es ist wichtig, ein Mensch zu werden, der etwas bewegt, nicht weil Sie als Anführer einer Bewegung Ihr Ego streicheln können, sondern weil Sie einen ungewöhnlich klaren Traum von einer weitaus helleren Welt haben. Menschen, die den Lauf der Geschichte verändern, streben selten danach, Geschichte zu schreiben. Menschen, die unserer Kultur ihren Stempel aufgedrückt haben, waren weniger daran interessiert, berühmt und mächtig zu werden, sondern vielmehr ging es ihnen darum, nützlich zu sein.

Und das Dasein für uns alle zu verbessern.

81

Als ich lernte, mich zu ergeben

Wir leben schon sehr lange in diesem Haus. Als Schriftsteller, Berater für Führungskräfte und professioneller Redner war es für mich wichtig, ein Haus zu finden, das in einer ruhigen Umgebung liegt. Mit Nachbarn, die nicht neugierig sind, und einem Wald in unmittelbarer Nähe. Es sollte ein Ort sein, an dem meine geliebte Familie glücklich ist, an dem ich motiviert meiner Arbeit nachgehen und mich zurückziehen kann aus dem Trubel, der manchmal auch mit meinem Leben in der Öffentlichkeit verbunden ist.

Ich erinnere mich an einen Artikel über Roger Daltrey, den legendären Sänger von der Rockband The Who, den ich einmal in der *Financial Times* gelesen habe. Er erzählte von seinem Leben auf Tournee und von seiner Sehnsucht, nach einer Tournee wieder zurückzukehren in seinen Garten und zu seiner Forellenzuchtanlage in East Sussex in England. Daltrey nannte dieses einfachere, langsamere und eher abgeschiedene Leben – fernab von den quirligen Menschenmengen und den atemberaubenden Stadien – sein »kleines Leben«.

Auch ich habe einen Platz für mein kleines Leben gefunden. In unserem Haus …

… als ich es kaufte.

Doch als die Stadt, in der wir leben, immer größer wurde, ist Folgendes passiert:

… Es entstanden neue Wohnsiedlungen, was zu wesentlich mehr Verkehr, Lärm und Enge führte.

… Das nahe gelegene Waldgebiet, in dem ich früher fast täglich mit dem Mountainbike unterwegs war, ist jetzt voll mit Ausflüglern, und überall liegen weggeworfene Plastikflaschen und hässliche Pappbecher herum. (Ein nicht angeleinter Hund hätte mir letzte Woche fast das Bein abgebissen.)

... Der kleine Flugplatz, der vor vielen Jahren noch weit weg schien, hat sich inzwischen so vergrößert, dass häufig kleine Flugzeuge über das Tulpenbeet in unserem Garten brummen.

Natürlich könnte ich wegziehen. Das ist mir klar, ich habe darüber nachgedacht und war in letzter Zeit manchmal auch schon fast dazu bereit. Doch die Sache ist die: Dies ist *unser Zuhause.* Meine Kinder sind hier aufgewachsen. Ich habe hier viele Bücher geschrieben. Die meisten der schönsten Momente in meiner Familie haben sich hier abgespielt. Und um ehrlich zu sein, mein Herz hängt immer noch an diesem Ort. Er hat eine Patina von Glück und Kreativität und verfügt über eine Seele.

Als ich heute durch den Wald fuhr, vorbei an den Plastikflaschen und den weggeworfenen Kaffeebechern, wurde mir etwas Wichtiges klar. Die veränderten äußeren Bedingungen rund um mein Zuhause waren vom Himmel gesandte Engel, um die schwächeren Teile von mir zu aktivieren. So konnte ich mir ihrer bewusster werden, sie verarbeiten und mit ihnen umgehen, um sie schließlich loslassen zu können. Erinnern Sie sich bitte: Um eine Wunde zu heilen, muss man die Wunde zuerst fühlen. *Drachen, gegen die man nicht ankämpft, können niemals besiegt werden.* Das Schicksal hat mich eingeladen, das, was es mir schickte, für meine Weiterentwicklung zu nutzen, statt mich gegen die Chance zu wehren und zu hoffen, dass alles wieder werden würde wie früher. Ich wurde von meiner höheren Kraft aufgefordert, mit Veränderungen wendiger und geschickter umzugehen. Und meinen Charakter zu läutern, um den neuen Gegebenheiten mutiger, leichter und gelassener zu begegnen. Mich anzupassen. Um mich zu einem kraftvolleren Menschen zu entwickeln, der in seiner Positivität, Friedfertigkeit und Freiheit noch weniger von den äußeren Umständen abhängig ist.

Als ich gründlicher über das erstaunliche Geschenk nachdachte, welches das Leben mir zukommen ließ, begriff ich, dass ich ermutigt wurde, die höchste aller spirituellen Lektionen zu lernen …

… loszulassen.

… mich zu lösen.

… zu begrüßen, was auch immer kommt.

… mich der intelligenten Entfaltung des Lebens hinzugeben und es zu umarmen.

Natürlich weiß ich, dass, wenn ich all dies weiterhin tue – darauf vertrauen, dass die Natur weiß, was sie tut, und die veränderten Umstände dazu nutzen, mich persönlich weiterzuentwickeln, statt zu tadeln, zu klagen und zu verurteilen –, all die Geräusche, der Müll und die Irritationen wahrscheinlich verschwinden werden. Sie werden einfach verschwinden. Denn so funktioniert dieses Spiel. Zumindest für mich. (Vielleicht wird der Besitzer dieses bösartigen Hundes sogar Geld ausgeben für eine wirklich gute Leine.)

Spielen Sie mit den Lektionen, die das Leben Ihnen erteilt, anstatt dagegen anzukämpfen, dann beginnt alles besser für Sie zu laufen. Wer sich gegen Veränderungen sträubt, brockt sich Ärger ein. Widerstand gegen die neue Normalität ist ein Rezept für Elend. Ich zumindest habe das festgestellt in all den Jahren, die ich in der Erdenschule verbracht habe.

In diesem Zusammenhang fällt mir ein Ausspruch von Glen Matlock ein, dem ehemaligen Bassisten der Sex Pistols (der später durch Sid Vicious ersetzt wurde): »Alles entwickelt sich weiter. Es ist der Weg des Universums, in einen Zustand des Fließens überzugehen.« Warum sollte man sich angesichts dieser Wahrheit an die Vergangenheit klammern, wenn das, was jetzt geschieht, wesentlich größer ist (auch wenn es vielleicht noch nicht so aussieht oder sich so anfühlt)?

82

Man weiß nie, wer vor einem steht

Behandeln Sie jeden, der Ihren Weg kreuzt, mit Anstand, Respekt und Ehrlichkeit. Das ist nicht nur das Richtige, sondern das Klügste, was man tun kann. Denn Sie wissen nie, wer vor Ihnen steht.

… Ich habe im Flugzeug einmal neben einem Passagier gesessen, der sich als Bruder eines meiner Topkunden entpuppte.

… Leute, die an meinen Seminaren teilgenommen haben, standen im Lebensmittelmarkt hinter mir in der Schlange (und musterten, was ich einkaufte, als ich es auf das Kassenband legte, wie ein Adler, der seine Beute scannt).

… Ich besuchte einmal ein Restaurant in einem fremden Land, und der Geschäftsführer der Organisation, die mich zu einem Vortrag eingeladen hatte, saß direkt hinter mir am Tisch.

Was mich zu einer anderen Geschichte bringt …

In Dublin gibt es eine sehr beliebte Bar, die vor allem von Einheimischen frequentiert wird. Eines Abends saßen drei junge Männer an einem Tisch und tranken ihr Guinness, unterhielten sich angeregt und waren bester Laune. Da läutete das Telefon. Der Geschäftsführer des Lokals nahm den Hörer ab und erfuhr, dass der U2-Frontmann Bono in Kürze eintreffen würde, um hier einen Drink zu nehmen. Der Anrufer bat darum, einen Tisch für den berühmten Rockstar zu reservieren. Der Manager eilte zu dem Tisch, an dem die lauten Männer saßen. »Bono kommt gleich vorbei. Könntet ihr bitte euren Tisch räumen?«

»Bono? Für ihn würden wir alles tun«, antwortete einer der Freunde, während sie sich erhoben, um in einem anderen Teil der Bar ihre Unterhaltung fortzusetzen.

30 Minuten später stolzierte Bono in den Raum; er trug eine

auffällige Sonnenbrille und wirkte wie jemand, der es gewohnt ist, angestarrt zu werden. Sein Begleiter war ein ruhiger Mann in einer schwarzen Lederjacke. Die beiden nahmen an dem reservierten Tisch Platz und widmeten sich ihren Getränken, anscheinend wollten sie unter sich bleiben.

Als sie Bono sahen, stürzten die drei jungen Männer zum Tisch. »He, Bono, wir sind große Fans von dir. Dürfen wir ein Foto mit dir machen?«, fragte einer aufgeregt.

»Kein Problem«, erwiderte der Musiker.

Einer der anderen wandte sich an den zurückhaltenden Mann in der Lederjacke. »He, Kumpel, könntest du ein Foto von uns mit Bono machen?«

»Klar, das mache ich gerne«, lautete die höfliche Antwort.

Wenig später verließen Bono und sein Freund das Lokal. Der Manager eilte zu den Freunden hinüber, die sich immer noch prächtig amüsierten. »Was seid ihr denn für Vollidioten? Ich kann nicht glauben, was ihr getan habt!«

»Was meinst du?«, fragte einer der jungen Leute verlegen.

»Wisst ihr nicht, wer der Begleiter von Bono war?«

»Nein«, antworteten die Freunde unisono.

»Der Mann in der Lederjacke, den ihr gebeten habt, das Foto zu machen, war Bruce Springsteen.«

83

Der GWV-Index für Weltklasseleistungen

Da wir uns allmählich dem Ende unserer gemeinsamen Zeit nähern, möchte ich Ihnen noch ein Lernmodell vorstellen, das eine Reihe von Kernprinzipien meiner Philosophie für unvergleichliche Produktivität, Weltklasseleistungen und hohe Selbstwirksamkeit vereint:

DER GWV-INDEX

In dieser Zeit der allgegenwärtigen Ablenkungen und tiefgreifenden Veränderungen lade ich Sie ein, sich mit den sieben Gigantischen Wettbewerbsvorteilen (GWV) zu beschäftigen, die Ihnen, wenn Sie sie regelmäßig anwenden und nutzen, dazu verhelfen können, auf Ihrem Gebiet unschlagbar zu werden. Zuvor aber möchte ich Sie noch auf zwei übergreifende Themen aufmerksam machen, die heute auf unserem Planeten eine wichtige Rolle spielen:

Thema #1: Die massenhafte Mediokrisierung der Menschheit

Ich will nicht urteilen. Ich stelle nur fest: Die meisten Menschen auf diesem Planeten lassen es zu, dass ihr Leben von Mittelmäßigkeit bestimmt wird. Beobachtet man, wie die Menschen ihre Arbeit verrichten, was sie denken, welche Worte sie benutzen, welche Nahrung sie essen, welche Gewohnheiten sie sich angeeignet haben und wie sie sich verhalten, dann erkennt man, dass ihre souveräne Macht, Meisterhaftigkeit zum Ausdruck zu bringen, zunichtegemacht wird durch falsche Überzeugungen, vergangene Verletzungen, aktuelle Herausforderungen, tägliche Störungen und unentschuldbare Ausreden. Diese guten Seelen sind für Großes geschaffen, haben sich aber mit Durchschnittlichkeit abgefunden.

Thema #2: Die kollektive Entprofessionalisierung des Geschäftslebens

Wann haben Sie das letzte Mal ein Geschäft besucht, in einem Restaurant gegessen oder ein Café betreten und dort einen Mitarbeiter gesehen, der wie ein Virtuose sein Handwerk beherrschte, engagiert war wie ein Maestro und mit großem Geschick und inspirierendem Wissen glänzte? Viel häufiger trifft man heute auf Menschen, die dafür bezahlt werden, eine bestimmte Dienstleistung zu erbringen, aber lieber mit ihren Geräten spielen, von ihrem Mittagessen träumen, mit ihren Kollegen herumalbern und im Grunde nach Möglichkeiten suchen, nicht allzu viel tun zu müssen, während sie sich als fleißig (und zuvorkommend) darstellen. Zu viele potenziell großartige Mitarbeiter kommen zu spät zur Arbeit, machen Fehler, sind nicht wirklich anwesend, zeigen schlechte Manieren, bemühen sich wenig um die Kunden und tun so, als ob sie Ihnen einen riesigen Gefallen erweisen, indem sie mit Ihnen interagieren – anstatt zu begreifen, dass sie nur deshalb einen Job haben, weil Sie und die anderen Kunden etwas von ihnen wollen. Und dass herausragende Leistung ein Tor ist zu mehr Selbstwertgefühl, Freude und geistiger Stärke.

Vor diesem Hintergrund wollen wir uns nun mit den sieben Gigantischen Wettbewerbsvorteilen (GWV) befassen, die es Ihnen bei konsequenter Umsetzung ermöglichen, Quantensprünge zu vollziehen als Spitzenleistungsmensch, der sein Fach beherrscht, die Fülle seiner Fähigkeiten ausschöpft und ein Leben führt, auf das er am Ende stolz sein kann.

Ja, das GWV-Konzept ist recht einfach. Denn der Erfolg liegt im meisterhaften Umgang mit den Grundlagen.

GWV #1: Immer früh dran sein

Ich glaube, es stimmt: Wer nicht zu früh kommt, der kommt in der Regel zu spät – und dass es klüger ist, eine ganze Stunde vor einer Besprechung zu erscheinen als auch nur eine Minute zu spät. Wenn ich mit berühmten Wirtschaftsleuten zu Mittag esse, sitzen diese in der Regel schon am Tisch, wenn ich ankomme, und lesen in einem Buch. Oder sie machen sich Notizen in ihrem Kreativitätsjournal.

GWV #2: Nicht verzetteln

Es ist leicht, Opfer von zu vielen Aktivitäten und zu vielen Terminen zu werden. Ich habe Sie auf unserer gemeinsamen Reise auf diesen Seiten immer wieder ermutigt, Ihr Leben zu vereinfachen.

Ein Purist (und ein Minimalist) zu werden. Ihre Tagesgestaltung und Ihr Leben auf einige wenige Hauptaufgaben zu beschränken. Auf diese Weise konzentrieren Sie Ihre Gaben und Talente auf Ihre Prioritäten, anstatt sie auf viele Nebensächlichkeiten zu verstreuen.

GWV #3: Mehr halten als versprechen

Die »Zehnfacher-Wert-Obsession« ist ein Konzept aus meiner Beratungstätigkeit, bei dem es darum geht, dass Sie an jedem Kontaktpunkt mit einem Kunden zehnmal mehr Wert liefern, als er erwarten kann. Von der ersten Kontaktaufnahme bis weit nach dem Kauf verblüffen Sie Ihre Kunden mit guten Leistungen. Bauen Sie die Belohnungen Schritt für Schritt weiter aus, bis es zu einem regelrechten Orkan des Zaubers wird, der das Leben Ihres Kunden für immer verändert. Wenn Sie dies tadellos und kontinuierlich praktizieren, wird der Markt ganz sicher den Weg zu Ihrer Tür finden. Und Sie werden sich des Wettbewerbs entledigen können, ganz gleich, wie die allgemeine Wirtschaftslage ist.

GWV #4: Sich absolute Weltklassestandards bewahren

Die Maßstäbe, die Sie an Ihr Leben anlegen, sind ein wichtiger Indikator für den Erfolg, den Einfluss und die tägliche Heldenhaftigkeit, die Sie erreichen werden. Hier ist eine wertvolle Regel, an die Sie sich halten können: *Wir bekommen im Leben nicht das, was wir uns wünschen, sondern das, worauf wir uns einlassen.* Orientieren Sie sich bei allem, was Sie tun, an den höchsten Idealen und Leistungsstandards. Tun Sie nie etwas, was die Person von eiserner Exzellenz, unerschütterlichem Adel und unermesslicher Integrität herabwürdigt, die Sie Ihrem höchsten Selbst zu werden versprochen haben.

GWV #5: Granularität statt Oberflächlichkeit anstreben

Dies ist ein wichtiger Punkt in einer oberflächlichen, flüchtigen Kultur. Viele Menschen gehen nicht mehr in die Tiefe – in ihrem Denken, in der Art und Weise, wie sie Situationen analysieren, in der Qualität ihrer Vorbereitung, in der Qualität ihrer täglichen Rituale, in der Strenge, mit der sie ihr Handwerk betreiben, und in der allgemeinen Entfaltung ihres Lebens. Ein granularer Ansatz bedeutet, dass Sie ein Mensch sind, der bei all seinen Aktivitäten und Handlungen Sorgfalt und Geduld, Akribie, Stolz und Beherrschung an den Tag legt, was Sie von vielen anderen auf Ihrem Gebiet deutlich unterscheidet. Liefern Sie eine Arbeit ab, die *substanziell* ist. Und seien Sie generell ein Mensch mit *Substanz*. Granularität bedeutet, dass Sie jede Schlampigkeit ablehnen und jedem Anflug von Faulheit widerstehen, indem Sie Ihre Arbeit und Ihr Privatleben auf nahezu fehlerfreie, ungemein geschickte und dennoch wunderbare Weise erledigen. Und das ist ein enormer Vorteil.

GWV #6: Lebendigkeit zeigen

Ich erinnere mich, wie ich einmal an der Theke eines Cafés in Boulder in Colorado stand. Ich gab meine Bestellung auf und bedankte mich bei dem Barista. Er war da, aber er war nicht wirklich da, wenn Sie verstehen, was ich meine. Er war ganz im Cyber-Zombie-Modus. Null Präsenz. Wie in Trance. Sein Geist schien noch zu Hause zu sein, und sein Herz und seine Seele weilten wahrscheinlich in einem sonnigen Karibikurlaub. Nur sein Körper war am Arbeitsplatz. Mit geringer Leidenschaft ging er seiner Arbeit nach.

Was für ein wichtiges Wort in unserer Zeit der endlosen technologischen Unterbrechungen und Ablenkungen ist »Leidenschaft«. Das größte Geschenk, das man einem Kunden, wie auch jedem anderen Menschen, machen kann, besteht darin, dass man ihm voll und ganz seine Aufmerksamkeit schenkt. Das größte Geschenk, das Sie einem geliebten Menschen machen können, ist der Schatz Ihrer Lebendigkeit – ganz da zu sein, wenn Sie bei ihm sind. Aufmerksam und konzentriert zuhören. Aufrichtig und interessiert sein. Und sich ganz auf den Menschen einlassen. Das ist heutzutage eine Seltenheit. Aber dennoch unerlässlich für ein Leben von Weltklasse, das gekennzeichnet ist von Glück, Wirksamkeit und Zuwendung.

GWV #7: Ins Spiel kommen

In dem Moment, in dem Sie am Arbeitsplatz erscheinen, ist Showtime. Sie sind im Showgeschäft, und wenn Sie jeden Morgen zur Arbeit gehen, betreten Sie eine Bühne. Sie sind nur so gut wie Ihr letzter Auftritt. Und alles, was Sie tun, bringt Sie entweder näher an die Größe oder näher an das Gewöhnliche. Ein mittelmäßiges Ergebnis ist der Beginn der Akzeptanz von Durchschnitt. Wenn Sie also Ihren Job machen, kommen Sie ins Spiel. Arbeiten Sie oberhalb Ihrer Gehaltsklasse. Und schlagen Sie über Ihre Gewichtsklasse hinaus. Alles andere ist destruktiv für Ihr ursprüngliches Genie.

Nun, das sind die sieben besten Praktiken, die Sie bei regelmäßiger Anwendung zu bahnbrechenden Erfolgen führen werden. Und Ihnen gigantische Vorteile verschaffen werden als Mensch, der Spitzenergebnisse erzielt. Ich lade Sie ein, Ihr Training um diese Methoden zu bereichern.

Beginnen Sie damit an diesem kostbaren Tag.

84

Steve Jobs' letzte sechs Worte

Die letzten Worte von Steve Jobs lauteten nach Aussage seiner Schwester: »Oh wow. Oh wow. Oh wow.« Als ich das neulich las, war ich sehr bewegt und wurde daran erinnert, wie zerbrechlich das Leben ist. Ich glaube, Sie sind dazu berufen, das Leben der Menschen zu verbessern. Ja, das können Sie. Keine Ausreden. Keine Ausflüchte. Kein Aufschieben.

... Ich weiß, dass in Ihnen Potenziale schlummern, die Sie noch nicht freigesetzt haben, und leuchtende Verheißungen, die nur darauf warten, erforscht zu werden.

... Ich glaube, dass Ihre Ängste ein Antrieb für noch größeren Erfolg sein können, deshalb dürfen Sie nicht die Nerven verlieren, wenn Probleme auftauchen.

... Ich bin sicher, dass Ihre Vergangenheit keine Macht über Ihre Zukunft hat, es sei denn, Sie lassen es zu.

... Ich bin sehr zuversichtlich, dass Ihr Leben in die Sphäre des Erhabenen aufsteigen kann, wenn Sie damit beginnen, ein paar einfache Entscheidungen zu treffen, und diese dann konsequent und engagiert durchhalten.

Ich hoffe, dass Sie in dieser Kultur des betäubenden Lärms etwas Zeit finden, um wieder das Signal aufzunehmen, Ihre Kindheitswünsche zu überdenken, vergessene Zugänge zu Ihren Vorzügen wieder aufzugreifen und sich auf die unbestreitbare Weisheit zu besinnen, dass selbst das längste Leben eine ziemlich schnelle Fahrt ist. Und dass Sie, ehe Sie sich's versehen, zu Asche und Staub geworden sind. Die Reise, auf der wir beide uns befinden, vergeht wie im Flug, verstehen Sie?

Diese Überlegung sind Sie sich selbst schuldig – und jenen Menschen, die sich auf Sie verlassen, Sie schätzen und in ihrem

Herzen Liebe für Sie empfinden. Der heutige Tag ist gewissermaßen ein Bonus, übervoll mit kostbaren Gaben, die es wert sind, gefeiert zu werden. Es ist ein Geschenk der reinen Gelegenheit. Ideale oder Werte in Betracht zu ziehen, die Sie noch nie in Betracht gezogen haben, und *Risiken einzugehen, die Sie noch nie eingegangen sind.* Das Mitgefühl zu bekunden, von dem man weiß, dass man es bekunden sollte. Und sich mutig für eine hehre Art des Denkens, Fühlens, Handelns und Seins einzusetzen.

Unsere Kultur braucht mehr Höflichkeit. Und Würde. Und Tapferkeit. Wir brauchen Sie von Ihrer besten Seite. Wir alle wollen, dass Sie fliegen. Damit Sie, wenn Sie an Ihr Ende gelangen, ausrufen können: »Oh wow. Oh wow. Oh wow.«

85

Wenn alles schwierig und mühsam erscheint, vertrauen Sie auf Ihre Stärke

Kurz bevor ich diesen Text verfasste, war ich mit dem Mountainbike in den Wäldern unterwegs. Ich dachte darüber nach, dass wir Menschen uns so oft schwach fühlen und immer wieder vergessen, wie stark wir eigentlich sind. In diesem Anflug schweißtreibender Inspiration konnte ich mich nicht mehr auf das Fahren konzentrieren, sodass ich vom Weg abkam. Ich stellte mein Fahrrad ab, setzte mich ins Gras, als gerade die Sonne unterging, und hielt meine Gedanken auf meinem Gerät fest. Hier ist die Szene:

Folgendes möchte ich gern mit Ihnen teilen:

> Wenn alles schwer und mühsam erscheint, haben wir die Chance, auf unsere Stärke zu vertrauen.
> Wenn uns die Verwirrung erfasst, öffnet sich ein Fenster, durch das wir in eine höhere Klarheit eintreten können.

Wenn wir alles infrage stellen, wachsen wir wirklich.
Wenn wir uns vollkommen allein fühlen, sind wir am meisten mit der gemeinsamen Erfahrung aller verbunden.
Und deshalb sind wir eins.

In Turbulenzen und Stürmen erinnere dich daran, was du schon alles durchgemacht hast.

Die heftigen Wellen werden am Ende zu ruhigem Wasser werden.
Das Unbehagen der Veränderung wird dir die Glückseligkeit der neuen Weisheit zurückbringen. Und eine Kraft, die reiner ist.

… Du bist stärker, als du denkst,

… mutiger, als du zugeben kannst,

… und fähiger, alles zu meistern, was das Leben dir schickt, als dein Intellekt dich jemals lehren kann.

Du bist so kraftvoll wie der Regen.
Du bist so unbesiegbar wie die Flut.
Du bist so gut wie die Ernte.
Du bist so hell wie der Himmel, der dir den Weg weist.

Wenn du Angst hast, frage dich: Was würde Heldenhaftigkeit bewirken?
Wenn du besorgt bist, frage dich: Wie würde sich mein Verhalten durch Zuversicht verändern?
Wenn du wütend bist, frage: Wo kann ich Verständnis finden?
Wenn du verletzt bist, wende dich dorthin, wo der Optimismus lebt.
Wenn du unsicher bist, folge dem Weg der Selbstliebe.

Alles entfaltet sich zu deinem Nutzen. Nichts steht deinem Glück entgegen. Deine Prüfungen werden zu Triumphen führen.
Deine guten Taten werden wunderbaren Erfolg nach sich ziehen.

Große Belohnungen erwarten dich.
Habe Vertrauen in diesen Prozess.
Verliere nicht die Nerven.
Vergleiche deine Reise mit keiner anderen.
Du bist auf wundervolle Weise geschützt.
Und wirst umsichtig geführt.

Von der Kraft, die die Welt beherrscht.

86

Sie können nicht andere inspirieren, wenn Sie selbst uninspiriert sind

Die gefeierten Anführer, die bewunderten Revolutionäre und die Weltenbauer der Geschichte zeichneten sich alle durch ein außergewöhnliches Maß an Inspiration aus. Ihre Genialität bestand aber weniger in ihrer Fähigkeit, einen Traum zu verwirklichen, als vielmehr in ihrer Fähigkeit, sich diesen Traum vorzustellen – und dann ihre Anhänger zu begeistern, die schließlich die Vision in die Tat umsetzten.

Das ist die wichtigste Erkenntnis, auf der man aufbauen kann …

… Sie können andere nicht inspirieren, wenn Sie sich selbst uninspiriert fühlen.

Ich weiß, das ist eine offenkundige Tatsache. Und diese Aussage mag abgedroschen erscheinen. Aber das bezweifle ich.

Ich halte nicht viel von Titeln. Wenn Sie *Jeder kann in Führung gehen* gelesen haben, wissen Sie das bereits. Wenn es jedoch einen Titel gibt, den ich als Abzeichen an meinem Revers (oder genauer gesagt, meinem schwarzen T-Shirt) tragen möchte, dann wäre es dieser: CIO – Chief Inspiration Officer.

Die Aufgabe einer Weltklasse-Führungspersönlichkeit oder eines Spitzenleistungsmenschen besteht darin, die Teamkollegen auf ein einziges Ziel einzuschwören, das sie dazu anregt, ihre maximale Leistungsfähigkeit und ihr höchstes Können zu erreichen. So werden sie größer, als sie es waren, bevor sie Ihnen begegneten. Die Berufung eines dienenden Helden (und einer echten Legende) besteht darin, den Verstand, die Herzen und die Seelen derer zu erobern, die an ihn glauben. Und sie dann zu erstaunlichen Leistungen anzuspornen, während sie denjenigen, denen sie dienen, außergewöhnliche Vorteile verschaffen. Doch man kann andere nicht wirklich ermutigen, wenn die eigene schöpferische Energie und der produktive Enthusiasmus heruntergefahren sind. Ich nehme meine persönliche Inspiration sehr ernst. Sie gehört zum zentralen Handwerkszeug meines Berufes. In der Regel meide ich die Nachrichten weitgehend, ebenso Menschen, die mir ein schlechtes Gewissen einreden wollen, und düstere Orte, an denen es nichts Zauberhaftes gibt. Stattdessen suche ich nach Dingen, die mir Hoffnung geben, meine Kunst fördern, mein Verhalten verbessern und das innere Feuer schüren, das mich antreibt.

... Ich fahre manchmal für eine Woche weg und miete mich zum Beispiel in einer schlichten Hütte in einem abgelegenen Dorf am Meer ein. Weil ich einen Tapetenwechsel und frische Impulse brauche, um ein wichtiges Projekt zu beenden. Ein neuer Ort bringt neue Energie mit sich.

Hier ist ein Bild von einer Reise, die ich vor Kurzem unternommen habe:

In einem Schreibrefugium am Meer

… Oder ich wende mich an jemanden, den ich bewundere, um ein Gespräch zu führen, das mir neuen Elan verleiht und meine Wildheit wiederbelebt, die es mir ermöglicht, der Meisterhaftigkeit näher zu kommen.

… Ich nehme ein Buch zur Hand, das meinen Geist anregt.

… Ich gehe joggen, anstatt Zeit im Internet zu verbringen, meditiere, anstatt mich mit einer reißerischen Fernsehsendung zu beschäftigen, oder ich sonne mich in meinem Garten, während Countrymusik läuft.

… Ich schlage mein Tagebuch auf und erstelle ein Diagramm, in dem ich meine Absichten (Absichten sind etwas Kreatives, erinnern Sie sich?) für die nächsten zwei Jahre aufzeichne, die zum Beispiel so aussehen könnten:

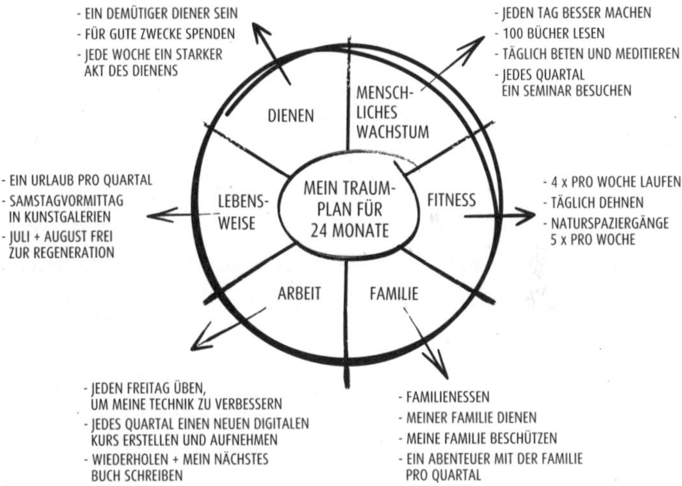

… Ich rufe meine Eltern an, frage meinen Vater nach seinen Lebenserfahrungen und bitte ihn um Rat und höre mir die Weisheiten meiner Mutter an, bevor ich mir ihr Rezept für ein Lieblingsgericht aus meiner Kindheit hole, das ich nachkochen möchte (ich arbeite gerade an ihrer fantastischen Gemüsesuppe).

... Ich unternehme einen ausgedehnten Spaziergang durch meine Heimatstadt, entdecke neue Viertel, mache Fotos von interessanten Sehenswürdigkeiten und unterhalte mich mit faszinierenden Menschen.

... Ich schaue mir einen Film an, der mich daran erinnert, dass legendär zu werden nichts ist für Menschen mit schwachen Nerven und dass Möglichkeitsmenschen es zuerst einmal schwer haben, bevor es leicht für sie wird. (Eigentlich wird es nie wirklich leicht: Die Gefahr wird nur vertrauter, sodass man sich besser zurechtfindet und nicht so schnell aufgibt.)

Ich tue all diese Dinge, um meine Willenskraft auf ein überragendes Niveau zu heben. Um meine ursprünglichste und höchste Produktivität zum Tragen zu bringen. Um wegzukommen von allem, was geschäftig, trivial und bequem ist, und mich wieder auf meine Pflicht zu konzentrieren, der Gemeinschaft zu dienen. So bleibe ich nicht zu lange untätig. So bleibt die Unschuld meiner Lebendigkeit in höchstem Maße lebendig (in einer Gesellschaft, in der so viele Untote herumlaufen).

Ich will damit nicht sagen, dass ich immer inspiriert bin. Das ist nicht wahr. Manche denken, dass ich ständig überquelle vor Begeisterung, vor Energie und dem Drang, meine Aufgaben zu erledigen. Das stimmt nicht. Ich bin ein Mensch. Deshalb habe ich Stimmungen, natürliche Rhythmen und persönliche Jahreszeiten (manchmal an einem einzigen Tag!). Als künstlerisch tätiger Mensch habe ich gelernt, diesen abwechselnden Zyklen von Inspiration und Demotivation zu vertrauen und zu erkennen, dass meine höhere Macht mich bei jedem Schritt führt. Wenn es in meinem besten Interesse liegt, qualitativ hochwertige Arbeit zu leisten und mein Lied zu singen, dann überkommt mich der Antrieb dazu einfach. Ja, häufig schon um fünf Uhr morgens. Keine Ahnung, warum. Es ist einfach so. Als kreativer Mensch vertraue ich auf den Wechsel der Jahreszeiten. Ja, wirklich.

Und wenn ich nicht inspiriert bin und keine Lust habe, verstehe ich das als Zeichen der Muse, dass ich eine Auszeit brauche. Und meine besseren Instinkte raten mir, eine Pause einzulegen (egal, ob das bedeutet, dass ich mir den Morgen, den Tag oder die ganze Woche freinehme – oder auch noch länger –, sodass ich schließlich voller Überschwang und Fantasie zurückkehre; ich träume davon, bald einmal ein einjähriges Sabbatical in einem fernen Land zu absolvieren).

Ich weiß, dass Künstler wie Ernest Hemingway oder Stephen King mit täglicher Konsistenz arbeiteten bzw. arbeiten. Ich verstehe die Aussage des Pulitzerpreisträgers W. H. Auden sehr gut: »Routine ist bei einem intelligenten Menschen ein Zeichen von Ehrgeiz.« Auch die Bemerkung von E. B. White, »ein Schriftsteller, der auf ideale Bedingungen wartet, unter denen er arbeiten kann, wird sterben, ohne ein Wort zu Papier gebracht zu haben«, erscheint mir sehr zutreffend. Für mich allerdings gilt das weniger. Meine Realität sieht folgendermaßen aus: Die Muse besucht mich nicht jeden Morgen oder deckt mich jeden Abend mit einem Märchen und einem süßen Kuss zu. An manchen Tagen fließen mir ganze Absätze mit einer so wundersamen Spontaneität in die Tasten, dass ich Mühe habe, sie festzuhalten. Aber an anderen Tagen starre ich einfach nur die Wand an. Und zähle die Spinnweben in den Ecken. Und wissen Sie was? Ich habe begriffen, dass das alles völlig in Ordnung ist. Es ist mein persönlicher Prozess. Sich dagegen zu wehren hieße, ihn herabzuwürdigen. Das Universum führt mich, und es ist zu meinem Vorteil, mit ihm zu arbeiten, anstatt dagegen anzukämpfen.

Ich will damit sagen, dass ich meine Kreativität selten erzwinge. Wenn ich das tue, ist das, was ich mache, bestenfalls mittelmäßig. Warum sollte ich mir also die Mühe machen? Wenn ich alles noch einmal schreiben muss? Und selbst wenn ich mich in einem feurigen Zyklus beständiger täglicher Produktivität befinde, höre ich auf, wenn ich mich am Morgen schon früh hinsetze, um zu schreiben, und nichts dabei herauskommt (oder ich nur durchschnittliche Arbeit zustande bringe). Ich gehe dann spazieren oder esse mit einem Freund zu Mittag und vertraue darauf, dass es immer ein Morgen gibt.

Inspiration. Wie ich dieses Wort liebe! Es ist so wichtig, sich die Inspiration zu bewahren, damit man eine Arbeit abliefern kann, die wirklich einen Unterschied macht. Das Wort selbst leitet sich von der lateinischen Wurzel »inspirare« ab, wissen Sie? Es bedeutet eigentlich »angehaucht werden« …

… von der Intelligenz, die Glück schenkt.

… von der Strömung, die Träume wahr werden lässt.

… von den Göttern der dramatischen Leistung, der überragenden Errungenschaften und der Wirksamkeit, die keine Grenzen kennt.

Was wünsche ich mir in diesem Moment, in dem ich dies für Sie schreibe? Dass Sie mit Ihrer Inspiration gut umgehen. Und sie dann mit Stolz an eine Gemeinschaft weitergeben, die sich danach sehnt, mehr darüber zu erfahren. Aber wenn Sie in diesem Stil arbeiten und leben, werden Sie als Freak bezeichnet, als Spinner betrachtet und als seltsam eingestuft in einer Kultur, in der viele Menschen ihr Feuer verloren und ihr ehrfürchtiges Staunen abgelegt haben.

»Die Tanzenden wurden für verrückt gehalten von denjenigen, die die Musik nicht hören konnten«, schrieb Nietzsche. Mögen Sie und ich diese Worte in unseren Köpfen, in unseren Herzen und Seelen verankern.

87

Was wäre, wenn Sie nur noch sechs Monate zu leben hätten?

Während ich arbeite, lodert ein Feuer. Das Knistern der Holzscheite füllt den Raum, in dem ich schreibe. »Standing Outside a Broken Phone Booth with Money in My Hand« von den Primitive Radio Gods läuft. Ich weiß, es ist ein uralter Song. Dennoch hebt das Lied meine Stimmung. Und macht mich auch ein bisschen traurig. Es bringt mich aber auch zum Nachdenken …

Stellen Sie es sich einfach vor. Nur für eine Sekunde. Dass Sie nur noch sechs Monate zu leben hätten. Sechs kurze Monate, um all die Dinge zu tun, die Sie sich selbst versprochen haben. Sechs Monate, um das Tadsch Mahal zu besichtigen, Beethovens *Mondscheinsonate* zu hören, die *Mona Lisa* zu sehen (die in Wirklichkeit ziemlich klein ist, nicht wahr?) und die große Pyramide von Giseh zu erkunden.

… Sechs Monate, um Briefe der Vergebung an diejenigen zu schreiben, die Ihnen unrecht getan haben (oder Entschuldigungsbriefe an diejenigen, die Sie verletzt haben), und Briefe der unverblümten und bedingungslosen Liebe an diejenigen, die Ihnen Freude bereitet haben. Und nur das Licht in Ihnen gesehen haben.

Wenn Sie nur noch sechs Monate zu leben hätten, womit würden Sie einfach aufhören?

Vielleicht würde Ihnen in den Sinn kommen, dass Sie …

… sich zu sehr mit Ihrer Arbeit identifizieren.

… sich mit digitalen Ablenkungen beschäftigen.

… zu viel Zeit mit Unterhaltung verbringen und nicht genug Zeit der eigenen Ausbildung widmen.

… sich über unnötige Dinge ärgern und sich über Kleinigkeiten wie laute Nachbarn, schlechte Autofahrer und nervende Familienmitglieder aufregen.

... sich selbst herabsetzen, indem Sie auf die Stimmen der Kritik und des Selbsthasses in Ihrem Kopf hören.

... sich Vorwürfe wegen Ihrer eigenen Fehler und Versäumnisse machen und vergessen, dass Sie Ihr Bestes gegeben haben.

... sich ständig mit der Vergangenheit beschäftigen, sodass ein enttäuschendes Erlebnis unzählige Male in Ihrem Kopf wiederholt wird.

Und für welche Dinge hätten Sie die Weisheit und die charismatische Kraft, um damit anzufangen?

... Vielleicht die spektakulärsten Mahlzeiten, die Sie je gegessen haben, schriftlich festzuhalten und sie dadurch erneut zu erleben und über die erhebenden Momente nachzudenken, die Sie genießen durften.

... Vielleicht ein lautes »Ich liebe dich« all jenen Menschen zuzurufen, denen gegenüber Sie sich nie sicher genug gefühlt haben, um ihnen dies zu sagen (die aber hören müssen, wie stark Ihre Zuneigung zu ihnen ist, bevor Sie in den großen, offenen Raum zurückkehren, aus dem Sie gekommen sind).

... Vielleicht die Reise Ihres Lebens zu unternehmen oder einen besonderen Rosengarten anzulegen, durch den sich Ihre Freunde an Sie erinnern werden.

... Vielleicht mehr Pizza zu essen, mehr Nudeln zu verschlingen und mehr Eis zu genießen.

... Vielleicht nackt bei Vollmond zu tanzen, all die Gedichte zu lesen, für die Sie zu beschäftigt waren, und in jene Kunstgalerien zu gehen, von denen Sie sagten, Sie würden sie eines Tages besuchen. Wenn Sie mehr Zeit und weniger zu tun haben werden.

... Vielleicht in das Haus Ihrer Kindheit zurückzukehren, durch die Straßen zu gehen, durch die Sie als Kind mit reinem Herzen und einer unbefleckten Vergangenheit gegangen sind – und die gute Laune, die kühne Hoffnung und jene Unschuld auszustrahlen, von der ich mir wünsche, dass wir alle mehr davon hätten.

... Vielleicht ein Nickerchen am Sonntagnachmittag zu machen, nach dem besten Tisch in Ihrem Lieblingsrestaurant zu verlangen und zu singen, wenn Sie Ihr Stammcafé betreten.

... Vielleicht Fremde anzulächeln (und das Lächeln länger aufrechtzuerhalten, als es gesellschaftlich akzeptiert ist) und barfuß durch einen mit Gänseblümchen übersäten Park zu laufen.

... Vielleicht mit der Familie zusammen zu sein, meistens jedenfalls. Und lange Spaziergänge in einem heiligen Wald zu unternehmen, während der Regen fällt oder die Sonne untergeht und goldene Strahlen durch die Bäume schickt.

... Vielleicht jeden Menschen, dem Sie begegnen, so zu behandeln, als würden Sie ihn möglicherweise nie wiedersehen. Denn ein Menschenleben ist so zerbrechlich. Und kann völlig unerwartet verlöschen.

Was würden Sie tun? Wenn Sie nur noch sechs Monate zu leben hätten? Das ist die Frage, die ich Ihnen stelle. Leben Sie daher alles, was Ihr bedeutendes und herausragendes Leben ausmacht, auf heldenhafte Weise.

88

Ruhm und Reichtum für eine Zeile auf Ihrem Grabstein?

Es tut mir leid, dass ich den Gedanken an die Sterblichkeit immer wieder zur Sprache bringe, während wir uns dem Ende unserer gemeinsamen Reise nähern. Aber ich habe dabei kein schlechtes Gewissen …

… weil das Nachdenken über den Tod unsere Prioritäten neu ausrichtet, unser Denken neu belebt, unsere Gefühle anregt und unsere Routinen neu ordnet. Der Gedanke an meinen eigenen Tod ist nichts Deprimierendes. Ganz und gar nicht.

Er ist sogar inspirierend.

Wenn ich mir der Tatsache bewusster werde, dass meine Tage gezählt sind – ganz gleich, wie lange die Natur mir noch zu leben erlaubt –, erweckt das in mir einen Überschwang, eine Wertschätzung und das Gefühl, dass ich an jedem meiner Tage mein Bestes geben muss. Die Verbundenheit mit meiner Sterblichkeit ist ein wirksames Mittel, das mir hilft, mich auf das zu konzentrieren, was für ein durchdachtes, schöpferisches, erfülltes und freudvolles Leben am wichtigsten ist.

Heute Morgen habe ich den folgenden Abschnitt aus dem Buch *Das Leben ist kurz!* des stoischen Philosophen Seneca gelesen, der in Rom lebte und ein einflussreicher Berater des Kaisers Nero war. In dieser Passage schreibt er:

> Wenn du also siehst, wie einer immer wieder die Amtstracht anlegt, seinen Namen auf dem Forum feiern lässt, dann beneide ihn nicht: Dergleichen geht auf Kosten des Lebens. Damit ein einziges Jahr nach ihnen gezählt wird, opfern sie alle ihre Jahre auf.

Für mich spricht aus dieser Aussage die Notwendigkeit zu erkennen, dass viele Männer und Frauen, die die schönsten Stunden ihrer Tage damit zubringen, Ruhm, Reichtum und Beifall nachzujagen, sich dadurch die Erfahrung der wahren Freuden, Abenteuer und Schätze verstellen, die das Leben zu bieten hat. Diese Menschen hetzen durch ihre Tage, um einen Gipfel des Erfolgs zu erklimmen, der am Ende wenig zählt.

Seneca ermutigt uns, dieses unbedeutende und bedauernswerte Leben zu hinterfragen und zu bekämpfen. Er fährt fort: »Manchen, die sich durch tausend Würdelosigkeiten zur höchsten Würde hinaufgekämpft hatten, kam auf einmal der triste Gedanke, sie hätten sich nur für ihre Grabinschrift abgemüht.« Das gefällt mir. Solche Menschen haben sich zeitlebens damit beschäftigt, Dingen hinterherzujagen, die, wie sie beim herannahenden Tod erkennen, nur für eine einzige Zeile auf ihrem Grabstein gut waren. Das ist es doch nicht wirklich wert, oder?

89

Widerstehen Sie dem Niedergang des Titanen

Wenn Sie vollständige Meisterhaftigkeit auf Ihrem Gebiet erlangt haben, bekannt und berühmt geworden sind und ein zauberhaftes Leben der Tugendhaftigkeit und des großzügigen Dienstes an der Gemeinschaft führen, wird Sie das Lernmodell in diesem Kapitel durch den Prozess des Verfalls leiten, der Ihre großen Errungenschaften still und leise infizieren (und schließlich zerstören) kann. Wenn Sie diesen Prozess verstehen, können Sie ihn vermeiden. Denn mit einem besseren Bewusstsein sind Sie in der Lage, bessere Entscheidungen zu treffen, die zu besseren Ergebnissen führen.

An der Aussage der Silicon-Valley-Legende Andy Grove ist etwas Wahres dran: »Erfolg züchtet Selbstgefälligkeit. Selbstgefälligkeit führt zu Misserfolg. *Nur die Paranoiker überleben.*« Die meisten der Geschäfts- und Sportgiganten, mit denen ich zusammenarbeite, haben das, was ich als »optimistische Paranoia« bezeichne: Sie sind zwar dankbar für das, was sie erreicht haben, und hoffen, dass ihr Erfolg weiter anhalten möge, aber ihnen ist auch immer bewusst, dass sie jederzeit vom Thron gestoßen werden könnten, wenn sie nachlässig werden. Sie wissen ganz genau, dass Superstars nur kurzlebig sind.

Bevor wir das Modell betrachten, sollten wir uns mit dem Begriff »Entropie« aus der Physik befassen, der die natürliche Unordnung und den allmählichen Verfall beschreibt, dem alle Systeme ausgesetzt sind. Die Entropie erklärt, warum einstmals erfolgreiche Menschen in die Bedeutungslosigkeit abrutschen und einstmals angesehene Unternehmen in den Abgrund stürzen. Um Spitzenleistungen und maximale Wirksamkeit zu erreichen, müssen Sie unbedingt in höchstem Maße wachsam sein, damit all Ihre hart erkämpften Errungenschaften nicht durch die natürlichen Kräfte, denen Sie als schöpferischer Mensch und außergewöhnliche Führungspersönlichkeit ausgesetzt sind, zunichtegemacht werden. Erfolg, der nicht von Dauer ist, ist eigentlich kein großer Erfolg, nicht wahr? »Wen die Götter zerstören wollen, den bezeichnen sie zuerst als vielversprechend«, schrieb der Literaturkenner Cyril Connolly.

Okay. Beginnen wir also mit Ihnen an der Spitze, einem wahrhaften Titanen der Branche. Auf Weltklasseniveau. Bravo. Nur sehr wenige Menschen erreichen jemals den Gipfel ihres Tätigkeitsbereichs. Aber dennoch ist der Gipfel der Ort, an dem man am verwundbarsten ist. Die meisten Bergsteiger, die auf dem Mount Everest sterben, kommen nicht auf dem Weg zum Gipfel um – sie erliegen dem Tod, nachdem sie auf dem höchsten Punkt des Berges gestanden haben. Sie denken irrtümlicherweise, dass sie in Sicherheit seien, weil sie es auf den Gipfel geschafft haben. Dabei vergessen sie aber, dass die wirklichen Gefahren oben auf dem Gipfel lauern, etwa dass der Sauerstoff zu Ende gehen könnte, dass sie aufgrund von Erschöpfung einen Fehler machen oder falsch einschätzen, wie viel Zeit sie für den Abstieg benötigen werden. Das Gleiche gilt für jeden Menschen und jede Organisation: Auf dem Gipfel muss man besonders vorsichtig sein. Selbstgefälligkeit wird einen umbringen.

Die meisten Erfolge gehen kurz nach dem Höhepunkt des Erfolgs wieder verloren. Weltklasse hat eine unglaublich kurze Haltbarkeitsdauer. Wann schlägt es um? Es geht darum, wirklich zu verstehen, warum Größe so heikel ist, und dann schnell zu handeln, um eine »Architektur der Dauerhaftigkeit« zu installieren, sodass Ihre Meisterhaftigkeit und Dominanz in Ihrem Bereich erkennbar *zunehmen,* während sich Ihr Einfluss und Ihre Wirksamkeit erhöhen.

Wie Sie aus dem hier vorgestellten Modell ersehen können, werden Sie nach Ihrem Aufstieg an die Spitze Ihres Fachgebiets als Erstes den Druck der Überheblichkeit zu spüren bekommen.

All die Siege, die Sie errungen haben, können dazu führen, dass Sie glauben, Sie wüssten alle Antworten, hätten immer recht und seien unbesiegbar. Zu meinen Kunden aus dem Unternehmensbereich gehörte auch das damals wohl berühmteste Technologieunternehmen der Welt. Ein leitender Angestellter dieser Firma bekannte mir gegenüber offen, dass er wusste, dass es mit dem Unternehmen bergab gehen würde, als der Gründer aufhörte, seinem Führungsteam bei Besprechungen zuzuhören, weil er in die Falle tappte zu glauben, nur er könne die Zukunft vorhersehen. Denn er hatte sie auch in der Vergangenheit richtig prognostiziert. Doch es stellte sich heraus, dass er falsch lag. Das Unternehmen ist heute ein Außenseiter, über den man nur noch selten spricht.

DER NIEDERGANG EINES TITANEN

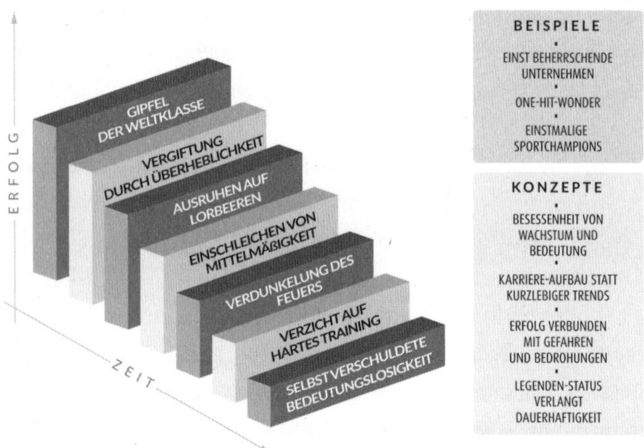

Das Gegenmittel gegen Überheblichkeit ist Demut. Praktizieren Sie die »Anti-Irrelevanz-Regel«: Je höher Sie in Ihrem Tätigkeitsbereich aufsteigen, desto mehr müssen Sie sich davor hüten, selbstgefällig, stolz und eingebildet zu werden. Bleiben Sie mit beiden Beinen auf dem Boden, konzentrieren Sie sich auf Ihre Mission und auf die Menschen, denen Sie dienen dürfen, und vergessen Sie nie, dass Sie immer nur einen einzigen Fehltritt davon entfernt sind, vom Gipfel zu stürzen, wenn Sie zu eingebildet werden. »Je größer der Künstler, desto größer der Zweifel. Vollkommenes Vertrauen wird den weniger Begabten als Trostpreis gewährt«, meinte der Schauspieler Robert Hughes.

Sollte eine Mentalität der Überheblichkeit Ihre Fokussiertheit und Ihre Arbeitsweise beeinträchtigen, ist die nächste Stufe des Zersetzungsprozesses, wie Sie aus dem Lernmodell ersehen können, die Neigung, die alte Erfolgsformel zu wiederholen, der Sie Ihre Größe zu verdanken haben. Sie werden süchtig danach zu schützen, was Sie haben, anstatt produktiv, erfinderisch und mutig zu sein, damit Sie Ihren Zauber noch besser zur Geltung bringen können.

Im antiken Griechenland wurde einem siegreichen Sportler zur Feier seines Triumphs ein Kranz aus den Blättern des aromatisch duftenden Lorbeerbaums auf den Kopf gesetzt. Im Laufe der Zeit entwickelte sich der Satz »Ruhe dich nicht auf deinen Lorbeeren aus« als mahnender Ratschlag an die Sieger, der ihnen helfen sollte, einen Abstieg ins Mittelmäßige zu vermeiden. Ich möchte Sie nachdrücklich ermutigen, dafür zu sorgen, dass Ihre beste Arbeit immer noch vor Ihnen liegt, anstatt es sich leicht zu machen und Ihre aktuelle Leistung als eine bloße Nachahmung des Erfolgs aufzufassen, der Sie groß gemacht hat. Sonst werden Sie mit Sicherheit zu einem »One-Hit-Wonder«.

Als Nächstes werden Sie, wenn Sie an der Spitze Ihres Fachs stehen, mit der »Mittelmäßigkeitsfalle« konfrontiert werden. Ein hilfreicher Ansatz hierbei ist die Broken-Windows-Theorie, die aus den Beobachtungen zweier US-amerikanischer Sozialforscher hervorging. In einem Vorort einer bekannten Stadt ließen einige Hausbesitzer zerbrochene Fensterscheiben in ihren Häusern eine Weile unrepariert. Dieser scheinbar harmlose Mangel an Sorgfalt setzte Partikel von Apathie und Vernachlässigung frei, die sich schließlich über die gesamte Gemeinschaft ausbreiteten. Andere Nachbarn fingen an, Müll auf ihren Grundstücken liegen zu lassen, weil Mittelmäßigkeit allmählich als akzeptabel galt. Vorgärten wurden nicht mehr gemäht und Gärten dem Unkraut überlassen. Dieser schleichende Niedergang des einst sehr prächtigen Viertels führte zu einem schwindelerregenden Anstieg der Kriminalität. Banden übernahmen die Kontrolle, und Gewalt war allgegenwärtig. Wenden Sie die Broken-Windows-Theorie auf Ihr Können, Ihre Produktivität und Ihr Leben an – wie auch auf jede Organisation, die Sie leiten. Und seien Sie sich darüber im Klaren, dass die Mittelmäßigkeit unbemerkt die Oberhand gewinnen kann, wenn Sie nicht höchst wachsam sind. Ohne dass Sie es überhaupt bemerken.

Die nächste Phase, die beim Niedergang eines Menschen oder eines Imperiums folgt, ist der Verlust des Enthusiasmus und des Siegeswillens, was ich die »Verdunkelung des Besten im Weltfeuer« nenne. Eine der wichtigsten Eigenschaften eines legendären Champions besteht darin, dass er schlicht die Vorstellung nicht ertragen kann, dass eine Zeit kommen wird, in der er nicht mehr der Champion sein wird. Allein der Gedanke, den Titel zu verlieren, macht ihm Angst.

Mit dem Verglimmen des einst hell lodernden Feuers außergewöhnlicher Leistungsfähigkeit vernachlässigt der Titan als Nächstes die Pflicht, konsequent und hart zu trainieren wie ein Hochkaräter. Die Fröhlichkeit des Künstlers geht verloren und das Bemühen, sein Wissen und seine Fähigkeiten zu verbessern, lässt nach. Er büßt seine Kreativität ein, und die Entschlossenheit, alle anderen zu übertreffen, schwindet. Dies kann man zum Beispiel manchmal bei Hollywood-Superstars beobachten. All die Jahre, in denen sie ihre Talente bis an die Grenze des Machbaren ausgereizt und eine anspruchsvolle Filmrolle nach der anderen angenommen haben, führten dazu, dass sich ihr Genie erschöpfte. Manchmal haben sie sich auch einen exzessiven Lebensstil mit entsprechend hohen Ausgaben angewöhnt, weil sie glauben, ihre

Zukunft garantiere ihnen einen unbegrenzten Zufluss von Geld. All diese Spannungen zermürben sie. So beginnen sie, Rollen anzunehmen, die kein besonderes Können verlangen, nur um Geld zu verdienen. Und um eine Chance auf Erholung zu bekommen. Dies ist der Anfang vom Ende. Der Superstar wird bald zu einer Karikatur seines einst glorreichen Selbst.

All dies führt schließlich in die Irrelevanz. Und schließlich dazu, dass der Betreffende in Vergessenheit gerät. Etwas, das man mit allen Mitteln vermeiden muss. Aber ich bin sicher, dass Sie das tun werden. Sie und Ihr Team können eine Analyse über den *Niedergang eines Titanen* durchführen, um alle Schwachstellen zu erkennen und dann die notwendigen Schutzmaßnahmen zu ergreifen, indem Sie das Arbeitsblatt verwenden, das ich meinen Kunden zur Verfügung stelle. Sie finden es unter TheEverydayHeroManifesto.com/TitansDeclineWorksheet.

90

Die Notwendigkeit, sich als Künstler unbeliebt zu machen

Der 3. Oktober 1992 war ein großer Tag für die Sängerin Sinéad O'Connor. Sie war durch eine Reihe von Hits wie »Nothing Compares 2 U« berühmt geworden und sollte bei *Saturday Night Live* auftreten. Doch anstatt routiniert ihr geplantes Lied zu singen, stellte sie den Auftritt auf den Kopf und machte daraus eine heftige politische Kampfansage gegen die Misshandlung von Kindern. Nachdem sie die ursprünglichen Worte in Bob Marleys Protestsong »War« durch »child abuse« ersetzt hatte, hielt O'Connor – mit Wut im Gesicht und einer Stimme, die vor Rebellion bebte – ein Foto von Papst Johannes Paul II. in die Höhe, schrie: »Fight the real enemy«, und zerriss es in zwei Teile. Es war eine vernichtende Anklage des Leids, das nach Ansicht der Sängerin in ihrer irischen Heimat von Mitgliedern des katholischen Klerus Kindern zugefügt worden war.

Dieser Auftritt versetzte ihrer Beliebtheit einen schweren Schlag. Und schickte ihre Karriere in den Sturzflug. Viele Jahre später legte O'Connor ihre Beweggründe offen: »Die Aufgabe eines Künstlers ist es nicht, beliebt zu sein. Die Aufgabe eines Künstlers besteht manchmal einfach darin, dort für Gesprächsstoff zu sorgen, wo Gesprächsbedarf besteht.« Etwas zu vollbringen, das tiefgreifend, transformierend und von besonderer Qualität ist, bedeutet, dass es diejenigen fesselt, die es verstehen, und diejenigen wütend macht, die es nicht verstehen. Wenn Ihr Meisterwerk die große Mehrheit der Menschen nicht aufregt, provoziert, verärgert oder vielleicht auch zu bestimmten Handlungen inspiriert, ist es vielleicht wirklich kein Meisterwerk. Es ist nur gewöhnliche Arbeit.

Ihre Aufgabe – als Alltagsheld und künstlerische Führungspersönlichkeit in Ihrem Fach – besteht darin, genügend Vertrauen in Ihre Fähigkeiten und Mut in Ihrem Herzen aufzubringen, um das zu tun, von dem Sie wissen, dass Sie es tun müssen um der Aufrichtigkeit Ihres ursprünglichen Selbst willen. Die Poesie, die Musik und die Großartigkeit Ihres Geistes anzubieten, die Ihre absolute Wahrheit sind – auch wenn Sie gehasst werden, wenn Sie dies in den Vordergrund rücken. Stellen Sie also bitte Ihre Gaben unserer Welt zur Verfügung. Wir brauchen sie wirklich, so dringend wie nie zuvor. Und tun Sie es jetzt. Auch wenn man Sie deswegen hasst oder ablehnt.

91

Die Dekonstruktion von Trollen

Das Lernmodell, das den Kern dieses Kapitels bildet, ist eines der am häufigsten verwendeten Modelle meiner Mentoring-Methodik, deshalb wollte ich sicherstellen, dass auch Sie darauf zugreifen können. Es wird Ihnen helfen, die feindseligen Stimmen und das bösartige Geplapper der Kritiker auszublenden, die versuchen werden, Sie davon abzuhalten, Ihre Talente der Menschheit zur Verfügung zu stellen. Sie können auf jene hören, die Sie verurteilen, oder Sie können leidenschaftlich nach vorne streben. Beides dagegen können Sie nicht tun, richtig? Trolle sind jene Widerlinge, die Ihre aufrichtige Arbeit herabsetzen und den wahren Zauber herabwürdigen, den Sie, mit Ihrem guten Namen versehen, in die Welt bringen.

Der erste Schritt, um Trolle zu dekonstruieren – und ihnen jegliche Macht zu nehmen, die sie über Sie erlangen könnten –, besteht darin, sich über Folgendes klar zu werden: *Hater sind verkleidete Liebeslehrer.* Ja, wirklich. Alle, die Ihre Unsicherheit provozieren und jenen Teil von Ihnen aufstacheln, der Ihre Meisterhaftigkeit in Zweifel zieht, sind Helfer. Deren niederträchtiges Verhalten bringt Ihre Schwäche ans Licht. So können Sie sie erkennen und dadurch schließlich zur Heilung gelangen. Wunderbar. Danken Sie ihnen. Denn sie haben Sie gesünder, reiner und besser gemacht. Sie haben geholfen bei Ihrem Aufstieg zu Ihrer angeborenen Größe.

Das zweite Element der Entschlüsselung ist folgende Erkenntnis: *Hinter dem Angriff verbirgt sich Schmerz.* Die Attacke eines Kritikers wird durch seinen eigenen Mangel an Selbstliebe und persönlicher Wertschätzung angeheizt. Neinsager sind meist enttäuschte Seelen, die nicht getan haben, was Sie getan haben, sodass sie sich besser fühlen, wenn sie auf Sie einschlagen können. Elend sucht immer Gesellschaft. Menschen behandeln andere so, wie sie sich selbst behandeln, und Menschen, die viel Leid erfahren, verletzen häufig andere Menschen.

DIE DEKONSTRUKTION VON TROLLEN

1. HATER SIND VERKLEIDETE LIEBESLEHRER
2. HINTER DEM ANGRIFF VERBIRGT SICH SCHMERZ
3. DAS LICHT ZIEHT GLEICHERMAßEN MOTTEN UND ENGEL AN
4. MENSCHEN, DENEN ES GUT GEHT, REIßEN ANDERE NICHT NACH UNTEN
5. HATER SIND VERWUNDETE TRÄUMER
6. HERAUSRAGENDE ARBEIT RUFT EXTREME REAKTIONEN HERVOR
7. UM ZAUBER ZU VERSTEHEN, MUSS MAN AUGEN DAFÜR HABEN
8. LÄCHERLICH GEMACHT ZU WERDEN IST EIN SYMPTOM FÜR EINFLUSS
9. MUTIGE PROJEKTE GEFÄHRDEN DEN UNSICHEREN STATUS QUO

Dann kommt der dritte Punkt: *Licht zieht gleichermaßen Motten wie Engel an.* Wenn Sie Ihr angeborenes Genie in Ihrem Tätigkeitsbereich und über unseren kleinen Planeten erstrahlen lassen, werden all jene, die Ihre Virtuosität bewundern, auf Sie zukommen. Aber seien Sie sich bitte bewusst, dass die Fülle Ihrer schöpferischen Grandiosität auch eifersüchtige Trolle anlocken wird. Wie Motten vom Licht angelockt werden.

Das vierte Element: *Menschen, denen es gut geht, reißen nicht andere nach unten.* Menschen, die sich freuen, dass sie ihre großen Ziele verfolgen können und in ihrem Leben wirklich gut dastehen, haben weder die Neigung noch die Energie oder die Zeit, visionären Führungspersönlichkeiten nachzustellen, sie anzugreifen und zu verurteilen. Das müßige und unerfüllte Leben ist vielmehr die Werkstatt des Teufels. Gelangweilte und eifersüchtige Menschen werden versuchen, Sie zu trollen, wenn Sie Ihr Versprechen einlösen, weil sie sich dann besser fühlen, wenn sie ihr eigenes Potenzial nicht zur Geltung bringen konnten.

Nun kommen wir zum fünften Grundprinzip, das uns helfen kann, das Verhalten von Trollen zu dekonstruieren, damit deren Giftpfeile Ihre Poesie nicht herabsetzen und Ihr Geschick nicht beeinträchtigen: *Hater sind verwundete Träumer.* Jeder heute lebende Mensch verfügt über ein solches Talent. Ja, die meisten von uns haben diesen Reichtum verleugnet, weil es zu schwierig und beängstigend ist, ihm Ausdruck zu verleihen. Aber das heißt nicht, dass er nicht doch noch vorhanden ist. Als Kinder haben wir solche kühnen Träume entworfen. Doch aufgrund der negativen Botschaften derer, denen wir vertrauten, und aufgrund der Ablehnung und der Niederlagen, die wir hinzunehmen hatten, als wir uns ins Leben stürzten, haben die meisten von uns ihren Verstand und ihr Herz gegenüber ihren inneren Kräften verschlossen. Und sie haben Mauern errichtet, um nicht noch mehr Kummer erleben zu müssen. Es ist viel einfacher, sich im Sessel zurückzulehnen und jemanden, der aktiv am Spiel teilnimmt, mit Galle zu bewerfen, als in den Spiegel zu schauen, die persönliche Verantwortung für den eigenen Zustand zu übernehmen und daran zu wachsen, um wieder aufzustehen. »Damit dich die einen lieben, müssen dich die anderen verabscheuen«, bemerkte einmal die milliardenschwere Autorin J. K. Rowling, die Erfinderin von Harry Potter.

Das sechste Element der Dekonstruktion von Trollen besagt: *Herausragende Arbeit ruft extreme Reaktionen hervor.* Wenn Sie Ihre Arbeit gut machen und ein Meisterwerk schaffen, das die bisherigen Arbeitsverfahren erschüttert und die Branche im Sturm erobert, indem es mit dem Hergebrachten bricht, werden die Kritiker Sie hassen. Weil es nicht das ist, was sie für große Kunst halten. Und weil sie nicht den Mut haben, sich für Ihre Innovation zu öffnen, werden sie Sie niedermachen. Das gibt ihnen ein Gefühl der Sicherheit. Es hilft ihnen, an ihrem begrenzten und statischen Verständnis von der Art und Weise, wie die Dinge laufen sollten, festzuhalten und ihren Status als sogenannte Experten in diesem Bereich zu schützen. Sie müssen nur wissen, dass die Reaktion umso extremer ausfallen wird, je brillanter Ihr Produkt und je revolutionärer Ihr künstlerisches Schaffen ist. Und dass Kritik und Angriffe ein Paradies für Feiglinge sind.

Das siebte Element der Trolldekonstruktion lautet: *Um Zauber zu verstehen, muss man die Augen dafür haben.* Man denke zum Beispiel an Amateurkunstliebhaber. Sie wissen nicht wirklich viel über den Gegenstand. Sie haben meist die Gemälde der großen Meister nicht gesehen und verfügen über keine sonderlich fundierten Kenntnisse darüber, was für diese Arbeit erforderlich war und was diese Meister geschaffen haben. Alles, was sie sehen, ist eine blaue Vase oder eine Frau namens Mona. Also sagen sie gewöhnlich: »Ist das alles? Es sieht so einfach aus.« Oft noch mit dem Zusatz: »Das hätte ich auch fertiggebracht.«

Hm. Stimmt das wirklich? In diesem Zusammenhang muss ich an einen Satz von Bob Dylan denken: »Kritisiere nicht, was du nicht verstehst.« Gut, nicht wahr? Normalerweise bedarf es jahrzehntelanger täglicher Übung und ständigen Trainings, um etwas einfach aussehen zu lassen. Denn bei wahrer Kunst geht es viel stärker darum, was der Produzent *nicht* in sein Erzeugnis einbringt, als darum, was er einbringt. Darin liegt die wahre Genialität. Wenn man sein Handwerk wirklich versteht, kann man sich auf das Wesentliche konzentrieren und alles Nebensächliche weglassen. Und alles Oberflächliche. Deshalb ist es eine ausgezeichnete Idee, nicht auf die Meinung von jemandem zu hören, der mit dem, was man tut, überhaupt nicht vertraut ist. Diese Leute wissen wirklich nicht, was für diese Arbeit notwendig ist. Und sie haben nicht den Scharfsinn zu verstehen, was Sie vollbracht haben. Weil sie nichts wissen. (Auch wenn sie das Gegenteil glauben.)

Das achte Element ist ganz einfach: *Lächerlich gemacht zu werden ist ein Symptom für Einfluss.* Sie wissen, dass Sie etwas Geniales in die Welt setzen, wenn Sie ausgelacht werden. Vertrauen Sie darauf, dass Sie nicht nur auf dem richtigen Weg sind, sondern ein echtes Meisterwerk abliefern, wenn die Trolle Sie verspotten, verurteilen und lächerlich machen. Gute Arbeit. Sie haben gewonnen.

Und schließlich noch das letzte Prinzip: *Mutige Projekte gefährden den unsicheren Status quo.* Ja, mutige, schöne, überragende Werke, welche die Jahrhunderte überdauern, erfordern, dass man den Wahrheiten, an welchen die Mehrheitsgesellschaft festhält, den Boden unter den Füßen wegzieht. Tatsächlich ist ein wirklich meisterhaftes Werk seiner Zeit so weit voraus, dass es sehr lange braucht, bis es sich durchsetzt und seine fachliche Qualität erkannt und verstanden wird. Vincent van Gogh verkaufte zu Lebzeiten nur ein einziges Gemälde, das Bild *Roter Weinberg bei Arles.* Das Meisterwerk wurde für 400 Franc in Belgien verkauft, sieben Monate bevor van Gogh Selbstmord beging.

Lassen Sie sich nicht durch mangelnden öffentlichen Erfolg aus der Bahn werfen. Ihre Einzigartigkeit und Ihr Streben nach Großartigkeit verlangen, dass Sie weitermachen. Ganz gleich, wie viele Trolle Ihnen zu Leibe rücken mögen.

92

Als ich Muhammad Ali begegnete

Von meinem Schreibzimmer zu Hause aus blicke ich auf die prächtigen Farben des Herbstes. Das Rauschgerät, das ich gekauft habe, um alle störenden Geräusche auszublenden, ist eingeschaltet. So habe ich das Geräusch eines gurgelnden Baches im Ohr, der mir Gesellschaft leistet, während ich diese persönliche Geschichte schreibe, bei der ich noch immer lächeln muss.

Ich war 15. John Lennon war gerade ermordet worden. Sein melodisches und bewegendes Lied »Imagine« wurde ständig im Radio gespielt. Es war Weihnachtszeit. In Los Angeles. Ich stamme nicht aus L.A., aber meine Eltern dachten, es wäre ein guter Ort für einen Urlaub in diesem Jahr. Sie mieteten ein Chrysler K-Car. Diese Autos werden heute nicht mehr hergestellt und ich denke, das ist auch gut so. Meinem Bruder und mir war es peinlich, in diesem Auto zu sitzen. Es war sicher keine Corvette (mein Lieblingsauto zu dieser Zeit; ein Poster des 63er-Modells mit geteiltem Fenster war mit Klebeband an meiner Schlafzimmerwand befestigt).

Auf dieser Reise holte meine Mutter jeden Tag Sandwiches und Orangen aus dem Lebensmittelgeschäft in der Nähe des Motels, in dem wir wohnten. Und wir erkundeten die Stadt. Wir liefen den Sunset Boulevard entlang. Wir gingen zum Hollywood Walk of Fame. Wir fuhren durch Beverly Hills. In unserem Chrysler K-Car. Und da ist es dann passiert …

… Ich war derjenige, der es zuerst sah. Ein braunes, glänzendes, schimmerndes Rolls-Royce Cabrio fuhr die Allee hinunter. Andere Leute hupten, als sie vorbeifuhren und den Fahrer erkannten. *Muhammad Ali.* Ich schlug meinem Bruder auf den Arm. Er war damals zwölf. »Das ist Ali!«, schrie ich. »Da, in diesem Auto!«

Mama hatte eine außersinnliche Wahrnehmung. Die hatte sie schon immer, solange ich sie kenne. Sie kann Eichhörnchen hören, die in einem Wald im Nachbarland laufen. Sie kann Spinnen sehen, die in einer nahen Galaxie Spinnweben produzieren. Nichts ist ihr je entgangen. Wenn Sie wissen, was ich meine. »Muhammad Ali? Wo?«, fragte sie sofort.

»Er ist gerade vorbeigefahren. In diesem Rolls-Royce«, rief ich aufgeregt und deutete auf das Auto.

Meine Mutter riss die Sache an sich wie eine Superheldin, die eine brennende Stadt retten muss. Sie verlangte von Papa, er solle eine dramatische Kehrtwendung vollziehen. Auf die andere Seite der belebten Straße. In unserem Chrysler K-Car. Und diesen ehemaligen, weltberühmten Schwergewichts-Boxchampion verfolgen. Als wir auf derselben Straßenseite wie Mr Ali waren, beschleunigte unser kleines Auto, um den Rolls-Royce einzuholen, der in ruhigem Tempo dahinglitt. An jenem herrlich sonnigen Tag. Mein Bruder und ich kauerten auf dem Rücksitz. Mama drängte meinen Vater, schneller zu fahren, denn die Boxlegende war noch in Sichtweite. Was dann geschah, ist nicht erfunden. Wir fuhren neben Muhammad Ali her. *Direkt neben ihm.* Eines seiner Kinder saß auf der Beifahrerseite, und ein älterer Herr, der wie sein Vater aussah, saß hinten auf dem luxuriösen weißen Ledersitz.

Mom kurbelte ihr Fenster herunter. »Mr Ali. Hallo! Hallo!«

Ungläubigkeit machte sich auf dem Gesicht des berühmten Boxers breit. Mein Bruder und ich beteten um Gnade bei den Göttern der Peinlichkeit.

»Könnten wir bitte ein Foto mit Ihnen machen?«, fuhr meine Mutter fort, höflich und elegant wie stets.

Der Rolls wurde langsamer. Muhammad Ali deutete zur Straßenseite, und der Wagen steuerte einen Platz an, wo wir parken konnten. Vor weitläufigen Villen mit wunderbaren Gärten voller sorgfältig gepflegter Blumen. Wir folgten dem Rolls-Royce. Rollten hinter ihm her. In unserem beigen Mietauto. Was dann geschah, ist in der Geschichte unserer Familie schon fast ein Mythos …

… Herr Ali posierte höchst liebenswürdig für Fotos mit mir, meiner Mutter und meinem Bruder. Er hätte nicht höflicher sein können und war unfassbar bescheiden für einen derart berühmten Mann, selbst als seine riesige Hand meine verschlang, als wir uns begrüßten. Er hatte es nicht eilig. Sanft. Und voller Freundlichkeit. Als er sah, dass Papa alle Fotos knipste, schlug er mir vor, auch ein Bild von ihm mit meinem Vater zu machen. Als alles erledigt war, wünschte er uns noch einen schönen Urlaub und fuhr davon. In den goldenen Sonnenschein von Beverly Hills. In seinem braunen, glänzenden Rolls-Royce.

Wir unterhielten uns während des restlichen Urlaubs immer wieder über diese Begegnung. Bei Gurkensandwiches und Orangen. Wir sprachen von unserer Begegnung mit einem Helden. Und waren beeindruckt davon, wie freundlich und zuvorkommend er sich gegenüber einer einfachen, unbekannten Familie verhalten hatte. Zu Hause baute ein Patient von Papa eines der Fotos in eine Uhr ein, die in unserem holzgetäfelten Fernsehzimmer hing. (Ja, eine Uhr.)

Jedes Jahr um die Weihnachtszeit erinnerten wir uns an diese Begegnung. Mit unserem Lieblingsboxer. Mr Ali. Und sprachen ein Abendgebet. Aus Dankbarkeit für den Menschen, der uns daran erinnert hat, wie die Demut eines Schwergewichts aussieht.

93

Mach dir keine Sorgen um deine Hinterlassenschaft

Vor langer Zeit schrieb ich ein Buch mit dem Titel *Who Will Cry When You Die?*. Es war ein Werk darüber, wie man ein Leben führt, über das die Menschen auch noch sprechen, wenn man schon viele Jahre tot ist. Es war eine Anleitung, wie man seinem Namen Bedeutung verleihen und der Welt einen Stempel aufdrücken kann. Ich war damals 34 Jahre alt. Jetzt, nachdem so viel Zeit vergangen ist, wünschte ich, ich hätte einen besseren Titel gewählt. Ganz im Ernst.

Die Beschäftigung mit dem eigenen Vermächtnis ist heutzutage sehr beliebt. Experten empfehlen uns, dass wir Taten vollbringen sollten, die unsere Familien und Gemeinschaften dazu veranlassen, uns als Helden zu ehren und vielleicht sogar Denkmäler zu errichten, um uns zu würdigen, wenn wir nicht mehr sind. Ich kann das nachvollziehen und habe mein Leben auch so gelebt, dass sich – hoffentlich viele – Menschen noch lange nach meinem Tod liebevoll an mich erinnern werden.

Heute aber sehe ich das ein bisschen anders. Heute kann ich mit dem Begriff des Vermächtnisses nicht mehr viel anfangen. Für mich als mittlerweile viel älteren Mann macht das keinen Sinn mehr. Ich habe angefangen, in einem anderen Laden einzukaufen, wenn Sie verstehen, was ich meine. Wen kümmert es, was die Leute über Sie sagen, wenn Sie gestorben sind? Sie werden Futter für Würmer sein und Narzissen hochschieben, sechs Fuß unter der Erde. Oder ein winziges Häufchen Asche in einer angeschlagenen Blechurne, die auf dem verrußten Kamin von jemandem steht. Neben Bildern dieser Menschen mit ihren Trophäen aus der Jugendliga. Soweit ich das beurteilen kann, kommt es nicht darauf an, wie man von den Menschen, die man hinterlässt, in Erinnerung behalten wird, sondern *wie man sich entscheidet zu leben, solange man noch am Leben ist.*

... Waren Sie in guten Zeiten fröhlich und in Niederlagen gnädig?

... Waren Sie rücksichtsvoll zu allen um Sie herum und nachsichtig mit denen, die Sie verletzt haben?

... Haben Sie Ihren Beruf mit dem Respekt behandelt, den er verdient, und haben Sie Ihre Pflicht erfüllt, bei allen Ihren Unternehmungen Ihre Souveränität zur Geltung zu bringen?

... Hatten Sie die Überzeugung, Sie selbst zu sein, wenn die Gesellschaft Sie dazu drängte, so zu sein wie alle anderen, und die Sensibilität, anderen Menschen Hoffnung zu geben, wenn diese mit Ihnen zusammen waren?

... Haben Sie die Jahre Ihres Lebens genutzt, um in Demut zu wachsen, Wissen zu erlangen und zu lernen, den Planeten behutsamer zu behandeln als bei Ihrer Ankunft auf der Erde?

... Und haben Sie gelernt, sich selbst nicht zu ernst zu nehmen und zu verstehen, dass die meisten Probleme, über die wir uns Sorgen machen, in Wirklichkeit nie eintreten werden, sodass es am besten ist, fröhlich, dankbar und entspannt zu bleiben?

Heute glaube ich, dass das Streben danach, ein bemerkenswertes Vermächtnis zu hinterlassen, eher die Beschäftigung eines geltungssüchtigen Egos ist. Ein zuvorkommender, meisterlicher, standhafter und edler Mensch zu sein, solange das zarte und mutige Herz noch schlägt, das ist der Weg zu wahrer Heldenhaftigkeit.

94

Ein Held namens Desmond Tutu

Desmond Tutu ist eine der größten Führungspersönlichkeiten und einer der bedeutendsten Humanisten und Veränderer der Geschichte. Der Friedensnobelpreisträger setzte sich in enger Zusammenarbeit mit Nelson Mandela für ein freies Südafrika und die Heilung der Wunden ein, die durch die Ungerechtigkeit der Apartheid entstanden waren.

Ich habe im Laufe der Jahre viel von Desmond Tutu gelernt. Nämlich …

… Wie wichtig es ist, unter Bedingungen, in denen ich schlecht behandelt wurde, mit unnachgiebigem Mut für mich selbst einzustehen, aber mit einem vergebenden Herzen, das nach wie vor das Gute in den Menschen sucht.

… Wie wertvoll und bedeutend jedes menschliche Wesen auf diesem Planeten ist, unabhängig von seiner Hautfarbe, seinem Geschlecht, seiner Staatsangehörigkeit oder seinem Lebensstand. Jeder Mensch ist wichtig, lehrte mich Desmond Tutu. Und er muss mit Respekt, Verständnis und Liebe behandelt werden.

… Wie wichtig es ist, dass wir die Fesseln des Opferdaseins abstreifen und das tun, was wir tun müssen, um unsere menschliche Kraft in normalen wie in schwierigen Zeiten zum Tragen zu bringen, indem wir Ungewissheit in Kreativität, Verletzungen in Tapferkeit und jede Form von Tragödie in einen Sieg verwandeln. Wir müssen die Beziehung zu unserem höchsten Selbst wiederherstellen.

Als ich Desmond Tutu in einem Ruheraum in Johannesburg begegnete, war ich bewegt (zu Tränen gerührt) und vollkommen fasziniert von der Anmut seiner Anwesenheit. Und von der Sanftheit, mit der mich dieser Gigant der Menschenführung behandelte.

Mit Desmond Tutu in Südafrika

Tutu bemerkte einmal: »Ich bin von Haus aus ein Anführer. Denn die Natur lässt kein Vakuum zu.« Wahre Worte. Gesprochen von einem echten Helden.

Wenn Sie auf Ihr großes Ziel bzw. Ihre hochgesteckten Ziele zusteuern, schreiben Sie diese Worte in Ihren Geist ein. Seien Sie sich bewusst, dass Sie auch ohne Titel Verantwortung übernehmen können, dass Sie auch ohne konkrete Führungsposition inspirierend wirken können und dass Sie auch ohne formale Autorität für viele Menschen ein Vorbild an Großzügigkeit, Höflichkeit und Hilfsbereitschaft sein können. Sie haben es in der Hand, einen Teil Ihrer angeborenen Macht zurückzuerobern, die Sie den Umständen zu verdanken haben, und Sie können tatsächlich etwas bewirken, wenn Sie klein anfangen und sich dann Tag für Tag der Verbesserung Ihrer Führungsqualitäten widmen. Sie werden besonders und großartig sein, wenn Sie sich so oft darin üben, besonders und großartig zu sein, dass alles Unspezielle und Nichtgroßartige aus Ihnen herausgewaschen wird, so wie die Frühlingssonne alle Reste des kalten und grausamen Winters vertreibt.

Wahrhaftige Macht kann sich entfalten, wenn sich ein Mensch schlicht daran erinnert, wie er ganz Mensch sein kann. Denn die Natur lässt kein Vakuum zu.

95

Was Menschen auf ihrem Sterbebett bedauern

Pflegekräfte, die Sterbenden zur Seite stehen, um ihr Leid zu lindern, haben davon berichtet, was ihre Patienten in den letzten Stunden ihres Lebens am meisten bedauern. Ich denke, es lohnt sich, den Aussagen dieser Menschen Aufmerksamkeit zu schenken. So können wir vermeiden, dass es uns ähnlich ergeht.

Bedauern auf dem Sterbebett #1: Sie wünschen, sie hätten mehr Weitsicht gezeigt

Wir Menschen verbringen zu viel Zeit damit, uns über Dinge Sorgen zu machen, die niemals eintreten werden. Und wenn wir tatsächlich in Not geraten, vergessen wir, dass alle Schwierigkeiten früher oder später ein Ende finden. Die fröhlichen Tage kehren irgendwann zurück.

Weiser und widerstandsfähiger zu werden bedeutet, sich die richtige Perspektive zu bewahren, egal was auch geschieht, und sich bewusst zu sein, dass die Reise des Lebens eigentlich recht schnell geht. Gnade, Reife und Stärke setzen voraus, dass wir unsere Tage im Geiste der Dankbarkeit durchleben – und dass wir unseren Lasten niemals mehr Energie zugestehen als unseren Segnungen.

Es gibt eine alte Geschichte, die ich in *Who Will Cry When You Die?* erzählt habe und die Sie daran erinnern möge, wie viele Gaben Ihnen mitgegeben worden sind. Und wie wichtig es ist, stets optimistisch zu bleiben:

Eines Tages wurde ein schwer kranker Mann in ein Krankenzimmer geschoben, wo schon ein anderer Patient in dem Bett am

Fenster lag. Die beiden freundeten sich an, und derjenige, der am Fenster lag, schaute hinaus und unterhielt seinen bettlägerigen Zimmerkollegen mit lebhaften Beschreibungen der wunderbaren Welt da draußen. An manchen Tagen erzählte er von der Pracht der Bäume im Park gegenüber dem Krankenhaus und davon, wie sich die Blätter sanft in der zarten Brise wiegten. An anderen Tagen unterhielt er seinen Freund, indem er ihm detailliert die interessanten und oft seltsamen Verhaltensweisen der Menschen schilderte, die draußen vorbeigingen. Doch mit der Zeit wurde der Mann im anderen Bett immer ungehaltener, weil er die Wunder, die sein Begleiter beschrieb, nicht mehr selbst beobachten konnte. Bald begann er, seinen Zimmerkollegen zu verabscheuen und schließlich zu hassen, weil dieser all das Leben, das sich draußen abspielte, so mühelos verfolgen konnte.

Eines Nachts, während eines besonders heftigen Hustenanfalls, hörte der Patient am Fenster auf zu atmen. Anstatt den Notrufknopf zu drücken, beschloss der andere Mann, nichts zu tun. Am nächsten Morgen wurde der Patient, der seinem Freund so viel Freude bereitet hatte, indem er ihm von seinen Erlebnissen erzählte, für tot erklärt. Als der Leichnam aus dem Krankenzimmer geschoben wurde, fragte der andere Patient die Krankenschwester, ob man sein Bett an das Fenster stellen könne, was auch gewährt wurde. Doch als der Mann durch das Glas schaute, entdeckte er etwas, das ihn erschaudern ließ: Gegenüber vom Fenster lag eine Backsteinmauer. Sein ehemaliger Zimmergenosse hatte sich die Geschichten, die er beschrieben hatte, nur in seiner Fantasie ausgedacht – als liebevolle Geste, um ihm die Zeit ein wenig zu versüßen. Er hatte aus Liebe gehandelt. Und motiviert von dem Anstand, der aus dem Besten unserer gemeinsamen Menschlichkeit erwächst.

Bedauern auf dem Sterbebett #2: Sie wünschen, sie hätten sich nicht so sehr darum gekümmert, was andere Leute denken

Oscar Wilde schrieb einmal: »Sei du selbst. Alle anderen gibt es schon.« Oh, wie viele Herzschläge vergeuden wir damit, uns zu sehr um unser Aussehen zu kümmern! Wir versäumen es, die Chancen zu ergreifen, die unsere ursprüngliche Genialität zur Geltung bringen würden, weil wir nicht zurückgewiesen werden wollen, uns nicht schämen und cool wirken wollen. Wir sind zu einer Kultur von Aufmerksamkeitssuchenden geworden, die ihre besten Tage dem unnötigen Streben nach Anerkennung opfern. Ich bitte Sie eindringlich, sich vor Augen zu halten, dass in hundert Jahren *alle* Menschen, die heute leben, nicht mehr da sein werden. Warum sollten Sie sich zurückhalten, Ihr Versprechen einzulösen und Ihrem Enthusiasmus zu folgen, um Menschen zu erfreuen oder zu beeindrucken, die in Zukunft nicht mehr da sein werden?

Wie Ihr Leben weitergeht, wird davon abhängen, ob Sie bereit sind, töricht zu erscheinen. Und ob Sie daran interessiert sind, Ihre Authentizität zu respektieren. Indem Sie die Träume verwirklichen, die Ihnen am wichtigsten sind. Auch (oder gerade) dann, wenn niemand sonst Sie versteht.

Bedauern auf dem Sterbebett #3: Sie wünschen, sie hätten nicht so viel Zeit vergeudet

Es ist sehr verbreitet, dass wir uns wünschen, mehr Zeit zu haben, aber die Zeit, die wir tatsächlich zur Verfügung haben, verschwenden wir dann gedankenlos, nicht wahr? Seneca schrieb: »Knauserig sind sie, wenn es gilt, das ererbte Vermögen zusammenzuhalten; steht aber die Zeit auf dem Spiel, dann sind sie die größten Verschwender bei dem, worin doch einzig und allein Geiz eine Tugend wäre.« Nutzen Sie Ihre kostbaren Stunden verantwortungsbewusst. Wehren Sie sich gegen jede Beschäftigung, die Ihrer edlen Gaben und menschlichen Talente nicht würdig ist. Jagen Sie nicht den unbedeutenden Interessen nach, die die Menge verzaubern. Ihre Vorbildlichkeit, Ihre Meisterhaftigkeit, Ihr Glück und Ihre Gelassenheit sind dort nicht zu finden. Niemals.

In der heutigen Zeit ist es üblich, dass wir unsere Tage mit Aktivitäten verplanen, die uns das Gefühl geben, produktiv zu sein, in Wahrheit aber überhaupt keinen Wert haben. Wir sind zu Meistern der kleinen Dinge geworden und zu Experten für triviale Beschäftigungen. Es macht keinen Sinn – und ist eine eklatante Geringschätzung Ihrer Großartigkeit –, jenen Attraktionen und Vergnügungen zu erliegen, die als wichtige Maßstäbe für den Erfolg verkauft werden, wenn unsere Tage gezählt sind. Und uns schließlich der Tod erwartet. Ja – es tut mir leid, das zu sagen –, Sie werden eines Tages sterben. Ich werde eines Tages sterben. Wir alle werden irgendwann tot sein. »Wie konnte es so früh so spät werden?«, fragte sich Dr. Seuss.

Bedauern auf dem Sterbebett #4: Sie wünschen, sie hätten die Pilgerreise des Lebens bewusster wahrgenommen

Sich zu amüsieren ist höchst produktiv. Eine positive Stimmung ist ein großartiges Tor zu Ihrer Meisterhaftigkeit und Ihrer maximalen Wirksamkeit. Ich weiß, dass uns unsere Gesellschaft das Gegenteil suggeriert. Dass die Reise hart und zermürbend sein muss. Dass das Leben übermäßig ernst und ungeheuer praktisch sein muss. Aber die Behauptung, dass ständiges Arbeiten wertvoller sei, als gemeinsam mit der Familie oder Freunden zu Abend zu essen, Reisen zu interessanten Orten zu unternehmen und Dinge zu tun, die einen glücklich machen, ist eher ein Werturteil als eine Aussage über die Wahrheit.

Die Behauptung, dass wir nur dann voll und ganz leben, wenn wir beschäftigt sind, ist lediglich eine Geschichte. Und nicht jede Geschichte, die man hört, ist wahr. Sich Zeit zu nehmen für Momente des Staunens und der Schönheit, die sich entfalten, und eine Menge Spaß zu haben, während das Herz voll und ganz lebendig ist – das ist Weisheit in Reinkultur.

Also, natürlich, arbeiten Sie hart, aber genießen Sie auch die Früchte Ihrer Arbeit. Wenn Sie sich der Ziellinie nähern, werden Sie sich an der Tatsache erfreuen, dass Sie alles dankbar in Empfang genommen haben, was das Leben Ihnen so großzügig angeboten hat.

Bedauern auf dem Sterbebett #5: Sie wünschten, sie wären freundlicher und liebevoller gewesen

Schließlich bekunden Menschen, die am Ende ihres Lebens angelangt sind, auch, dass sie Reue darüber empfinden, andere schlecht behandelt zu haben (es ist interessant, wie häufig es vorkommt, dass Menschen jene Menschen, die sie am meisten lieben, schlecht behandeln, nicht wahr?). Wenn wir die Tugend der Freundlichkeit nicht tagtäglich praktizieren, wird unsere Welt nicht nur dunkler und unglücklicher werden, sondern auch unser Gewissen wird Schaden nehmen – und das zerstört unser Glück und unsere Ruhe.

Als Menschen haben wir die angeborene Neigung, unsere Brüder und Schwestern auf diesem Planeten mit Ehrfurcht, Mitgefühl und Liebe (ja, Liebe) zu behandeln. Wenn wir uns von diesem Antrieb lösen, weil wir unklugerweise nach mehr Ruhm, Reichtum und Beifall streben (oder einfach, weil wir unser persönliches Wachstum und unsere private Heilung nicht ernsthaft angestrebt haben, sodass wir uns wie unser schlechtestes und nicht wie unser bestes Selbst verhalten), werden wir von einem Bedauern erfüllt, das keine Grenzen kennt. Denn dann agieren wir als Menschen, die wir nie sein wollten. Und verraten unser heldenhaftes Wesen.

Bemühen Sie sich, der liebevollste und liebenswürdigste Mensch zu sein, der Ihnen je untergekommen ist. Das ist eine Angewohnheit von Giganten. Und den wahrhaftigsten Koryphäen der Geschichte. Wenn Sie gut sind und die Leute Sie ausnutzen, liegt das nicht daran, dass gut zu sein schlecht ist. Es liegt daran, dass Sie zugelassen haben, dass man Sie ausnutzt. Derjenige, der am meisten zur Liebe fähig ist, wird gewinnen. Oder wie der Gitarrenmaestro Jimi Hendrix einmal bemerkte: »Wenn die Macht der Liebe die Liebe zur Macht besiegt, wird die Welt Frieden erfahren.«

96

Gutes, das man tut, bleibt ein Leben lang erhalten

Der Gedanke ist weitverbreitet, dass Gutes, das man tut, keinen bleibenden Wert habe. Dass es nicht wirklich wichtig sei. Dass es wahrscheinlich nicht zählt.

Als ich ein Kind war, hat meine Mutter immer etwas ganz Tolles für mich getan. Ein- oder zweimal im Monat machte sie zu Hause Pommes frites, fuhr mit dem in Folie eingewickelten Teller zu meiner Schule und stellte ihn im Sekretariat für mich ab, in einer kleinen Schachtel mit einer handgeschriebenen Notiz, in der sie mir mitteilte, wie sehr sie mich liebt. In ihrer Herzensgüte wollte sie es mir ermöglichen, dass ich ihre Kochkünste genießen konnte und eine warme Mahlzeit bekam. Und ihre Fürsorge spüren konnte.

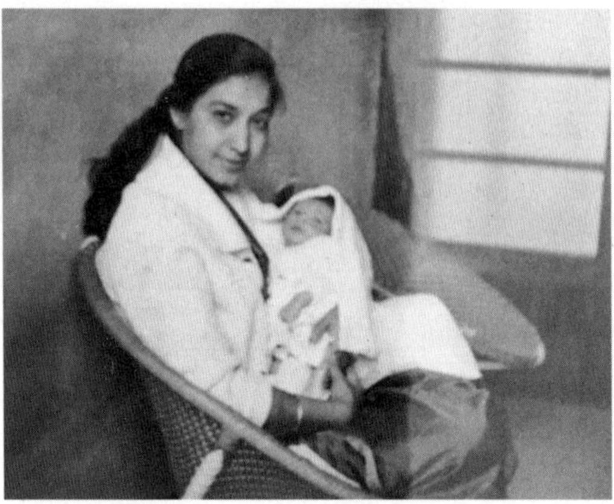

Meine Mutter und ich am ersten Tag meines Lebens

Jetzt, viele Jahrzehnte später, nach all den eindrucksvollen und wunderbaren Erfahrungen, die ich gemacht habe, raten Sie mal, woran ich mich noch immer am liebsten erinnere? Ja, an die großartig einfache und doch so liebevolle Geste meiner Mutter, die mir diese goldenen, knusprigen Pommes frites in die Schule brachte (und die Gesichter meiner Freunde, die daraufhin mit mir zu verhandeln begannen, weil sie hofften, eines ihrer Thunfisch-Sandwiches, einen ihrer Dosenpfirsiche oder eine ihrer Karottenscheiben gegen eine einzige meiner köstlichen Pommes eintauschen zu können).

Während seiner Zeit als Innenspieler der L.A. Lakers besuchte die amerikanische Basketballlegende Pau Gasol einmal eine meiner Live-Veranstaltungen. Wir lernten uns im Laufe des Wochenendes kennen und vertieften unsere Bekanntschaft dann bei einem langen und unvergesslichen Abendessen bei mir zu Hause mit meiner Familie.

Zu Hause mit dem Basketballspieler Pau Gasol von den L.A. Lakers

Nach dem Ende der Veranstaltung bot ich Pau an, ihn zum Flughafen zu fahren. Dort angekommen, erlebte ich, wie ein Fan nach dem anderen die Warteschlange verließ, um ein Autogramm oder ein Foto von ihm zu bekommen. Obwohl er zum Flieger musste, nahm sich Pau für jeden seiner Fans Zeit, lächelte sein sanftes Lächeln, gab ein Autogramm und fügte noch ein paar Worte der Inspiration hinzu – und posierte für ein Foto. (Ich erinnere mich an eine Begegnung mit einem Gitarrengott in einem örtlichen Sushirestaurant, der auf meine Bitte um ein Foto mit einem knappen »Ich mag es nicht, wenn man mich fotografiert« antwortete, bevor er an mir vorbeiging.) »Pau, du bist für jeden stehen geblieben, der dich darum gebeten hat. Du hast dir für jeden Einzelnen dieser Fans Zeit genommen. Du warst zu jedem freundlich, hast nie Müdigkeit oder Gereiztheit gezeigt«, bemerkte ich, als ich ihn zu seinem Gate begleitete. Seine Antwort werde ich nie vergessen. Denn sie war wirklich weise. Und sie lehrte mich sehr viel.

»Es braucht so wenig, um jemanden glücklich zu machen, Robin.« Dann streckte er die Hand aus, umarmte mich, dankte mir und machte sich auf den Weg.

97

Freuen Sie sich, wenn Sie lebende Menschen sehen

Ich war für eine Veranstaltungsreihe in Südafrika, als ich bemerkte, dass der Herr, der mich zu den Veranstaltungsorten fuhr, jedes Mal vor Freude strahlte, wenn er einen anderen Menschen sah. Seine Augen leuchteten. Sein Lächeln wurde breiter. Jedes Mal, wenn er jemanden sah. Es war verblüffend. »Sie scheinen die Menschen wirklich zu mögen«, bemerkte ich.

»Ich habe schon viele tote Menschen gesehen«, antwortete er leise. »Wenn ich also einen lebenden Menschen sehe, macht mich das sehr glücklich.«

Ich schwieg. Wie vom Donner gerührt.

Stellen Sie sich vor, wie unsere Welt aussehen würde, wenn wir uns allgemein die Philosophie dieses Mannes zu eigen machen würden. Wir würden unsere Geräte weglegen, uns weniger von Egoismus und Geschäftigkeit beeinflussen lassen und mehr Zuwendung und Güte zeigen. Indem wir unserer kollektiven Menschlichkeit mehr Aufmerksamkeit schenken. Aber auch jedem konkreten Menschen, der vor uns steht, sei es ein Freund oder ein Fremder. Stellen Sie sich vor, dass wir jedes Mal lebendig werden, wenn wir irgendwo menschliches Leben ausmachen. Oder überhaupt Leben.

98

Verse des unbesiegbaren alltäglichen Helden

Können Sie Ihren Kummer aushalten, ohne sich den erdrückenden Anforderungen zu beugen, irgendetwas zu tun?

Können Sie sagen, was Ihrer Meinung nach gesagt werden muss, auch wenn Sie diejenigen enttäuschen, die Ihnen zuhören, und diejenigen verärgern, die anderer Meinung sind?

Können Sie den schweren Weg gehen, den nur wenige gehen wollen, und dennoch Freude, Gelassenheit und Freiheit erfahren? Frei von dem Bedürfnis, sich anzupassen und der Mehrheit zu gefallen?

Können Sie Hass riskieren, um zu tun, was richtig ist?

Können Sie in der Welt sein und doch nicht von ihr, können Sie die süßen Freuden der Einsamkeit, der Stille und des Schweigens genießen und in Ihrem Alleinsein einsam bleiben? Sind Sie bereit, die Schönheit der kleinen Freuden anzunehmen und die Freuden des Gewöhnlichen zu genießen?

Können Sie nach Ihren höheren Visionen streben, sich vorstellen, was nur wenige sich vorzustellen wagen, und mit Entschlossenheit Ihre aufrichtigsten Ziele und Pläne verfolgen und dennoch friedlich bleiben, wenn Sie scheitern, und all das willkommen heißen, was das Schicksal für Sie bereithält?

Können Sie lieben, wie nur ein Narr liebt, lachen, wie nur ein Narr lacht, und das Risiko auf sich nehmen, aufgrund der vermeintlichen Verrücktheit Ihrer Träume als verrückt abgestempelt zu werden?

Können Sie das Oberflächliche wegschieben, um das Monumentale zu schaffen, und ein Zeichen setzen, das Sie am Ende unsterblich macht? Auf Ihre eigene natürliche und originelle Weise?

Das ist es, was ich wissen möchte. Können Sie wahrhaftig sein? Sich selbst gegenüber?

99

Fenster der Gelegenheit und Ihre zweiten Chancen

In meinem Buch *The Greatness Guide* habe ich über meine »Beinahebegegnung« mit der Hollywood-Ikone Harvey Keitel geschrieben. Er war in so vielen Filmen außergewöhnlich und ein Goliath seines Fachs, der sein Können über viele Jahrzehnte hinweg aufrechterhalten konnte. Das machte ihn zu einem Spitzenleistungsmenschen und einem Mitglied der Hall of Fame in seiner Branche.

Ich war zufällig in einer Hotellobby in meiner Heimatstadt, als ich ihn allein in der Lounge sitzen sah. Er saß einfach da. Er wartete wahrscheinlich, denke ich.

»Wow! Das ist Harvey Keitel!« Ich war überrascht und verblüfft, den berühmten Schauspieler hier zu sehen. Instinktiv drängte es mich, zu ihm hinüberzugehen, ihm die Hand zu reichen und einfach ein wenig zu plaudern. Doch bevor ich mutig und stark sein konnte, wurde ich von meinen primitiveren Neigungen übermannt. Die Angst begann lauter zu schreien als die Wahrheit. Meine Hoffnungen wurden von meinen Unsicherheiten verdrängt. Die drohende Abweisung signalisierte meinem Optimismus, er solle sich zunächst einmal zurückhalten.

Der innere Disput lief ungefähr folgendermaßen ab …

… »Wahrscheinlich wartet er auf einen berühmten Produzenten und ich sollte ihn besser nicht stören.«

… »Was ist, wenn er schroff und unfreundlich mir gegenüber ist?«

… »In dieser Lobby sind viele Leute, und ich werde wie ein Trottel aussehen, wenn ich mich an diesen Prominenten heranmache.«

Oh, die Gelegenheiten, die uns das wohlmeinende Universum schickt, verpassen wir durch unsere Feigheit, unsere Schüchternheit und unser Verlangen, hip zu wirken. Auf unserem Sterbebett ist es wirklich das, *was wir nicht getan haben* – die Menschen, die wir nicht getroffen haben, das Potenzial, das wir nicht zum Ausdruck gebracht haben, die Projekte, die wir nicht beendet haben, die Verzauberungen, denen wir nicht nachgegangen sind, und die Liebe, die wir nicht erwidert haben –, was uns mit Bedauern erfüllt …

… *niemals* aber all die mutigen Taten, die wir tatsächlich vollbracht haben.

Was habe ich also getan, wollen Sie wissen? Nun, wenn Sie das Kapitel in dem Buch gelesen haben, das ich vor fast zwei Jahrzehnten geschrieben habe, erinnern Sie sich …

… dass ich nichts getan habe. Null. *Nada.*

Ich verdrängte meinen Enthusiasmus, dass sich mir die Chance bot, diesen Filmhelden persönlich kennenzulernen, durch den Entschluss, in mein Büro zurückzukehren. Um etwas zu schreiben. Ein oder zwei Telefonate zu führen. Meine Nachrichten zu checken. Und so bin ich gegangen. In den folgenden Monaten habe ich viel über diese Erfahrung nachgedacht. Ich fühlte mich nicht wohl mit meiner Schüchternheit und Schwäche. Ich nahm mir fest vor, dass ich üben würde, mutiger zu werden. Und furchtloser. Wie ich in dem genannten Buch über das verpasste Treffen schrieb:

> Sollte ich Harvey Keitel noch einmal sehen, verspreche ich Ihnen, dass ich mich auf ihn stürzen werde. Er mag mich für einen Promi-Stalker halten, bis wir anfangen zu plaudern. Und dann wird er die Wahrheit entdecken: Ich bin einfach ein Mann, der die Geschenke annimmt, die ihm das Leben zukommen lässt.

Etwas, das zu den schönsten Dingen im Leben gehört, möchte ich Ihnen am Ende unserer gemeinsamen Zeit dringend in Erinnerung rufen, nämlich dass Sie wirklich eine zweite Chance bekommen. Leider werden es nicht viele solcher zweiten Chancen sein. Aber einige werden Sie bekommen.

Und so …

… war ich einige Jahre später in Rom und arbeitete an einem neuen Buch. Nach einer frühmorgendlichen Tour mit dem Mountainbike durch den herrlichen Park der Villa Borghese, nicht weit von der Spanischen Treppe entfernt, kehrte ich in mein Zimmer zurück und begab mich für die nächsten fünf Stunden gewissermaßen in Einzelhaft. Schreiben. Überarbeiten. So gut wie keine Bewegung.

Nach dieser intensiven Arbeitssitzung entschloss ich mich, meinen üblichen Spaziergang zur Piazza Navona zu machen, meinem Lieblingsplatz auf der Welt. Das ist mein übliches Ritual in der Ewigen Stadt, nachdem ich an meinem aktuellen Buch gearbeitet habe. Ich gehe hinaus auf die alten Kopfsteinpflasterstraßen, um meine Energie zu erden, nachdem ich so viele Stunden in der geistigen Sphäre verbracht habe, ein bisschen römische Sonne zu tanken und meinen Kopf und mein Herz durch einen wunderbaren Spaziergang freizubekommen.

Als ich mich dem Pantheon näherte und an der dichten Menschenmenge vor diesem sagenumwobenen Bauwerk vorbeiging, das dem Römischen Reich als Justizpalast diente, entdeckte ich einen Mann mit dunkler Sonnenbrille, der allein abseits der Menge stand. Er war leger gekleidet und wirkte sehr zurückhaltend. Er betrachtete das Gebäude und nahm seine Pracht in sich auf.

Es war Harvey Keitel.

Dieses Mal verhielt ich mich ganz anders. Ich handelte zielstrebig und schnell, bevor mein Ego mich bremsen konnte. Ich ging schnurstracks auf ihn zu, streckte meine Hand aus und sagte: »Mr Keitel, ich bin ein großer Fan von Ihnen. Es ist toll, Sie kennenzulernen!«

Er lächelte. Und übertrug die Fülle seiner Präsenz auf mich. Er hätte nicht freundlicher sein können. »Vielen Dank«, erwiderte er.

Ermutigt fuhr ich fort. »Ich habe Sie in *Reservoir Dogs* bewundert. Tarantinos Originalität war wirklich beeindruckend! Die fantastischen Dialoge haben mir gefallen. Was für ein Drehbuch! Was für ein Film! Ich liebte die Namen, die ihr alle für den Raub hattet. Sie waren Mr Pink! Einfach toll«, schwärmte ich.

Er starrte mich an. Eine Ewigkeit lang, wie es mir schien. »Mr White«, murmelte er.

Als ich vorsichtig zurückruderte, fragte ich die Kinolegende, ob ich ein Foto mit ihr machen könnte.

»Klar.«

Und hier ist es:

Mit Filmkoryphäe Harvey Keitel am Pantheon in Rom

»Nun, ich muss jetzt allmählich gehen«, sagte Keitel höflich. Und schon war er weg. Er tauchte ein in die Menschenmenge. Er ging an den hoch aufragenden Säulen des architektonischen Juwels vorbei, hinein in die heiße Sonne eines vollkommenen Nachmittags.

Meine Empfehlung für Sie? Ganz einfach. Wenn sich Ihnen ein Fenster der Gelegenheit auftut, öffnen Sie es noch weiter und springen Sie hinein, so schnell Sie können, bevor die Schurken Ihres Genies und die Feinde Ihrer Größe Ihnen sagen, warum Sie das nicht tun können. Die Vernunft macht vieles zunichte, was eine lebensverändernde Erfahrung hätte sein können. Vertrauen Sie auf Ihr Herz. Es ist wirklich so viel weiser als Ihr Kopf.

Aber wenn Sie das aufgrund Ihres Menschseins nicht tun können, atmen Sie tief durch und machen Sie weiter, ein bisschen klarer und mit dem festen Entschluss, dass Sie beim nächsten Mal mit mehr Wagemut auftreten werden. Und ein nächstes Mal wird es geben. Denn wir alle bekommen eine zweite Chance. Wie ich und Harvey Keitel.

100

Schieben Sie Ihre Träume nicht auf

Ich stand einmal im Stau, und in dem Cabrio vor mir saß ein ziemlich alter Mann. Er hatte ein Lächeln im Gesicht. In seinem Wagen lief Musik. Er liebte anscheinend das Leben. »TimeforFun« stand auf seinem Nummernschild. Hm.

Zu viele Menschen warten, bis sie zu alt sind, um die Dinge zu tun, die sie schon immer tun wollten.

… Sie machen Kreuzfahrten, wenn sie kaum noch laufen können.

… Sie brechen zu Abenteuern auf, die sie schnell erschöpfen.

… Sie kaufen sich die Dinge, die sie schon immer haben wollten, können sie aber kaum noch genießen.

Ich bin keineswegs respektlos gegenüber älteren Menschen. Ich respektiere Ältere ungemein. Ich bin ebenfalls der Auffassung, dass es nie zu spät ist, neu anzufangen und jener entschlossene, kraftvolle und inspirierende Alltagsheld zu sein, zu dem man geboren wurde. Ich will nur Folgendes sagen: *Schieben Sie die wertvollsten Träume Ihres Herzens nicht auf.* Seien Sie sich bewusst, dass es klüger ist, im Moment vielleicht dumm dazustehen, wenn Sie etwas tun, von dem Sie wissen, dass Sie es tun müssen, um jenes Leben zu haben, das Sie sich wünschen, als Ihre Sehnsüchte zu verraten, indem Sie nichts tun und auf Ihrer letzten Meile mit gebrochenem Herzen enden.

Wer weiß, was die Zukunft bringt? Gehen Sie jedenfalls nicht davon aus, dass die Zukunft eine Zeit sein wird, in der alles, was Sie aufgeschoben haben, weil Sie im Moment sehr beschäftigt sind, leicht, mühelos und auf vollkommene Weise geschehen kann. Ich bitte Sie. Es gibt Krankheiten, Unfälle, Kriege, Rezessionen, Seuchen und Umweltkatastrophen, und auch Anschläge kommen vor. Häufiger, als wir bereit sind, uns einzugestehen. Wollen Sie wirklich das, was Sie am liebsten tun würden, auf einen Zeitpunkt verschieben, an dem es dafür vielleicht schon zu spät ist?

Das Leben ist dazu da, jetzt gelebt zu werden. Die Zukunft ist oft nur ein Fantasieprodukt. Stimmt's? Verlassen wir uns nicht zu sehr auf sie.

101

Eine Philosophie für die Rückkehr zum Menschsein

So. Das letzte Kapitel. Und ich hoffe, dass Sie …

… in diese schöne und bisweilen auch grausame Welt hinausgehen, mit einem Herzen voller Heldenhaftigkeit und mit Augen, die darauf gerichtet sind, die Herrlichkeit Ihrer vollsten Kräfte zu umarmen. Ja, manche Zeiten werden Unglück bringen und manche Zeiten werden schwierig sein. Aber es gibt auch viel Gutes im täglichen Leben. Nachbarn, die Sie schätzen, Freunde, die Sie inspirieren, und eine Familie, die Sie anbetet.

Und was diejenigen betrifft, die Ihnen nicht unbedingt das Beste wünschen, denken Sie immer daran, dass diese Menschen nicht wissen, was sie tun. Übermitteln Sie ihnen die guten Wünsche, die Ihre Geduld zum Ausdruck bringen, und das Verständnis, das Ihre aufrichtige Vergebung zeigt. Es ist ein bedeutender Akt der Ehre und der Stärke, angenehme Gefühle gegenüber allen anderen Menschen in sich zu bewahren.

Arbeiten Sie engagiert und mit Würde, geben Sie mehr, als Sie empfangen, und erzeugen Sie den Zauber, der Ihren Schöpfer ehrt. Und Ihrer Außergewöhnlichkeit Rechnung trägt. Halten Sie Ihr Leben einfach, denn die Sucht nach Erwerb von Dingen und das tiefe Verlangen nach immer mehr können Ihren Geist ersticken und Ihr gutes Herz verletzen. Geben Sie mehr, als Sie nehmen. Seien Sie hilfsbereiter, als es nötig ist. Und behandeln Sie jeden Menschen, dem Sie begegnen, mit Würde. Dies ist ein Weg zu dauerhafter geistiger Freiheit und dauerhaftem äußeren Erfolg. Genießen Sie die Gesellschaft weiser Menschen, die Begleitung durch inspirierende Bücher und eine gesunde Beziehung zu Ihrem souveränen Selbst.

Wenn die Menge versucht, Sie zu ihresgleichen zu machen, bleiben Sie Ihrem Weg treu und lassen Sie sich von Ihren Tugenden und den Werten leiten, die Ihnen als die wertvollsten erscheinen. Bleiben Sie mutig, denn Sie wissen, dass die Zaghaften und die Furchtsamen jenen Höhenflug nicht kennen, der sich einstellt, wenn Sie sich Ihren Ängsten stellen. Wenn Sie die Verwirklichung Ihrer Ideale aufschieben, laden Sie den Groll in Ihre Tage ein.

Denken Sie daran, dass die Angst dem Triumph näher ist als die Selbstgefälligkeit. Und dass sich die Angst zum Glauben wandelt, wenn Sie sich ihr stellen. Genießen Sie den Lohn Ihrer Arbeit und die Früchte Ihres Meisterwerks. Lieben Sie leidenschaftlich, respektieren Sie alle Menschen um sich herum und die Erde, die Sie nährt.

Tun Sie all dies, um sich mit der Ihnen innewohnenden Erhabenheit zu vereinen und den Alltagshelden, der in Ihnen angelegt ist, in vollem Umfang zu verwirklichen.

Wie geht es weiter mit Ihrem heldenhaften Abenteuer?

Das Ende dieses Buches ist der Beginn Ihres eigenen Weges zu alltäglicher Heldenhaftigkeit. Um Ihnen zu helfen, sich die Philosophie und die Methodik, die Sie gerade gelernt haben, zu eigen zu machen und umzusetzen, hat Robin Sharma die folgenden Tools für Sie entwickelt, die völlig kostenlos verfügbar sind:

Die Alltagshelden-Masterclass

Ein innovatives digitales Transformationsprogramm, das es Ihnen ermöglichen wird, Ihre Positivität und Produktivität zu vervielfachen, Ihr Glück zu verstärken und Ihre Wirksamkeit zu vergrößern, während Sie in Ihrem Fach eine führende Stellung erlangen.

Die Alltagshelden-Challenge

Sie erhalten eine Reihe von inhaltsreichen und enorm praktischen Coachingvideos, Mentoring-Modulen und Weltklasse-Inspirationsimpulsen von Robin Sharma, damit Sie Ihre Motivation aufrechterhalten können, auf dem Höhepunkt Ihrer Fähigkeiten zu arbeiten. Und Ihre Erfolge maximieren können als ein Mensch, der seine Genialität jeden Tag besser zum Tragen bringt und vorlebt, was alltägliche menschliche Größe ausmacht.

Die meisterhaften Alltagshelden-Meditationen

Um Ihnen zu helfen, den ganzen Tag über tiefe Konzentration, gesteigerte Kreativität, verbesserte Leistung und tiefe Ruhe zu erleben, hat Robin Sharma eine Reihe von einzigartigen geführten Morgenmeditationen entwickelt, die es Ihnen ermöglichen werden, Ihr Bestes zu geben als Führungsperson, als Leistungserbringer und als Mensch.

Die geheimen Kapitel des Manifests des Alltagshelden

Greifen Sie zu auf jene Kapitel, die Robin Sharma nicht in dieses Buch aufgenommen hat. Entdecken Sie höchst originelle Einsichten, Lernmodelle und Systeme, die es Ihnen ermöglichen, Ihre Talente zu erkennen, Ihr Können zu steigern, ein Weltklasseunternehmen aufzubauen und ein wunderbares Privatleben zu führen.

Um Zugang zu erhalten zu all diesen wundervollen und kostbaren Ressourcen, die Ihnen völlig kostenlos zur Verfügung stehen, gehen Sie auf die Internetseite TheEverydayHeroManifesto.com.

Der Autor tauscht sich auch gern mit seinen Lesern auf Instagram aus. Abonnieren Sie seinen Feed @robinsharma und schicken Sie ihm ein Foto, auf dem Sie dieses Buch hochhalten. Er wird die interessantesten Bilder posten.

Lesen Sie auch die anderen Weltbestseller von Robin Sharma, um Ihr Vorankommen zu fördern

Ob Sie schon an Ihrem persönlichen Gipfel angelangt sind oder erst damit beginnen, Ihren eigenen Berg zu erklimmen: Lesen ist eine der meisterhaftesten Angewohnheiten der Besten unter uns. Aus diesem Grund finden Sie hier die komplette Liste aller international gefeierten Bücher des Autors, die Ihren Aufstieg zu höchster Produktivität, herausragendem Können und einem wunderschönen Leben unterstützen sollen – während Sie sich einen Namen in der Geschichte machen.

- Der 5-Uhr-Club
- Der Mönch, der seinen Ferrari verkaufte
- Die geheimen Briefe des Mönchs, der seinen Ferrari verkaufte
- Jeder kann in Führung gehen
- The Greatness Guide
- The Greatness Guide, Book 2
- Who Will Cry When You Die?
- Leadership Wisdom from the Monk Who Sold His Ferrari
- Family Wisdom from The Monk Who Sold His Ferrari
- Discover Your Destiny with The Monk Who Sold His Ferrari
- The Mastery Manual
- The Little Black Book for Stunning Success
- The Saint, the Surfer, and the CEO

Anhang 1: Meine 25 Lieblingsbücher

»Wenn wir einem Menschen von seltenem Intellekt begegnen, sollten wir ihn fragen, welche Bücher er liest.«
– Ralph Waldo Emerson

Allen, James: *As You Think*. Novato, Kalifornien, USA 1998.

Aurel, Mark: *Selbstbetrachtungen*. Ditzingen 2019.

Bach, Richard: *Die Möwe Jonathan*. Berlin 2008.

Bauby, Jean-Dominique: *Schmetterling und Taucherglocke*. Wien 2008.

Bradbury, Ray: *Fahrenheit 451*. Ditzingen 1991.

Carnegie, Andrew: *Das Evangelium des Reichtums und andere Zeit- und Streitfragen*. Leipzig 1905.

Carnegie, Dale: *Wie man Freunde gewinnt. Die Kunst, beliebt und einflussreich zu werden*. Augsburg 2000.

Chopra, Deepak: *Die sieben Schlüssel zum Glück*. München 2012.

Coelho, Paulo: *Der Alchimist*. Zürich 2008.

de Saint-Exupéry, Antoine: *Der kleine Prinz*. Köln 2015.

Frankl, Viktor E.: *Der Mensch auf der Suche nach Sinn*. München 1985.

Franklin, Benjamin: *Benjamin Franklins Leben, von ihm selbst beschrieben*. Berlin 2019.

Gandhi, M. K.: *Eine Autobiographie oder Die Geschichte meiner Experimente mit der Wahrheit*. Voglherd 2013.

Gibran, Khalil: *Der Prophet*. Düsseldorf 2013.

Hill, Napoleon: *Denke nach und werde reich*. Genf 2005.

Isaacson, Walter: *Steve Jobs. Die autorisierte Biografie des Apple-Gründers*. München 2011.

Koran, Al: *Bring Out the Magic in Your Mind*. Hollywood, Florida, USA 2009.

Kyne, Peter B.: *The Go-Getter*. Plano, Texas, USA 2012.

Mandela, Nelson: *Der lange Weg zur Freiheit*. Frankfurt/Main 1997.

Paulus, Trina: *Hoffnung für die Blumen*. München 1989.

Peale, Norman Vincent: *Die Kraft des positiven Denkens*. Zürich 2011.

Rand, Ayn: *Hymne*. Grevenbroich 2020.

Salinger, J. D.: *Der Fänger im Roggen*. Hamburg 2004.

Silverstein, Shel: *Der freigebige Baum*. Zürich 2004.

Stengel, Richard: *Mandela's Way*. Danvers, Massachusetts, USA 2018.

Anhang 2: Meine 25 Lieblingsfilme

Hier ist eine Liste mit meinen Lieblingsfilmen. Einige haben meine Philosophie geprägt. Andere haben meine Kreativität beeinflusst. Und viele haben mich einfach nur unterhalten. Genießen Sie sie alle.

An der Schwelle zur Ewigkeit. Drama, USA/Frankreich 2018.
Im Rausch der Sterne. Drama, USA 2015.
Die dunkelste Stunde. Drama, England 2017.
Dogman. Drama, Italien 2018.
Fight Club. Psychothriller, USA 1999.
Harry Brown. Krimidrama, England 2009.
Heat. Krimi, USA 1995.
Hell or High Water. Neo-Western, USA 2016.
Into the Wild. Drama, USA 2007.
Joker. Comicverfilmung, USA 2019.
Das Leben ist schön. Drama, Italien 1997.
Maudie. Filmbiografie, Kanada/Irland 2016.
12 Uhr nachts – Midnight Express. Drama, USA/England 1978.
Million Dollar Baby. Drama, USA 2004.
Queen & Slim. Thriller, USA 2019.
The Florida Project. Drama, USA 2017.
Gladiator. Monumentalfilm, USA/England 2000.
Tödliches Kommando – The Hurt Locker. Kriegsdrama, USA 2008.
The King's Speech. Filmbiografie, England/USA/Australien 2010.
Lunchbox. Romanze, Indien/Deutschland/Frankreich 2013.
Matrix. Science-Fiction-Film, USA/Australien 1999.
The Wrestler – Ruhm, Liebe, Schmerz. Sportdrama, USA 2008.
Der Chaos-Cop. Tragikomödie, USA 2018.
Wall Street. Drama, USA 1987.
Whiplash. Musikfilmdrama, USA 2014.

Anhang 3: Meine 25 Lieblingsdokumentarfilme

Ich bewundere Dokumentarfilme. Sie inspirieren mich, bieten Lebensweisheiten und gewähren private Einblicke in das Leben faszinierender Menschen. Im Folgenden finden Sie eine Liste mit 25 herausragenden Filmen.

Amy: The Girl Behind the Name. Dokumentarfilm, England 2015.
Crossfire Hurricane. Dokumentarfilm, USA 2012.
Hal. Dokumentarfilm, USA 2018.
I'll Sleep When I am Dead. Dokumentarfilm, USA 2016.
Iverson. Dokumentarfilm, USA 2014.
Jason Becker: Not Dead Yet. Dokumentarfilm, USA 2012.
Jiro und das beste Sushi der Welt. Dokumentarfilm, Japan 2011.
Man on Wire – Der Drahtseilakt. Dokumentarfilm, GB 2008.
McConkey. Dokumentarfilm, Deutschland 2013.
Alexander McQueen – Der Film. Dokumentarfilm, GB 2018.
Metallica: Some Kind of Monster. Dokumentarfilm, USA 2004.
Miles Davis: Birth of the Cool. Dokumentarfilm, USA 2019.
Mr. Dynamite: The Rise of James Brown. Dokumentarfilm, USA 2014.
Pavarotti. Dokumentarfilm, USA/GB/F/I 2014.
Quincy. Dokumentarfilm, USA 2018.
Runnin' Down a Dream: Tom Petty and the Heartbreakers. Dokumentarfilm, USA 2007.
Searching for Sugar Man. Dokumentarfilm, S/GB 2012.
Senna. Dokumentarfilm, GB 2010.
Sunshine Superman. Dokumentarfilm, USA 2014.
The Last Dance. 10-tlg. Dokureihe, USA 2020.
The September Issue – Hinter den Kulissen von Vogue. Dokumentarfilm, USA 2009.
Williams. Dokumentarfilm, GB 2017.
Wingmen – Zwei Brüder heben ab. 6-tlg. Dokusoap, D 2018.
Won't You Be My Neighbor?. Dokumentarfilm, USA 2018.

Über den Autor

Robin Sharma ist ein weltweit respektierter Humanist und Gründer eines nicht gewinnorientierten Unternehmens, das Kinder unterstützt und ihnen ermöglicht, ein besseres Leben zu führen. Er gilt als einer der führenden Leadershipexperten der Welt; zu seinen Kunden zählen viele Fortune-100-Unternehmen, bekannte Milliardäre, Profisportler, berühmte Musiker und Mitglieder von Königshäusern.

Zu den Organisationen, die sich von Robin Sharma bei der Schulung von Führungskräften beraten ließen, gehören die NASA, Microsoft, Nike, General Electric, FedEx, Hewlett Packard, Starbucks, Oracle, die Yale University, IBM Watson und die Young Presidents' Organization.

Darüber hinaus ist er ein weltweit gefragter Vortragsredner. Unter robinsharma.com/speaking sind die Termine seiner Auftritte einsehbar.

Die Bestseller des Autors, wie insbesondere *Der Mönch, der seinen Ferrari verkaufte, The Greatness Guide* und *Jeder kann in Führung gehen,* wurden in 92 Sprachen übersetzt und verkauften sich millionenfach. Dadurch wurde Robin Sharma zu einem der weltweit am meisten gelesenen lebenden Schriftsteller.